DESCRIPTION

DE

L'AFRIQUE SEPTENTRIONALE.

EXTRAIT N° 11 DE L'ANNÉE 1858

DU JOURNAL ASIATIQUE.

DESCRIPTION

DE

L'AFRIQUE SEPTENTRIONALE,

PAR EL-BEKRI,

TRADUITE

PAR MAC GUCKIN DE SLANE.

PARIS.

IMPRIMERIE IMPÉRIALE.

M DCCC LIX.

DESCRIPTION

DE

L'AFRIQUE SEPTENTRIONALE.

INTRODUCTION.

En 1831 feu M. Quatremère publia, dans le recueil intitulé *Notices et Extraits*, etc. tome XII, une traduction abrégée d'un manuscrit arabe appartenant à la Bibliothèque impériale, et renfermant une notice topographique et historique de l'Afrique septentrionale. Ce traité, auquel un célèbre polygraphe espagnol, Abou-Obeid el-Bekri, mit la dernière main en 1068 de J. C. est cité très-souvent par les écrivains arabes des siècles suivants. Il jouit encore, chez les musulmans occidentaux, d'une grande réputation, honneur pleinement justifié par l'importance et l'exactitude des renseignements qu'il fournit aux historiens et aux géographes.

La traduction de M. Quatremère révéla à l'Europe savante la haute importance de l'ouvrage arabe, bien qu'elle laissât beaucoup à désirer. Sans compter la suppression de presque toutes les notices historiques et l'existence de plusieurs lacunes dont ce savant ne s'était pas aperçu, on y remarqua, presque à chaque page, des erreurs à rectifier, des questions à éclaircir. L'incorrection du seul texte qu'il avait à sa disposition contribua, de la manière la plus fâcheuse, aux difficultés de la tâche dont il s'était chargé. En effet, le manuscrit de Paris, bien qu'il soit d'une écriture ancienne et très-belle, ne porte jamais les points diacritiques aux endroits où ces indications orthographiques étaient de première nécessité ; aussi les noms des localités et les mots berbères sont-ils très-souvent indéchiffrables, à moins que le lecteur ne les connaisse d'avance. Il en résulta que, dans le travail de M. Quatremère, travail estimable sous d'autres points de vue, un grand nombre de mots sont restés illisibles par la faute du copiste arabe. Pour remédier à ces imperfections, le secours d'un second manuscrit du même ouvrage aurait suffi, en y ajoutant, toutefois, une meilleure connaissance de l'Afrique septentrionale que celle que l'on pouvait avoir en France à l'époque où cet orientaliste distingué terminait sa traduction. On peut même dire avec assurance que l'on fait toujours une chose hasardeuse en essayant de traduire un ouvrage arabe sur un seul manuscrit, à moins que ce manuscrit ne soit autographe ou corrigé par l'auteur.

Guidé par ce principe, j'avais fait, il y a quelques années, la comparaison de quatre exemplaires du Traité d'El-Bekri, ce qui m'avait permis d'en améliorer le texte, en faisant disparaître plusieurs lacunes et en corrigeant beaucoup d'erreurs. Mais je ne m'étendrai pas davantage sur ce sujet, l'ayant déjà traité assez longuement dans la préface de mon édition du texte arabe de notre géographe. Le lecteur y trouvera aussi une notice biographique d'El-Bekri, qui naquit d'une famille illustre, probablement vers l'an 1028 de J. C. Il composa plusieurs ouvrages sur divers sujets, et mourut en 1094.

Il me restait à donner une traduction complète de ce traité, et, maintenant, grâce à la Société asiatique, j'ai le plaisir de livrer mon travail au public. Les personnes qui voudront bien comparer la traduction de mon prédécesseur avec la mienne remarqueront que celle-ci est beaucoup plus détaillée, et que les matériaux plus amples que j'avais à ma disposition et les facilités que m'a données mon séjour en Afrique m'ont mis en état de rectifier, dans presque tous les cas, l'orthographe des noms propres et des mots berbères. J'ai conservé de la version de M. Quatremère un certain nombre de passages, dans lesquels le texte arabe se trouvait rendu avec une netteté parfaite. Ailleurs on verra de grandes différences entre les deux traductions, différences provenant, en général, du mauvais manuscrit dont cet orientaliste s'était servi. On pourra remarquer que le premier traducteur, ayant sous les yeux certains passages correctement écrits, les avait mal compris. J'ose croire que, partout où je me suis écarté du sens donné par lui, l'examen du texte arabe suffira pour justifier ma hardiesse.

M. G. DE S.

INDICATION DES VILLES ET DES BOURGS LES PLUS REMARQUABLES QUI SE RENCONTRENT SUR LA ROUTE CONDUISANT DE L'ÉGYPTE À BARCA ET AU MAGHREB [1].

TERENNOUT [2], gros village situé sur le Nil, renferme

---

[1] En arabe, le mot *maghreb* ou *maghrib*, que l'on prononce *marreub*, signifie *le couchant, l'occident*. Il s'emploie chez les géographes et les historiens arabes pour désigner les pays musulmans situés à l'ouest de l'Égypte, c'est-à-dire l'Afrique septentrionale et l'Espagne. Notre auteur lui donne une signification plus restreinte; selon lui, le Maghreb commence à la grande Syrte. Ibn-Khaldoun place le commencement du Maghreb sous le méridien de Bougie, et désigne les provinces de Tunis et de Tripoli par le nom d'*Ifrîkiya*.

[2] Terennout, l'ancienne *Terenouthis*, se nomme maintenant *Terenneh*. Cette ville est située sur la branche occidentale du Nil, à environ 40 milles nord-ouest du Caire.

1.

quelques bazars[1], une mosquée *djamé*[2] et une église [chrétienne]. On y voit beaucoup de ruines, cette place ayant été dévastée par les Ketamiens à l'époque où ils s'y trouvèrent avec Abou-'l-Cacem es-Chîaï, fils d'Obeid-Allah[3]. La majeure partie des édifices est en briques. Il y a quelques moulins à sucre. De Terennout on se rend à EL-MENA[4], localité renfermant trois villes abandonnées, dont les édifices sont encore debout. On y remarque plusieurs châteaux magnifiques, situés dans un désert sablonneux où les caravanes courent risque d'être attaquées par les Arabes nomades. Ces châteaux, construits avec une grande solidité, ont des murailles d'une hau-

[1] Le mot *souc*, que nous rendons ici par *bazar*, a deux significations bien distinctes : dans une ville, le *souc* est une rue ou une place bordée de boutiques; en pleine campagne, c'est un marché ou une foire qui se tient à des époques fixes. Le *souc* d'une ville est un marché permanent; celui des campagnes est périodique.

[2] Un *djamé* diffère d'une mosquée (*mesdjid*) en ce qu'il a une tour du haut de laquelle on fait l'appel à la prière, qu'on y célèbre l'office public des vendredis, et qu'on y prononce le *khotba* ou prône canonique en présence du représentant du sultan. Le *djamé* est l'église cathédrale; la mosquée est une chapelle.

[3] La première invasion de l'Égypte par le prince fatemide Abou-'l-Cacem el-Caïm eut lieu en l'an 301 de l'hégire (913-914 de J. C.). Ibn-Khaldoun (*Histoire des Berbers*, t. II, p. 524, 526) place la seconde invasion en l'an 307; mais El-Macrîzi, dans son *Khitat*, ou description historique et topographique de l'Égypte (édition de Boulac, t. I, p. 351), dit qu'une de ces expéditions eut lieu en l'an 306.

[4] Variantes: *El-Mona*, M; *El-Mithna*, E. On peut même lire *Mini* ou *Mina*, vu l'absence des points voyelles dans les autres manuscrits. Dans ces notes, nous désignerons le manuscrit d'Alger par la lettre A; celui de l'Escurial par E; celui du Musée britannique par M, et celui de la Bibliothèque impériale de Paris par P.

teur extraordinaire et s'élèvent, presque tous, sur des voûtes en plein cintre; quelques-uns sont habités par des moines chrétiens. El-Mena possède plusieurs puits qui fournissent de l'eau douce, mais en petite quantité. De là on se rend à ABOU-MÎNA [1], grande église qui renferme des images et des sculptures très-curieuses. On y tient les lampes allumées jour et nuit; jamais on ne les éteint. Au fond de ce bâtiment se voit une grande coupole renfermant l'image d'un homme qui se tient debout, chaque pied appuyé sur un chameau; une de ses mains est ouverte et l'autre fermée. Ce groupe, tout en marbre, représente, dit-on, Abou-Mîna. On voit aussi dans cette église les images de tous les prophètes, que le salut soit sur eux! Celle de Zacharie s'y trouve avec celle de Jean; l'image de Jésus, placée sur une grande colonne de marbre, à droite en entrant, est protégée par une porte fermée à clef. Un double rideau est suspendu devant l'image de Marie. En dehors de l'église on remarque la représentation de tous les animaux et des gens qui exercent des métiers. L'image d'un marchand d'esclaves, entouré des [malheureux qui sont les] objets de son commerce, tient à la main une bourse dont le fond est percé; emblème par lequel on a voulu indiquer qu'un marchand d'esclaves ne fait jamais fortune. Au milieu de l'église

---

[1] Selon l'historien des patriarches d'Alexandrie, on passait par Mariout pour se rendre à Mina, ville située dans le désert des lacs de Natron. (Voy. *Mémoires géographiques sur l'Égypte*, par M. Quatremère, t. I, p. 488.)

est un pavillon à coupole, renfermant huit images que l'on prétend représenter des anges. Dans une autre partie de l'église, on remarque une mosquée[1], parfaitement orientée[2], où[3] les musulmans font la prière. Les environs de l'église sont remplis d'arbres fruitiers, surtout d'amandiers à écorce lisse[4], et de caroubiers, dont le fruit, encore vert, a le goût de miel et sert à fabriquer des sirops; il y a aussi beaucoup de vignes dont le produit, tant en raisins que vin, est envoyé au Caire. Voici, dit-on, pour quel motif on fonda cette église: sur l'emplacement qu'elle occupe il y avait un tombeau et, dans le voisinage, un village dont un des habitants était boiteux. Cet homme, ayant perdu son âne, sortit pour le chercher; il passa sur ce tombeau et, à l'instant même, il marcha droit. Étant parvenu à atteindre l'animal, il le monta et rentra chez lui parfaitement guéri. Au bruit de cet événement, les malades vinrent en foule pour visiter le tombeau et ils n'eurent qu'à s'y asseoir pour recouvrer la santé. On bâtit alors l'église;

[1] Dans l'enceinte du couvent du mont Sinaï se trouve aussi une mosquée, édifice construit par les moines, afin d'ôter aux musulmans l'envie de s'emparer de l'église pour leur propre usage.

[2] A la lettre : dont le *mihrab* est tourné vers le *kibla*. Le *mihrab* est l'espèce de niche ou d'abside auprès de laquelle se tient l'*imam* qui dirige les mouvements de la prière. Le *kibla* est le point de l'horizon qui marque la direction de la Mecque.

[3] Le texte des manuscrits porte بيها; il faut lire بيه. El-Bekri commet souvent des fautes de concordance analogues à celle-ci.

[4] Littéralement : l'*amande lisse*. Dans le manuscrit P on voit, à la place du mot املس « lisse », un groupe de lettres qu'il est impossible de lire.

les malades continuèrent à s'y rendre, mais ils reconnurent que le tombeau avait perdu sa vertu. Tous les ans on envoie de Constantinople[1] plusieurs milliers de *dinars*[2] à cette église.

DHAT EL-HOMAM[3] « qui possède la fièvre », lieu où se tient un marché considérable, possède un *djamé*, bâti par Zîada-t-Allah l'Aghlebide, à l'époque où ce prince avait quitté l'Orient pour rentrer en Ifrîkiya[4]. Vis-à-vis est un puits dont l'eau est abondante et d'une excellente qualité; tout autour sont des citernes et des jardins. On y voit un château délabré, où le souverain de l'Égypte entretient une garnison qui se renouvelle régulièrement. Dhat el-Homam fut ainsi nommé parce que l'eau de cet endroit donne la fièvre à presque toutes les personnes qui en boivent; de là vient que les chameliers ont l'habitude de chanter

[1] Var. *Fostat* (le vieux Caire), P.
[2] La valeur et le poids du dinar (pièce d'or) et du dirhem (pièce d'argent) varient selon les pays et les époques. On peut cependant estimer le dinar des premiers siècles à dix francs et le dirhem à dix sous.
[3] L'Idrîci place Dhat el-Homam à 38 milles d'Alexandrie. Sur la carte qui accompagne l'ouvrage que le célèbre voyageur Barth publia en 1849, sous le titre de *Wanderungen durch die Kuestenlaender des Mittelmeeres*, on trouve un *Bir-el-Hamam* à la distance de 34 milles (de 60 au degré) sud-ouest d'Alexandrie et à 9 milles de la mer.
[4] L'Ifrîkiya se composait des provinces de Tunis, de Tripoli et de Constantine. Quant au prince aghlebide dont il est question ici, on ne saurait préciser l'époque à laquelle il vivait : quatre membres, au moins, de la famille d'El-Aghleb portèrent le nom de Zîada-t-Allah, mais aucun d'eux n'est connu par un voyage en Orient. Il est vrai que le dernier des Zîada-t-Allah passa en Orient; mais il ne revint plus en Afrique.

ces mots : « Seigneur, préserve-nous du Hidjaz[1] et de sa cherté (*ghalâha*); de l'Égypte et de sa peste (*ouabâha*); de Dhat el-Homam et de sa fièvre (*hommâha*). »

El-Haniya « l'arcade » doit son nom à une moitié de voûte qui s'élève au milieu d'une plaine. Cette arcade, separée de la mer par une colline, formait autrefois, à ce que l'on prétend, une des portes d'Alexandrie[2]. Dans les environs se trouvent quelques familles louatiennes et mezatiennes[3], qui habitent des huttes de broussailles. Entre El-Haniya et Dhat el-Homam on voit une dalle de marbre noir qui, dit-on, avait servi de table à Pharaon, et qui recouvre maintenant une citerne nommée Et-Tîs.

El-Kenaïs « les églises » est le nom de trois châteaux ruinés[4]. Dans le voisinage est un coteau[5] que l'on appelle *le coteau des puits de Caïs*. L'eau des deux puits

---

[1] Le Hidjaz, grande province de l'Arabie, se prolonge, parallèlement à la mer Rouge, depuis l'isthme de Suez jusqu'au Yémen. Il renferme les villes de la Mecque et de Médine.

[2] On pourrait supposer, d'après cette indication, qu'El-Haniya occupait l'emplacement de Bousîr, l'ancienne *Busiris*, nommée maintenant par les Européens la *Tour des Arabes*. Cette ancienne ville était située à la gorge de la longue et étroite péninsule sur l'extrémité de laquelle s'élève la ville d'Alexandrie. L'on voit, cependant, dans l'ouvrage de l'Idrîci qu'El-Haniya était à 72 milles de cette ville, tandis que Bousîr n'en est qu'à 20 milles.

[3] Sur les diverses tribus berbères dont El-Bekri fait mention, on peut consulter l'*Histoire des Berbers*, d'Ibn-Khaldoun.

[4] Le *Ras el-Kenaïs* de nos cartes tire son nom de ces ruines.

[5] Un coteau (*acaba*); — oui, sans doute, et un coteau très-connu : la *petite Acaba*, nommé par les anciens *Catabathmus parvus*.

nommés Arar-Caïs est de bonne qualité; mais il faut la tirer d'une grande profondeur.

Selon une autre [de nos autorités], on se rend de Djobb el-Aousedj « le puits du Lycium »[1] à Kibab-Maani[2], qui en est à la distance de 30 milles. Ces coupoles entourent plusieurs citernes[3] et portent [aussi] le nom de Kharaïb el-Caoum « les mesures de l'ancien peuple ». « Kharaïb el-Caoum, dit Mohammed[4], ville détruite par les Roum[5], renferme plusieurs citernes. » A l'occident de cet endroit s'élève un château (*casr*) qui porte le nom d'Abou-Maadd-Nizar, fils de Khaled ibn Yahya ibn Baban. En ce lieu stationnent une vingtaine de familles appartenant à la tribu de Coreich et alliées par le sang à la famille de Djobeir ibn Motaïm[6]. On y voit aussi de nombreux campements

---

[1] L'*aousedj* (*Lycium europæum*) est un arbrisseau dont les feuilles et le suc possèdent des qualités médicinales. Dans l'ouvrage d'Ibn-el-Beithar sur les simples et les minéraux, on trouve un article consacré à cette plante. (Voy. le *Heil- und Nahrungsmittel* von Ebn-Baithar, vol. II, p. 223 de la traduction allemande du docteur Sontheimer.)

[2] En Afrique le mot *cobba*, au pluriel *kibab*, sert à désigner un petit mausolée carré et recouvert d'une voûte (*cobba*) hémisphérique. Il s'élève ordinairement sur le tombeau d'un saint musulman. C'est de ce mot que dérivent les mots français *coupole* et *alcôve* (*al-cobba*).

[3] Dans le texte arabe, page ١٠, il faut insérer, au commencement de la sixième ligne, les mots suivants, جباب حولها هذه القباب وهى

[4] Dans la préface du texte arabe, p. 15, se trouve une notice de ce personnage; il se nommait Mohammed ibn Youçof ibn el-Ouerrac.

[5] Par le mot *Er-Roum*, les écrivains arabes désignent, tantôt les sujets de l'empire byzantin, tantôt les nations chrétiennes de l'Europe, et tantôt la population latine de l'Afrique septentrionale.

[6] Djobeir ibn Motaïm, de la tribu de Coreich, embrassa l'isla-

des Beni-Módledj [tribu arabe], et environ un millier de tentes appartenant aux Fadela et aux Beni-Akîdan, peuplades berbères. On raconte que chez ces gens il n'est pas rare de voir la fille qui vient de naître se métamorphoser en démon ou en ogresse, et se jeter sur les hommes, jusqu'à ce qu'on la lie et la garrotte. «Mohammed ibn Cacem, seigneur d'Astidja (*Ecija*, près de Séville), m'a déclaré, dit Mohammed ibn Youçof, qu'il regardait ce fait comme certain, en ayant été témoin.» De Casr Abi-Maadd on se rend à ER-REMMADA[1], petite ville située près de la mer et entourée d'une muraille. Elle possède une mosquée *djamê*. Aux alentours se trouvent des jardins remplis d'arbres fruitiers de diverses espèces. CASR ES-CHEMMAS «le château du diacre», situé à une courte distance d'Er-Remmada, renferme une population peu nombreuse : on compte 35 milles entre Kharaïb el-Caoum et la ville d'Er-Remmada. De là on se rend à KHARAÏB ABI-HALÎMA[2], forteresse encore ha-

misme lors de la prise de la Mecque par Mahomet. Il mourut entre les années 5o et 6o de l'hégire, avec la réputation d'un savant profondément versé dans la loi. Il fait partie du corps des *traditionnistes,* c'est-à-dire des docteurs qui ont transmis aux fidèles les dits et gestes du fondateur de l'islamisme.

[1] D'après les indications de l'Idrîci et de d'Anville, Er-Remmada était située un peu à l'est de la grande Acaba (*Catabathmus magnus*).

[2] Le Casr es-Chemmas et les Kharaïb Abi-Halîma sont déplacés dans cet itinéraire, qui les porte à l'ouest d'Er-Remmada, c'est-à-dire de la grande Acaba. Or ces localités existent encore sous les noms de *Casr-Chemmès* et *Ras-Halem;* elles se trouvent à l'est de la grande Acaba, entre elle et la petite Acaba. L'Idrîci, dans son itinéraire d'Alexandrie à Barca, les a placées dans leur véritable position.

bitée, qui renferme un bazar et cinq puits. Il y a plusieurs citernes à quelque distance de la place. Ensuite vous arrivez à Casr Er-Roum « le château des Romains », édifice composé de plusieurs voûtes de briques et dominé par une montagne au pied de laquelle se trouvent quelques citernes. Le plus grand de ces réservoirs se nomme El-Motaffela. Arrivé ensuite à Ouadi-Makhîl « la rivière de Makhîl »[1], vous trouvez un château qui renferme un *djamé* et un marché bien fréquenté. Aux environs on voit plusieurs citernes et étangs, mais pas une seule source d'eau. L'abondance règne dans cette localité et tout y est à bon marché. De là à Adjedabiya[2] on compte cinq journées.

Barca s'appelle en langue romano-grecque *Bentabolis (Pentapolis)*; ce qui veut dire *cinq villes*[3]. Amr ibn el-Aci s'y transporta [l'an 21 de l'hégire] et accorda la paix aux habitants moyennant une somme de treize mille [dinars][4], qu'ils devaient lui remettre à titre de capitation. Pour subvenir à cette charge,

---

[1] Le Makhîl est mentionné par l'Idrîci, qui le place à 127 milles est de Barca. C'est probablement le *Ouadi-Makhfei* dont M. Barth nous donne la description dans ses *Wanderungen*.

[2] On prononce maintenant ce nom avec l'article et l'on dit *Ladjedabiya*. Il y a deux localités ainsi nommées : l'une située dans le voisinage de la grande Acaba, et l'autre au sud-ouest de la Cyrénaïque, auprès de la grande Syrte. C'est de la dernière qu'El-Bekri veut parler ici.

[3] Ces cinq villes étaient Cyrène, Barca (ou son port de mer, Ptolemaïs), Teuchera (dont le nom fut changé en Arsinoë), Bérénice et Apollonias.

[4] Voy. *Hist. des Berbers*, t. I, p. 302.

ils eurent l'ordre de vendre ceux de leurs enfants qu'ils voudraient [1]. El-Leith ibn Sâad [2] rapporte qu'Amr ibn el-Aci inséra la clause suivante dans les conditions qu'il imposa aux Louata [3] : *Vendez vos enfants pour subvenir à la capitation que vous avez à payer;* et qu'on lui entendit dire, du haut de la chaire, aux habitants d'Antabolis (*Pentapolis*) : « Voilà un traité dont on remplira à leur égard toutes les conditions. »

La ville de Barca est située dans un désert [4]. Comme le sol et les maisons sont d'une couleur rouge, les vêtements des habitants et des personnes qui s'y rendent pour affaires y prennent une teinte rougeâtre. A 6 milles de là se trouve le pays des montagnes. L'abondance règne dans cette ville et toutes les denrées sont à bas prix. Les troupeaux prospèrent et multiplient dans les pâturages des environs; aussi les habitants de Misr « le Caire » tirent de ce pays la plus grande partie des bestiaux qui servent à leur consommation. De Barca on exporte à Misr de la laine, du miel et du goudron, matière qui se prépare dans une localité de ce pays nommée MAGGA. Ce bourg est situé au sommet d'une mon-

---

[1] On pourrait aussi traduire : « Qu'ils aimaient le plus. »

[2] Savant traditionniste et natif d'Égypte. Il mourut en l'an 175 (791 de J. C.).

[3] Tribu berbère dont une partie habitait la Cyrénaïque. Ce sont les *Lebathai* de Procope et les *Langouaten* de Corippus. Ibn-Khaldoun consacre un chapitre de son *Histoire des Berbers* à la tribu de Louata (voy. la traduction de son ouvrage, t. I, p. 231).

[4] C'est-à-dire, une contrée inhabitée.

tagne tellement escarpée qu'un cavalier ne saurait y arriver en aucune saison. On y trouve beaucoup de noix, d'oranges, de coings et d'autres fruits. Une forêt d'*ârâr* [1] commence auprès de cet endroit et s'étend à une grande distance. La ville de Barca possède le tombeau de Rowéifâ [Ibn-Thabet] [2], l'un des compagnons du Prophète. Dans les alentours on rencontre plusieurs tribus dont les unes appartiennent à la race des Louata et les autres à celle des Afarec [3]. La route qui mène de Barca en Ifrîkiya traverse le OUADI-MESOUS, vallée où l'on rencontre plusieurs voûtes et des citernes ruinées, au nombre, dit-on, de trois cent soixante. Il y a aussi quelques jardins. Dans cette vallée on trouve le *torba* « terre » qui sert à faire fermenter le miel [4].

[1] *Arar*, le *thuya articulata*, arbre très-commun dans les montagnes de l'Afrique septentrionale.

[2] Roweifâ ibn Thabet fut nommé gouverneur de Tripoli en l'an 46 (666-667 de J. C.).

[3] Les mots *Afarec* et *Afarecca* « Africains » servaient à désigner les populations indigènes de la Pentapole et de la Byzacène qui avaient subi l'influence de la civilisation romaine.

[4] Ibn-el-Beithar parle de cette substance dans son dictionnaire de simples et de minéraux. Voici la traduction de son article, dont nous avons revu le texte sur deux manuscrits de la Bibliothèque impériale :

« *Djouz djondem*, mot persan que l'on prononce aussi *guevz guendum* (*nux tritici*), désigne la substance nommée *chahem-el-ard* « graisse de la terre ». A Racca (ville de la Mésopotamie) on l'appelle *kherou-'l-hamam* « fiente de pigeon ». Les habitants de l'Andalousie orientale la nomment *torba-t-el-asel* « la terre du miel ». — Selon Ishac ibn Amran c'est une terre (*torba*) composée de grains semblables à des pois chiches et d'une couleur blanche tirant sur le jaune. C'est avec elle qu'on fait fermenter le miel. On la nomme *et-torba* « la

ADJEDABIYA, grande ville située dans un désert dont le sol est en pierre dure, possède quelques puits taillés dans le roc et fournissant de l'eau de bonne qualité. Il y a, de plus, une source d'eau douce. Les jardins d'Adjedabiya sont petits et les dattiers peu nombreux; toutes les autres espèces d'arbres y man-

terre ». — Ibn-Djoldjol dit : le *guevz guendum*, ce nom est persan, est la « terre du miel » ; on s'en sert en été pour convertir le miel en sirop (*robb*, c'est le mot français *rob*). Elle nous arrive des environs du Zab de Cairouan. » (Ibn-Djoldjol veut empêcher ses lecteurs de confondre le Zab de l'Afrique, nommé maintenant le *Zîban*, avec l'une ou l'autre des rivières nommées *Zab*, qui se jettent dans le Tigre.) « Une once de miel, traitée avec cette substance, forme une livre de sirop. Bue sans mélange, elle provoque le vomissement. — Selon Er-Razi (*Rhases*), ce sirop est chaud et humide; il augmente la sécrétion séminale, il engraisse, et il guérit l'envie de manger de l'argile (la chlorose). Selon Ibn-Rezzin, il est aphrodisiaque. » — On lit dans le *Livre des Talismans*: « à Racca, cette terre est nommée *fiente de pigeon*, et à Baghdad *djouz djondom*. Si l'on en met un quart de *kildja* (environ une livre; la kildja est trois livres trois quarts) dans dix livres de miel et que l'on y verse trente livres d'eau chaude, on n'aura qu'à secouer très-doucement ce mélange et à boucher le vase qui le renferme pour obtenir presque instantanément une liqueur bonne à boire. Celle des Berbers est extrêmement forte. » — Selon Ibn-Sîna (Avicenne), cette substance a une vertu dépurative, puisqu'elle guérit l'*impetigo*, éteint l'inflammation et arrête les flux du sang.

M. le docteur Sontheimer paraît regarder la *torba* comme une excrétion du *garcinia mangostana*. Il est vrai que les diverses espèces de cet arbre fournissent un suc jaune et visqueux, qui devient concret; mais, jusqu'à présent, aucune d'elles ne se trouve dans l'Afrique septentrionale. La *torba* est peut-être une espèce de manne.

M. de Sacy a inséré ce passage d'El-Bekri dans sa *Chrestomathie arabe*, 2ᵉ édit. t. I, p. 494. Trompé par le seul manuscrit qu'il avait à sa disposition et qui ne porte qu'un très-petit nombre de points diacritiques, il a lu *el-berïa* البرية « la campagne déserte » à la place d'*et-torba* التربة.

quent, à l'exception de l'arak (*cissus arborea*). Cette ville renferme un *djamé* de belle architecture, qui eut pour fondateur Abou-'l-Cacem [1], fils d'Obeid-Allah, et dont la tour octogone est d'un travail admirable; elle possède aussi des bains, des caravansérails et des bazars très-fréquentés. Les habitants vivent dans l'aisance; ils sont presque tous des Coptes [2], mais on trouve parmi eux quelques familles de vrais Louata. Cette ville a un port de mer nommé EL-MAHOUR, qui en est à une distance de 18 milles; elle possède aussi trois châteaux [3]. A Adjedabiya les toits des maisons ne se font pas avec du bois; on les construit avec des briques et en forme de voûtes, afin qu'ils puissent résister aux vents, qui règnent toujours dans cette localité. Toutes les denrées y sont à bas prix et les dattes s'y trouvent en abondance; diverses espèces de ce fruit y arrivent d'Aoudjela.

SORT [4], grande ville située sur le bord de la mer

[1] Abou-'l-Cacem el-Caïm, second souverain de la dynastie fatemide, régna depuis l'an 322 (934) jusqu'à l'an 334 (946). (Voy. sur les premiers khalifes fatemides ou obéidites, la traduction de l'*Histoire des Berbers* d'Ebn-Khaldoun, t. II, p. 506 et suiv.)

[2] Les manuscrits A, M et P portent *Anbat* (des Nabatéens); le manuscrit E fournit la leçon *Acbat*, qui est celle du texte imprimé.

[3] S'il était permis de changer un pronom dans le texte arabe, afin de convertir le mot *leha* « à elle » en *leho* « à lui », on donnerait une meilleure construction à la phrase, dont la fin se traduirait alors de cette manière : *de 18 milles et qui possède trois châteaux*. — La ville d'Adjedabiya est maintenant ruinée; le nom de son port est tout à fait oublié.

[4] *Sort* ou *Sirt*, située dans le fond de la grande Syrte, à moitié chemin de Mesrata à Ben-Ghazi (l'ancienne *Bérénice*), porte main-

et entourée d'une muraille de briques, renferme un *djamê*, un bain et quelques bazars. Elle a trois portes dont l'une regarde le midi, l'autre le nord, la troisième, qui est petite, donne sur la mer. Cette ville n'a point de faubourgs, mais elle possède des dattiers, des jardins, des puits d'eau douce et un grand nombre de citernes. Les animaux que l'on tue pour la consommation des habitants sont principalement des chèvres ; la chair en est très-bonne ; sur toute la route de l'Égypte on n'en mange pas de meilleure. Les gens de Sort sont les êtres les plus ignobles que Dieu ait créés, et les plus détestables dans leurs transactions commerciales : ils ne vendent ni n'achètent qu'au tarif fixé entre eux. Si un navire chargé d'huile vient y aborder et qu'ils aient le plus grand besoin de cette denrée, ils prennent des outres vides, qu'ils enflent et dont ils ferment les orifices en les serrant avec des cordes ; puis ils les arrangent dans leurs boutiques et dans les cours de leurs maisons, afin de faire accroire à l'équipage que l'huile est très-abondante chez eux et ne trouve point d'acheteurs. On a beau attendre, jamais on ne peut rien leur vendre, à moins de subir les conditions qu'ils imposent[1]. On désigne ordinairement les gens de Sort par le sobriquet d'*Abîd-Kirilla* « les serviteurs de

tenant le nom de *Medina-t-es-Soltan*. (Della Cella, Barth.) — On donne le nom de *Sirt* à tout le littoral de la grande Syrte, dont la partie orientale est nommée maintenant *Djoun el-Kibrit* « le golfe du soufre ».

[1] Il en était de même à Rome, du temps de Plaute : *Omneis conpacto rem agunt quasi in Velabro olearii* (*Capt.* 423).

Kirilla » [1], ce qui leur déplaît beaucoup. Un poëte fit contre eux une satire dans laquelle il s'exprima ainsi :

Les Abîd-Kirilla sont, en affaires, les hommes les plus durs, et en conduite, les êtres les plus vils.

Puisse le Seigneur refuser sa miséricorde aux habitants de Sort, et ne jamais les abreuver d'une eau douce et limpide!

Un autre poëte a dit sur le même sujet :

Ville de Sort! puissent tous les cœurs vous détester! (Habitants de Sort!) pour vous louer ma langue sera toujours muette.

---

[1] « *Kirilla* est le nom d'un petit oiseau aquatique dont la voracité et la méfiance sont passées en proverbe. Il est toujours à planer en l'air, où il se tient penché de côté, comme les milans; d'un œil il regarde l'eau, et s'il y voit un poisson, il s'élance dessus comme une flèche; il a l'autre œil tourné vers le ciel, et, s'il aperçoit un oiseau de proie, il s'envole vers la terre. Un faiseur de rimes disait à ce sujet : *Sois méfiant comme le kirilla; s'il voit du bon, il s'abat dessus; s'il voit du danger, il s'enfuit.* Un grammairien et philologue arabe déclare que le mot *kirilla* était le sobriquet d'un homme très-poltron et très-gourmand, et, pour justifier son opinion, il cite les vers suivants,

يا من جبانى وملّا   خشبيت اهلا وسهلّا
وما ترحّبت لمّا   رايت مسالى فلّا
انى اظنّتك تحكى   بما فعل الفرلّا

Tu m'as rudoyé et repoussé — pour ne pas m'offrir la bienvenue.
Tu m'as refusé l'hospitalité — en voyant que j'étais devenu pauvre.
Il me semble que tu as voulu imiter — la conduite d'El-Kirilla. »

Un personnage aussi peu digne de respect était bien le patron qui convenait aux habitants de Sort. (Voy. Schultens, *Meidanii proverbia arabica*, p. 166. Je ne cite pas le *Camous*, dont le texte est altéré en cet endroit : pour فرق il faut lire مرفرفا.)

Vous vous êtes revêtus de votre ignominie, et rien dans votre aspect ni dans votre habillement ne saurait plaire.

Économes de traits de générosité, vous êtes prodigues de turpitudes et d'infamies!

Ils parlent une espèce de jargon qui n'est ni arabe, ni persan, ni berber, ni copte; personne ne peut les comprendre excepté eux-mêmes. Leur caractère est tout à fait l'opposé de celui des habitants de Tripoli, qui sont les plus aimables des hommes dans leurs rapports sociaux, les plus honorables dans leurs transactions commerciales et les plus polis envers les étrangers.

De Sort à Tripoli on compte dix journées de marche; de Sort à Adjedabiya, six journées, et d'Adjedabiya à Barca, six journées.

ATRABOLOS « Tripoli ». On dit que le nom de cette ville signifie en langue étrangère, en grec, *trois villes*. Les anciens Grecs la nommaient *Tarbolîta*, ce qui, dans leur langue, signifie aussi *trois villes*; *tar* veut dire *trois*, et *bolîta*, *ville*. L'on rapporte qu'elle eut pour fondateur l'empereur Sévère (*Ichefaros Caisar*). Elle se nomme aussi *Medina-t-Anas* [1].

---

[1] *Anas* (en caractères arabes اناس) est la leçon offerte par les manuscrits M et P. Le manuscrit E porte اياس (*aïas*), qui est probablement la bonne leçon, parce qu'elle représente à peu près le mot Ἐὄας, génitif d'Ἐὄα, l'ancien nom de la ville. Vers le commencement du IIIe siècle de notre ère la province de Tripoli reçut le nom qu'elle porte encore maintenant; elle renfermait alors trois grandes villes : *Leptis magna* « Lebda », *Sabratha* « Sabra » et *Oea* « Tripoli ». Pour se rendre raison de l'emploi de la forme génitive *aïas*, on se rappellera qu'en latin beaucoup de noms de villes se mettaient à l'un des cas obliques, quand ils servaient de réponse à la question

Tripoli, ville située sur le bord de la mer, est entourée d'une muraille de pierre solidement bâtie. Elle renferme un *djamé* de belle architecture, des bazars très-fréquentés et un grand nombre d'excellents bains. On y voit aussi une mosquée appelée la *Mosquée d'Es-Chiâb*, qui attire beaucoup de visiteurs. Aux environs de la ville on voit des Coptes[1], habillés[2] comme les Berbers, mais parlant la langue copte[3]. Leurs villages se trouvent à l'est et à l'ouest de Tripoli, sur une longueur de trois journées, jusqu'au lieu nommé Beni-'s-Saberi[4]. Du côté du midi les établissements coptes se rencontrent pendant deux journées de marche, jusqu'à la limite du territoire appartenant aux Hoouara. On remarque à Tripoli un grand nombre de *ribats*[5], habités par les

---

où. C'est ainsi qu'en Afrique le nom de *Carthago* «Carthage» et en Espagne celui de *Carthago nova* (Carthagène) sont devenus *Carthadjéné* ou *Carthadjena*.

[1] Ici les manuscrits A, M et P portent *Anbat* «Nabatéens»; celui de l'Escurial donne la leçon qui se trouve dans le texte imprimé.

[2] Lisez ى‎ى à la place de ىد‎, dans le texte arabe.

[3] En arabe *El-Cobtiya*, leçon de tous les manuscrits. Elle justifie complétement la leçon *Acbat* dans les passages auxquels se rapportent la note 1 de cette page et la note 2 de la page 426.

[4] Var. *Beni-Sameri*, P. Il a fallu traduire ce passage servilement et presque mot à mot, afin de montrer ce qu'il y a de vague et d'incertain dans le texte arabe.

[5] *Ribat*, petit fort bâti sur la frontière du territoire islamique et renfermant une garnison composée de volontaires. Les musulmans qui désiraient mériter les grâces spécialement réservées pour les fidèles qui prenaient part à la guerre sainte pouvaient obtenir ce bonheur en allant passer quelques mois dans une *ribat*. Là, pendant les intervalles du service militaire, ils se livraient aux pratiques de la dévotion. Plusieurs de ces établissements finirent par devenir

gens qui se livrent à la dévotion. Le plus fréquenté et le plus renommé de ces édifices est la mosquée d'Es-Chiâb. Le port de la ville est abrité contre presque tous les vents.

[De Maghmedas à Cosour-Hassan, une journée[1]; de Sort à Maghmedas, une journée[2]; de Cosour-Has-

de simples couvents où les dévots se retiraient afin d'éviter les tracas du monde et de se livrer à la prière. D'autres conservèrent leur destination militaire, mais, avec le temps, ils devinrent de véritables repaires de débauchés et de malfaiteurs. Dans les premiers siècles de l'islamisme, une ligne de *ribats* couvrait les frontières de l'empire, depuis l'océan Atlantique jusqu'à l'Indus. On les nommait *ribats*, parce qu'ils servaient à *lier ensemble* (*rabat*) et à conserver les territoires les plus exposés aux attaques des infidèles. Les personnes qui s'attachaient à un *ribat* prenaient le titre de *morabet*, mot dont les Européens ont fait *marabout* et qu'ils emploient pour désigner non-seulement un homme religieux, un anachorète, mais aussi son tombeau. Les Almoravides, en arabe *El-Morabetîn*, avaient pris ce nom, parce qu'ils formaient un ordre religieux et que les initiés étaient affiliés à leur *ribat*. Aussi, chez eux, l'expression *s'attacher au ribat, au rabeta*, signifiait devenir membre du corps des Almoravides.

[1] Tout ce passage mis entre deux parenthèses ne se trouve que dans le manuscrit E. Bien qu'il n'occupe pas dans le texte la place où il devrait se trouver, on ne peut guère croire que ce soit l'ouvrage d'un interpolateur; au style et à la rédaction on reconnaît la touche d'El-Bekri. — Cosour-Hacen est placé par l'Idrîci à 70 milles de Sort, sur la route qui part de cette dernière ville et traverse l'intérieur du pays jusqu'à Tripoli.

[2] Dans les manuscrits d'Ibn-Abd-el-Hakem, on lit *Mâghmedas*. (Voy. *Hist. des Berbers* d'Ibn-Khaldoun, t. I, p. 309.) L'auteur du dictionnaire géographique arabe intitulé *Merased el-Ittilâ* écrit ce nom *Mâmerach;* mais ses indications ne sont pas toujours exactes. L'Idrîci place *Maghdach* sur le bord de la mer, à une journée et demie est de Sort (traduction, t. I, p. 290). Si M. Barth n'avait pas identifié Sort avec l'ancienne *Charax*, et Zafran (qui est à une journée ouest de Sort) avec *Macomades*, on aurait pu faire un rapprochement entre ce dernier nom et celui de *Maghmedas* (voy. *Wanderungen*, t. I,

san on se rend à Er-Racheda « la bien placée », puits d'eau saumâtre, qui reçut ce nom de Hassan ibn en-Noman[1]. Voilà ce que l'on rencontre lorsqu'on se dirige de l'Égypte vers le Maghreb. *Maghmedas* est une idole[2] dressée sur le rivage de la mer et entourée de plusieurs autres idoles. Là se trouve un château bâti par El-Aarabi, officier qui commandait à Sort au nom des Beni-Obeid-Allah [les Fatemides]. Ce fut à Maghmedas qu'Abou-'l-Ahouès-Amr el-Eidjli livra bataille[3] à Abou-'l-Khattab Abd el-Aala ibn es-Sameh, chef de la secte des Ibadites[4]. La rencontre eut lieu près de la mer; Abou-'l-Ahouès y perdit beaucoup de monde, essuya une défaite et s'enfuit en Égypte. Le vainqueur s'empara du camp ennemi et reprit le chemin de Tripoli. Ceci eut lieu en l'an 142 (759-760 de J. C.). Quand Zoheir ibn Caïs fut tué à Barca[5], [le khalife] Abd el-Mélek ibn Merouan confia le gouvernement de l'Ifrîkiya à Hassan ibn en-Noman el-Ghassani. Cet officier se rendit à sa destination dans le mois de moharrem 68 (juillet-

p. 375). L'identité serait parfaitement certaine, si l'on rejetait l'indication de l'Idrîci.

[1] Gouverneur de l'Ifrikiya vers l'an 70 de l'hégire. (Voy. *Hist. des Berbers*, t. I.)

[2] En arabe *sanem*, mot qui signifie aussi *piédestal, colonne, stèle*. « A une heure de distance de Zaffran (le Safran de Barth), à l'est, on aperçoit une colonne assez haute et de forme carrée. Elle est placée sur un socle de grès dont les inscriptions sur les quatre faces ne sont malheureusement plus lisibles. » (Della Cella *apud* Ritter, trad. franç. t. III, p. 220.)

[3] Voy. *Hist. des Berbers*, traduction, t. I, p. 374.

[4] *Ibid.* t. I, p. 204.

[5] *Ibid.* t. I, p. 338.

août 687)[1]. Il eut une rencontre dans le territoire de Cabes avec l'armée de la Kahena[2], dont l'avant-garde était commandée par un des anciens généraux de Koceila ibn Lemezm[3]. Le combat fut très-acharné; le chef de la cavalerie de Hassan perdit la vie, et Hassan lui-même prit la fuite. Ses compagnons le suivirent et ils s'arrêtèrent tous à l'abreuvoir que l'on connaît maintenant sous le nom de Cosour-Hassan « les châteaux de Hassan » et qui est situé sur la route de l'Égypte. La plupart de ses troupes moururent sur le champ de bataille. Quatre-vingts prisonniers, tombés entre les mains de la Kahena, se virent traités avec bonté : tous furent mis en liberté, à l'exception de Yezîd fils de Khaled el-Caïci[4]. Lorsqu'ils revinrent auprès de Hassan et qu'ils lui racontèrent ce qui était arrivé à Yezîd, il en éprouva une vive satisfaction. Il écrivit alors à Abd el-Mélek [le khalife], pour l'informer de l'échec que la Kahena lui avait fait éprouver, et pour lui demander l'envoi d'un corps de secours. Dans sa réponse, Abd el-Mélek lui ordonna de rester dans l'endroit où il se trouvait. Ce fut alors que Hassan y bâtit les deux châteaux dont on voit encore les ruines.

[1] En l'an 74, selon Ibn-el-Athîr; en 76 ou 77, d'après les indications d'Ibn-Abd-el-Hakem; en 78, selon l'auteur du *Baïan*. La chronologie du premier siècle de l'islamisme, en ce qui regarde l'Afrique et l'Espagne, n'est nullement certaine.
[2] *Hist. des Berb.* t. I, *passim;* t. III, p. 192 et suiv.
[3] *Ibid.* passim.
[4] Selon Ibn-Khaldoun et En-Noweiri, ce personnage se nommait Khaled, fils de Yezîd.

Dans le voisinage se trouvent un grand nombre de jardins et deux puits qui fournissent, en petite quantité, une eau saumâtre.

El-Casr el-Abiad « le château blanc », maintenant ruiné, est la station la plus proche de *Kharaïb Abi-Halîma* [1]; il est situé sur le haut de l'Acaba. Dans le voisinage on remarque une citerne ruinée. Mohammed [2] rapporte qu'on avait entendu d'un natif d'Alexandrie la tradition suivante : l'apôtre de Dieu a dit : « Celui dont les péchés sont nombreux doit placer la Libye derrière lui [3]. » Le même Mohammed ajoute qu'*El-Casr el-Abiad* marque l'extrême limite du territoire des Louata. Au pied de la montée de l'Acaba habitent les Mezata.]

Tripoli est une ville où les fruits et les vivres se trouvent en grande abondance. On voit quelques beaux jardins à l'est de la ville, qui touche aussi à une vaste *sibkha* [4], d'où l'on extrait beaucoup de sel. Dans l'intérieur de la ville est le *Bir-Abi-'l-Kenoud* « le puits d'Abou-'l-Kenoud », qui a fourni aux Tripolitains un terme de reproche, puisque ses eaux, à ce qu'ils prétendent, affaiblissent la raison de celui qui en boit. Quand un homme se conduit d'une manière inconvenante, ils lui disent : « On ne

---

[1] Voy. ci-devant, p. 10.
[2] Voy. ci-devant, p. 9, note 4.
[3] C'est-à-dire il doit traverser la Libye, passer en Ifrîkiya et combattre les infidèles, afin d'obtenir le pardon de ses péchés.
[4] *Sibkha*, lac renfermant de l'eau salée; lac desséché dont le fond est couvert d'une couche de sel; fondrières cachées sous une croûte de sel et de sable.

doit pas vous blâmer, car vous avez bu au puits d'Abou-'l-Kenoud. » Le puits nommé Bir el-Cobba « le puits de la Coupole » est celui qui donne la meilleure eau.

Le récit que nous allons donner provient d'El-Leith ibn Saad : « Amr, fils d'El-Aci, marcha contre Tripoli en l'an 23 (643-644 de J. C.) et, s'étant arrêté auprès de la coupole située sur la hauteur, à l'est de la ville, il bloqua la place pendant un mois, sans y faire la moindre impression. Un individu de la tribu (arabe) de Modledj sortit alors du camp avec sept autres pour aller à la chasse. Ils passèrent dans la campagne, à l'occident de la ville, et ils y trouvèrent la chaleur si forte qu'en revenant ils suivirent le rivage de la mer. La muraille de Tripoli aboutissait à la mer, sans qu'il y eût un mur de séparation entre la mer et la ville, et les navires entraient dans le port jusqu'aux maisons. Le Modledjide et ses compagnons, s'étant aperçus que la mer avait baissé au point de laisser à sec un espace de terrain à côté de la ville, passèrent par ce sentier jusqu'à l'église et se mirent à pousser le cri d'*Allahou akbar* « Dieu est très-grand. » Il ne resta plus alors aux *Roum* qu'à se réfugier dans leurs navires. Amr, ayant fait avancer ses troupes, pénétra dans la place et força les assiégés à s'embarquer avec leurs effets les plus faciles à emporter. Tout ce qui resta dans la ville devint la proie du vainqueur. »

Le mur qui couvre Tripoli du côté de la mer fut construit par Herthema ibn Aïen, à l'époque où il était gouverneur de Cairouan (179 de l'hégire, = 795-796 de J. C.).

Dans les dépendances de Tripoli se trouve une plaine appelée Soubidjîn [1], qui [étant ensemencée] rend, en certaines années, cent grains pour un; de là vient un dicton des Tripolitains : *La plaine de Soubidjîn produit en une année [de quoi suffire] pour plusieurs années.*

Djebel-Nefouça « la montagne des Nefouça » est à trois journées de Tripoli et à six de Cairouan. Sa longueur, de l'orient à l'occident, est de six journées. A côté des Nefouça habitent les Beni-Zemmour, tribu qui possède un château nommé Tîract [2]. Cette place est très-forte et peut être regardée comme imprenable. Après avoir passé Tîract on trouve les Beni-Tedermît [3], tribu qui possède trois châteaux. Au milieu [du territoire occupé par] ces peuplades s'élève une grande ville nommée Djaddou [4], qui renferme des bazars et une nombreuse population de juifs. Au rapport de Mohammed ibn Youçouf, Cherous est la métropole de tous les bourgs de la montagne des Nefouça. C'est une belle ville, grande et très-peuplée. La majorité des habitants appartient à la

[1] Cette localité est encore remarquable par sa fertilité; elle est située à environ 36 lieues au sud de la ville de Tripoli. (Voy. Barth, *Travels in north and central Africa*, vol. I, p. 99, 104, et *Journal asiatique*, 5ᵉ série, t. V, p. 156.) Elle s'appelle aujourd'hui *Soufedjin*.

[2] Variantes : *Tîreft*, E; *Bîrect*, P.

[3] Var. *Bedermît*, P; *Terdîmet*, E.

[4] Sur la carte de la régence de Tripoli, par MM. Prax et Renou, cette ville est placée à 91 milles géographiques au sud-ouest de Tripoli.

secte ibadite [1]. Il n'y a point de *djamé* dans Cherous ni dans les bourgs qui l'entourent, bourgs dont le nombre dépasse trois cents, tous bien peuplés. Ces gens n'ont jamais pu s'accorder sur le choix d'un imam capable de présider à la prière publique. Cherous est à cinq journées de Tripoli. Le château de Lebda, situé entre ces deux villes [2], est de construction antique, en pierres et en chaux. Aux environs sont plusieurs beaux monuments des temps anciens et beaucoup de ruines. Ce château a pour habitants une troupe d'environ mille cavaliers arabes, qui sont toujours en guerre avec les tribus berbères du voisinage. Celles-ci pourraient bien mettre sur pied vingt mille combattants, tant cavaliers que fantassins, et cependant elles se laissent dominer par les Arabes. Au centre de la montagne des Nefouça on trouve des dattiers, des oliviers et des arbres fruitiers en quantité. Quand on convoque les tribus des alentours, on peut réunir seize mille guerriers. Amr ibn el-Aci soumit les Nefouça, qui étaient alors des chrétiens, et il ne sortit de leur pays qu'après avoir reçu d'Omar [le khalife] une lettre [de rappel].

Pour se rendre de Nefouça à Zouîla [du Fezzan] l'on se dirige d'abord vers la ville de Djáddou; de là on marche à travers un désert et au milieu des sables

---

[1] Voyez l'*Hist. des Berbers*, t. I, p. 204, note.

[2] Cette indication, si elle est exacte, montre que Cherous était située à l'orient du mont Nefouça et bien loin de la position que notre géographe vient de lui assigner. On sait que la Lebda tripolitaine est l'ancienne *Leptis magna*,

pendant trois jours ; alors on arrive à TÎRI[1], endroit situé sur le flanc d'une montagne et renfermant beaucoup de puits et de dattiers. Après avoir gravi cette montagne on entre dans un désert plat et uni, où l'on marche pendant quatre jours environ, sans trouver de l'eau. Alors on s'arrête auprès d'un puits nommé AOUDERF. En quittant cette localité on aborde les hautes montagnes appelées TARGHÎN, où l'on marche pendant trois jours avant d'atteindre TA-MERMA, ville qui possède beaucoup de dattiers et qui a pour habitants les Beni-Guildîn et les Fezana. Il se produit chez ces peuples un fait très-singulier. Si un homme a commis un vol, ils tracent un écrit qu'ils se communiquent les uns aux autres ; dès lors le voleur demeure dans une agitation continuelle, sans trouver du repos, jusqu'à ce qu'il avoue son crime et fasse restitution ; pour que ses souffrances prennent fin, il faut que cet écrit soit effacé. Parti de cette ville, on met deux jours pour se rendre à SEBAB[2], ville qui possède beaucoup de dattiers, aussi bien que la précédente. Les habitants cultivent la plante qui fournit la teinture appelée *nîl* « indigo ». En quittant Sebab on entre dans un désert plat et uni, où l'on ne voit rien qu'une étendue de sable très-fin, sans aucun mélange de gravier ni de terre.

[1] Ou *Tira*. Par l'addition d'un point à la troisième lettre de ce nom propre, on obtient un mot purement berber : *Tîzi*, qui signifie *coteau;* en effet, notre auteur va nous apprendre que cet endroit était sur le flanc d'une montagne. Sur nos cartes on ne trouve aucune des localités qu'El-Bekri place entre Djaddou et Zouîla.

[2] Var. *Senab*, E.

Dans ces lieux, un os, vu de loin, paraît un château, et un crottin de chameau semble être un homme. Une journée de marche conduit de ce désert à Zouîla, ville sans murailles, située au milieu du désert et grande[1] comme Adjedabiya. C'est là que commence le pays des noirs. Zouîla renferme un *djamé*, un bain et plusieurs bazars; c'est l'entrepôt des caravanes : elles s'y rendent de tous les pays, et là elles se séparent pour aller à leurs destinations respectives. Cette ville possède des dattiers et un terrain uni qui sert à la culture et qui s'arrose par le moyen de chameaux.

Quand Amr ibn el-Aci eut achevé la conquête de Barca, il envoya Ocba ibn Nafê en expédition. Cet officier marcha jusqu'à Zouîla et réduisit au pouvoir des musulmans toute la région qui s'étend entre ces deux villes. On voit à Zouîla le tombeau du poëte Diêbil ibn Ali'l-Khozaï[2]; à ce sujet Bekr ibn Hammad dit :

A Zouîla la mort surprit Diêbil; sur le territoire de Barca elle frappa Ahmed ibn Khasîb[3].

Entre Zouîla et Adjedabiya il y a quatorze jour-

---

[1] La Zouîla du Fezzan a maintenant perdu toute son importance; c'est *Morzouc*, en langue touarègue *Merzec*, qui la remplace comme centre de commerce.

[2] Selon Ibn-Khallikan (*Biographical dictionary*, traduit en anglais par l'éditeur et traducteur d'El-Bekri, vol. I, p. 510), Diêbil mourut à Tîb, ville située à environ 54 lieues sud-est de Baghdad.

[3] Ahmed ibn el-Khacîb, secrétaire du khalife abbacide El-Ouathec, fut nommé vizir du khalife El-Montecer en l'an 248 (862). Les poëtes ont souvent célébré sa générosité.

nées de marche. Les habitants de Zouîla emploient
un moyen très-ingénieux pour la garde de leur ville.
Celui qui, à tour de rôle, doit faire le guet, prend
une bête de somme et lui attache sur le dos un
grand faisceau de branches de dattier, dont il
laisse les extrémités traîner sur le sol. Il fait alors le
tour de la place avec l'animal. Au lendemain, de
bonne heure, il sort avec quelques compagnons,
montés comme lui sur des chameaux de course [1], et
fait encore une tournée autour de la ville. S'ils re-
marquent alors sur le sable l'empreinte de pas [laissée
par quelqu'un qui serait] sorti de la ville, ils suivent
ces traces et ne manquent jamais d'atteindre le fugitif; que ce soit un voleur, ou un esclave de l'un
ou de l'autre sexe, ou bien un chameau. Zouîla est
au sud-ouest de Tripoli [2]. C'est de Zouîla qu'on exporte les esclaves en Ifrîkiya et aux contrées voisines.
Les achats s'y font au moyen de courtes pièces
d'étoffe rouge.

Au delà du désert de Zouîla, et à quarante journées
de cette ville, est situé le pays des KANEM [3], race de
nègres idolâtres, chez qui il est très-difficile de se
rendre. On assure qu'il existe dans cette contrée
une peuplade descendue de quelques Oméïades qui
s'y réfugièrent à l'époque où leur famille fut en butte

---

[1] Littéralement *chameaux de selle*. En touareg, le *méhari* ou
dromadaire se nomme encore *amnis en trig*, c'est-à-dire « chameau
de selle. »

[2] D'après les indications de nos derniers voyageurs, Zouîla est
au sud-sud-est de Tripoli.

[3] Immédiatement au nord-est du lac Tsad.

-aux persécutions des Abbacides. Ils conservent encore l'habillement et les usages des Arabes.

Il y a cinq journées de marche entre Zouîla et SEBHA[1], grande ville qui renferme un *djamé* et plusieurs bazars. Entre Sebha et HOLL[2] il y a aussi une distance de cinq journées. La ville de Holl contient une nombreuse population; elle possède une grande quantité de dattiers et plusieurs sources d'eau vive. Dans l'espace d'une journée l'on se transporte de Holl à OUEDDAN, ville qui a un château fort et plusieurs rues qui se ferment au moyen de portes. Elle est composée de deux quartiers séparés et a pour habitants deux tribus arabes : l'une sehmide et l'autre originaire du Hadramaut. La ville des Sehmides se nomme DILBAK et celle des Hadramites BOUSA[3]. Ils n'ont qu'un seul *djamé*, lequel est situé entre les deux villes. La jalousie et l'inimitié que chacune de ces tribus ressent pour l'autre les portent très-souvent à des actes de violence et à la guerre. Les habitants de Oueddan ont chez eux des docteurs de la loi, des hommes habiles dans la lecture du Coran et des poëtes. Les dattes font leur principale nourriture; le peu de grains qu'ils cultivent devant être arrosés par le moyen de chameaux. A trois journées de Oueddan est situé TADJIRFET[4], ville qui renferme un

---

[1] A environ 22 lieues au nord de Morzouc.

[2] Ceci est peut-être l'endroit auquel nos cartes donnent le nom de Houn et qu'elles placent à 45 lieues nord-nord-est de Sebha et à 2 lieues est-nord-est de Sokna.

[3] Variantes : *Youci*, A; *Lous*, P. — [4] Dans le dictionnaire géographique intitulé *Merasid el-Ittilâ*, ce nom est écrit *Taddjerift*.

djamé et une population composée de natifs de Oueddan. On y trouve des dattes en grande quantité et surtout l'espèce nommée *el-berni*. De cette ville on se rend à Sort, localité située à douze journées de Zouîla et à douze journées de la ville de Oueddan. Occupant une position intermédiaire entre ces deux endroits, elle a Zouîla à l'ouest et Oueddan à l'est. Nous donnons ceci sur l'autorité de Mohammed [Ibn-el-Ouerrac][1]. D'après l'itinéraire que nous venons de citer, il paraît qu'il y a quatorze journées entre Tadjirfet et Zouîla, par le chemin le plus direct, et que de Tadjirfet à Fostat il y a vingt-neuf journées.

Voici une autre route de Zouîla à Tadjirfet : de Zouîla à Temissa[2], deux journées. Temissa est une grande ville renfermant un *djamé* et quelques bazars. De là on se rend à Zelha[3], à travers un désert, où il faut marcher pendant huit journées. A moitié chemin on trouve un lieu de station appartenant aux gens de Oueddan. Zelba est une ville grande et vaste; elle renferme un *djamé* et possède beaucoup de dattiers, ainsi qu'une source d'eau peu abondante. Les habitants appartiennent à la tribu [berbère] des

---

[1] Les indications de Mohammed ibn el-Ouerrac sont tout à fait fausses : Oueddan est à douze journées sud-ouest de Sort, et Zouîla à 58 lieues sud de Oueddan.

[2] Tous les manuscrits portent تسمى (*tocemma*), c'est-à-dire *elle est nommée*, bévue assez naturelle à des copistes qui avaient sous les yeux le nom propre تميسى (*Temissa*). Cette ville a été visitée par Hornemann et figure sur nos cartes modernes.

[3] Cette ville est située au nord-est de Temissa et porte, sur nos cartes, le nom de *Zella*.

Mezata. De Zelha à Fahs-Berkana « la plaine de Berkana », il y a six journées de marche. De ce dernier endroit l'on se rend à El-Faroudj, château ruiné, auprès duquel se trouve une citerne. Il est situé au milieu d'une *sibkha*. Entre cette localité et Sort il y a cinq journées, et de là à la ville d'Adjedabiya une journée[1]; d'Adjedabiya à Casr-Zîdan el-Feta « le château de Zîdan le page », trois journées; de là, en quatre journées, on parvient à Aoudjela, ville très-peuplée, qui possède beaucoup de dattiers. *Aoudjela* est le nom du canton, celui de la ville est Arzakiya. Le territoire d'Aoudjela est couvert de villages, de dattiers et d'arbres, dont une partie fournit des fruits. La ville renferme plusieurs mosquées et bazars. De là à Tadjirfet il y a quatre journées de marche. Le voyageur qui veut se rendre de *Tripoli* à *Oueddan* traverse le pays des Hoouara, en se dirigeant vers le sud. Sur cette route il rencontre une suite de camps, des tentes de poil, habitées par les nomades, des tours de guet et des lieux de station; puis il arrive à Casr-Ibn-Meimoun « le château d'Ibn-Meimoun ». Toutes ces localités font partie de la province de Tripoli. A trois journées de Casr-Ibn-Meimoun on rencontre une idole de pierre dressée sur une colline et appelée Guerza. Jusqu'à nos jours les tribus berbères des environs lui offrent des sacrifices; elles lui adressent des prières pour obtenir la guérison de leurs maladies et lui attribuent le

---

[1] Il y en a six : voy, ci-devant, page 18, et toutes nos cartes modernes.

pouvoir de faire accroître leurs richesses [1]. De cette idole à OUEDDAN il y a trois journées de marche.

[1] Nos cartes placent Guerza sur une rivière du même nom, à moitié chemin de Tripoli à Oueddan. Le capitaine W. H. Smyth lui donne 30° 37′ de latitude nord. Dans une lettre adressée par ce marin distingué à M. le baron de Zach et insérée dans la *Correspondance astronomique* de 1818, p. 66, on lit ce passage : « Étant arrivé à Ghirza, je n'y vis que quelques maisons de construction moderne. Pas loin de là, sur la pente d'une colline, j'aperçus, dans un ravin, quelques tombeaux. M'étant approché, je vis qu'ils étaient du plus mauvais goût. Des ornements, avec des colonnes sans proportion, avec des chapiteaux extrêmement lourds, dans lesquels aucune règle d'architecture n'avait été observée. Tout l'entablement était surchargé de figures grossières et grotesques, qui représentaient en bas-relief des guerriers, des chasseurs, des chameaux, des chevaux et autres animaux qui étaient plutôt raclés que sculptés dans la pierre. L'espace entre la base et la corniche était rempli d'arabesques les plus baroques. L'oubli de toute pudeur était remarquable dans plusieurs figures. »

Une des routes qui conduisent du Fezzan à Tripoli passe auprès de ces ruines. Tous les voyageurs venant de l'intérieur les regardent avec étonnement. Le nom de *Guerza*, donné à une idole ou stèle, fait penser à ces vers de Corippus :

Ierna ferox his ductor est *Gurzil*que sacerdos.
Huic referunt gentes pater est quod corniger Ammon,
Bucula torva parens.
(*Johannide*, II, 109 et seq.)

Marmaridum interea nocturnis dedita sacris
Castra fremunt, statuuntque aras et inania pascunt
Numina. Producunt pecudes altaria circum
Et fundunt miserum rivis per prata cruorem.
Hi mactant *Gurzil*, illi tibi corniger Ammon.
(*Johannide*, VII, 300 et seq.)

On sait que les sacrifices dont Corippus parle eurent lieu dans une localité située à quelques journées seulement au sud de Tripoli. Dans le musée d'Alger on voit un hermès ou stèle, en pierre de grès, qui représente, soit le *corniger Ammon*, soit son fils Gurzil.

Amr ibn el-Aci, étant occupé à faire le siége de Tripoli, ville dont il s'empara en l'an 23 (643-644 de J. C.), envoya (Bosr) ibn Artah[1] à Oueddan. Après la conquête de ce pays, les habitants, dit Ibn-Abd-el-Hakem[2], rompirent le traité qu'ils avaient fait et refusèrent de payer le tribut que Bosr leur avait imposé. En l'an 46 (666-667 de J. C.), Ocba ibn Nafê el-Fihri [le Coraïchide] partit pour le Maghreb, où Moaouïa ibn Hodeidj[3] l'avait déjà devancé. Bosr ibn Artah et Cherîk ibn Soheim, membres de la tribu de Morad, se mirent en route avec lui. S'étant avancé jusqu'à Ghadams, dans le territoire de Sort, il y laissa le gros de son armée sous les ordres de Zoheir ibn Caïs el-Beloui « de la tribu de Bely », et prit la route de Oueddan avec quatre cents cavaliers, quatre cents chameaux et une provision de huit cents outres d'eau. Arrivé à Oueddan, il en fit la conquête, se saisit du roi qui gouvernait ce pays et il lui coupa une oreille. « Pour-

---

[1] El-Bekri écrit ce nom *Bichr ibn Artah;* mais Ibn-Doreid, dans son *Icheticac,* éd. de Gottingue, p. 72, écrit *Bosr ibn Abi-Artah.* L'auteur du *Camous* nomme ce personnage *Bosr ibn Artah,* et Abou-'l-Mehacen dit la même chose dans son *Nodjoum,* éd. de Leyde, t. I, p. 159, tout en avertissant ses lecteurs que la voyelle du mot *Bosr* est réellement un *o*.

[2] Ibn-Abd-el-Hakem, historien qui écrivait dans le III° siècle de l'hégire, a, le premier, publié le récit qui va suivre. (Voy. l'*Hist. des Berb.* d'Ibn-Khaldoun, t. I, p. 302 et 308.)

[3] L'orthographe du nom propre *Hodeidj* est fixée par l'auteur du *Camous* et par Abou-'l-Mehacen (*Nodjoum,* t. I, p. 153). L'époque de la nomination d'Ibn-Hodeidj au gouvernement de l'Ifrîkiya et celle de son rappel sont incertaines. (Voy. *Hist. des Berb.* t. I, p. 308, note; p. 324, etc.)

quoi me traiter ainsi? lui dit le roi, les musulmans n'ont-ils pas fait avec moi un traité de paix? » — « C'est pour t'apprendre à vivre, lui répondit Ocba ; toutes les fois que tu porteras ta main à l'oreille tu te souviendras [de cette leçon] et tu ne seras pas tenté de faire la guerre aux Arabes. » Alors il se fit donner trois cent soixante esclaves, tribut que Bosr lui avait imposé. S'adressant ensuite aux habitants, il leur dit : « Qu'y-a-t-il derrière vous? » Ils répondirent : « DJERMA [1], la capitale du grand Fezzan. » Après une marche de huit nuits, il arriva auprès de cette ville et somma les habitants d'embrasser l'islamisme. Ils y consentirent et leur roi sortit pour visiter le chef arabe, qui avait fait halte à six milles de là. Quelques cavaliers, envoyés par Ocba, se jetèrent entre le roi et son cortége, l'obligèrent à mettre pied à terre et le conduisirent auprès de leur chef. Comme il était d'un tempérament délicat, il arriva excédé de fatigue et crachant le sang. « Pourquoi me traiter ainsi, dit-il à Ocba, ne venais-je pas de bon gré? » — « C'est pour te donner une leçon, lui répondit Ocba, tu t'en souviendras toujours et tu ne songeras jamais à combattre les Arabes. » Après lui avoir imposé un tribut de trois cent soixante esclaves, il se dirigea, sans tarder davantage, vers les châteaux (*cosour*) du Fezzan, et les emporta l'un après l'autre jusqu'au plus reculé. Ayant demandé

---

[1] La ville de Djerma, l'ancienne *Garama*, capitale des Garamantes, est maintenant en ruines et tout à fait abandonnée. Elle a été visitée par M. Barth.

aux habitants de ce lieu s'il demeurait encore quelqu'un au delà de leur pays, il apprit qu'il y avait des habitants à Djaouan, grand château situé sur le bord du désert, au sommet d'une montagne escarpée, et qui servait de citadelle (*casaba*) aux Koouar[1]. Après quinze nuits de marche, il arriva devant cette forteresse et y mit le siége. Voyant au bout d'un mois qu'il ne pouvait s'en emparer, il passa outre et se mit à prendre les autres châteaux des Koouar, depuis le premier jusqu'au plus reculé. Leur roi, qui se trouvait dans celui-ci, fut amené devant Ocba, qui lui abattit un doigt de la main. — « Pourquoi me traiter ainsi? » lui dit le roi. « Pour te donner une leçon, répondit Ocba; toutes les fois que tu jetteras les yeux sur ta main tu ne penseras pas à combattre les Arabes. » Ayant alors imposé à ce peuple un tribut de trois cent soixante esclaves, il leur demanda s'il y avait encore des habitants au delà de leur pays et, sur leur réponse qu'ils n'en connaissaient point, il reprit la route de Djaouan. Arrivé devant cette place, il ne fit aucune tentative contre elle. Sans s'y arrêter, il continua sa marche pendant trois jours. Les habitants, se croyant alors dans une sécurité parfaite, oublièrent tous leurs soucis. L'endroit où Ocba fit halte reçut le nom de Ma el-Farès « l'eau du cheval », pour la raison que nous allons raconter : la colonne avait épuisé sa provision d'eau et l'on était sur le point de mourir de soif, quand Ocba fit, avec ses compa-

---

[1] Le pays des Tibbous, situé au sud-sud-est de Morzouc, porte encore de nos jours le nom de *Kouwar*.

gnons, une prière de deux *rekâ*¹ et invoqua le Tout-Puissant. A peine eut-il fini que son cheval remua le sol avec ses pieds de devant et mit à découvert un rocher d'où coulait de l'eau. Ocba donna aussitôt l'ordre de creuser la terre et bientôt on trouva de l'eau excellente. Il s'en retourna vers Djaouan, en suivant une autre route que celle par où il était passé, et il réussit à pénétrer de nuit dans l'intérieur de la place, pendant que les habitants se reposaient dans la sécurité la plus profonde. La garnison fut massacrée; les femmes, les enfants et les biens des habitants devinrent la proie du vainqueur. De là il alla rejoindre l'armée à Zouîla, après une absence de cinq mois. S'étant alors dirigé vers l'occident (*Maghreb*), tout en évitant le chemin battu, il pénétra dans le territoire des Mezata et s'empara de tous leurs châteaux. Ensuite il marcha sur Cafsa, et l'ayant prise, ainsi que Castîliya, il se rendit à Cairouan.

ROUTE D'AOUDJELA AUX OASIS (EL-OUAHAT).

D'Aoudjela à SENTERIYA² il y a dix journées de marche, à travers une plaine de sable où l'eau est très-rare. Senterya possède un grand nombre de sources, beaucoup d'arbres fruitiers et quelques châteaux. Les habitants sont Berbers; il n'y a point d'Arabes parmi eux.

---

¹ Le *rekâ* se compose d'un certain nombre d'invocations et de prosternements; la prière se compose de plusieurs rekâ.
² L'oasis de Senteriya, mieux connue par le nom de *Sioueh*, est celle qui renferme les restes du célèbre temple de Jupiter Ammon.

Plusieurs routes conduisent de Senteriya aux vallées des oasis (Audïa-t-el-Ouahat). L'on se rend de Senteriya à Behneça-des-oasis en dix journées. Il ne faut pas confondre ce dernier endroit avec le Behneça du Saîd (la haute Égypte). De Behneça-des-oasis à l'Arîch-des-oasis [1] la distance est de huit journées. La ville de Behneça-des-oasis est entourée d'une muraille et renferme des bazars et des mosquées. Mohammed ibn Saîd el-Azdi (Arabe de la tribu d'Azd et) natif de la ville de Sfax, raconte qu'ayant visité Behneça-des-oasis, il y trouva une population composée d'Arabes musulmans et de Coptes chrétiens. Au jour de la fête de ceux-ci, il vit circuler dans les rues de la ville un char sur lequel était un cercueil renfermant le corps d'un homme qu'ils nommaient Ibn-Carma [2] et qu'ils prétendaient avoir été un des disciples de Jésus-Christ. En faisant cette procession ils croyaient s'attirer toute espèce de bonheur et mériter la faveur divine. Ce char était traîné par des bœufs. Les endroits d'où ces animaux

[1] Parmi les localités qui portent le nom d'*Arîch*, la mieux connue est celle qui est située auprès de la Méditerranée, dans la région qui sépare l'Égypte de la Syrie.

[2] Abou-Selah, dans son Histoire des monastères d'Égypte (voy. *Recherches sur l'Égypte*, de M. Quatremère, p. 222), nous apprend que l'oasis de Behneça renfermait une église dédiée à saint George, et que l'on y voyait un corps sans tête que l'on présumait être celui de ce martyr. «Chaque année, dit-il, le jour de sa fête, on le tire du cercueil, on le revêt d'un linceul neuf, et les habitants le promènent dans toute la ville, en chantant des hymnes.» On prétendait que la tête du saint était conservée dans la ville de Lodd, en Syrie.

s'écartaient sans vouloir y passer étaient réputés impurs.

Le canton d'Arîch renferme des eaux thermales en quantité, beaucoup de dattiers et d'autres arbres fruitiers. Toutes ses eaux sont chaudes. L'on met trois jours pour se rendre d'Arîch à El-Forferoun [1], localité qui renferme des mines d'alun. On y trouve cette substance sous la forme de plumes et de tuyaux. On y rencontre aussi plusieurs espèces de vitriol [2], des sources acides et d'autres eaux de différentes saveurs. Le canton d'El-Forferoun est couvert d'arbres et de dattiers; on y voit aussi un grand nombre de villages dont les habitants sont Coptes chrétiens. Pour se rendre de cet endroit à l'Oasis intérieure (El-Ouah ed-Dakhel), il faut marcher pendant quatre jours dans un désert aride, où l'on ne rencontre ni eau ni trace d'habitation. L'Oasis intérieure possède beaucoup de ruisseaux, de châteaux et une nombreuse population. Un de ces châteaux, nommé El-Casr « le château », s'élève au milieu d'[un étang nourri par] une source très-abondante. L'eau sort de ce réservoir par des rigoles qui se séparent en plusieurs branches et qui servent à l'arrosage des terrains ensemencés, des dattiers et des arbres fruitiers.

[1] Le mot *Forferoun* forme au pluriel *Ferafra*, nom qui sert encore à désigner l'oasis située à l'ouest de Soyout. C'est l'ancien *Porphyrion*.

[2] On distingue deux espèces de vitriol natif : la couperose verte, qui est un sulfate de fer, et la couperose bleue, qui est un sulfate de cuivre.

Sorti d'El-Casr, le voyageur traverse une suite de villages très-rapprochés les uns des autres. Arrivé au château de Calamoun [1], il remarquera que les eaux de cet endroit ont un goût acide. Les habitants, toutefois, en boivent et s'en servent aussi pour arroser leurs terres. Ils trouvent que l'usage de cette eau les entretient en bonne santé et, quand il leur arrive de goûter de l'eau douce, ils déclarent qu'elle est malsaine. A l'extrémité de l'Oasis intérieure est un grand bourg nommé El-Casaba « la citadelle ». Les habitants possèdent plusieurs sources d'eau vive et de bonne qualité, qui servent à l'arrosage de leurs dattiers et de leurs arbres fruitiers. Ils ont aussi trois sources salées dont les eaux vont se jeter dans des *sibkha* « marais salants », où elles se convertissent en sel. Le sel de la première source est blanc, celui de la seconde est rouge et celui de la troisième jaune. Ce dernier est employé à Misr et à Barca. De cette oasis aux deux Oasis extérieures (El-Ouahaïn el-Kharedjaïn) il y a trois journées de marche. Cette localité, dernière limite du pays musulman, est séparée de la Nubie par un désert large de six journées. Dans quelques-unes des oasis on rencontre des tribus louatiennes [berbères].

On prétend que, dans la partie la plus reculée du pays des oasis se trouve un canton nommé l'*oasis*

---

[1] *Calamoun*, l'ancien *Kalamon* de l'Arsinoïte, conserve encore son nom ainsi qu'*El-Casr*. Dans le *Khitat* d'El-Macrîzi, t. II, p. 505 de l'édition du Caire, on trouve une description du monastère de Calamoun. M. Quatremère a traduit ce morceau dans ses *Mémoires sur l'Égypte*, t. I, p. 473.

de Sobrou (OUAH-SOBROU), où jamais personne n'a pu parvenir, à l'exception de quelques voyageurs qui s'étaient égarés dans le désert. Un homme auquel le hasard permit d'arriver dans ce lieu rapporte que la plus grande abondance y règne et que les habitants jouissent de tous les biens de la vie. Quand il voulut les quitter, ils lui montrèrent un chemin qui le conduisit directement dans son pays. Un Arabe de la tribu des Corra [1], nommé Redjma ibn Caïd, arriva par hasard dans ce canton. Revenu ensuite au lieu d'où il était parti, il voulut s'y rendre de nouveau; mais il ne put jamais le retrouver. Quelque temps après l'an 420 de l'hégire (1029 de J. C.), Mocreb ibn Madi [2], émir des Beni-Corra, fit rassembler des bêtes de somme, et, s'étant pourvu de vivres et d'une forte provision d'eau, il pénétra dans le désert avec l'intention de retrouver l'oasis de Sobrou. Après avoir passé un temps considérable à parcourir cette région sans découvrir ce qu'il cherchait, il craignit d'épuiser ses vivres et retourna sur ses pas. Une nuit, pendant qu'il était en route pour rentrer chez lui, et qu'il avait dressé ses tentes sur une colline, dans une partie inconnue de ce désert, un de ses compagnons trouva auprès de cet endroit un édifice de construction antique. Ils allèrent l'examiner et reconnurent les fondations d'un mur construit avec

---

[1] Les Beni-Corra habitaient la Cyrénaïque.
[2] Ce personnage est le même que celui qui figure dans l'*Histoire des Berbers* d'Ibn-Khaldoun sous le nom de *Madi ibn Mocreb*. (Voy. t. I, p. 37, etc.)

des briques de cuivre rouge et s'étendant tout autour de la colline. S'étant empressés de mettre des chargements de ces briques sur toutes les bêtes de somme qu'ils avaient avec eux, ils se remirent en route. S'ils avaient pu retrouver cette colline, il leur eût fallu beaucoup de temps pour enlever toutes les briques qui y étaient restées.

A son retour, il passa par l'Oasis extérieure, où l'un des habitants lui raconta qu'un matin, étant allé à son jardin, il s'aperçut que presque toutes ses dattes étaient mangées et que le sol portait les traces d'un homme tellement grand qu'il ne devait pas appartenir à notre race. Ayant fait le guet pendant plusieurs nuits avec ses gens, Mocreb découvrit un être dont la taille surpassait tout ce qu'il avait vu jusqu'alors. Ce géant avait commencé à manger les dattes quand ils s'aperçurent de sa présence ; il les découvrit presque en même temps et s'en alla plus vite que le vent, de sorte qu'ils ne purent savoir ce qu'il était devenu. Mocreb partit avec eux pour examiner les traces laissées sur le sol, et reconnut qu'elles étaient d'une grandeur extraordinaire. Alors il donna l'ordre de creuser une fosse à l'endroit par lequel cet être était déjà entré, de la couvrir d'herbes et de se tenir en observation pendant plusieurs nuits consécutives. Ils suivirent son conseil et, une nuit que le géant approcha selon sa coutume, ils le virent tomber dans la fosse. Ils accoururent aussitôt, et, profitant de sa chute et de leur grand nombre, ils parvinrent à s'en rendre maîtres. C'était une femme noire, d'une taille énorme, ayant le corps d'une hauteur et d'une grandeur démesurées. Ne pouvant comprendre un seul mot du langage dont elle se servait, ils lui adressèrent la parole en toutes les langues connues dans cette localité; mais elle n'y répondit pas. Ils la gardèrent pendant quelques jours, avant d'avoir pris une décision à son égard; ils convinrent enfin de la laisser partir, et de courir après elle montés sur des chevaux et des dromadaires, afin de savoir ce qu'elle était et d'où elle était venue. Quand elle se vit en liberté, elle s'enfuit avec tant de rapidité que l'œil pouvait à peine la suivre; les chevaux et les dromadaires, lancés à toute vitesse, restèrent en arrière, et personne ne put jamais savoir ce qu'elle était devenue[1].

L'on rapporte que, dans cette région, il y a des sables d'une vaste étendue auxquels on donne le nom d'EL-DJEZAÏR « les îles ». On y trouve des dattiers en grande quantité et des sources d'eau, mais pas la moindre trace de culture, aucun signe de la présence de l'homme. Ces lieux, dit-on, retentissent toujours des sifflements poussés par les mauvais génies. De temps en temps, les guerriers et les brigands de race nègre viennent s'y mettre en embuscade, afin de surprendre les voyageurs musulmans. Pendant des années entières, les dattes restent amoncelées au pied des arbres sans que personne vienne

---

[1] Il n'y avait qu'un Arabe du désert, un Mocreb par exemple, pour faire de tels contes, et un Arabe citadin, un Bekri, pour les accueillir et les répéter.

les prendre; c'est pendant les années de disette seulement que des hommes poussés par le besoin s'y rendent pour les ramasser.

ROUTE DE TRIPOLI À CABES.

De Tripoli on se rend à Sabra, canton dont la nombreuse population appartient à [la tribu berbère] des Zouagha. Parti de là, on suit le chemin que nous avons déjà indiqué en traitant de la route qui mène à Cairouan[1].

Cabes[2], grande ville ceinte par une muraille de grosses pierres[3] et de construction antique, possède une forte citadelle, plusieurs faubourgs, bazars et caravansérails, un *djamé* magnifique et un grand nombre de bains. Le tout est entouré d'un large fossé que l'on peut inonder en cas de besoin et rendre infranchissable. Cabes a trois portes; les faubourgs sont à l'est et au sud de la ville. La population se compose d'Arabes et d'Afarecs[4].

Cette ville abonde en fruits de toute espèce et surtout en bananes; aussi fournit-elle une grande variété de fruits à la ville de Cairouan. Les mûriers y sont très-nombreux, et chacun de ces arbres nourrit plus

---

[1] L'itinéraire auquel El-Bekri renvoie ses lecteurs manque dans tous les manuscrits.

[2] On prononce maintenant *Gabès* ou *Gabs*.

[3] En arabe *es-sakhr-ol-djelîl*, qui peut aussi signifier *de pierres brutes* ou bien de pierres de l'espèce qu'El-Bekri, dans un autre chapitre de cet ouvrage, désigne expressément par le nom d'*el-djelîl*. Nous sommes porté à croire que par ce terme notre géographe a voulu désigner de grosses pierres de taille.

[4] Voy. ci-devant, page 13, note 3.

de vers à soie que n'en feraient cinq mûriers dans tout autre pays. Cabes se distingue par la bonté et la finesse de sa soie; elle est même la seule ville de l'Ifrîkiya qui en produise. Les environs de la place, jusqu'à la distance de quatre milles, offrent une suite de jardins plantés de dattiers et arrosés par des eaux courantes. La source qui nourrit tous ces ruisseaux jaillit d'une montagne située au sud-ouest de la ville, et va se décharger dans la mer de Cabes. La canne à sucre y donne des produits abondants. Les chameliers qui se rendent de l'Égypte en Ifrîkiya mentionnent, dans un de leurs chants, le haut minaret [ou phare] de Cabes; ils disent :

Point de sommeil, point de repos, avant de voir Cabes et son minaret.

La rade de Cabes reçoit des navires de toutes les parties du monde. Dans les environs de la ville on trouve plusieurs fractions des grandes tribus berbères, telles que les Louata, les Lemaïa, les Nefouça, les Mezata, les Zouagha et les Zouara; on y voit aussi des familles appartenant à diverses tribus et logées dans des cabanes construites avec des roseaux. Depuis l'époque où [le Fatemide] Obeid-Allah entra en Ifrîkiya, le gouvernement de Cabes est toujours resté dans la famille de Locman le Ketamien. Un poëte a dit :

Sans le fils de Locman, dont l'âme s'est liguée avec la générosité, l'épée de la mort se serait dégainée contre Cabes.

Dans la mer qui avoisine Cabes, et à la distance de plus d'une journée de cette ville, se trouve une île cultivée et très-peuplée, que l'on nomme Razou[1], et dont les habitants sont toujours prêts à méconnaître l'autorité du souverain [de l'Ifrîkiya]. Cabes est située à trois milles de la mer. Au nombre des choses que l'on reproche aux habitants de cette ville est le manque de latrines dans la plupart des maisons : l'homme satisfait ouvertement à ses besoins dans les carrefours, et, à peine a-t-il fini, qu'il voit accourir des gens très-empressés de ramasser les matières qu'il vient de déposer. C'est avec ce genre de fumier qu'ils amendent les terres de leurs jardins. Quelquefois l'on se dispute la possession de cette ordure, et c'est alors à l'homme lui-même d'en gratifier celui qu'il veut. Il en est ainsi jusqu'aux femmes, qui ne font pas la moindre difficulté [de se soulager en public], pourvu qu'elles aient la figure voilée de manière à ne pas être reconnues.

Les habitants de Cabes racontent que leur territoire s'était distingué par la salubrité de son air, jusqu'à ce qu'on y eût découvert un talisman sous lequel on croyait trouver un trésor. On fit des fouilles à cet endroit, et l'on retira de l'excavation une terre poudreuse. « Ce fut alors, disent-ils, que la peste éclata chez nous pour la première fois. »

Nous donnons le récit suivant sur l'autorité d'Abou-'l-

---

[1] *Razou* et ses variantes, *Zarou*, P; *Zazou*, A, nous sont des noms inconnus. C'est probablement de l'île de Djerba que l'auteur veut parler.

Fadl-Djâfer ibn Youçof, Arabe de la tribu de Kelb, qui avait rempli les fonctions de secrétaire auprès de Mounis, seigneur de l'Ifrîkiya[1] : « Nous assistions à un repas donné par Ibn-Ouanemmou le Sanhadjien[2], seigneur de la ville de Cabes, quand plusieurs campagnards vinrent lui présenter un oiseau de la taille d'un pigeon, mais d'une couleur et d'une forme très-singulières. Ils déclarèrent n'avoir jamais vu un oiseau semblable. Le plumage de cet animal offrait les couleurs les plus belles; son bec était long et rouge. Ibn-Ouanemmou demanda aux Arabes, aux Berbers et aux autres personnes présentes s'ils avaient jamais vu un oiseau de cette espèce, et sur leur réponse qu'ils ne le connnaissaient pas même de nom, il donna l'ordre de lui couper les ailes et de le lâcher dans le palais. A l'entrée de la nuit, on plaça dans la salle un brasier-fanal[3] allumé, et voilà que l'oiseau se dirigea vers ce meuble et tâcha d'y monter. Les domestiques eurent beau le repousser, il ne cessa d'y revenir. Ibn-Ouanemmou, en ayant

[1] Mounis ibn Yahya, chef de la tribu arabe des Rîah, quitta la haute Égypte en l'an 441 (1050 de J. C.), pénétra en Ifrîkiya l'an 443, et deux années plus tard il se vit maître de toute cette contrée. (Voy. l'*Histoire des Berbers*, t. I, *passim*.)

[2] Ce personnage est sans doute celui qu'Ibn-Khaldoun nomme *El-Moëzz ibn Oulmouïa le Sanhadjien*, et qui était effectivement gouverneur de Cabes à l'époque indiquée ici. (Voy. *Hist. des Berb.* traduction française, t. II, p. 35.)

[3] Le mot *mechâl* sert à désigner une cage de fer grande comme un chapeau d'homme. On la place sur l'extrémité d'un bâton ferré et on y brûle des morceaux de bois résineux afin d'éclairer la marche d'une caravane; on la plante quelquefois en terre, dans l'intérieur d'une tente ou d'une chambre, afin d'y répandre de la lumière.

été averti, se leva, ainsi que toute la compagnie, afin d'aller voir ce phénomène. Moi-même, dit Djâfer, j'étais un de ceux qui s'y rendirent. Alors, sur l'ordre d'Ibn-Ouanemmou, on laissa agir l'oiseau, qui monta jusqu'au brasier ardent, et se mit à becqueter ses plumes, ainsi que font tous les oiseaux quand ils s'échauffent au soleil. On jeta alors dans le brasier des chiffons imprégnés de goudron et une quantité d'autres objets inflammables, afin d'augmenter l'intensité du feu, mais l'animal n'y fit aucune attention et ne se dérangea même pas. Enfin il sauta hors du brasier et se mit à marcher, ne paraissant avoir éprouvé aucun mal. » Quelques habitants de l'Ifrîkiya assurent que, dans la ville de Cabes, ils avaient entendu raconter l'histoire de cet oiseau. Dieu seul sait si elle est vraie.

L'île de DJERBA, située dans le voisinage de Cabes, est remplie de jardins et d'oliviers. Les habitants sont kharedjites (schismatiques), et commettent des brigandages sur mer et sur terre. Pour s'y rendre du continent, on traverse un détroit.

Voici une tradition qui provient de Hanech ibn Abd-Allah[1], natif de Sanâ [du Yémen] : « Nous étions avec Roweifâ ibn Thabet[2] el-Ansari, quand il envahit le pays de l'Occident (Ifrîkiya). Ayant pris Djerba, un des bourgs de cette contrée, il se tint debout au milieu de nous, et fit un prône, dans lequel il parla

---

[1] Dans l'Histoire d'Espagne d'El-Maccari, t. II, p. ‎٣ de l'édition imprimée, se trouve une notice de ce personnage.
[2] Voy. p. 13, note 2.

ainsi : « Vous qui m'écoutez, je n'ai qu'à répéter une « parole que j'entendis de la bouche de notre saint « Prophète, lors de la journée de Khaiber, quand il « se tint devant nous et dit : *L'homme qui croit en « Dieu et à la vie future ne doit pas arroser ce qu'un « autre a ensemencé.* » Par ces paroles il voulut nous empêcher d'avoir commerce avec des captives déjà enceintes. »

ROUTE DE CABES À SFAX.

De Cabes on se rend à AÏN EZ-ZEITOUNA «la fontaine de l'olivier», source d'eau vive qui coule auprès d'une mer stagnante, et qui est commandée par un corps de garde appartenant à l'administration qui perçoit les impôts de l'Ifrîkiya. Dans les livres renfermant les prédictions (*el-hadethan*) qui regardent ce pays, on trouve des allusions à Aïn ez-Zeitouna. Dans un poëme composé par Ibn-Aakeb, et faisant connaître les événements qui devaient avoir lieu en ce pays, on trouve le vers suivant :

Quand l'armée fera halte près d'Aïn ez-Zeitouna, l'événement maudit y aura lieu.

De là on arrive à TAOURGHA[1], station très-fréquentée et située sur le bord du Sahel [ou littoral] d'Ez-Zeitouna; puis on se rend à GHAFEC, canton qui renferme une population considérable; puis à SFAX, ville maritime environnée d'un mur et renfermant un grand nombre de bazars, plusieurs mosquées et un

---
[1] *Taourgha* signifie *jaune* et *fourmilière* en langue berbère.

djamé. La muraille de Sfax est construite en pierres et en briques. Cette ville possède des bains, des caravansérails, une banlieue très-étendue, une foule de *cosour* « maisons de campagne », plusieurs châteaux forts et quelques *ribats*, situés sur le bord de la mer. Le plus célèbre de ces derniers établissements est celui qui porte le nom de Mahrès-Botouïa « le corps de garde des Botouïa[1] ». On y voit un minaret d'une grande hauteur, au sommet duquel on arrive par un escalier de cent soixante-six marches. Les autres *ribats* sont le Mahrès-Habela, le Mahrès Abi-'l-Ghosn, le Mahrès-Macdeman, le Mahrès el-Louza « corps de garde de l'amandier », et le Mahrès er-Rîhana « corps de garde du myrte ». Sfax est entourée d'une belle forêt de dattiers. L'huile que l'on y fabrique est exportée en Égypte, au Maghreb, en Sicile et en Europe (*Roum*); quelquefois on peut en acheter quarante arrobes, mesure de Cordoue, pour un *mithcal*[2]. Le port de Sfax est très-fréquenté; lors de la basse marée, les navires restent sur la vase; puis, au reflux, ils se remettent à flot[3]. Les négociants y arrivent de tous les côtés avec de fortes sommes d'argent qu'ils emploient à l'achat d'huiles et d'autres

[1] Les Botouïa, peuple berbère, habitaient le Rif marocain, mais il s'en trouvait des fractions dans plusieurs localités de l'Afrique septentrionale. De nos jours il y en a au vieil Arzeu.

[2] *Arrobe,* en arabe *er-robá,* c'est-à-dire *le quart,* pesait vingt-cinq livres et formait le quart du *kintar* « quintal ». Le *mithcal* ou *dinar* d'or peut être évalué à dix francs.

[3] Les historiens et géographes anciens, tant grecs que romains, les géographes arabes et les voyageurs européens s'accordent à signaler le phénomène des marées dans la petite Syrte.

marchandises. Dans l'art de fouler les draps et de leur donner le cati, les habitants de Sfax suivent les méthodes employées à Alexandrie, mais ils surpassent les fabricants de cette ville par l'excellence et l'abondance de leurs produits. Dans la mer, vis-à-vis de Sfax, est une île nommée KERKINNA, qui occupe le centre d'EL-CASÎR[1]. Elle est située à dix milles de Sfax, dans cette mer morte et peu profonde dont la surface n'est jamais agitée. En face de cet endroit et à l'entrée du Casîr, une haute maison[2] s'élève dans la mer, à la distance d'environ quarante (sic) milles du continent. Les navigateurs venant d'Alexandrie, de la Syrie et de Barca, tâchent de reconnaître le centre de cet édifice; alors ils en font le tour et entrent dans des parages qui leur sont parfaitement connus. Kerkinna renferme quelques débris de constructions anciennes et plusieurs citernes. Comme cette île est très-fertile, les habitants de Sfax y envoient leurs bestiaux pour paître.

ROUTE DE SFAX À CAIROUAN.

De Sfax on se rend à TORFA, puis à CASR-RÎAH[3],

[1] Le mot *casir* (*brevis*) est employé ici comme Virgile en a employé l'équivalent latin, pour désigner la petite Syrte et ses bas fonds :

>...... Tres Eurus ab alto,
>In brevia et Syrtes urget.
>(*Æn*. lib. I, v. 110.)

[2] *Maison* ou *pavillon*, en arabe *beit*. Il s'agit d'une tour qui s'élevait à l'extrémité septentrionale du groupe d'îles appelées *Kerkinna* ou *Cercinna*. Cet édifice est indiqué par le mot *Elbeit* sur la carte catalane, document qui porte la date de 1375.

[3] Variante M, *Rebah*. La carte de la régence de Tunis, dressée au

localité bien peuplée ainsi que la précédente ; de là on suit la route jusqu'à Cairouan.

ROUTE DE SFAX À EL-MEHDIYA.

De Sfax on se rend à LEDJEM, château de la Kahena[1]. Cet édifice marque la limite de Souc EL-HOCEINI « le marché du descendant d'El-Hocein », canton dont le marché se tient auprès d'un bourg grand et peuplé qui se nomme AROZLÈS[2], et qui possède un *djamé*, un bain et quelques bazars. Cette localité compte au nombre des bourgs du littoral (*Sahel*). De Ledjem on se rend à EL-MEHDIYA.

DESCRIPTION DE L'IFRÎKIYA, DE SES VILLES, LIMITES ET CURIOSITÉS. NOTE SUR L'ORIGINE DE CE NOM.

Quelques-uns disent que le mot *Ifrîkiya*[3] signifie « la reine du ciel[4] » ; d'autres prétendent que l'Ifrîkiya fut ainsi nommée parce qu'Ifricos, fils d'Abraha, fils

Dépôt de la guerre, nous offre un *Casr-Rîh* à huit milles au nord de Sfax.

[1] L'amphithéâtre de Ledjem est tout ce qui nous reste de l'ancienne ville de *Tysdrus* ou *Tusdrus*. Nous possédons une description de ce monument par Desfontaines, une autre par sir Grenville Temple, et une troisième par le Dr Barth. Pour l'histoire de la Kahena on peut consulter l'*Histoire des Berbers*, tr. fr. t. I, *passim*, et t. III, p. 191 et suivantes.

[2] Variante P, *Azorles*.

[3] Variante M, *Ibrîkiya*.

[4] La reine du ciel était la *Cœlestis Afrorum*, déesse tutélaire de Carthage. Elle se nommait aussi *Astarté* (*Achteroth*) et *Tanaïs*. Cette indication, qu'Ibn-el-Djezzar aura probablement donnée dans son *Maghazi*, a été mal comprise par El-Bekri.

d'Er-Raïch, ayant conduit une armée vers l'occident et jusqu'à Tanger, dans le pays des Berbers, bâtit [la ville d'] Ifrîkiya et lui donna son nom. D'autres encore disent qu'elle porte le nom de Farek, fils d'Abraham et de Cétura[1], seconde femme de ce patriarche. Selon une autre explication, les Africains (*Afareca*) et leur pays Ifrîkiya furent ainsi nommés parce que ce peuple descendait de Farec, fils de Misraïm[2]. Enfin on a prétendu que l'Ifrîkiya portait en réalité le nom de *Libyia* « Lybie », fille de Yacouah, fils de Younoch, fondateur de la ville de Menfîch « Memphis », en Égypte; comme cette femme avait possédé tout le royaume de l'Ifrîkiya, elle lui laissa son nom.

Limites de l'Ifrîkiya. — Ce pays se prolonge depuis Barca, du côté de l'orient, jusqu'à TANDJA-T-EL-KHADRA « Tanger le Vert », du côté de l'occident. Le véritable nom de Tanger est *Mauritania*[3]. L'Ifrîkiya s'étend, en largeur, depuis la mer [Méditerranée] jusqu'aux sables qui marquent le commencement du pays des Noirs. Cette région se compose de montagnes et de vastes plaines de sable, qui se déploient depuis l'orient jusqu'à l'occident. Dans ces contrées, on prend à la chasse des *feneks*[4] de la belle espèce.

[1] Voyez l'*Essai sur l'Histoire des Arabes*, par M. Caussin de Perceval. — La Bible donne les noms des fils d'Abraham et de Cétura (*Gen.* xxv et *Paral.* i.) Le nom de Farec ne s'y trouve pas.

[2] Il est presque inutile de faire observer que le nom de Farec manque dans la liste des descendants de Misraïm reproduite deux fois dans la Bible. (*Gen.* x, *Paral.* i.)

[3] Encore un trait d'érudition à la manière des musulmans.

[4] Bruce et Clapperton nous ont décrit le petit animal carnassier nommé le *fenek* (*megalotis famelicus*). En l'an 1856, le Jardin des

Plusieurs docteurs rapportent la tradition suivante sur l'autorité de Sahnoun[1] ibn Saîd et de Mouça ibn Moaouïa, lesquels l'avaient reçue d'Ibn-Ouehb[2], qui la tenait de Saîd ibn Abi-Aïoub, qui l'avait eue de Chorahbîl ibn Soueid, qui l'avait entendue de la bouche d'Abou Abd er-Rahman el-Djobboli[3] : « Le saint apôtre [Mohammed], dit-il, envoya une troupe de guerriers en expédition. Lorsqu'ils furent de retour, ils lui racontèrent que l'intensité du froid les avait fait beaucoup souffrir, et il leur répondit : « Le froid « est encore plus fort en Ifrîkiya, mais la récompense « est plus forte aussi. » Ces deux traditionnistes [Sahnoun et Mouça] rapportent la même parole [sous une autre forme] en alléguant l'autorité d'Ibn-Ouehb, qui déclarait avoir appris d'Ibn-Lahîah[4] que Bekr ibn Souada-t-el-Djodami lui avait fait le récit suivant, qu'il tenait de Sofyan ibn el-Harith, qui le lui avait rapporté tel qu'il l'avait entendu raconter par les docteurs de son époque : « On dit à Micdad ibn el-Asoued, l'un des compagnons du saint Prophète :

Plantes, à Paris, possédait deux feneks vivants. En 1857 il y en avait trois à Alger. La fourrure jaune de cet animal était autrefois très-recherchée.

[1] Abd-es-Selam ibn Saîd, surnommé Sahnoun, était un des principaux docteurs du rite et de la jurisprudence malékites. Il mourut en l'an 240 (854 de J. C.), après avoir rempli les fonctions de cadi à Cairouan. (Ibn-Khallikan.)

[2] Abd-Allah ibn Ouehb, disciple de l'imam Malek, mourut au vieux Caire l'an 197 (813 de J. C.).

[3] Ce traditionniste alla en Espagne lors de la conquête de ce pays par les musulmans. (Voy. *Maccari*, texte arabe, t. II, p. 11c.)

[4] Le cadi Abd-Allah ibn Lahîah mourut au vieux Caire l'an 174 (790 de J. C.).

« Tu es accablé par l'âge et tu veux marcher avec
« ces expéditions! » A quoi il répondit : « Que je porte
« un poids léger ou lourd, je ne veux pas rester en
« arrière. Dieu (que son nom soit béni et exalté!) a dit :
« Chargés ou légers, marchez au combat[1]. » Ici le traditionniste ajoute qu'une troupe de guerriers revint auprès du Prophète, et qu'ils parlèrent du froid [qu'ils avaient eu à souffrir]; alors, dit-il, le saint Prophète s'exprima ainsi : « Pour les gens de l'Ifrîkiya, il y aura grand froid, mais aussi grande récompense. » — Ibn Abi 'l-Arab rapporte ce qui suit : « Forat m'a raconté qu'il avait entendu dire à Abd-Allah ibn Abi-Hassan qu'Abd er-Rahman ibn Zîad ibn Anâm[2] lui avait assuré qu'il tenait d'Abou-Abd er-Rahman el-Djobboli la tradition suivante : « Le saint Prophète a dit : La
« guerre sainte cessera dans tous les pays, excepté dans
« un endroit de l'occident qui s'appelle Ifrîkiya. Pen-
« dant que les nôtres seront en face de l'ennemi, ils
« verront les montagnes changer de place; alors,
« [sachant que le jour du jugement est arrivé,] ils se
« prosterneront devant le Tout-Puissant, et personne
« ne les débarrassera de leurs haillons, si ce n'est leurs
« serviteurs, dans le Paradis[3]. » Abd er-Rahman ibn Ziâd ibn Anâm rapporte aussi cette parole sous la forme suivante : « La guerre sainte cessera partout et commencera de nouveau en Ifrîkiya; et les tribus

---

[1] *Coran*, sourate IX, verset 41.
[2] Grand cadi de l'Ifrîkiya, sous le khalifat d'El-Mansour l'Abbacide. (Voy. *Hist. des Berb.* t. I, p. 374.)
[3] C'est-à-dire, ils passeront directement dans le Paradis.

de toutes les parties du monde se porteront en avant vers l'Ifrîkiya, à cause de la justice de l'imam [qui y régnera] et du bas prix des vivres. » Ibn-Abi-'l-Arab raconte que la tradition suivante lui était parvenue en passant successivement par la bouche d'Abd-Allah ibn Omar el-Omari[1], d'Ibn-Lahîah, d'Abou-Cabîl et d'Abd Allah ibn Amr[2] : « Il [le Prophète] a dit : « Par Dieu! les chameaux se vendront en Égypte « dix dinars la pièce; ensuite, ils se vendront cent di-« nars la pièce, tant sera grand l'empressement des « acheteurs. Il me semble déjà entendre le cliquetis « de leurss elles pendant qu'ils seront à gravir la pente « (acaba) du coteau qui sépare l'Égypte de l'Ifrîkiya. « Avec ces montures, ils [les musulmans] recher-« cheront [l'occasion de faire] la guerre sainte et [de « répandre] la justice. Certes l'Ifrîkiya sera régie par « un homme qui la gouvernera avec justice pen-« dant vingt-deux ans, ou vingt-quatre ans [selon « une autre leçon][3]. »

[1] Fils du khalife Omar, deuxième successeur de Mahomet.

[2] Abd-Allah, fils du général Amr ibn el-Aci, qui conquit la Cyrénaïque en l'an 21 de l'hégire, était un des compagnons de Mahomet. Il se distingua par sa piété et par son zèle à enseigner les dits et gestes (*sonna*) du fondateur de l'islamisme. Il mourut à un âge très-avancé.

[3] Ce chapitre peut donner une idée de la marche suivie par les docteurs musulmans lorsqu'ils rapportent des traditions relatives à Mahomet. Dans tous les ouvrages qui traitent de cette matière on voit les auteurs apporter le plus grand soin à constater la voie par laquelle ces renseignements avaient été transmis jusqu'à eux. Les premiers ouvrages historiques composés par les Arabes étaient rédigés sur le même plan, ainsi qu'on peut le reconnaître à l'inspection des *Annales* d'Et-Taberi et de l'*Histoire de la conquête de*

DESCRIPTION DE LA GRANDE MOSQUÉE DE CAIROUAN.

Nous avons mentionné ailleurs[1] que le *mihrab* de cette mosquée fut posé et construit pour la première fois par Ocba ibn Nafê[2]. Tout l'édifice, à l'exception du *mihrab*, fut abattu et reconstruit par Hassan[3]. Ce fut lui qui y transporta, d'une ancienne église, les deux colonnes rouges, tachetées de jaune, dont la beauté est incomparable. Il les prit à l'endroit nommé aujourd'hui *El-Caiceriya*[4], et faisant partie du *souc ed-darb* « marché de l'hôtel de la monnaie »[5]. L'on raconte qu'avant le déplacement de ces colonnes, le souverain de Constantinople avait voulu les acheter au poids de l'or; aussi les musul-

---

l'Égypte par Ibn-Abd-el-Hakem. Il ne faut pas s'étonner de voir El-Bekri rapporter des traditions en suivant les formes reçues : il était lui-même théologien et avait composé un traité pour démontrer la divine mission de Mahomet. A juger du mérite de cet ouvrage d'après l'échantillon que l'auteur nous donne ici de son savoir-faire, on ne doit pas en regretter la perte.

[1] Probablement dans une des parties de cet ouvrage qui ne sont pas parvenues jusqu'à nous.

[2] Pour l'histoire d'Ocba et de la fondation de cette mosquée, voyez l'*Hist. des Berbers*, t. I, p. 327.

[3] Hassan ibn en-Noman fut nommé gouverneur de l'Afrique en remplacement de Zoheir, successeur d'Ocba.

[4] Une *caicerya* (*Cæsarea*) est un grand bâtiment carré renfermant une cour entourée de galeries, et contenant des magasins et des logements à l'usage des négociants. (Voy. l'*Abd-Allatif* de M. de Sacy, p. 303.)

[5] L'auteur veut sans doute parler des ruines de Sabra, à deux kilomètres au sud-ouest de Cairouan. C'est de là, m'ont dit les habitants, qu'on a transporté des colonnes à la grande mosquée et les matériaux antiques qui abondent dans la ville. (Berbrugger.)

mans s'empressèrent-ils de les transporter à la mosquée. Toutes les personnes qui les ont vues déclarent que rien de pareil n'existe dans aucun pays du monde. Hicham ibn Abd-el-Mélik[1], étant monté sur le trône du khalifat, reçut du gouverneur de Cairouan une dépêche dans laquelle cet officier lui représenta que la mosquée n'était plus assez grande pour contenir l'assemblée des fidèles, et qu'immédiatement au nord de l'édifice se trouvait un vaste jardin appartenant aux Beni-Fihr [descendants de Coreich]. Dans sa réponse, le khalife donna l'ordre d'acheter ce terrain et de l'enclaver dans l'enceinte de la mosquée. Le gouverneur obéit; puis il construisit, dans la cour de la mosquée, un bassin que l'on désigne aujourd'hui par le nom d'*El-Madjel*[2] *el-Cadîm* « le vieux réservoir », et qui est situé à l'ouest des nefs[3]. Au-dessus du puits qui se trouvait dans ce jardin, il bâtit un minaret dont il établit les fondations dans l'eau, et, par un hasard singulier, il reconnut que cet édifice occupait justement le milieu du mur septentrional. Les dévots évitent scrupuleusement de prier dans le corps de bâtiment ajouté à la mosquée, et,

---

[1] Dixième khalife oméïade, inauguré l'an 105 (724 de J. C.); il régna près de vingt ans.

[2] Le géographe Ibn-Haucal écrit *Madjen* à la place de *Madjel*, et telle est encore la prononciation usitée dans le pays.

[3] Le mot *belat* s'emploie, en parlant d'une mosquée, pour en désigner la *nef*, c'est-à-dire l'espace compris entre deux rangs de colonnes. On sait que les toits des mosquées malékites portent sur des arcs en fer à cheval, soutenus par des colonnes ayant toutes la même hauteur et disposées en plusieurs rangs équidistants; aussi ces mosquées renferment-elles plusieurs *belats* ou nefs.

[pour justifier leur conduite], ils disent que le gouverneur avait usé de contrainte envers les propriétaires du jardin pour les décider à en faire la vente. Encore aujourd'hui ce minaret est tel que Hassan l'avait construit; il a soixante coudées de haut et vingt-cinq de large. On y entre par deux portes, dont l'une regarde l'orient et l'autre l'occident. Les montants et les linteaux de ces portes sont en marbre orné de sculptures. Yezîd ibn Hatem, nommé gouverneur de l'Ifrîkiya en l'an 155 (772 de J. C.), fit abattre toute la mosquée, à l'exception du *mihrab*, et la construisit de nouveau[1]. Il acheta pour une forte somme et plaça dans la mosquée la belle colonne verte au pied de laquelle le cadi Abou 'l-Abbas Abdoun[2] avait dans la suite l'habitude de faire la prière. Zîada-t-Allah, fils d'Ibrahîm ibn el-Aghleb[3], étant monté sur le trône, fit démolir toute la mosquée, et ordonna même de renverser le *mihrab*. On eut beau lui représenter que ses prédécesseurs s'étaient tous abstenus de toucher à cette partie de l'édifice, parce qu'Ocba ibn Nafê l'avait construite; il persista dans sa résolution, ne voulant pas que le nouveau bâtiment offrît la moindre trace d'une construction qui ne serait pas de lui. Pour le détourner de son projet, un des architectes lui pro-

[1] Voy. *Hist. des Berbers*, t. I, p. 385.
[2] Il paraît, d'après En-Noweiri, que le cadi Ibn-Abdoun vivait sous le règne d'Abd-Allah ibn Ibrahîm l'Aghlebite, et qu'il jouissait d'une grande réputation comme légiste. (*Hist. des Berbers*, t. I, p. 439.)
[3] Voy. *Hist. des Berbers*, t. I, p. 412.

posa d'enfermer l'ancien *mihrab* entre deux murs, de manière à ne rien en laisser paraître dans l'intérieur de la mosquée. Ce plan fut adopté, et, jusqu'à nos jours, la mosquée de Cairouan est restée telle que Zîada-t-Allah l'avait laissée. Le *mihrab* actuel, ainsi que tout ce qui l'entoure, depuis le haut jusqu'en bas, est construit en marbre blanc percé à jour et couvert de sculptures. Une partie de ces ornements se composent d'inscriptions; le reste forme des arabesques à dessins variés. Autour du *mihrab* règne une colonnade de marbre extrêmement belle. Les deux colonnes rouges dont nous avons parlé sont placées au-devant du *mihrab*, et servent à soutenir la coupole qui en fait partie[1]. La mosquée renferme quatre cent quatorze colonnes, formant dix-sept nefs. Sa longueur est de deux cent vingt coudées, et sa largeur de cent cinquante. La *macsoura* « banc réservé au souverain » était autrefois dans l'intérieur de la mosquée; mais, par suite des changements que Zîada-t-Allah ne cessa de faire à cet édifice, elle se trouve maintenant dans la maison qui est au sud de la mosquée, et qui a son entrée sur la place des Fruits. Elle a une seconde porte qui s'ouvre à côté de la chaire, et c'est par là que l'*imam* entre dans la mosquée, après s'être arrêté dans la maison pour

---

[1] M. Berbrugger a vu dans les ruines de Sabra quelques grosses colonnes tout à fait semblables à celles dont El-Bekri fait mention ici. A cause de leur couleur rouge on les nomme *arsat-ed-dem*, عرسات الدم, c'est-à-dire « les colonnes de sang ». (Voy. *Revue africaine*, n° 9, p. 195.)

attendre l'heure de la prière. Zîada-t-Allah dépensa quatre-vingt-six mille *mithcal*[1] pour la construction de cette mosquée. Ibrahîm, fils d'Ahmed ibn el-Aghleb, étant parvenu à la souveraineté, fit prolonger les nefs de la mosquée et construire, à l'extrémité de la nef qui aboutit au *mihrab*, la coupole appelée *Cobba-Bab el-Behou* « la coupole de la porte du pavillon ». Elle est environnée de trente-deux colonnes de beau marbre; à l'intérieur, elle est couverte de sculptures magnifiques et d'arabesques travaillées avec une netteté admirable : toutes les personnes qui la voient n'hésitent pas à déclarer qu'il serait impossible de trouver ailleurs un plus beau monument. La cour de la mosquée, du côté des nefs, est couverte de tapis sur une largeur de quinze coudées. La mosquée a dix portes, et, dans sa partie orientale, une *macsoura* « tribune » destinée aux femmes. Cette tribune est séparée du corps de la mosquée par un mur percé à jour, de manière à former un chef-d'œuvre d'art.

La ville de Cairouan (*El-Cairouan*) est située dans une vaste plaine. Au nord se trouve le golfe de Tunis; à l'est, la mer de Souca et d'El-Mehdiya; au sud, la mer de Sfax et de Cabes. La mer Orientale est la plus rapprochée de la ville, dont elle n'est éloignée que d'une journée de marche. De Cairouan à la région des montagnes il y a aussi une journée de marche, et la même distance sépare cette ville de la forêt[2]

---

[1] Huit cent mille francs environ.

[2] Quand on remarque sur l'horizon un de ces massifs d'arbres qui forment des oasis au milieu des plaines de sable, on croit voir

d'oliviers nommée *Es-Sahel* « le littoral ». A l'orient de la ville est une *sibkha* « marais salant », d'où l'on extrait un sel vraiment excellent et d'une pureté remarquable. Aux autres côtés de la ville s'étendent des terres bonnes et fertiles, dont les meilleures sont à l'occident. Cette dernière région est nommée FAHS ED-DERRARA « la banlieue de la source abondante »; les grains que l'on y sème rendent cent pour un dans les bonnes années. De ce côté, l'air est pur et très-salubre : chaque fois que le médecin Zîad ibn Khalfoun sortait de Cairouan pour se rendre à Raccada, et qu'il passait devant la porte nommée *Bab-Asrem*, il ôtait son turban afin de recevoir directement sur la tête l'influence bienfaisante de cette atmosphère, et de se maintenir ainsi en bonne santé.

Cairouan a toujours eu sept *mahrès*[1], dont quatre à l'extérieur et trois à l'intérieur. Dans les temps anciens, cette ville était entourée d'une muraille de briques, large de dix coudées, que Mohammed ibn el-Achâth ibn el-Ocba [2] el-Khozaï [3] avait fait construire en l'an 144 (761-762 de J. C.). Cet émir fut

une longue tache noire sur un sol blanchâtre. Aussi les Arabes emploient-ils le mot *souad* « noir » pour désigner une forêt. Le même terme s'emploie aussi pour indiquer une bande de voyageurs ou un corps d'armée que l'on découvre au loin dans le désert.

[1] Le mot *mahrès* signifie « lieu où l'on fait la garde ». C'était ordinairement une enceinte fermée de murs et assez grande pour loger une petite garnison. Il servait aux mêmes usages que le *ribat* (voy. p. 19, note 5), dont il ne différait probablement pas beaucoup.

[2] Abou-'l-Mehacen, dans le *Nodjoum*, t. I, p. 382, écrit *Ocba* sans l'article.

[3] Voy. *Hist. des Berbers*, t. I, p. 374.

le premier général que les Abbacides envoyèrent en Ifrîkiya. Dans la partie de cette muraille qui regardait le sud-ouest, il y avait une porte....[1]; au sud-est se trouvait la porte d'*Abou r'-Rebiâ;* à l'est, les portes d'*Abd-Allah* et de *Nafê;* au nord, celle de *Tunis,* et, à l'ouest, les portes d'*Asrem* et de *Selm.* En l'an 209 (824-825 de J. C.), Zîada-t-Allah Ier, fils d'Ibrahîm l'Aghlebide, abattit cette muraille, parce que les habitants de la ville avaient pris part à la révolte d'El-Mansour, surnommé *Et-Tonbodi*[2]. Après la défaite du rebelle, événement qui eut lieu le mercredi 15 du 1er djomada de l'année susdite (14 septembre 824), les habitants de Cairouan sortirent au-devant de Zîada-t-Allah et implorèrent sa miséricorde. Pour les châtier, il se contenta de raser les fortifications de leur ville. En l'an 444, El-Moëzz le Sanhadjien, fils de Badîs et petit-fils d'El-Mansour[3], releva les murailles de Cairouan, et leur donna une longueur de vingt-deux mille coudées. Du côté de *Sabra,* le nouveau rempart se développait en ouvrage avancé : deux murs parallèles, et séparés par un intervalle d'environ un demi-mille, allaient aboutir à ce faubourg. Aucun négociant ni voyageur ne pouvait introduire dans Cairouan des marchandises sujettes aux droits sans passer par Sabra.

[1] Le texte arabe porte باب سوى الأربعة, *une porte autre que les quatre,* c'est-à-dire *une cinquième porte.* Cette signification ne peut pas convenir ici, puisque l'auteur donne, immédiatement après, les noms de six portes. Il faut supposer qu'il y a une erreur de copiste.

[2] Voy. *Hist. des Berbers,* t. I, p. 406.

[3] Voy. *ibid.* t. II, p. 18.

Cairouan possède maintenant quatorze portes : d'abord celles que nous avons nommées plus haut; ensuite la porte des Dattiers (*Bab en-Nakhîl*), la porte Neuve (*El-Bab el-Hadîth*), les deux portes de l'ouvrage avancé, la porte de la Broderie (*Bab et-Tiraz*), la [seconde (?)] porte Neuve, la porte des Fabricants de seaux en cuivre (*Bab el-Callalîn*), la porte d'Abou 'r-Rebïâ et la porte de Sahnoun le jurisconsulte[1].

La ville de Sabra, qui touche à celle de Cairouan, fut bâtie en l'an 337 (948-949) par Ismaîl[2]. Il y établit son séjour et lui donna le nom d'El-Mansouriya. Sabra continua, jusqu'à l'époque de sa ruine, à servir de résidence aux souverains du pays. Maadd [El-Moëzz], fils d'Ismaîl [El-Mansour], y transféra tous les bazars et toutes les fabriques de Cairouan. Elle avait cinq portes, savoir : la porte du Sud (*El-Bab el-Kibli*), la porte de l'Est (*El-Bab es-Cherki*), la porte de Zouîla, la porte de Ketama, située au nord de la ville, et la porte des Conquêtes (*Bab el-Fotouh*). Quand le souverain se mettait en campagne, il sortait par cette dernière porte, suivi de ses troupes. On rapporte qu'on percevait chaque jour, à une seule de ces portes, la somme de vingt-six mille dirhems[3] pour droits d'entrée.

Avant que les bazars de Cairouan fussent transférés à El-Mansouriya, une double ligne de bouti-

---

[1] Voy. ci-devant, p. 54.
[2] Ismaîl el-Mansour, le troisième khalife de la dynastie des Fatemides. (Voy. *Hist. des Berbers*, t. II, p. 535, et t. III, p. 209.)
[3] Entre dix et quinze mille francs.

ques s'étendait, sans interruption, du nord au sud, à travers la première de ces villes. Depuis la porte d'Abou 'r-Rebîâ jusqu'au *djamê*, cette rue avait une longueur de deux milles moins un tiers, et, depuis le *djamê* jusqu'à la porte de Tunis, deux tiers de mille. D'une extrémité à l'autre elle était couverte d'un toit, et elle renfermait, à elle seule, tous les dépôts de marchandises et toutes les fabriques. Ce fut Hicham ibn Abd el-Mélek [le khalife oméïade] qui donna l'ordre d'installer de cette façon le bazar de Cairouan. En dehors de la ville se trouvent quinze réservoirs bâtis par l'ordre de Hicham et d'autres princes, afin d'assurer aux habitants une provision d'eau. Le plus grand et le plus utile de ces bassins est situé auprès de la porte de Tunis, et doit sa construction à Abou-Ibrahîm Ahmed, fils de Mohammed l'Aghlebide[1]. Il est de forme circulaire et d'une grandeur énorme. Au milieu s'élève une tour octogone, couronnée par un pavillon à quatre portes[2].

---

[1] Voy. *Hist. des Berbers*, t. I, p. 420.
[2] Ici, dans le texte arabe, commence un passage que nous avons inséré sur l'autorité de deux manuscrits, celui de Paris P, et celui de l'Escurial E. Dans les manuscrits M et A il ne se trouve pas. Le texte est évidemment fautif et présente de graves difficultés : il faut remarquer d'abord que le manuscrit P porte رلصوم, mot que l'on peut lire de plusieurs manières; le manuscrit E offre la leçon رلفية, c'est-à-dire *pour servir de talisman*. Nous avons lu رلفية « pour faire le guet ». Les deux manuscrits portent ensuite رجلال لاخلل بينهم : or le pronom du dernier mot indique par son genre que le mot رجل est pris dans le sens d'*homme* et non pas dans celui de *colonne*; autrement l'auteur aurait écrit بينها. Le mot خط est écrit sans points diacritiques; aussi peut-on le lire de plusieurs façons, dont une est خط, *mokhtin*, la seule qui convient ici. Les mots كان ذلك sont

Une longue série d'arcades cintrées, dont les unes sont posées sur les autres[1], vient aboutir au côté méridional de ce bassin. A l'occident il y avait un château bâti par Zîada-t-Allah. Immédiatement au nord du même bassin s'en trouve un autre, de petite dimension, nommé *El-Feskïa* « le réservoir », qui reçoit les eaux de la rivière et en amortit la rapidité. Quand ces eaux le remplissent jusqu'à la hauteur de deux toises, elles s'écoulent dans le grand bassin par une ouverture que l'on a nommée *Es-Sarh* « la décharge ». La Feskïa est un ouvrage magnifique et d'une construction admirable. Obeid-Allah [le premier des khalifes fatemites] disait quelquefois : « J'ai remarqué en Ifrîkiya deux choses auxquelles je n'ai rien vu de comparable en Orient : l'une, c'est l'excavation (il voulait dire le *réservoir*) qui est auprès de la porte de Tunis, et l'autre, c'est le *Casr el-Bahr* « le château du lac », qui se trouve dans la ville de Raccada[2]. »

Cairouan possède quarante-huit bains. Dans un

écrits ديكا كان dans le manuscrit E. Avant le mot مركب la préposition في manque dans les deux manuscrits. Tenant compte de toutes ces difficultés, nous traduisons ainsi : « ..... servant de lieu de guet et gardé continuellement par onze hommes, afin que personne n'y arrive par mégarde. Quand ce bassin est rempli, il y a une distance d'environ deux coudées entre l'eau et le toit du pavillon (?). Pour s'y rendre, Ibn-el-Aghleb montait dans un bateau nommé *ez-zelladj* « le glisseur ».

[1] C'est-à-dire un aqueduc à deux étages.
[2] De toutes ces constructions on ne voit plus qu'une seule citerne. Les environs de la ville sont incultes, et Raccada a tout à fait disparu.

des jours de la fête de l'*achoura*[1], on compta le nombre de bœufs seulement que l'on y avait égorgés, et l'on trouva que cela montait à neuf cent cinquante. A Cairouan on n'a pas d'autre bois à brûler que celui que l'on coupe aux oliviers des environs, et, chose bien extraordinaire, les arbres ne souffrent en aucune façon de ce rude traitement[2]. En l'an 452 (1060), la population de Cairouan fut emmenée en captivité, et la ville resta déserte; on n'y laissa que les gens les plus pauvres[3].

Dans Cairouan et les cantons qui en dépendent, la mesure de capacité nommée *cafîz*[4] contient huit

[1] L'*achoura*, dixième jour du mois de moharrem, est considéré par les musulmans comme un jour de fête. On rapporte une parole de Mahomet ainsi conçue: «A celui qui entretiendra sa maison dans l'abondance pendant le jour de l'achoura, Dieu accordera l'abondance pendant le reste de l'année.» L'achoura et les neuf jours qui le précèdent sont consacrés aux réjouissances; il y a cessation d'études dans les écoles publiques; les villes du Djerîd tunisien, du Souf et de Tuggurt présentent l'aspect le plus animé; tout le monde se livre à la joie, on parcourt les rues sous des déguisements, on tire des coups de fusil et on brûle des feux d'artifice.

[2] Aujourd'hui il n'y a plus d'oliviers aux environs de Cairouan.

[3] En l'an 449 (1057-1058 de J. C.), El-Moëzz, fils de Badîs et quatrième souverain de la famille des Zîrides, abandonna Cairouan et se rendit à El-Mehdiya, afin de s'abriter contre les Arabes, qui venaient d'envahir l'Ifrîkiya. Ces nomades s'emparèrent de la ville de Cairouan et la saccagèrent complétement. (Voy. *Hist. des Berbers*, t. I, p. 36-37, et t. II, p. 22.) Cette catastrophe eut lieu onze ans avant l'époque où El-Bekri écrivit son ouvrage.

[4] Le *cafîz*, ainsi que toutes les autres mesures employées par les musulmans, a varié selon les pays et les époques. Il pouvait contenir quatre ou cinq hectolitres. Il y avait des cafîz de deux cent quarante litres et de douze cents litres. On peut le regarder comme l'équivalent de deux charges de mulet.

ouaîba; le *ouaîba* équivaut à quatre *thomna,* et le *thomna* à six *modd.* Cette dernière mesure est plus forte que le *modd*[1] adopté par le Prophète; aussi le *cafîz* de Cairouan contient-il douze *modd* de plus (que le *cafîz* légal); il équivaut à deux cent quatre *modd* du Prophète[2]. Cela, en mesure de Cordoue, fait cinq *cafîz,* moins six *modd*[3]. A Cairouan, le *ratl* « livre » de viande, de figues et de tous les autres comestibles équivaut à dix *ratl filfeli*[4]; le *cafîz* d'huile équivaut à trois *ratl filfeli,* et le *matar* à cinq *cafîz.*

RACCADA, ville située à quatre milles de Cairouan, a un circuit de vingt-quatre mille quarante coudées; mais la plus grande partie de cet emplacement est occupée par des jardins. Il n'y a point de localité en Ifrîkiya où l'air soit plus tempéré, les zéphyrs plus doux et le sol plus fertile. Celui qui entre dans cette ville ne cesse, dit-on, de rire et de se réjouir sans aucun motif. L'on raconte qu'un des princes aghlebides souffrait d'une insomnie qui avait duré plusieurs jours, et, malgré les soins du médecin Ishac, inventeur de la *thériaque Ishac*[5], il ne pouvait retrouver

[1] Le *modd* est la quantité de grains que l'on peut tenir dans les deux mains ouvertes et réunies. En français cela s'appelle une *jointée.*
[2] En effet, $8 \times 4 \times 6 + 12 = 204.$
[3] Donc, le *cafîz* de Cordoue devait contenir 42 *modd.*
[4] Le *ratl filfeli* « la livre à poivre » est probablement le *ratl attari* « livre aux épiceries » qui s'emploie encore en Afrique et qui contient seize onces, environ un quart de moins que le *ratl* ordinaire.
[5] Ishac ibn Soleiman, médecin juif, exerça d'abord son art en Égypte, d'où il passa en Ifrîkiya pour s'établir à Cairouan. Après la chute de son protecteur, Ziada-t-Allah, dernier souverain aghle-

le sommeil. Enfin, d'après les conseils de ce docteur, il sortit pour faire une promenade, et, quand il fut arrivé sur l'emplacement de Raccada, il s'endormit. Dès lors cette localité reçut le nom de *Raccada* « dormeuse », et devint, pour les souverains [aghlebides], un lieu de résidence et d'agrément. Ibrahîm ibn Ahmed, le premier de ces princes qui y établit son séjour, abandonna *El-Casr el-Cadîm* « le vieux château », et construisit des palais magnifiques et un *djamê* dans cette nouvelle ville, qui se remplit promptement de bazars, de bains et de caravansérails. Elle continua d'être la résidence de cette famille jusqu'à ce que Zîada-t-Allah [le dernier souverain aghlebide] se vît contraint à l'abandonner et à s'enfuir devant les armes victorieuses d'Abou Abd-Allah es-Chraï [1]. [Le souverain fatemide] Obeid-Allah séjourna dans Raccada jusqu'à l'an 308 (920-921), quand il alla demeurer dans El-Mehdiya. Ce fut en l'an 263 (876-877) qu'Ibrahîm [l'Aghlebide] posa les fondements de Raccada. Après le départ d'Obeid-Allah, cette ville commença à déchoir; elle perdit ses habitants, qui s'en allèrent ailleurs, et tomba graduellement en ruines. Maadd [el-Moëzz], fils d'Ismaîl [el-Mansour], étant monté sur le trône, fit raser tout ce qui restait de la ville et passer la charrue

---

bide, il entra au service d'Obeid-Allah, le Fatemide, et mourut en l'an 320 (932 de J. C.). Il laissa plusieurs ouvrages dont on peut voir les titres dans le petit volume publié par M. Wüstenfeld, sous le titre de *Geschichte der Arabischen Aertze* « Histoire des médecins arabes ». Un de ces écrits avait pour sujet la thériaque.

[1] Voy. *Hist. des Berbers*, t. I, p. 441, et t. II, p. 519.

sur l'emplacement qu'elle avait occupé. Rien ne fut épargné, excepté les jardins.

Après avoir bâti et pris pour résidence Raccada, Ibrahîm [l'Aghlebide] y autorisa la vente du *nebîd*[1], et la défendit dans Cairouan. Un homme d'esprit, natif de cette dernière localité, fit, à ce sujet, les deux vers suivants :

Seigneur des hommes, et fils de leur seigneur! toi, devant lequel s'humilient toutes les têtes!
Pourquoi défendre dans notre ville l'usage d'une boisson qui est permise sur le territoire de Raccada?

Mohammed ibn Youçef donne au nom de Raccada la dérivation suivante : «Abou-'l-Khattab Abd el-Alâ el-Maaferi[2], chef des Ibadites de Tripoli, marcha sur Cairouan afin de combattre les Ourfeddjouma qui s'en étaient emparés, et qui avaient pour chef Acem ibn Djemîl. Il rencontra l'ennemi sur l'emplacement de Raccada, qui était alors occupé par un jardin (*monïa*), et il en fit un horrible carnage. Partout on vit des cadavres *couchés* sur le sol et entassés les uns sur les autres; aussi cet endroit reçut-il le nom de *Raccada* «dormeuse».

La ville d'EL-CASR EL-CADÎM «le vieux château», fondée par Ibrahîm ibn el-Aghleb ibn Salem, en l'an 184 (800 de J. C.), devint la résidence des

---

[1] *Nebîd*, boisson fermentée que l'on préparait avec des dates ou du miel, ou des raisins secs. Plus tard on employa ce terme, par euphémisme, pour désigner le vin fait avec des raisins frais.
[2] *Hist. des Berbers*, t. I, p. 220, 373 et suiv.

émirs aghlebides. Elle est située au sud de Cairouan, à la distance de trois milles, et possède un *djamê* dont la tour, de forme cylindrique, est construite en briques et ornée de colonnes disposées en sept étages. Jamais on n'a rien bâti de plus solide ni de plus beau. Outre les nombreux bains, caravansérails et bazars dont cette ville est remplie, on y remarque plusieurs réservoirs d'où l'on transporte de l'eau à Cairouan pendant les grandes chaleurs, quand les citernes de cette ville sont épuisées. Autrefois El-Casr avait plusieurs portes, savoir : la porte de la Miséricorde (*Bab er-Rahma*), située au midi, ainsi que la porte de Fer (*Bab el-Hadîd*); la porte *Ghalboun* et la porte du Vent (*Bab er-Rîh*), situées toutes les deux à l'orient; et la porte du Bonheur (*Bab es-Seada*), placée à l'occident, vis-à-vis du principal cimetière. Dans l'intérieur de la ville est une grande place appelée *El-Meîdan* « l'hippodrome »; dans les environs se trouve un édifice nommé *Er-Rosafa*. Ibrahîm l'Aghlebide, s'étant installé dans la ville d'El-Casr, fit démolir l'hôtel du gouvernement qui était à Cairouan, au sud de la grande mosquée, et qui avait subsisté depuis la conquête.

Le voyageur qui part de Cairouan pour se rendre en Égypte sort par la porte de la Broderie, et, laissant la ville à gauche, il passe entre Raccada et El-Casr. Alors il rencontre le Ouadi 's-Seraouïl, torrent qui ne coule qu'en hiver; puis il traverse El-Monïa-t-el-Mâroufa « la ferme bien connue(?) », bourg grand et bien peuplé; ensuite il arrive à Zerour, village qui abonde en légumes, et surtout en carottes. Les habitants vivent dans un état de misère qui est passé en proverbe dans toute l'Ifrîkiya. Sept vieillards, raconte-t-on, allèrent déposer en justice au sujet d'une poignée de panais, et le juge dit au demandeur [en plaisantant] : « Vos preuves testimoniales ne sont pas assez nombreuses! » De là le voyageur se dirige vers le Ouâdi 't-Tarfa « la rivière du tamarisc », torrent qui ne coule qu'en hiver, et qui, en débordant, atteint une largeur de plus de trois milles et détruit les villages et les maisons des alentours. De là on arrive à Calchana, ville grande et bien peuplée, qui est située à douze milles de Cairouan. Elle renferme un *djamê*, un bain et une vingtaine de caravansérails; on y voit aussi un grand nombre de jardins et beaucoup de figuiers. C'est de là que la ville de Cairouan tirait presque toutes les figues fraîches qui approvisionnaient ses marchés. Les portes des maisons à Calchana sont tellement basses, que les chevaux et les mulets ne peuvent pas y entrer; précaution adoptée par les habitants pour empêcher les collecteurs d'impôts et les autres agents du gouvernement de venir s'installer chez eux.

La ville d'El-Mehdiya porte le nom d'*Obeid-Allah el-Mehdi*[1], prince qui, suivant les historiens, en posa les fondations. Elle est à soixante milles de Cairouan. En sortant de cette dernière ville on arrive d'abord à Menzil-Kamel « la station du Kamel », d'où l'on se rend à El-Mehdiya. On peut aussi suivre une autre

[1] Voy. *Hist. des Berbers*, t. II, p. 525.

route, par laquelle on atteint Tomadjer après une journée de marche; on arrive à El-Mehdiya vers la fin de la seconde journée. Tomadjer, grande ville remplie d'habitants, possède un *djamê*, un bain, quelques bazars et plusieurs caravansérails. L'eau de cet endroit a un goût amer. Au milieu de la ville il y a un étang entouré d'oliviers et de vignes. Entre Tomadjer et El-Mehdiya, on rencontre El-Ouadi 'l-Meleh « la rivière salée », auprès de laquelle eut lieu une bataille célèbre : presque toute l'armée d'Abou 'l-Cacem [El-Caïm, le Fatemide] y fut taillée en pièces par les troupes d'Abou-Yezid, et, pour échapper au vainqueur, ce prince dut s'entourer de quelques serviteurs et prendre la fuite[1].

[La ville d'El-Mehdiya] est environnée par la mer, excepté du côté occidental, où se trouve l'entrée de la place. Elle possède un grand faubourg appelé Zouîla, qui renferme les bazars, les bains et les logements des habitants de la ville. Ce faubourg, qu'El-Moëzz ibn Badîs[2] entoura d'une muraille, a maintenant environ deux milles de longueur; la largeur varie, et, dans sa plus grande dimension, elle paraît peu considérable, tant le faubourg se développe en longueur. Toutes les maisons de Zouîla sont construites en pierre. La ville d'El-Mehdiya a

---

[1] A la place des mots وبعر منه « il s'enfuit de là » les manuscrits A, E et M portent وفن فيه « il y disparut pour toujours », leçon inadmissible : Abou 'l-Cacem mourut dans El-Mehdiya, environ une année après cette bataille. Ce passage manque dans le manuscrit P.

[2] Voy. *Hist. des Berbers*, t. II, p. 18.

deux portes de fer, dans lesquelles on n'a pas fait entrer le moindre morceau de bois; chaque porte pèse mille quintaux et a trente empans de hauteur; chacun des clous dont elles sont garnies pèse six livres. Sur ces portes on a représenté plusieurs animaux. El-Mehdiya renferme trois cent soixante grandes citernes, sans compter les eaux qui arrivent par des conduits et qui se répandent dans la ville. Ce fut Obeid-Allah [le Fatemide] qui les fit venir d'un village des environs, nommé MENANECH [1]. Elles coulent dans des tuyaux [2] et vont remplir une citerne, auprès du *djamé* d'El-Mehdiya, d'où on les fait remonter jusqu'au palais par le moyen de roues à chapelets. Dans le voisinage de Menanech on élève l'eau de la même manière jusqu'à un réservoir d'où elle s'écoule par les tuyaux dont nous avons parlé. El-Mehdiya est fréquenté par les navires d'Alexandrie, de Syrie, de la Sicile, de l'Espagne et d'autres pays. Son port, creusé dans le roc, est assez vaste pour contenir trente bâtiments [3]; il se ferme au moyen d'une chaîne de fer que l'on tend entre deux tours situées une à chaque côté de l'entrée du bassin. Quand on veut laisser entrer un navire, les gardes des tours lâchent un bout de la chaîne, ensuite ils la rétablissent dans son état ordinaire. Par cette précaution on se garantit contre les tentatives hostiles

[1] Var. *Menakech*.
[2] En arabe *acdas*, mot dont le singulier est *cadas*, et, avec l'article, *el-cadas*. De là vient le mot espagnol *arcaduz*, qui signifie *tuyau* ou *conduite d'eau*.
[3] Ce bassin est maintenant à sec et presque entièrement comblé.

des Roum « chrétiens de l'Europe ». Obeid-Allah, voulant augmenter l'étendue de sa ville, gagna sur la mer un terrain qui, mesuré du sud au nord, a la largeur d'une portée de flèche. El-Mehdiya est défendue par seize tours, dont huit font partie de l'ancienne enceinte; les autres s'élèvent sur le terrain ajouté à la ville. Une de ces tours porte le nom d'Abou 'l-Ouezzan le grammairien (*Bordj Abi 'l-Ouezzan en-Nahouï*); une autre s'appelle la tour d'Othman; une autre la tour d'Eïça (*Bordj-Eïça*); une autre la tour du Marchand d'huile (*Bordj ed-Dahhan*). Elles furent ainsi nommées, parce que les maisons de ces personnes étaient situées dans le voisinage. Le *djamé*, la cour des comptes et plusieurs autres édifices s'élèvent sur le terrain que l'on gagna sur la mer. Le *djamé*, composé de sept nefs, est très-beau et solidement bâti. Le palais d'Obeid-Allah est très-grand, et se distingue par la magnificence de ses corps de logis. La porte de cet édifice regarde l'occident. Vis-à-vis, sur l'autre côté d'une grande place, s'élève le palais d'Abou-'l-Cacem, fils d'Obeid-Allah. La porte de ce palais est tournée vers l'orient. L'arsenal, situé à l'est du palais d'Obeid-Allah, peut contenir plus de deux cents navires, et possède deux galeries voûtées, vastes et longues, qui servent à garantir les agrès et les approvisionnements de la marine contre les atteintes du soleil et de la pluie.

Obeid-Allah s'était décidé à construire la ville d'El-Mehdiya à cause de la révolte d'Abou Abd-Allah es-Chîaï qui, secondé par une partie des Ketama, avait cherché à le détrôner, et dont les partisans furent massacrés par les habitants de Cairouan[1]. En l'an 300 (912-913), il commença par examiner l'emplacement de sa nouvelle ville; cinq années plus tard, il avait achevé les fortifications, et dans le mois de choual 308 (février-mars 921) il alla s'y installer.

El-Mehdiya possédait plusieurs faubourgs, tous florissants et bien peuplés. Dans Zouîla, celui qui était le plus rapproché, on avait relégué les bazars et les bains de la ville. Le faubourg appelé Rabed el-Hima « le faubourg du parc » servait de logement aux milices de l'Ifrîkiya, tant arabes que berbères. Nous pouvons encore nommer le Casr Abi Saîd, Bacca, Gaças, El-Ghaitna, le faubourg de Cafsa, etc. El-Mehdiya continua d'être le siége de l'empire fatemide jusqu'à l'an 334 (945-946), quand Ismaîl [El-Mansour], fils d'El-Caïm, étant monté sur le trône, se rendit à Cairouan pour combattre Abou-Yezîd. Il prit alors pour résidence la ville de *Sabra*, et après sa mort, son fils, El-Maadd [El-Moëzz], y demeura aussi. Dès lors la plupart des faubourgs d'El-Mehdiya perdirent leurs habitants et tombèrent en ruines.

D'El-Mehdiya à Sallecta[2] on compte huit milles, et d'El-Mehdiya au château de Ledjem, appelé aussi *le Château de la Kahena*, dix-huit milles. On raconte

---

[1] *Hist. des Berbers*, t. II, p. 521 et suiv.

[2] Ici tous les manuscrits portent *Salenta*, avec un ג à la place d'un צ; mais, dans un autre chapitre, ce nom est correctement écrit. C'est le *Sullecti* de la Table peutingérienne; le *Syllekton* de Procope (*Vand.* I, 16); le *Sublecte* de l'Anonyme de Ravenne.

que la Kahena, se voyant assiégée dans cette forteresse, fit creuser dans le roc un passage souterrain qui conduisait de là à Sallecta, et qui était assez large pour laisser passer plusieurs cavaliers de front. Par cette voie elle se faisait apporter des vivres et tout ce dont elle avait besoin. Le château de Ledjem, situé à dix-huit milles aussi de la ville de Sallecta, a environ un mille de circonférence. Il est construit de pierres, dont plusieurs ont à peu près vingt-cinq empans de long. Sa hauteur est de vingt-quatre toises; tout l'intérieur est disposé en gradins, depuis le bas jusqu'en haut; les portes sont en plein cintre et placées les unes au-dessus des autres avec un art parfait.

Ce fut dans la plaine de TERNOUT, située à six milles d'El-Mehdiya, qu'Abou-Yezîd Makhled se tenait campé pendant le siége de cette ville, et ce fut de là qu'il dirigeait contre elle ses colonnes d'attaque. Dans le *Livre de Prédictions* on trouve ce passage : « Quand le schismatique attachera ses chevaux à Ternout, les gens de Souad n'auront plus de bêtes à lier ou à détacher. » Le mot *Souad* désigna ici le littoral (*Sahel*)[1]. On y lit encore : « Malheur aux gens du Souad, par le fait de Makhled ibn Keidad! »

Meicera[2] el-Feta[3] [le général fatemide] fut tué

M. Barth a visité les ruines de cette ville, qui est située à dix ou douze milles au sud d'El-Mehdiya.

[1] Voy. ci-devant, p. 473.
[2] Ibn-Khaldoun écrit ce nom *Meiçour*.
[3] *Feta* signifie *jeune homme, page, serviteur,* et, quelquefois, *eunuque*. On donnait ce titre aux jeunes esclaves et aux orphelins que le souverain faisait élever à la cour et sous sa surveillance.

par Abou Yezîd auprès d'EL-AKHOUAN «les deux frères», station sur la route de Cairouan à El-Mehdiya. Cet événement eut lieu le mercredi, 10 rebia premier, 333 (31 octobre 944). Ali ibn Ali ibn Dhafer [1] prononça ces vers à la louange d'Abou-Yezîd :

Voilà [de tes actes] ! et combien de combats à jamais célèbres, dans lesquels tu as donné des bons exemples à ceux qui voudront t'imiter !

Au col d'*El-Akhouan* [surtout], au jour où tu laissais tes ennemis étendus sur la terre, avec des pierres pour leur servir d'oreillers.

De Cairouan à DJELOULA on compte vingt-quatre milles. Cette dernière ville renferme des restes de monuments antiques, des tours encore debout, des puits d'eau douce et des ruines. Un berger y trouva un diadème d'or, garni de pierreries, mais ce bijou lui fut enlevé par Ibn-el-Andaloci [2]. Auprès de Djeloula est un lieu de plaisance nommé SERDANIYA [3]; dans toute l'Ifrîkiya on ne peut rien voir de plus

---

[1] Il ne faut pas confondre ce personnage, inconnu d'ailleurs, avec le poëte et fabuliste Ibn-Dhafer, de Sicile. Celui-ci se nommait *Mohammed* et vivait dans le vi° siècle.

[2] Ali ibn Hamdoun, surnommé *le fils de l'Andalou* (*Ibn-el-Andeloci*), était un des plus anciens serviteurs de la dynastie fatemide. Il laissa deux fils, Djâfer et Ali, qui se firent remarquer pendant la guerre qui régna entre les Fatemides et les Oméïades d'Espagne. (Voy. *Hist. des Berbers*, t. II, p. 553, etc. On trouve dans Ibn-Khallikan, t. 1, p. 326 de la traduction, une courte biographie de Djâfer, fils d'Ali.)

[3] On avait établi dans cet endroit une colonie de chrétiens enlevés de l'île de Sardaigne. Il y avait une autre colonie du même peuple dans le voisinage de Touzer, et le peuple de cette localité en garde encore le souvenir. (Voy. *Hist. des Berbers*, t. III, p. 156.)

beau; les fruits de ce canton sont excellents, et l'on y compte environ mille pieds d'orangers. Djeloula, place défendue par un château fort, et construite en blocs de pierre, est d'une haute antiquité. Au centre de la ville jaillit une source d'eau vive, et aux alentours s'étendent des plantations d'arbres dont une partie donnent des fruits. Parmi les arbustes à fleurs parfumées dont le sol est couvert, le jasmin surtout est fort abondant, et fournit aux abeilles qui vont y butiner un miel dont l'excellence est passée en proverbe. Les habitants de Cairouan font macérer le jasmin dans de l'huile de sésame, afin d'en extraire le parfum; ils traitent de la même manière la rose et la violette. La canne à sucre y croît en abondance. Naguère, on envoyait, chaque jour, de Djeloula à Cairouan des charges de fruits et de légumes en quantité énorme. Les jardins de Djeloula sont aux environs de la ville, où l'on voit aussi les habitations de quelques [Berbers] de la tribu de Darîça.

La conquête de Djeloula fut achevée par Abd el-Mélek ibn Merouan[1]. Cet officier, qui faisait partie de l'armée commandée par Moaouïa ibn Hodeidj, membre de la tribu [arabe-yéménite] de Todjîb, reçut de son chef l'ordre de marcher avec un corps de mille hommes contre la ville de Djeloula. Pendant plusieurs jours il tint cette place étroitement bloquée; puis, ayant reconnu l'inutilité de ses efforts, il prit le parti de la retraite. A peine se fut-il

[1] Ce prince oméïade parvint plus tard au khalifat.

mis en marche, qu'il remarqua, du côté de l'arrière-garde, un gros nuage de poussière. Croyant que l'ennemi était sorti à sa poursuite, il ordonna à une partie de sa troupe de faire volte-face, pendant que le reste de la colonne garderait son ordre de marche. On découvrit alors qu'un pan de la muraille qui entourait la ville s'était écroulé, et, profitant de cet accident, on se hâta de pénétrer dans la place et de s'emparer de tout ce qu'elle renfermait. Lorsqu'on eut rejoint Moaouïa, une contestation s'éleva dans l'armée au sujet du butin, et ce général dut écrire à Moaouïa [le khalife], pour savoir ce qu'il devait en faire. La réponse qui lui arriva fut conçue en ces termes : « Le corps de l'armée étant l'appui des détachements, il faut partager le butin entre tous les soldats. » Par suite de cette décision, chaque homme obtint deux cents dirhems[1], et chaque [cavalier reçut de plus pour son] cheval quatre cents dirhems. Abd el-Mélek raconte qu'il avait touché, pour lui et pour son cheval, la somme de six cents dirhems, et qu'il avait employé cet argent à l'achat d'une jeune fille.

Suivant un autre récit, ce fut Moaouïa ibn Hodeidj lui-même qui dirigea l'attaque; tous les matins il allait combattre l'ennemi à la porte de la ville, et il ne se retirait qu'au moment où les ombres commençaient à se projeter vers l'orient. Un jour qu'il rentrait au camp, Abd el-Mélek revint sur ses pas afin de reprendre son arc, qu'il avait laissé suspendu à un arbre. Il vit alors, à son grand étonnement,

[1] Environ cent francs.

que tout un côté de la muraille de la ville s'était écroulé. Les gens de l'arrière-garde, auxquels il cria de revenir, se tournèrent pour aller le joindre. A l'aspect de la poussière épaisse qui venait de s'élever, ils crurent que l'ennemi était sorti à leur poursuite; mais ils mirent promptement la ville au pillage. Après la contestation qui eut lieu au sujet du butin, Abd el-Mélek se vit traiter, dit-on, avec peu d'égards par Ibn-Hodeidj, auquel il était devenu à charge, et qui lui faisait toujours mauvais visage. Accablé de chagrin, il devint triste, pâle et distrait. Hanech es-Sanâni, l'ayant rencontré dans cet état, lui demanda ce qu'il avait. Abd el-Mélek répondit : « Aux réceptions de notre émir on me place à la suite des autres Coreichides. — Ne t'en inquiète pas, dit Hanach, je te promets que tu parviendras au khalifat et au commandement suprême. » Abd el-Mélek, étant devenu khalife, envoya El-Haddjadj contre Abd-Allah ibn ez-Zobeir [qui lui disputait le pouvoir]. Hanech, qui se trouvait dans l'armée d'Ibn-ez-Zobeir, étant tombé entre les mains d'El-Haddjadj, fut envoyé prisonnier au khalife. « C'est toi, n'est-ce pas, lui dit Abd el-Mélek, qui m'avais prédit que je monterais sur le trône? — C'est moi-même. — Pourquoi donc m'as-tu quitté pour suivre Ibn-ez-Zobeir? — Parce que je le voyais travailler pour mériter la faveur de Dieu, tandis que tu dirigeais tes efforts vers les biens de ce monde. » Le khalife lui pardonna et le mit en liberté.

SINGULARITÉS QUE L'ON REMARQUE DANS LA PARTIE DE L'IFRÎKIYA QUI S'APPELLE LE PAYS DES KETAMA.

Le médecin Abou-Djâfer Ahmed ibn Mohammed ibn Abi-Khaled dit, à propos d'une certaine source qui ne coule que dans les mois sacrés [1] : « Chez nous, en Maghreb, dans le pays des Ketama, il y a une source bien connue, qui se nomme Aïn el-Aougat « la fontaine des heures »; elle coule cinq fois dans l'espace d'un jour et d'une nuit, précisément aux heures des cinq prières. Dans les intervalles elle ne coule pas. » Plus loin, dans notre chapitre sur les ports de mer, nous indiquerons le lieu où cette source se trouve [2]. Plusieurs personnes qui sont allées la voir et l'examiner en racontent la même chose que le médecin.

Dans le pays des Ketama on trouve du *lapis lazuli* d'excellente qualité, ainsi que des mines de cuivre et de fer.

Pendant la domination byzantine [*Roum*], il y avait dans l'église de *Chikka Benaria* [*Sicca Veneria*, maintenant *Kef*] un objet bien curieux, un miroir, dans lequel tout homme qui soupçonnait la fidélité de sa femme n'avait qu'à regarder pour voir la figure du séducteur. A cette époque, les Berbers professaient le christianisme, et un homme de cette

---

[1] Le premier, le septième, le onzième et le douzième mois de l'année musulmane.

[2] Ce renvoi établit l'authenticité d'un chapitre que nous donnons plus loin et qui ne se trouve pas dans les manuscrits E et P. On y verra le passage auquel l'auteur renvoie le lecteur.

race, ayant montré beaucoup de zèle pour la religion, était devenu diacre. Un Latin [Roum], jaloux de sa femme, alla consulter le miroir, et voilà qu'il y distingue les traits du diacre berber. Le roi fit chercher le Berber, et le condamna à avoir le nez coupé et à être promené à travers la ville; puis il le chassa de l'église. Les parents de cet homme allèrent de nuit briser[1] le miroir; pour les punir, le roi fit saccager leur campement.

La ville de Souça, située à trente milles de Cairouan, est entourée par la mer de trois côtés : au nord, au sud et à l'orient. La muraille de pierres qui l'environne est très-forte et solidement bâtie; la mer vient s'y briser, et, du côté de l'orient, elle pénètre jusqu'aux maisons par des conduits souterrains[2]. Dans l'angle de la ville qui regarde le sud-ouest, on voit un phare qui porte le nom de *Khalef el-Feta*, et qui s'élève à une grande hauteur. Souça a huit portes, dont celle qui est à l'est du bâtiment nommé *Dar es-Sanâa* « l'arsenal maritime » est d'une grandeur énorme. C'est par là[3] que les vaisseaux entrent et sortent [du port]. Deux autres portes de la ville sont du côté de l'occident, et regardent le *Melâb* « amphithéâtre, hippodrome ». Ce vaste édifice, de construction antique, est posé sur des voûtes très-

---

[1] Dans le texte arabe, il faut lire فكسروها .

[2] Peut-être des égouts.

[3] *Par là*: le texte arabe porte منها, dont le pronom ne peut pas se rapporter au mot باب. Il est permis de supposer que l'auteur avait l'intention d'écrire منه.

larges et très-hautes, dont les cintres sont en pierre ponce, substance assez légère pour flotter sur l'eau, et que l'on tire du volcan de la Sicile. Autour du Melâb se trouvent un grand nombre de voûtes communiquant les unes avec les autres. Dans les environs de la ville, on voit des ruines d'une grandeur énorme et d'une haute antiquité. Souça est entièrement bâtie en pierres de taille [1]; elle renferme un grand nombre de bazars, et fournit une abondance extraordinaire de marchandises et de fruits. La viande que l'on consomme à Souça est la meilleure du monde; tout y est à bas prix, jusqu'aux fruits; les denrées de toute espèce s'y trouvent à foison. La fondation de Souça date d'une époque très-reculée [2].

Moaouïa ibn Hodeidj envoya contre la ville de Souça une forte colonne de troupes, sous les ordres d'Abd-Allah ibn ez-Zobeir. Il venait d'apprendre que le roi des *Roum* [l'empereur de Constantinople] avait fait partir [pour l'Afrique], le patrice *Nicfor* (Nicéphore) avec trente mille hommes de guerre. Lorsque ce général eut opéré son débarquement, Ibn ez-Zobeir marcha en avant, et, arrivé à douze milles de Souça, il prit position sur une haute colline d'où l'on pouvait voir la mer. Nicéphore, ayant appris cette nouvelle, rembarqua ses troupes et gagna le large. Ibn ez-Zobeir, étant alors monté à cheval, conduisit son armée jusqu'au bord de la mer et

---

[1] Le mot كم signifie *posé solidement, bien adapté.*
[2] Souça est certainement l'ancien *Hadrumetum.*

alla se poster en face de la porte de Souça. Mettant aussitôt pied à terre, il fit la prière du soir (*âsr*) à la tête de tout son monde. Les *Roum*, étonnés de ce spectacle et de l'indifférence que le chef arabe leur témoignait, firent sortir contre lui une foule de cavaliers et de fantassins, armés de toutes pièces. Ibn ez-Zobeir continua la prière sans se laisser intimider, et, quand il eut accompli ce devoir religieux, il sangla son cheval, sauta en selle et s'élança sur l'ennemi. L'ayant mis en pleine déroute, il le contraignit à rentrer dans la ville. Alors il s'en retourna et les laissa.

La ville de Souça peut défier les efforts de quiconque voudrait s'en emparer; la nature ayant donné aux habitants une force de corps et une vigueur extraordinaires. Abou-Yezîd Makhled, ayant quatre-vingt mille cavaliers sous ses ordres, bloqua cette place pendant plusieurs mois; mais il se vit obligé de lever le siége et de se retirer précipitamment. Ce fut à ce sujet que Sehl ibn Ibrahîm el-Ouerrac composa ces deux vers :

Les schismatiques ont été repoussés de devant Souça par nos lances et par notre bravoure,

Et par des coups de sabre qui firent voler dans la poussière les têtes des guerriers qui combattaient sous les yeux de leurs femmes.

Ahmed ibn Beledj[1], natif de Souça, récita, à la même occasion, les vers suivants :

---

[1] Variantes : *Afleh*, E ; *Melch*, P.

Il s'approcha de Souça et l'insulta avec audace; mais la ville avait Dieu pour protecteur.

Souça est le boulevard du Maghreb; les autres villes et forteresses lui rendent hommage.

La malédiction divine est tombée sur ceux qui insultèrent Souça, ainsi qu'elle tomba sur Coreidha et Nadhîr [1].

Le créateur de toute chose exalta sa religion par le moyen de Souça, au moment même où les affaires étaient au plus mal.

Sans la ville de Souça il serait survenu des malheurs à faire blanchir d'effroi la tête des enfants.

La renommée de Souça retentira dans toute la terre, et l'éloge de ses habitants sera répandu par une multitude de peuples.

Pour se rendre de Souça à Cairouan on sort par la porte méridionale, celle qui est appelée la porte de Cairouan, et on laisse alors à droite le cimetière de la ville. Zîada-t-Allah [le prince aghlebite], qui entoura Souça de murs, disait quelquefois : « Je ne m'inquiète pas du sort qui m'attend au jour de la résurrection, car le registre de mes actions en renfermera quatre de bonnes : la reconstruction de la mosquée *djamé* à Cairouan, celle du pont d'Er-Rebiâ, celle des fortifications de Souça, et la nomination d'Ahmed ibn Abi Mahrez comme cadi de l'Ifrîkiya. »

En dehors de Souça on voit plusieurs corps de garde (*maharès*), *ribats* et autres lieux de réunion pour les gens dévots. Dans l'intérieur de la ville est

---

[1] Deux peuplades juives qui habitaient les environs de Médine : l'une fut exterminée par Mahomet et l'autre expulsée de l'Arabie. (Pour leur histoire, voyez l'*Essai sur l'hist. des Arabes*, par M. C. de Perceval, t. III.)

situé le *Mahrès er-Ribat* « corps de garde, » bâtiment grand comme une ville et entouré d'une forte muraille; il sert de retraite aux hommes qui pratiquent la dévotion et les bonnes œuvres. [Ce mahrès] renferme une seconde forteresse nommée *El-Caçeba* « la citadelle », et se trouve dans la partie septentrionale de la ville, immédiatement à côté de l'arsenal. Cet édifice est situé au pied de la colline, du côté de l'orient; la partie la plus élevée de la ville est à l'occident. Comme Souça est bâti sur la pente d'un coteau, on distingue ses maisons de loin, quand on y arrive par mer. En dehors des remparts s'élève un temple colossal nommé *El-Fintas*[1] par les marins; c'est le premier objet que les navigateurs découvrent en arrivant de la Sicile, ou de tout autre pays. Ce monument a quatre escaliers, dont chacun conduit jusqu'au sommet de l'édifice. Il est si large, que la porte d'entrée est à une grande distance de celle par où l'on sort[2]. Beaucoup de monde exerce la tisseranderie à Souça; on y fabrique aussi un fil dont le poids d'un *mithcal* se vend deux *mithcals* d'or. C'est dans cette ville que les foulons donnent l'apprêt aux étoffes fines de Cairouan. Les douanes du littoral [*sahel*] de Cairouan, c'est-à-dire de Souça, d'El-Mehdiya, de Sfax et de Tunis, rapportent [tous les ans] au trésor public (*beit el-mal*) la somme de

---

[1] *Fintas* veut dire la *sentine* d'un navire, signification que ce mot ne saurait avoir ici. Peut-être est-ce une altération du mot *fanal*.

[2] M. le D'r Barth donne une description de ces ruines dans ses *Wanderungen*, p. 153, 154.

quatre-vingt mille *mithcals*[1]; on n'y comprend pas les droits payés à l'entrée et à la sortie [des villes], parce que ces sommes n'entrent pas au trésor public.

Parmi les *mahrès* « corps de garde » ou *ribats*[2] qui dépendent de Souça, un des plus remarquables est El-Monestîr. Nous avons rapporté ailleurs la tradition qui concerne cet établissement[3]. On assure que le grand château, à Monestîr, fut bâti en l'an 180 (796-7 de J. C.) par Herthema ibn Aïen[4]. Au jour de l'*achoura*[5] on y tient une grande foire qui attire beaucoup de monde. Monestîr renferme des chambres, des cellules, des moulins à la persane[6] et plusieurs réservoirs. C'est une forteresse très-élevée et solidement bâtie. Au premier étage au-dessus du sol est une mosquée où se tient continuellement un cheikh, rempli de vertus et de mérite, sur lequel roule la direction de la communauté. Cet édifice sert de logement à une compagnie d'hommes saints et

---

[1] Environ 800,000 francs.

[2] Voy. ci-devant, p. 19.

[3] Monestîr fut ainsi nommé parce que, avant la conquête musulmane, il s'y trouvait un monastère chrétien. (Castiglioni, *Mémoire géogr. et numismatique sur la Barbarie*.) Cette ville, dont le nom se prononce maintenant *Menestîr* et *Mistîr*, se distingue par la largeur de ses rues et la solidité de ses maisons. Elle renferme plus de dix mille habitants. Du côté de la mer on voit une haute tour qui s'élève dans une citadelle défendue par plusieurs batteries de canon.

[4] Cet officier gouverna l'Afrique depuis 179 (795-796) jusqu'à 181 (797-798).

[5] Voyez ci-devant, p. 67.

[6] Peut-être des moulins à manége.

de *marabouts*[1] qui ont quitté parents et amis pour s'y enfermer et vivre loin du monde.

Selon Mohammed ibn Youçof, c'est une vaste forteresse, très-élevée, qui renferme un faubourg considérable. Au centre de ce faubourg on voit une seconde forteresse, très-grande et remplie de logements, de mosquées et de châteaux à plusieurs étages. Au midi de ce fort on remarque une grande place ornée de hauts pavillons, solidement bâtis, autour desquels viennent s'établir les femmes qui veulent s'adonner à la dévotion. Ces édifices portent le nom de *Kibab Djamê* « les pavillons de Djamê ». El-Monestîr renferme un *djamê* bâti d'une manière très-solide; il se compose de voûtes et d'arcades dans la construction desquelles on n'a pas fait entrer le moindre morceau de bois. On trouve [dans cette place forte] un grand nombre de bains. Naguère les habitants de Cairouan y envoyaient beaucoup d'argent et des aumônes très-abondantes. Dans le voisinage d'El-Monestîr est une saline immense, qui fournit aux navires des cargaisons de sel destinées aux autres pays. El-Monestîr possède dans ses environs cinq *mahrès* construits avec une grande solidité et habités par des gens dévots.

De Cairouan à Tounis « Tunis » on compte cent milles, ou trois journées de marche. Dans la première journée, le voyageur se rend de Tunis à Fondoc Chekel « le caravansérail de Chekel »; dans la

---

[1] Voyez ci-devant, p. 20.

seconde, il atteint Monestîr Othman[1] et, dans la troisième, il arrive à Cairouan. Une autre route passe par Menzil Bachou « la station de Bachou », d'où l'on se rend à Ed-Douamês « les souterrains », et de là on arrive à Cairouan[2].

Le circuit de Tunis est de vingt-quatre mille coudées. En l'an 114 (732-733 de J.C.) Obeid-Allah ibn el-Habhâb[3] y construisit le *djamé* et l'arsenal maritime. La bassesse d'âme est, dit-on, le caractère distinctif des Tunisiens. Dans les temps anciens, cette ville porta le nom de Tarchîch[4]. La mer [ou lac] de

[1] Ceci est probablement l'endroit qui s'appelle maintenant *Haouch Monestîr* « la ferme de Monestir », et qui est situé à une journée au nord de Cairouan.

[2] Cette seconde route passe à l'est du mont Zaghouan.

[3] Nommé gouverneur de l'Afrique en l'an 116, s'il faut en croire la plupart des historiens arabes. Selon Ibn-Khaldoun et l'auteur du *Nodjoum*, cette nomination eut lieu en l'an 114 (732-733 de J. C.), date qui s'accorde avec l'indication d'El-Bekri.

[4] Le *Tharsis* תַרְשִׁישׁ de la Bible. On verra plus loin qu'au 1ᵉʳ siècle de l'hégire les Arabes employaient ce nom pour désigner Tunis. Comme ils n'ont pas pu l'apprendre ni sur le lieu, ni dans les écrits des auteurs latins et grecs, qui n'ont jamais placé Tharsis en Afrique, il faut supposer qu'ils empruntèrent ce nom aux indications de leur grand oracle pour les temps antiques; *Kâb el-Ahbar*, nommé aussi *Kâb el-Hibr*. Cet homme appartenait à une famille juive du Yémen. Il embrassa la religion de Mahomet sous le khalifat d'Omar et mourut à *Emessa* en l'an 32 (652-653). La plupart des renseignements que les musulmans nous fournissent au sujet de l'histoire anté-islamique, renseignements presque toujours inexacts ou mensongers, proviennent de Kab el-Ahbar. On trouvera une courte biographie de ce renégat à la page 523 du *Tehdib el-Asmâ* d'En-Nowawi, ouvrage en arabe, dont il existe une édition imprimée à Göttingue, par les soins de M. Wüstenfeld. Ajoutons que, selon toute probabilité, le *Tharsis* de la Bible était le *Tartessus*, province située dans la partie sud-ouest de la péninsule espagnole.

Tunis s'appelle Bahr Radès « le lac de Radès », et la rade de Tunis se nomme Merça Radès « la rade, ou port de Radès. »

La conquête de Tunis fut achevée par Hassan ibn en-Nôman, descendant d'Amr-Mozaïkiya, fils d'Amer el-Azdi [1]. En effet, il était fils d'En-Nôman, fils d'Adi, fils de Bekr, fils de Moghaïth, fils d'Amr-Mozaïkiya. Plusieurs personnes ont rapporté le récit suivant, qu'elles tenaient d'Abou'l-Mohadjer [troisième émir de l'Ifrîkiya] : « Hassan ibn en-Nôman marcha jusqu'à Artah [2] et livra un combat aux *Roum* dans la plaine de Tunis. Alors ils le prièrent de ne pas entrer de force chez eux, et ils s'engagèrent à lui payer le *kharadj* et à fournir des montures, en nombre suffisant, pour lui et pour ses compagnons. Il accepta cette proposition. Les *Roum* avaient alors plusieurs navires qu'ils tenaient tout prêts auprès de la porte des femmes (*Bab en-Niça*); aussi s'empressèrent-ils de s'y embarquer avec leurs familles et leurs trésors, et de s'enfuir pendant la nuit. Hassan étant entré dans la ville, qu'ils venaient d'abandonner, la saccagea et la livra aux flammes. Il y construisit une mosquée et y laissa un détachement de musulmans. La supercherie employée par le seigneur de *Carthadjenna* « Carthage » pour tromper Hassan ibn en-Nôman était analogue à celle que nous venons de raconter : les *Roum* s'en-

---

[1] Pour l'histoire d'Amr-Mozaïkiya, voy. l'*Essai* de M. Caussin de Perceval, t. I, p. 83 et suiv. 204.

[2] Cette localité devait être située à l'occident de Tunis, puisque la porte nommée *Bab Artah* se trouvait de ce côté de la ville.

fuirent de la place, mais Mornac, le gouverneur, y resta avec sa famille. Hassan reçut alors de lui un message ainsi conçu : « Si tu veux faire un traité avec moi et mes enfants, tu me concéderas certaines terres que je te désignerai; alors j'ouvrirai une des portes de la ville afin que tu puisses y entrer et surprendre tous ceux qui s'y trouvent. » Hassan donna son consentement, et Mornac lui demanda la concession de tous les établissements situés dans la plaine qui sépare les deux montagnes (*baïn el-djeblaïn*) et que l'on nomme encore *Fahs Mornac* « la plaine de Mornac[1] ». Ces établissements consistaient en trois cent soixante villages. Hassan, s'étant ainsi fait ouvrir la porte de la ville, y entra et ne trouva personne, excepté le gouverneur et sa famille. Il remplit toutefois la condition à laquelle il s'était engagé, puis il s'en retourna à Cairouan. Les *Roum*, dit [Abou'l-Mohadjer], vinrent alors avec leurs navires afin d'attaquer les musulmans qu'on avait laissés dans la ville de Tunis. Ils tuèrent, pillèrent et emmenèrent en captivité tous ceux qui s'y trouvaient. Les musulmans n'avaient pas d'asile où ils auraient pu se retrancher, parce qu'on les avait laissés sous la tente. A la réception de cette nouvelle, Hassan partit pour Tunis, et ordonna à une quarantaine de ses Arabes, gens de haute naissance, de se rendre en mission auprès d'Abd

---

[1] Un canton situé à quatre lieues sud-ouest de Tunis porte aujourd'hui le nom de Mornakiya; mais le territoire dont il est question dans le texte d'El-Bekri est probablement celui qui s'appelle *Bahîra-Mornac* « le jardin maraîcher de Mornac », et qui se trouve immédiatement au sud de Radès.

el-Melek ibn Mérouan. Il écrivit aussi à ce khalife pour l'informer des maux qui affligeaient les musulmans, et il resta en observation devant l'ennemi[1], en attendant la réponse. Abd el-Mélek prit cette nouvelle fortement à cœur. Sans compter les *Tabés*[2], dont il y avait un grand nombre à cette époque, deux des compagnons du Prophète, l'un nommé *Anès ibn Malek*, et l'autre *Zeid ibn Thabit*, vivaient encore. Ceux-ci dirent aux musulmans : « Quiconque fera un seul jour de garde à Radès entrera infailliblement en paradis. » Ils dirent aussi à Abd el-Mélek : « Envoie des renforts en ce pays et protége ainsi les habitants contre l'ennemi; la gloire et le mérite de cette action appartiendront à toi seul; c'est une de ces villes saintes dont les habitants seront reçus dans la miséricorde divine; c'est le boulevard d'EL-MAKEDOUNIA ! » nom par lequel ils voulaient désigner Cairouan[3].

Selon la tradition, ce fut sur le lac de Radès que le saint patriarche El-Khidr (Élie) *déchira le navire*[4];

---

[1] Litt. il resta en faisant *ribat*. (Voy. ci-devant, p. 20.)

[2] Tous les musulmans qui avaient vu Mahomet sont désignés par le nom de *sahaba* « compagnons »; ceux qui ne l'avaient pas vu, mais qui avaient vu des *sahaba*, formaient la classe des *tabés* « suivants, successeurs ».

[3] Ces deux savants compagnons, ayant appris par le Coran que Dou'l-Carnain (Alexandre le Grand) s'était promené à travers l'Afrique, ont conclu que ce fut là son pays natal, la Macédoine. Du reste, les musulmans n'ont jamais bien su quel était le pays désigné par ce nom. (Voy. مقدونيا dans le dictionnaire géographique intitulé *Meraced el-Ittilâ*.)

[4] *Coran*, sour. XVIII, vers. 70 et suiv.

celui qui *enleva de force tous les navires* fut El-Djelenda, roi de Carthage; El-Khidr brisa le navire sur le lac de Radès et tua le jeune homme[1] à TONBODA[2]. Cette dernière localité s'appelle, de nos jours, *El-Mohammediya*. Ce fut là que Moïse quitta El-Kidr. Que la bénédiction divine soit sur eux! Tonboda est à quelques milles seulement de Tunis.

« Abd el-Mélek ibn Merouan écrivit alors à son frère, Abd el-Azîz, gouverneur de l'Égypte, lui ordonnant d'envoyer au camp établi à Tunis mille Coptes avec leurs familles, auxquels il aurait à fournir des montures lorsqu'ils seraient prêts à quitter l'Égypte, et tous les secours dont ils pourraient avoir besoin, jusqu'à leur arrivée à Tarchîch (c'est-à-dire à Tunis). Il écrivit aussi à [Hassan] ibn en-Nôman, lui prescrivant de faire bâtir un arsenal, dans lequel on établirait ces gens et dont on ferait un point d'appui et d'approvisionnement pour les musulmans. Il lui ordonna aussi d'imposer aux Berbers, comme obligation perpétuelle, la tâche d'y amener à force de bras les bois nécessaires à la construction des navires, vu qu'il aurait à y faire équiper une flotte, afin de pouvoir combattre les *Roum* par terre et par mer, et opérer des descentes sur le littoral de leur pays. De cette manière on empêcherait l'ennemi de rien tenter contre Cairouan et l'on mettrait les musulmans à l'abri de tout danger. El-Hassan était encore à Tunis

---

[1] *Coran*, sour. XVIII, vers. 73.
[2] Le château de Tonboda s'appelle encore *El-Mohammedeiya*; il est à quatre lieues au sud de Tunis.

quand les Coptes y arrivèrent. Par son ordre on fit venir les eaux de la mer depuis le lac de Radès jusqu'à l'arsenal; les Berbers apportèrent du bois; les navires s'y construisirent en quantité, et les Coptes s'occupèrent à les équiper. »

A l'est de la ville de Tunis est un grand lac qui a vingt-quatre milles de circuit; au milieu se trouve une île nommée CHEKLA «Chikli», qui produit du fenouil et qui renferme les reste d'un vieux château[1]. Cette île a environ deux milles de circuit.

D'après les dispositions qui furent adoptées, l'arsenal de Tunis touchait au port et le port au lac, lequel communique avec la mer. Sur le bord du port on voit une mosquée appelée *Mesdjid Abd-Illah* « la mosquée du serviteur de Dieu » et, au sud du port, un château construit en pierre d'une manière très-solide. Au nord du port s'étend une clôture de pierre semblable à une muraille. Pour entrer au port, les navires doivent passer entre la muraille du château et celle-ci[2]; une chaîne de fer, que l'on peut tendre à travers ce passage, empêche, au besoin, les bâtiments d'y pénétrer et d'en sortir. Ce château s'appelle CASR ES-SILCILA «le château de la chaîne.» Au sud de cet édifice on voit deux citernes que les souverains aghlebides tenaient remplies de

---

[1] Ces ruines s'y voient encore. Un télégraphe aérien, qui correspond avec le Bardo (palais principal du bey), entretient les communications entre la Goulette (*Khalk el-Ouad*), c'est-à-dire « le gosier de la rivière », et le siége du gouvernement.

[2] L'auteur décrit ici la Goulette.

poissons, après y avoir fait introduire les eaux de la mer.

Nous avons dit ailleurs[1] que l'arsenal fut bâti par Obeid-Allah ibn el-Habhâb; mais il est possible que l'auteur de ce renseignement ait voulu dire qu'Obeid-Allah avait réparé les murs et augmenté les fortifications de cet édifice.

Depuis lors Tunis n'a jamais cessé de nourrir une population considérable et d'envoyer des navires musulmans sur les côtes du pays des *Roum*, afin d'y porter le ravage et la dévastation. Située au pied d'une colline appelée DJEBEL OMM-AMR « la montagne de la mère d'Amr », cette ville est entourée d'un fossé[2] qui la rend inabordable. Elle a cinq portes, dont l'une, celle qui porte le nom de la péninsule de CHERÎK[3], regarde le midi et donne passage aux voyageurs qui se rendent à Cairouan. Vis-à-vis s'élève le DJEBEL ET-TOUBA « la montagne du repentir », haute montagne qui n'offre pas la moindre trace de végétation et dont la cime est couronnée par un château fort qui a vue sur la mer. A l'orient de ce château est une porte cintrée par laquelle on entre dans une caverne nommée EL-MÂCHOUC; et à l'occident du même château on voit une source d'eau. Le DJEBEL ES-SÎADA « la montagne de la chasse », située à l'occident du Djebel et-Touba, est couvert de villages,

---

[1] Voyez ci-devant, p. 90.
[2] Il n'y a plus de fossé.
[3] Cette grande péninsule, située à l'est de Tunis, porte le nom d'un des compagnons d'Ocba. (Voy. ci-devant, p. 34.)

d'oliviers, d'arbres fruitiers et de champs cultivés. On y remarque sept réservoirs voûtés, ayant tous la même dimension. A l'occident de cette montagne on voit une chaîne de collines bien cultivées qui s'étendent jusqu'à l'endroit nommé EL-MELÂB. Cette localité renferme un palais bâti par les Aghlebides; on y a planté des arbres fruitiers et une grande variété d'arbustes odoriférants. A l'Orient de Tunis se trouvent le port, le lac dont nous avons parlé et un marais salant. Du même côté est la porte de Carthage (*Bab Carthadjenna*); entre elle et le fossé [qui entoure la ville] on remarque un grand nombre de jardins et plusieurs puits surmontés de machines hydrauliques; aussi cet endroit porte-t-il le nom de *Sewani'l-Merdj* « les machines hydrauliques du marais ». Au nord de la ville est le *Bab es-Saccaïn* « la porte des porteurs d'eau », ainsi nommée par ce que ces gens fréquentent un puits (*bîr*) qui en est vis-à-vis et qui se nomme *Bîr Abi 'l-Kifar*. L'eau de ce puits est très-abondante, parfaitement douce et limpide. De ce côté de la ville on voit plusieurs châteaux construits par les Aghlebides, et quelques jardins plantés en arbres fruitiers et en plantes aromatiques. Cette localité touche au pied d'une montagne aride qui porte le nom d'ABOU KHAFADJA et dont la cime est couronnée par les ruines d'un ancien édifice. Dans le voisinage du *Bab Artah*, porte qui est située à l'occident de la ville, il y a un cimetière nommé *Macbera Souc el-Ahed* « le cimetière du marché du dimanche ». Entre cette porte et le fossé [qui entoure la ville] est un grand amas d'eau que l'on appelle Ghadîr el-Fahhamîn « l'étang des charbonniers ». Au milieu du Rabed el-Marda « le faubourg des malades, des lépreux? », qui est à l'extérieur de la ville, se trouve une grande saline d'où les habitants de Tunis et des lieux voisins tirent leur approvisionnement de sel.

Le *djamê* de la ville de Tunis est très-élevé et domine la mer; aussi une personne assise dans l'intérieur de l'édifice peut voir très-facilement les bateaux qui vont et viennent. On monte à ce *djamê*, du côté oriental, par un escalier de douze marches. A Tunis les bazars sont très-nombreux et renferment des marchandises dont l'aspect remplit le spectateur d'admiration. On compte dans la ville quinze bains et beaucoup de caravansérails qui s'élèvent à une grande hauteur. Les portes de toutes les maisons sont encadrées de beau marbre; chaque montant est d'un seul morceau; un troisième morceau, placé sur les deux autres, forme le linteau. De là vient le dicton : « A Tunis, les portes des maisons sont en marbre (*rokham*); mais à l'intérieur tout est couvert de suie (*sokham*). »

Tunis est un grand centre d'études; on y cultive surtout la jurisprudence, et plusieurs natifs de cette ville ont rempli les fonctions de grand cadi de l'Ifrîkiya. Malgré cette particularité, qui lui fait tant d'honneur, Tunis s'est toujours distinguée par la fréquence de ses révoltes contre les souverains de l'Ifrîkiya et par sa promptitude à résister aux ordres de ses gouverneurs; plus de vingt fois elle s'est mise en insurrection. Du temps d'Abou-Yezîd, les habitants eurent à subir une dure épreuve : le massacre, la captivité et la perte de leurs biens. El-Djerbi, l'auteur du recueil de prédictions intitulé *El-Hadethan*, a une parole à ce sujet; il dit :

> Malheur à Tarchîch! malheur à ses habitants, de la part d'un Abyssin noir [1] et furieux!

Un autre poëte a dit :

> Certes Tunis est bien mal nommée [2]; j'ai trouvé qu'elle inspirait l'effroi.

On fabrique dans cette ville des vases d'argile nommés *rîhiia* « aériennes », qui servent à contenir de l'eau; ils sont d'une blancheur éclatante et minces au point d'être presque diaphanes. On n'y trouve rien de comparable dans aucune autre ville ou région de la terre.

Tunis est une des plus illustres villes de l'Ifrîkiya et des plus riches en excellents fruits; il y a surtout une amande que l'on nomme *ferik* « friable », parce que la coque en est si mince qu'on peut la briser en frottant un de ces fruits contre l'autre; on peut même l'écraser avec la main. Presque toujours on trouve deux noyaux dans chaque coque, ce qui ne les empêche pas d'être très-gros et très-agréables

---

[1] La mère d'Abou-Yezîd était une négresse.
[2] Le nom de *Tunis*, prononcé *Tounis*, à la manière arabe, signifie « elle apprivoise, elle inspire la sécurité ».

au goût. Citons encore la grenade tendre, dont les grains ne renferment pas de pepins, et ce fruit, rempli de suc, est d'une douceur parfaite; le gros citron[1], d'un goût délicieux, d'une odeur agréable et d'un aspect séduisant; la figue nommée *el-kharemi*, qui est noire, grande, mince de peau, pleine d'un suc mielleux et, presque toujours, sans graines; le coing, qui n'a pas de pareil pour la grosseur, la douceur et le parfum; les jujubes fines, grandes comme des noix; l'oignon nommé *el-callaouri* « le calabrien », grand comme une orange, de forme allongée, à peau mince, très-juteux et d'un goût franc et parfait.

Le poisson est très-abondant à Tunis et on y trouve plusieurs espèces qui ne se rencontrent pas ailleurs. Chacune d'elles fréquente alternativement la mer de Tunis pendant l'un des mois de l'année chrétienne; puis elle disparaît tout à fait jusqu'au même mois de l'année suivante. Ce changement permet aux habitants de Tunis de se livrer aux jouissances du goût sans interruption et sans éprouver de la satiété. Ces espèces servent aussi à faire des salaisons qui se conservent pendant plusieurs années sans rien perdre ni de leur forme, ni de leur bonne saveur. Dans le nombre, nous pouvons citer l'*âbanec?* l'*octobrien*[2], l'*achbarus* « sparus », le *menkous* « om-

---

[1] Ou *cédrat*. (Voy. l'extrait d'Ibn-Beithar, cité dans l'*Abdallatif* de M. de Sacy, p. 115, 116.)

[2] Le poisson qui, de nos jours, paraît en octobre dans le golfe de Tunis, s'appelle *chelba*: c'est une espèce de dorade.

brine » et le *bacounis*[1] ; on connaît le dicton populaire : « Sans le bacounis, point de révolte à Tunis. »

Sur la route qui mène de Tunis à Cairouan est un lieu de halte nommé MODJEFFA. A l'époque où le fruit des oliviers qui poussent dans les cantons du littoral est dans sa maturité, des bandes d'étourneaux [venant de ce côté] se dirigent vers Modjeffa pour y passer la nuit ; chacun de ces oiseaux y arrive portant deux olives dans ses pattes, et les laisse tomber en ce lieu. Aussi la récolte d'olives qui se fait à Modjeffa est immense et peut être évaluée à soixante et dix mille *dirhems*[2].

De Tunis à CARTHADJENNA « Carthage » il y a une distance de douze milles. On dit que cette dernière ville fut bâtie par Didon[3], *roi* contemporain de David [fils de Salomon], et que, entre l'époque de sa fondation et celle de la ville de ROUMIYA (Rome), il y avait un intervalle de soixante et douze ans.

Celui qui entrerait dans Carthage tous les jours de sa vie et s'occuperait seulement à y regarder, trouverait chaque jour une nouvelle merveille qu'il n'aurait pas remarquée auparavant. Cette ville est située si près de la mer que la muraille est baignée par les vagues. Le mur qui l'entourait avait une étendue de quatorze mille coudées.

Voici ce que raconte Abou-Djafer Ahmed ibn

---

[1] Ce nom n'est plus connu à Tunis.
[2] Environ 30,000 francs.
[3] Tous les manuscrits portent *Diron*, avec un *r* ر à la place d'un *d* د.

Ibrahîm [1] dans son livre intitulé *Maghazi Ifrîkiya* (expéditions militaires en Afrique) : « Mouça ibn Noccir [2], étant entré en Ifrîkiya, soumit toutes les parties de cette contrée qui paraissaient dignes de son attention et demanda à voir le plus ancien habitant du pays. On lui présenta un vieillard tellement âgé que ses paupières (inférieures) ne remontaient plus sur les prunelles de ses yeux. « D'où es-tu, cheïkh ? « lui dit Mouça. — De Carthadjenna de l'Ifrîkiya, « répondit le vieillard. — Dis-moi pourquoi tu te « trouves ici et raconte-nous l'histoire de Carthage. — Cette ville, lui répondit le cheïkh, fut bâtie par « un peuple dernier reste de cette nation adite qui « périt dans un ouragan [3]. Après eux, la ville resta « en ruines pendant un millier d'années. Quand elle « fut rebâtie par Ardmîn, fils de Laoudîn, fils de « Nemrod le puissant, il y fit venir les eaux douces

---

[1] Mieux connu sous le surnom d'Ibn-el-Djezzar. Ce médecin célèbre était natif de Cairouan. Il composa plusieurs ouvrages sur diverses parties de la thérapeutique, et l'un de ces traités, intitulé, *Zad el-Moçafer* (*viaticum peregrinantis*), a été traduit en hébreu, en grec et en latin. On possède deux éditions de la traduction latine, imprimées, l'une à *Lugdun.* 1510, et l'autre à *Basil.* 1516, dans le recueil intitulé, *Opera parva Rhazæ*. Il laissa aussi un abrégé d'histoire intitulé : *Taarif tashîh et-tarîkh* (*moyens de vérifier les renseignements historiques*) ; l'*Akhbar ed-Doula* (*Histoire de l'empire fatemide* (?)), et le *Maghazi Ifrîkiya* (*expéditions militaires en Afrique*). On ne possède pas ces derniers ouvrages. Ce médecin mourut vers l'an 400 de l'hégire (1009-1010), à l'âge de quatre-vingts ans passés. (*Hist. des médecins arabes,* par Wüstenfeld, en allemand.)

[2] Gouverneur de l'Afrique et conquérant de l'Espagne.

[3] Voy. sur cette légende le Coran, et la *Bibliothèque orientale* de d'Herbelot, au mot *Houd*.

« de *Delala*, leur ayant creusé un passage à travers
« les montagnes et bâti des arcades dans le fond des
« vallées pour maintenir le niveau de ce canal. Après
« un travail de quarante ans, l'eau parcourut cet
« aqueduc. Pendant qu'on creusait sur toute la lon-
« gueur des vallées les fondations des arcades, on
« trouva une pierre portant l'inscription suivante :
« *Cette ville ne sera pas détruite jusqu'à ce que le sel s'y*
« *montre*. Un jour, pendant que nous étions assis dans
« l'hippodrome de Carthage, voilà que nous remar-
« quâmes du sel sur une pierre. Ce fut alors que je
« partis pour venir ici.[1] »

Voici la cause de la destruction de Carthage :
Anbîl « Annibal », roi de l'Ifrîkiya, qui avait le siége
de son empire à Carthage, passa en *Italia*, pays
dans lequel est située *Roumiya* « Rome », et livra
plusieurs combats aux généraux de cette ville. A
cette époque, les habitants de Rome n'avaient pas
de roi ; l'administration de l'État était confiée à
soixante et dix de leurs grands personnages, qui choi-
sissaient, chaque année, douze *caïds* « généraux » pris
dans leur corps. Ceux-ci se distribuaient par lots les
provinces qu'ils allaient commander, et chacun d'eux
se rendait dans la localité que le sort lui avait désignée. Anbîl les défit en tant de batailles qu'il en-

---

[1] Cet extrait ne fait pas honneur au jugement d'El-Bekri et nous donne une idée peu favorable des notions historiques recueillies par Ibn-el-Djezzar. Elles peuvent cependant avoir une certaine valeur ; si le morceau que notre auteur rapporte ensuite provient du même médecin, on y reconnaîtra un écrivain qui avait eu à sa disposition un exemplaire des *Annales* de Tite-Live.

voya en Ifrîkiya trois *modi* remplis des bagues d'or qu'il avait prises sur les morts, c'est-à-dire sur leurs nobles et leurs princes, et il y joignit cette lettre : « Ceci vous indiquera le nombre de nobles (cherîfs) « et de commandants (caïds) que je leur ai tués; jugez « par là du reste [1]. » Il se tint en Italie pendant seize ans, dirigeant ses attaques contre Rome, et tenant cette ville étroitement bloquée. Alors un de leurs caïds nommé *Chibîoun* (Scipion) passa secrètement en Sicile avec une flotte et, quand il eut rassemblé tous ceux qui répondirent à son appel, il se dirigea vers le territoire de l'Afrique (Ifrîkiya), laissant Anbîl encore occupé du siége de Rome. Ayant défait les Africains, il répandit sur tout leur pays [tous les maux de la guerre] le massacre, la captivité et l'incendie; puis il se mit à faire le siége de Carthage. Les habitants de cette ville envoyèrent alors un message à leur émîr Anbîl, pour lui apprendre ce qui leur était survenu de la part du peuple romain, et pour le prier de se hâter à leur secours. Anbîl fut très-étonné de cette nouvelle : « J'avais « pensé, dit-il, qu'en maintenant le siége de cette « ville je réussirais à faire disparaître du monde jus- « qu'au nom des Romains (*Roumanîûn*). Je crois vrai-

---

[1] « Ad fidem deinde tam lætarum rerum, effundi in vestibulo curiæ « jussit annulos aureos, qui tantus acervus fuit, ut metientibus di- « midium super *tres modios* explesse sint quidam auctores. — Adjecit « deinde verbis, quo majoris cladis indicium esset, neminem nisi « *equitem* atque eorum ipsorum *primores* id gerere insigne. » (Tite-Live, l. XXIII, 12.)

« ment que le *Dieu du Ciel*[1] ne veut pas le permettre. »
S'étant alors embarqué, il prit la mer avec ses navires et hâta son retour vers l'Ifrîkiya. Chibîoun marcha à sa rencontre et le défit en plusieurs combats. Anbîl lui adressa alors la parole en disant :
« Vous autres Romains, vous étiez bien loin de mon-
« trer tant de bravoure quand nous vous combattîmes
« auprès de vos foyers et que nous vous obligeâmes
« à prendre la fuite ! » Chibîoun lui répondit : « Lors-
« que vous étiez loin de vos forteresses et de votre
« pays, vous montriez autant de fermeté que nous
« de faiblesse; et, maintenant que nous sommes chez
« vous, les deux partis ont changé de conditions, et
« l'effet contraire est arrivé. » Alors les Romains subjuguèrent les habitants de l'Ifrîkiya et détruisirent la ville de Carthage. »

Le monument le plus merveilleux de Carthage c'est la Maison de divertissement, que l'on nomme aussi *Thîater* « théâtre ». Elle se compose d'un cercle d'arcades soutenues par des colonnes et surmontées par d'autres arcades semblables à celles du premier rang. Sur les murs de cet édifice on voit les images de tous les animaux et des gens qui s'adonnent aux métiers. On y distingue des figures qui représentent les vents : celui de l'orient a l'air souriant; celui de l'occident, un visage refrogné. Le marbre est si abondant à

---

[1] *Le Dieu du ciel* בעלי שמים (*Baali Chamîm*). L'écrivain arabe aurait-il eu connaissance de ce passage de saint Augustin : « *Baal punice videtur dicere Dominum, unde Balsamen, quasi Dominum cœli.* »? (*Quæst. in lib. Jud.*)

Carthage que, si tous les habitants de l'Ifrîkiya se rassemblaient pour en tirer les blocs et les transporter ailleurs, ils ne pourraient pas accomplir leur tâche. On y voit aussi la *Moallaca* « suspendue », château d'une grandeur et d'une hauteur énormes; il se compose de voûtes en plein cintre, à plusieurs étages. Vers l'occident de cet édifice, qui domine la mer, est le château connu sous le nom de *Thîater*, le même qui renferme la Maison de divertissement dont nous venons de parler; il a beaucoup de portes et de soupiraux, et se compose de plusieurs étages. Au-dessus de chaque porte on remarque l'image d'un animal en marbre, et des figures qui représentent les artisans de toutes les classes. [Indiquons encore] le château nommé *Coumech*[1], qui est aussi à plusieurs étages appuyés sur des colonnes de marbre d'une grosseur et d'une hauteur énormes. Sur le chapiteau d'une de ces colonnes douze hommes pourraient s'asseoir, les jambes croisées, et avoir au milieu d'eux une table pour y manger ou pour y boire. Elles sont cannelées, blanches comme la neige et brillantes comme du cristal; quelques-unes restent encore debout, les autres sont tombées par terre. On y remarque aussi une grande voûte dont l'extrémité échappe aux regards et qui renferme sept vastes réservoirs, nommés *Mouadjel es-Cheiatîn* « les citernes des démons »; ils contiennent une eau très-ancienne qui y est restée depuis un temps immémorial. Dans

---

[1] Var. *Houmes* حومس P. — A la place de *Coumech* فومش, le traducteur est très-disposé à lire *kirkoch* فرفش, c'est-à-dire *cirque*.

le voisinage du château de Goumech est une prison obscure, formée de voûtes posées les unes sur les autres, et dont l'entrée inspire l'effroi. On y trouve des cadavres qui conservent encore leur forme primitive, mais qui tombent en poussière aussitôt qu'on les touche. Le port était situé dans l'intérieur de la ville, et les navires y entraient voiles déployées; mais il n'est plus maintenant qu'un marais saumâtre. Sur la hauteur qui le domine on voit un château et un *ribat* nommé *Bordj Abi Soleiman* « la tour d'Abou Soleiman ». Au centre de la ville est un grand bassin entouré de mille sept cents arcades, dont une partie est restée debout jusqu'à nos jours. Les eaux d'*Aïn Djocar*[1], source située à quelques journées de distance, arrivaient à ce réservoir; elles coulaient vers Carthage par un grand canal qui passait tantôt sous terre, et tantôt sur des rangs d'arcades placés les uns sur les autres et s'élevant jusqu'aux nuages. Obeid Allah le Fatemide ne buvait pas d'autre eau que celle d'Aïn Djocar; il s'en faisait venir, tous les jours, la charge d'un certain nombre de bêtes de somme.

On voit à Carthage deux châteaux nommés *El-Okhtaïn* « les deux sœurs », qui sont entièrement construits en marbre et de la manière la plus solide; ils se composent de blocs qui s'emboîtent les uns dans

---

[1] Les manuscrits A. M et-P portent حَفَار *Hafar;* dans le manuscrit E on trouve خَفَّان *Khaffan.* C'est le même nom que l'Idrîci écrit شوفار *Choucar.* La position de cette source est bien connue : elle est à trois lieues sud-ouest du mont Zaghouan et à douze lieues de Tunis.

les autres. Un ruisseau qui vient du côté du nord, et dont la source est inconnue, arrive jusqu'à ces édifices par un conduit, et va se décharger dans la mer. Sur ses bords on a établi des *noria* « roues à godet » pour fournir de l'eau aux villages [qui occupent l'emplacement] de Carthage. Dans cette ville, on remarque plusieurs colonnes encore debout, dont la partie qui n'est pas cachée dans le sol a une hauteur de quarante coudées. Elles servaient à soutenir une voûte construite en pierre ponce, substance assez légère pour flotter sur l'eau. On y voit aussi une coupole d'une telle hauteur qu'un archer ne saurait en atteindre le sommet avec une flèche lancée de toute sa force. L'aire de cet édifice est en mosaïque et a cinquante coudées tant en longueur qu'en largeur.

Aujourd'hui les ruines de Carthage sont couvertes de beaux villages, riches et bien peuplés. Les diverses espèces de fruits que l'on y recueille sont d'une excellente qualité et ne sauraient être surpassés.

Des traditionnistes d'une véracité reconnue rapportent qu'Abd er-Rahman ibn Anâm [1] raconta en ces termes un fait assez curieux : « J'étais à me promener au milieu des ruines de Carthage avec mon oncle et un jeune serviteur, et, pendant que nous étions à regarder les merveilles de cette localité, nous découvrîmes un tombeau portant cette inscrip-

[1] Voy. ci-devant, p. 55.

tion en langue himyarite : « Je suis Abd-Allah ibn
« el-Aouach, l'envoyé de Saleh, apôtre de Dieu. »
Ou, selon une autre version : « Moatteb m'envoya
aux habitants de cette ville afin de les appeler vers
Dieu. J'y arrivai de grand matin et ils me tuèrent à
l'entrée de la nuit. Dieu leur fera rendre compte de
leur conduite[1]. » Ishac ibn Abd el-Mélek el-Melchouni[2] déclare cependant qu'aucun des prophètes
n'entra en Afrique, et que ce furent les disciples de
Jésus, fils de Marie, qui, les premiers, y apportèrent
la vraie foi.

La presqu'île de CHERIK, située entre les villes de
Souça et de Tunis, porte le nom de *Cherîk el-Abci*
(membre de la tribu arabe d'Abs), qui en avait été
gouverneur. La station de Bachou (MENZIL BACHOU),
métropole de cette région, est une ville grande et
très-peuplée qui possède un *djamê*, plusieurs bains,
trois places publiques, des bazars bien fournis et un

---

[1] Voici encore un échantillon des connaissances musulmanes en ce qui regarde les antiquités et l'histoire des peuples anciens. On y remarque, avec quelque surprise, qu'un de leurs docteurs, un grave et respectable magistrat, ayant trouvé une inscription en langue latine, ou peut-être en punique, croit y voir des caractères himyarites, qu'aucun Arabe n'a jamais su lire, et qu'il n'hésite pas d'en donner une traduction de fantaisie. Les traditionnistes musulmans les plus sûrs, ceux qui ont rapporté les dits et gestes de Mahomet, n'étaient pas eux-mêmes très-véridiques : El-Bokhari, un de leurs critiques les plus habiles, avait recueilli une masse de six cent mille traditions, et, de ce nombre, il n'en a conservé que dix mille. On peut même dire que, parmi celles qu'il nous a transmises, il y en a plusieurs dont la fausseté est évidente.

[2] Quelques pages plus loin, l'auteur dit un mot sur ce personnage.

château bâti par Ahmed ibn Eiça[1], le même qui s'insurgea contre [Ibrahîm] Ibn-el-Aghleb.

Lors de l'invasion du Maghreb par Abd-Allah ibn Saad ibn Abi-Sarh, les *Roum* se réunirent dans la péninsule de Cherîk et se dirigèrent en toute hâte vers Iclîbiya (*Clypea*) et les lieux voisins. S'étant alors embarqués, ils allèrent à Cossura[2], île située entre la Sicile et l'Afrique et qui, à cette époque, était habitée. On dit qu'ils y restèrent jusqu'à l'avénement du khalife Abd el-Mélek ibn Merouan[3]. L'émir Abd-el-Mélek ibn Caten[4], auquel ce prince donna l'ordre de faire une expédition sur mer, s'empara de toutes les îles de la côte tunisienne, y détruisit les forteresses et s'en retourna victorieux.

De Tunis à Menzil Bachou il y a une journée de marche. Entre ces deux villes se trouvent plusieurs villages grands et bien peuplés, ainsi qu'une source d'eau chaude[5] dont les qualités bienfaisantes ont été constatées par l'expérience. De Bachou l'on se rend au bourg d'Ed-Douamîs, qui en est à une journée de marche. Cette dernière localité est grande, très-peuplée, et possède beaucoup d'oliviers et d'autres arbres. Le Casr ez-Zeit « château de l'huile »[6], le

---

[1] Peut-être *Ibn-Abi-Ahmed* d'En-Noweiri. (Voy. *Hist. des Berbers*, t. I, p. 428, 429.)

[2] Nommé maintenant *Pantellaria*.

[3] En l'an 65 de l'hégire (684-685 de J. C.).

[4] Cet officier, nommé gouverneur de l'Espagne en l'an 114 (732-733), fut mis à mort l'an 123, à l'âge de quatre-vingt-dix ans.

[5] Nommé maintenant *Hammam el-Enf*, et situé sur le bord de la mer, à trois lieues de Tunis.

[6] Situé à une lieue de Hammamat, auprès du golfe de ce nom.

Ouadi 'd-Dimna « rivière de Dimna », le Fondoc Rîhan « caravansérail de Rîhan » et le Ouadi 'r-Romman « rivière des Grenades », sont situés entre Bachou et Ed-Douamîs. De ce dernier bourg l'on se rend à Cairouan dans une journée, et l'on rencontre en chemin plusieurs châteaux, stations et villages. Dans l'intérieur des terres, vis-à-vis et au sud de la péninsule de Cherîk, s'élève le Zaghouan, montagne extrêmement haute [1], que l'on nomme aussi *Kelb ez-Zocac* « le chien du détroit ». On l'appelle ainsi parce qu'elle se voit de très-loin et qu'elle sert à diriger les navigateurs vers les lieux de leur destination. Elle est visible à la distance de plusieurs journées [2], et se montre quelquefois avec sa cime au-dessus des nuages. Il arrive souvent que ses flancs sont inondés par les averses pendant que le sommet est parfaitement sec. Les gens de l'Ifrîkiya disent d'un homme qui leur est à charge : « Il est plus lourd que la montagne de Zaghouan; plus lourd que la montagne de Plomb »[3], laquelle domine Tunis. Un poëte a dit, en s'adressant à un pigeon voyageur qu'il venait de faire partir de Cairouan avec une lettre pour Tunis :

Parvenu à Zaghouan, élève toi très-haut, et, à force de monter, approche-toi des nuages.

Le Zaghouan est couvert de villages très-peuplés, d'arbres fruitiers, de jardins et de sources d'eau.

---

[1] Elle a plus de treize cents mètres de hauteur.
[2] Cela est une exagération. — [3] La montagne de Plomb (*Djebel er-Rossas*) est située à cinq lieues sud-est de Tunis.

Le Fondoc-Chekel, un de ces grands villages, est à une journée de Tunis et forme un lieu de station bien connu. Un autre, nommé Calemdjenna[1], eut pour fondateur Abou 'l-Cacem, fils d'Obeid-Allah [le Fatemide], qui eut l'intention d'y établir les étrangers réduits à la mendicité, qui venaient du pays des Hoouara et du pays des Nefouça[2]. Le Zaghouan est un lieu de retraite pour les musulmans qui veulent s'adonner à la pratique des bonnes œuvres et à la dévotion.

A l'occident de cette montagne et à trois journées de Cairouan est située Lorbos (*Laribus*), ville fermée qui possède un grand faubourg. Son territoire produit du safran excellent et se distingue par le nom de *Beled el-Anber* « canton de l'ambre gris ». Ce fut là que se rendit Ibrahîm ibn Abi 'l-Aghleb lors de sa sortie de Cairouan[3]. En l'an 296 (908-909), Abou Abd-Allah es-Chîaï vint mettre le siége devant Laribus. Ibrahîm, qui s'y était enfermé avec toutes les milices de l'Ifrikiya, s'enfuit vers Tripoli, accompagné de plusieurs de ses chefs de troupe et d'une partie de son armée; Abou Abd-Allah pénétra de vive force dans la ville et fit massacrer les habitants. Ces malheureux s'étaient réfugiés, avec le reste des milices, dans la grande mosquée, où ils se tenaient

---

[1] Celle-ci est la leçon du manuscrit M. Le manuscrit A porte *Caldjena*, قلدجنة; le manuscrit P, قالجنة (nom illisible), et le manuscrit E, *Calhana*, قلهنة.

[2] C'est-à-dire de la province de Constantine et de la frontière de Tripoli.

[3] *Hist. des Berbers*, t. I, p. 441.

entassés les uns sur les épaules des autres. Le sang sortit par toutes les portes de cet édifice et coula dans les rues, ainsi que font les ruisseaux à la suite d'une forte averse. L'on assure que trente mille individus périrent dans l'intérieur de la mosquée et que ce carnage dura depuis l'heure de la prière du soir jusqu'à la fin de la nuit. Les Aghlebides [dont la dynastie succomba bientôt après cette catastrophe] avaient régné sur l'Ifrîkiya pendant cent onze ans.

La ville des Ansars (EL-ANSARIÎN)[1], située à une journée de Laribus, est ainsi nommé parce que quelques descendants de *Djâber* ibn Abd-Allah l'*Ansar*[2] y avaient fixé leur séjour[3]. Le sol de ce canton est d'une grande fertilité; on y récolte le meilleur blé de toute l'Ifrîkiya.

Trois journées de marche[4] suffisent pour se rendre de Cairouan à CAFSA[5], ville bâtie en totalité

---

[1] Les Ansars « soutiens, assistants », appartenaient à la ville de Médine. Ils reçurent ce nom parce qu'ils avaient pris les armes pour soutenir Mahomet à l'époque où ce novateur fut contraint de quitter la Mecque.

[2] Djaber ibn Abd-Allah es-Selemi, natif de Médine, fut un des Ansars. Après avoir fait plusieurs campagnes avec Mahomet, il transmit aux fidèles un grand nombre de renseignements au sujet des dits et gestes de leur prophète. Il mourut à Médine, âgé de plus de soixante et dix ans.

[3] Cette localité se nomme encore *Calâ-t-Djaber;* elle est à sept lieues ouest de Kef, près du territoire français.

[4] On peut y aller en trois bonnes journées de cavalier; mais le camp tunisien en fait six étapes, savoir : El-Haouareb, El-Hadjeb, Djelma, Oued el-Facca, Sidi Ali ben Aoun et Souîna. (*Berbrugger.*)

[5] Ce nom se prononce *Gafça*. Les anciens l'écrivaient *Capsa.*

sur des portiques de marbre dont on a bouché les
arcades avec de fortes cloisons construites en moellons[1]. On dit que ce rempart[2] fut élevé par Chentian, page de Nimrod, qui y fit graver son nom
dans une inscription qu'on lit encore. La muraille
de Cafsa [est si bien conservée qu'elle] semble avoir
été faite d'hier [3]. Dans l'intérieur de la ville l'eau
sort de terre par deux sources très-abondantes et
forme autant de ruisseaux qui coulent avec bruit et
vont arroser les jardins et les champs ensemencés
qui se trouvent aux environs de la place. Le *djamê*
même renferme dans son enceinte une grande source
[dont le bassin], construit en pierre par les anciens,
a quarante coudées de longueur et autant de largeur.
Cafsa est la localité de la province de Cairouan qui
produit la plus grande quantité de pistaches; on les
envoie dans toutes les parties de l'Ifrîkiya et même
jusqu'en Égypte, en Espagne et à Sidjilmessa. On
y trouve une espèce de datte semblable à un œuf
de pigeon. Les fruits des diverses espèces que l'on
cultive à Cafsa servent, en partie, à la consommation de Cairouan. Dans les environs de la ville on
compte plus de deux cents bourgades florissantes,

---

[1] *Moellons* : le texte arabe porte *es-sakher el-djelil.* C'étaient, sans doute, des débris antiques, brisés et employés pêle-mêle comme matériaux de construction, ainsi que l'a dit le Dr Frank, dans sa Description de la régence de Tunis.

[2] *Ce rempart* : l'auteur veut parler de la muraille qui entourait la ville.

[3] L'ancienne muraille de Cafsa n'existe plus; celle qui entoure la ville maintenant est en pisé et très-délabrée.

bien peuplées, et arrosées, tant à l'intérieur qu'à l'extérieur, par les eaux [qui sortent de la ville]. On désigne ces villages par le nom de Cosour Cafsa « les bourgades de Cafsa ». Les impôts de Cafsa rapportent [tous les ans] cinquante mille dinars [1]. Parmi ces bourgades on distingue celle de Torac [2], située à moitié chemin de Cafsa à Feddj el-Himar « le défilé de l'âne »[3] ; il faut traverser ce dernier endroit quand on se dirige vers Cairouan. Torac est grande et très-peuplée ; elle possède un *djamê* et un bazar bien monté. C'est de cette ville que les *toraki*, vêtements que l'on transporte en Égypte, tirent leur nom. On y récolte beaucoup de pistaches.

La ville de Nefzaoua, située à six journées ouest de Cairouan[4], renferme une grande source nommée Taourgha « jaune » en langue berbère, et dont on n'a jamais pu trouver le fond. Le mur de Nefzaoua, construit en pierres et en briques, est percé de six portes. Cette ville possède un *djamê* et quelques bazars très-fréquentés ; elle est située auprès d'une rivière dont les bords sont couverts de dattiers et d'autres arbres fruitiers. Dans les environs se trouvent un grand nombre de sources. Au sud de Nefzaoua est

---

[1] 5oo,ooo francs.
[2] Cette localité n'est pas connue de nos jours.
[3] Peut-être le *Fom el-Feddj* « entrée du défilé », que la carte de Prax et Renou place à sept lieues nord-est de Gafsa (*Cafsa*).
[4] A quarante-cinq ou cinquante lieues sud-sud-ouest de Cairouan. Le nom de Nefzaoua, marqué sur la carte de Shaw, est omis sur celle de Prax et Renou. Il est cependant en usage et désigne toute la région située au sud-est de la grande *sibkha*.

une ville antique que l'on désigne par le nom d'EL-MEDÎNA « la ville »; elle est entourée de murs et renferme un *djamê*, un bain et un bazar. Tout autour on rencontre des sources et des jardins. Nefzaoua est à trois journées de CABES[1] et à deux journées de Cafsa; [cette] dernière ville est à trois journées de GUÎTOUN BÎADA, laquelle est à une journée de NEFTA; il y a une journée de Nefta à TOUZER[2], et une journée de Touzer à Nefzaoua. Pour se rendre de Nefzaoua au canton de Castîliya il faut traverser un terrain marécageux dans lequel on a dressé des poutres pour indiquer le chemin. Les voyageurs qui veulent suivre cette route prennent des guides chez les Beni-Moulît, tribu nomade qui campe de ce côté-là. Celui qui s'écarte de la route, soit à droite, soit à gauche, s'enfonce dans une terre mouvante qui, par sa molle consistance, ressemble à du savon liquide. Il est arrivé à des compagnies de voyageurs, et même à des armées, d'y périr sans laisser aucune trace de leur existence. Cette région de marécages s'étend jusqu'à la ville de *Ghadams*.

Le pays de CASTÎLIYA contient plusieurs villes, telles que *Touzer*, *El-Hamma* et *Nefta*. Touzer, qui en est la métropole, est une grande ville, environnée d'une muraille de pierres et de briques. Elle possède un *djamê* solidement bâti, et plusieurs bazars. Tout

---

[1] Le camp tunisien fait, pour y arriver, les étapes de Gourbata, Hamma (on passe quelquefois par Taguïous), Touzer et Nefta. Un cavalier bien monté peut y aller en deux jours. (*Berbrugger*.)

[2] M. Berbrugger n'a mis que quatre heures pour aller à cheval d'une de ces villes à l'autre.

autour s'étendent de vastes faubourgs remplis d'une nombreuse population. Cette place, qui est très-forte, a quatre portes, un grand nombre de jardins, beaucoup de dattiers et d'autres arbres fruitiers; la canne à sucre et le bananier sont les seules plantes qui n'y viennent pas bien. Les dattiers forment autour de la ville un grand et sombre massif. Il n'y a point d'autre endroit en Ifrîkiya qui produise autant de dattes; presque tous les jours il en sort mille chameaux, ou même davantage, chargés de ce fruit. Touzer est arrosée par trois ruisseaux [1] qui prennent leur source dans une couche de sable, fin et blanc comme de la farine. Cet endroit est nommé en leur langue SERECH [2]. Les ruisseaux dont nous venons de parler sont les branches d'une rivière formée par la réunion des eaux qui sortent du sable, et nommée OUADI 'L-DJEMAL [3]. A l'endroit où l'embranchement se fait, la rivière a environ deux cents coudées de profondeur [4]. Chacun des trois ruisseaux se partage ensuite et forme six canaux d'où rayonnent une quantité innombrable de conduits, construits en

---

[1] Cette oasis est arrosée par le *Oued Berqouq* « la rivière aux prunes برڧوڧ ». Cette rivière, arrivée à un barrage romain en grandes pierres de taille, se subdivise en trois branches : Sakît el-Khendek سافية الخندف, Sakît el-Oust سافية الوسط et Sakît er-Rebot سافية الرباط. De cette dernière branche se détache Sakît es-Souani سافية السواني. (*Berbrugger.*) Voy. la *Revue africaine*, t. III, p. 19.

[2] Variantes : *Seres* سرس, *Sedech* سدش, *Sous* سوس. En berber zenatien le mot *Seddous* سدوس signifie *son écoulement*.

[3] Il faut peut-être lire *Ouadi 'l-Djemar* « rivière de sable ».

[4] A cet endroit, la rivière n'a pas deux mètres de profondeur.

pierre d'une manière uniforme; aussi ont-ils tous la même dimension. Chaque conduit a deux empans de largeur et un *fitr* [1] de profondeur. Pour avoir régulièrement une provision de quatre *cadès* d'eau, on donne un *mithcal* « dix francs » par an; si l'on veut en avoir de plus ou de moins, on paye en conséquence. Voici en quoi consiste le *cadès* : chacun, quand son tour d'arrosage arrive, prend une tasse (*cadès*) dont le fond est percé d'un trou assez étroit pour se laisser boucher avec un bout de cette espèce de corde qui sert à tendre les arcs à carder. Il remplit cette tasse avec de l'eau et la suspend quelque part jusqu'à ce qu'elle soit vide et, pendant ce temps, il voit son clos ou son jardin recevoir d'un de ces canaux un courant d'eau. Il remplit ensuite la tasse une seconde fois et procède de la même manière [2]. Ces gens-là ont reconnu qu'une de ces tasses peut se remplir et se vider, sans interruption, cent quatre-vingt-douze fois dans l'espace d'un jour complet [3].

On ne trouve nulle part des oranges aussi belles et aussi douces que celles de Touzer. On y recueille aussi la manne, le sébeste [4] et le myrobolan. Les impôts de Castîliya rapportent tous les ans deux cent

[1] Le *fitr* est l'espace compris entre les extrémités du pouce et de l'index dans leur plus grand écartement.

[2] M. Berbrugger, qui visita Touzer en novembre 1850, a reconnu que ce système d'arrosage, si bien décrit par El-Bekri, est encore en activité; que tous les canaux sont en bon état, et que les conduits ainsi que le barrage sont de construction romaine.

[3] Donc la clepsydre marchait pendant sept minutes et demie.

[4] Voy. au sujet de cette espèce d'arbre l'*Abd-Allatif* de M. de Sacy, p. 70 et suiv.

mille dinars [2,000,000 de francs]. Dans ce pays on mange la chair du chien; les habitants engraissent ces animaux dans leurs jardins, en les nourrissant de dattes. Un homme qui avait reçu l'hospitalité à Touzer m'a raconté qu'on lui servit un plat de viande qu'il trouva excellent, et que son hôte, auquel il demanda ce que c'était, lui répondit : « C'est de la chair d'un jeune chien engraissé. »

Le pays situé au delà de Castîliya n'est habité, autant qu'on le sache, ni par les hommes, ni par les animaux; à l'exception toutefois du *fenek*[1]. En effet, toute cette région consiste en sables et en bourbiers. Les habitants de Castîliya racontent à ce sujet que quelques personnes, ayant voulu connaître la région située derrière leur territoire, se mirent en route avec une provision de vivres, et marchèrent plusieurs jours à travers les sables, sans y voir la moindre trace d'un lieu habité[2]. Ils ajoutent que la plupart de ces voyageurs moururent dans cette région de sables.

ROUTE DE CAIROUAN AU CHÂTEAU D'ABOU-TAOUÎL.

Le château d'ABOU-TAOUÎL [3] (*Calâ-t-Abi-Taouîl*),

[1] Voy. ci-devant, p. 53.
[2] Si ces voyageurs s'étaient dirigés vers le sud, douze ou quinze jours leur auraient suffi pour atteindre Ghadams; en se dirigeant vers le sud-ouest ils seraient arrivés à Ouargla, et auraient trouvé le Oued-Souf et le Oued-Rîgh sur leur route.
[3] C'est la *Calâ-Hammad* ou *Calâ-beni-Hammad* des historiens de l'Afrique. Ce château et la ville qui en dépendait devaient toute leur importance à Hammad, fils de Bologguîn, et fondateur de la dynastie

grande et forte place de guerre, devint une métropole après la ruine de Cairouan [1]. Comme les habitants de l'Ifrîkiya sont allés en foule pour s'y établir, il est maintenant un centre de commerce qui attire les caravanes de l'Irac, du Hidjaz, de l'Égypte, de la Syrie et de toutes les parties du Maghreb. Aujourd'hui la Calâ-t-Abi-Taouîl est le siége de l'empire des Sanhadja [2]. Ce fut dans ce château qu'Abou-Yezîd Makhled ibn Keidad se défendit contre Ismaîl [El-Mansour, le khalife fatemide] [3], ainsi que nous le dirons, s'il plaît à Dieu, dans un autre endroit de cet ouvrage [4]. A quarante milles de Cairouan le voyageur rencontre le Ouadi-'r-Reml « la rivière de sable », où se trouve un village dont les oliviers sont très-nombreux et dont le sol est de sable rouge. De là on se rend à Sebîba, ville antique, où les eaux abondent ainsi que les fruits. Plus loin on arrive à un village nommé Calâ-t-ed-Dîk « le château du coq »;

hammadite. (Voy. *Hist. des Berb.* t. II.) Il acheva de bâtir et de peupler cette métropole vers la fin du iv° siècle de l'hégire. Les historiens ne nous font pas connaître le surnom de ce prince; mais on peut supposer que c'était *Abou-Taouîl*. Le château s'appelait *Kiyana* avant d'être occupé par Hammad. La ville, dont il ne reste plus que le minaret de la grande mosquée, était située à environ sept lieues au nord-est d'El-Mecîla.

[1] Voy. ci-devant, p. 67.

[2] L'auteur écrivait en l'an 460 de l'hégire. Dix ou douze années auparavant, le royaume des Zîrides, autre branche de cette famille sanhadjienne, avait perdu tout son éclat par suite de la seconde invasion des Arabes et de la chute de Cairouan.

[3] Voy. *Hist. des Berbers*, t. II, p. 530.

[4] Ce récit ne se trouve pas dans les parties que nous possédons du grand ouvrage d'El-Bekri.

ensuite on atteint Es-Sekka « le relais », grand et beau château où se tient un marché très-fréquenté. De là on se rend à Meddjana-t-el-Metahen « Meddjana des moulins », ville ancienne qui possède une carrière d'où l'on extrait les meilleures meules du monde. Plus loin on rencontre le Ouadi Mellag[1], grande rivière, auprès de laquelle sont des ruines antiques. La ville de Tebessa, située à l'est du Mellag, est d'une haute antiquité et renferme beaucoup de monuments anciens; elle abonde en arbres et en fruits.

De cette ville on se rend à Meskîana, bourg situé sur une rivière. Toutes ces localités portent comme une parure le nom de celui qui viendra plus tard, s'il plaît à Dieu[2]. De là on se transporte à Baghaïa, grande et ancienne ville, dont les environs, arrosés par des ruisseaux, sont couverts d'arbres fruitiers, de champs cultivés et de pâturages. Tout auprès s'élève l'Auras, chaîne de montagnes qui se prolonge jusqu'au *Sous*[3]. L'insurrection d'Abou-Yezîd Makhled ibn Keidad commença dans l'Auras. De Baghaïa l'on se rend à Gaças[4], ville ancienne, située sur une rivière; à l'occident se voit une haute montagne. On passe de là au Cabr Madghous « le tom-

---

[1] Aujourd'hui les gens du pays prononcent ce nom *Mellaga;* nos dernières cartes l'écrivent *Mellègue.*

[2] Tout en rendant avec la plus grande exactitude le sens du texte arabe, le traducteur se déclare incapable de comprendre l'allusion renfermée dans cette phrase mystérieuse.

[3] Province qui forme la partie méridionale du royaume actuel de Maroc.

[4] Il y a deux localités de ce nom, l'une située à sept lieues sud-ouest de Tebessa, selon la carte dressée par M. Carette; l'autre

beau de Madghous[1] », mausolée qui ressemble à une grosse colline et qui est construit avec des briques très-minces et cuites au feu[2]. Il est bâti en forme de niches peu grandes[3] et [le tout est] scellé avec du plomb. On voit sur cet édifice des figures représentant des hommes et d'autres espèces d'animaux[4]. De tous les côtés le [toit] est disposé en gradins; sur le sommet pousse un arbre. Dans les temps passés on avait rassemblé du monde afin de renverser ce monument, mais cette tentative n'eut aucun succès. A l'orient de ce tombeau est le BAHÎRA [ou lac de] MADGHOUS, lieu de rassemblement pour toutes les espèces d'oiseaux. Parti de là on arrive à BELEZMA[5] DES MEZATA, château de construction an-

est à huit lieues est de Batna. C'est celle-ci qui figure dans l'itinéraire qu'El-Bekri nous donne ici.

[1] C'est le grand monument appelé *Medracen* مدراغسن, forme du pluriel berbère de ماد غوش *Madrous* ou *Madghous*, nom employé par El-Bekri.

[2] A l'extérieur tout ce monument est en grosses pierres de taille. Le traducteur a cependant remarqué, dans un endroit d'où l'on avait arraché quelques pierres, que le revêtement s'adossait à une couche de petites pierres minces comme des briques. Peyssonnel s'en est aperçu aussi; il dit : « Après le premier rang de ces grosses pierres on trouve le solide du bâtiment formé par des pierres de grès plates et peu épaisses. »

[3] Le mot arabe est *tîcan* طيفان. Les manuscrits A et E portent *tabacat* طبقات, c'est-à-dire *étages*. Cette dernière leçon est justifiée par la disposition de la partie supérieure du monument, qui se termine en une pyramide circulaire à trente-deux gradins; mais la première leçon peut être admise si l'on suppose que l'auteur arabe a employé le mot *tîcan* pour désigner les entre-colonnements de la base.

[4] Tous ces bas-reliefs ont disparu.

[5] Le manuscrit M, ordinairement très-correct, porte *Belouma*. Le territoire de Belezma est à cinq lieues nord-ouest de Batna.

cienne qui s'élève au milieu d'une plaine couverte de villages et de champs cultivés. C'est maintenant une ville entourée de ruisseaux, d'arbres fruitiers et de terres ensemencées. A l'orient de cette localité est la ville d'EL-Louz[1]. [De Belezma on se rend à Nigaous] et de NIGAOUS à TOBNA[2], grande ville dont le mur actuel a été construit par [l'ordre d'] El-Mansour Abou 'd-Douanîc[3]. Mouça ibn Noceir, qui s'empara de cette place et de tant d'autres, y fit vingt mille captifs ; mais leur roi, Koceila, lui échappa. Tobna est entourée d'une muraille en briques, et possède quelques faubourgs et un château. Dans l'intérieur du château se voient un *djamé* et un grand réservoir qui reçoit les eaux de la rivière de Tobna et qui fournit à l'arrosage des jardins appartenant à la ville. Quelques personnes disent que Tobna fut bâtie [c'est-à-dire rebâtie] par Abou-Djâfer Omar ibn Hafs El-Mohellebi, surnommé Hezarmerd[4]. La population, dont une partie seulement est arabe, est partagée en deux fractions qui sont toujours à se quereller et à se battre l'une avec l'autre. Une tribu, appelée les *Beni Zekrah*, habite dans le voisinage de la ville. Voici ce que dit Mohammed ibn

[1] Sur la carte Carette, le *Casr el-Louz* « château de l'amandier » est placé à deux lieues sud-ouest de Batna.
[2] Les positions de Nigaous et de Tobna sont bien marquées sur nos cartes.
[3] El-Mansour, le second khalife abbacide, mérita, par son avarice, le sobriquet d'*Abou 'd-Douanîc* « le père aux oboles ». (Voy. la note de Reiske, dans les Annales d'Abou'l-Féda, t. II, p. 633.)
[4] Cet émir fut nommé gouverneur de l'Afrique en l'an 151 (768 de J. C.). (Voy. *Hist. des Berbers*, t. I, p. 379.)

Youçof : « Le château de Tobna, énorme édifice de construction ancienne, est bâti en pierre et couronné par un grand nombre de chambres voûtées; il sert de logement aux officiers qui administrent la province, et touche au côté méridional du mur de la ville ; il se ferme par une porte de fer. » Tobna a plusieurs portes : le *Bab Khacan*, beau monument construit en pierre, avec une porte de fer; le *Bab El-Feth* « porte de la victoire », situé à la partie occidentale de la ville et se fermant aussi par une porte en fer; une rue, dont les deux côtés sont bordés de maisons (*simat*), s'étend à travers la ville, d'une de ces portes à l'autre; le *Bab Tehouda* « porte de Tehouda », qui regarde le midi, est aussi en fer et offre un aspect imposant; *El-Bab el-Djedîd* « la porte neuve » est en fer; le *Bab Ketama* est situé au nord de la ville. Au dehors du Bab el-Feth est un vaste champ, grand comme les deux tiers de la ville et entouré d'un mur dont la construction est due à Omar ibn Hafs. Plusieurs ruisseaux d'eau douce parcourent les rues de la ville. Outre le *simat*, on y voit beaucoup de bazars. A côté du faubourg se trouvent un petit nombre de jardins [1]. A l'orient de la ville est le cimetière, auprès duquel on voit un étang ap-

---

[1] De Tobna, l'ancienne *Tubonæ*, on ne voit plus que les ruines. Un enclos, dont les murs sont construits avec les restes d'anciens monuments, paraît être un *castrum* et appartenir au siècle de Justinien. Dans le voisinage on remarque deux collines formées de débris de constructions. Le gouvernement français vient d'y faire bâtir une maison de commandement, qui est habitée par le caïd ou gouverneur du canton.

pelé *Ghadîr Ferghan* « l'étang de Ferghân », dont les eaux traversent le *Mosalla de la fête*[1]. Depuis Cairouan jusqu'à Sidjilmessa on ne rencontre pas de ville plus grande que Tobna. La rivière de Tobna s'appelle le BEITHAM; chaque fois qu'elle déborde, elle arrose tous les jardins et champs de la banlieue et procure aux habitants d'abondantes récoltes; aussi disent-ils que le *Beitham* est un « magasin de vivres » (*Beit et-Thâm*). Dans les guerres qui éclatent quelquefois entre les habitants d'origine arabe et ceux qui appartiennent à la race mixte [née de Romains et de Berbers], les premiers appellent à leur secours les Arabes de *Tehouda* et de Setîf, pendant que leurs adversaires se font appuyer par les gens de *Biskera* et des lieux voisins. Dans le poëme composé par Ahmed ibn Mohammed el-Meroudi et renfermant l'histoire d'Ismaîl [El-Mansour], fils d'Abou 'l-Cacem [El-Caïm le Fatemide], on lit le passage suivant :

Nous nous mîmes en marche pendant qu'[Abou Yezîd] était campé près de Tobna, ville que les malheureux habitants avaient abandonnée.

Alors Dieu tout-puissant nous accorda une faveur insigne et [ces pauvres gens], après avoir souffert par le feu, se trouvèrent [comme] dans le paradis.

Le *Feddj Zîdan* « le défilé de Zîdan », qui domine

[1] Le *Mosalla* « oratoire » est une grande place située en plein air, en dehors de la ville. C'est là que le peuple se réunit en temps de sécheresse, pour prier Dieu et lui demander de la pluie. On y célèbre aussi la prière des deux grandes fêtes consacrées par la religion musulmane.

la ville de Tobna, forme le sujet d'une allusion qui se trouve dans les vers suivants, composés par Abou Abd Allah es-Chîaï :

Que les autres se plaisent dans un lit bien mollet; à moi une selle suffit pour lit et creiller.

Que les autres s'amusent au son du tambour de basque et des castagnettes; pour moi, le plaisir le plus grand c'est d'affronter les feux de la guerre.

Demandez à mes troupes [ce qui en était] quand, au jeudi matin, je débouchai du *Défilé*.

De Tobna on se rend à MAGGARA[1], grande ville, entourée d'arbres fruitiers, de ruisseaux et de champs cultivés. Parti de là, on arrive à CALÂ-T-ABI TAOUÎL.

BISKERA, canton situé à quatre journées de Baghaïa, renferme un grand nombre de bourgs dont la métropole se nomme aussi *Biskera*. Cette grande ville possède beaucoup de dattiers, d'oliviers et d'arbres fruitiers de diverses espèces. Elle est environnée d'un mur et d'un fossé, et possède un *djamê*, plusieurs mosquées et quelques bains. Les alentours sont remplis de jardins, qui forment un bocage de six milles d'étendue. On trouve à Biskera toutes les variétés de la datte; celle que l'on nomme *el-kacebba*, et qui est identiquement la même que le *sîhani*, surpasse en bonté toutes les autres, au point d'avoir une réputation proverbiale. Le *lîari* [2], autre espèce

---

[1] Maggara, appelée maintenant *Mogra*, n'est plus qu'un misérable village. Il est à cinq ou six lieues est d'El-Mecîla.

[2] Variante : *kebari*. Aucun de ces mots n'est employé maintenant dans le pays.

du même fruit, est blanc et lisse. Obeid Allah le Fatemide fit accaparer pour son usage toutes les récoltes des *lîari* et donna l'ordre aux officiers qui administraient cette province d'en empêcher la vente et de les lui envoyer. On pourrait nommer beaucoup d'autres espèces auxquelles il serait impossible de rien trouver de comparable. Les faubourgs de Biskera sont situés en dehors du fossé et entourent la ville de tous les côtés. On trouve à Biskera beaucoup de savants légistes; les habitants suivent le même rite que ceux de la ville de Médine [1]. Une des portes de Biskera s'appelle *Bab el-Macbera* « la porte du cimetière »; une autre, *Bab el-Hammam* « la porte du bain »; il y a encore une troisième porte. La population de cette ville appartient à la race mélangée [dont le sang est moitié latin, moitié berber]. Dans les environs se trouvent plusieurs fractions de tribus berbères telles que les Sedrata, les Beni Maghraoua, peuple qui obéit à la famille de Khazer [2], et les Beni Izmerti [3]. La ville renferme dans son enceinte plusieurs puits d'eau douce; il y a même dans l'intérieur de la grande mosquée un puits qui ne tarit jamais. On voit aussi dans l'intérieur de la ville un jardin qu'arrose un ruisseau dérivé de la rivière. A Biskera se trouve une colline

---

[1] Ce fut à Médine, en Arabie, que Malek ibn Anès enseigna le rituel et le système de jurisprudence qui portent son nom.

[2] Voy. *Hist. des Berbers*, t. III, p. 227 et suiv.

[3] *Izmerti*, nom berber, fait au pluriel *Izmerten*. C'est ce dernier nom qu'Ibn-Khaldoun emploie dans son *Hist. des Berbers*, t. III, p. 186.

de sel[1] d'où l'on extrait des blocs de ce minéral, gros comme des moellons à bâtir. Obeid Allah le Fatemide et ses descendants se servaient toujours du sel de Biskera pour assaisonner les mets qui paraissaient à leur table. Cette ville est désignée quelquefois par le nom de BISKERA-T-EN-NAKHÎL « Biskera des dattiers ». Ahmed ibn Mohammed el-Meroudi a dit :

> Ensuite il vint à *Biskera des dattiers;* s'étant paré, dès le matin, de ses habits les plus beaux.

Parmi les villes situées dans le territoire de Biskera on remarque DJEMOUNA, TOLGA, MELÎLI et BENTÎOUS; celle-ci est de construction antique. L'eau qui sert à la consommation de Biskera provient d'une grande rivière qui descend de l'Auras et passe au nord de la ville. MELCHOUN[2], l'une des nombreuses bourgades qui couvrent le territoire de Biskera, est la patrie d'Abou Abd Allah el-Melchouni et de son fils Ishac, savants dont les leçons ont fait autorité en jurisprudence. Ils eurent plusieurs disciples parmi lesquels on compte Mocatel et Abou Abd-Allah ibn Meimoun.

J'ai entendu raconter à Ahmed ibn Omar ibn Anès que Cacem ibn Abd el-Azîz lui avait fait le récit suivant : « Sur la route de Biskera il y a une

---

[1] Cette colline de sel, nommée encore *Djebel el-Melh*, est située auprès d'El-Outaiya, à quatre ou cinq lieues nord-ouest de Biskera.

[2] C'est peut-être l'endroit nommé maintenant *Mechounech*, et situé à quinze lieues nord-est de Biskera.

montagne nommée Zîghîzi, où se trouve, à moitié hauteur, une caverne dans laquelle est le corps d'un homme qui avait péri d'une mort violente. Bien que plusieurs siècles se soient écoulés depuis cet événement, le sang suinte encore des blessures du cadavre, au point que le crime semblerait avoir été commis il y a deux ou trois jours. Les gens de cet endroit déclarent qu'ils ignorent l'époque où cet homme fut tué, tant elle est reculée. Autrefois ils avaient emporté le corps afin de l'enterrer auprès de leurs demeures, croyant que la proximité d'un objet aussi saint leur porterait bonheur; mais à peine eurent-ils achevé leur travail, qu'ils retrouvèrent le corps dans la caverne, tel qu'il était auparavant. » Les hommes de cet endroit les plus dignes de foi déclarent que la chose est vraie; d'ailleurs, Dieu peut très-bien faire tout ce qu'il veut! Dans l'ouvrage de Mohammed ibn Youçof on lit ce qui suit : « Le mort dont il est question se trouve dans la crevasse d'une montagne qui s'élève à l'orient d'Aïn Erban[1]. Cette source (*aïn*) est située entre Mermadjenna et Sebîba, villes dont nous avons fait mention. On dirait, à le regarder, qu'il venait d'être égorgé le jour même, et cependant il se trouvait déjà là avant la conquête de l'Ifrîkiya par les musulmans. » Cet auteur ne rapporte pas l'anecdote de l'enterrement; Dieu sait ce qu'il y a de vrai en tout cela!

[1] Plus loin l'auteur reparle de cette localité.

AUTRE ROUTE DE CAIROUAN À CAL-Â-T-ABI-TAOUÎL.

Sorti de Cairouan, le voyageur marche pendant trois jours, à travers des villages et des lieux habités, jusqu'à OBBA. Cette ville, qui est d'une haute antiquité, fournit du saffran excellent. A six milles plus loin se trouve LORBOS (*Laribus*), ville dont nous avons déjà fait mention. D'Obba l'on se rend au MELLAG, grande rivière qui arrose le territoire de Boll (*Fahs Boll*)[1]. En quittant le Mellag, on se dirige vers TAMEDÎT, ville située sur la pente escarpée d'un défilé qui sépare deux montagnes. Cette localité possède de vastes campagnes bien cultivées, dont le froment jouit d'une haute réputation. De là on se rend à TÎFACH, ville d'une haute antiquité et remarquable par l'élévation de ses édifices. On la nomme aussi TÎFACH-ED-DHALIMA « Tîfach l'injuste[2] ». Elle possède plusieurs sources, beaucoup de terres en plein rapport, et occupe une position sur le flanc d'une montagne. On voit dans cette ville beaucoup de ruines anciennes. De là on arrive à CASR EL-IFRÎKI « le château de l'Africain », grande ville située sur un coteau et entourée de pâturages et de champs cultivés. Ensuite on atteint OUADI-'D-DENANÎR « la rivière des dinars », dont les bords, sont très-fertiles. De là on se

[1] Cette indication n'est pas exacte : le Mellag coule à six lieues au sud-est du territoire de Boll (*Bulla Regia*), dont il est séparé par une chaîne de hautes collines et par la branche supérieure du Medjerda.

[2] Nous ne savons pour quelle raison on a employé cette épithète en parlant de Tîfach.

rend à Tîdjis[1], ville antique, remplie de grands édifices, et bien pourvue d'herbes et de fourrage. Toubout, la station suivante, est située sur la limite du pays des Ketama [2]. Cette route se nomme *El-Djenah el-Akhder* « l'aile verte ». On arrive ensuite à Tabesleki, petite ville située sur le flanc d'une montagne nommée Enf en Necer « le nez de l'aigle[3] ». De là on se dirige vers En-Nehriîn [4], localité remplie de villages et située au milieu d'une vaste plaine. Tameselt, la station suivante, est une ville remarquable par l'excellence de ses troupeaux et de ses céréales. De là on se rend à Degma [5], ville située sur une grande rivière et entourée de terres cultivées et de pâturages; puis à la ville de l'Étang (*Medîna-t-el-Ghadîr*[6]), lieu où se trouvent les sources du *Seher*, rivière qui passe par El-Mecîla et qui porte aussi le nom d'El-Ouadi 'r-Réis. Plus loin nous aurons

---

[1] *Tidjis*, le *Tigisis* de Procope et de l'Itinéraire d'Antonin, doit se trouver à environ huit lieues sud-est de Constantine. La Table peutingérienne place *Tigisis* à neuf milles est de *Sigus*, ville dont les ruines se trouvent à dix-huit milles sud-sud-est de Constantine.

[2] A l'époque où la dynastie des Aghlebides cessa de régner, la tribu des Ketama possédait toute la région qui s'étend depuis Setif jusqu'à Bône et depuis la mer jusqu'au sud de la ville de Constantine.

[3] Le *Nifenser* de nos cartes. Cette montagne est située à droite de la route qui mène de Constantine à Batna. Elle est parfaitement bien connue; toutes nos cartes l'indiquent, excepté celle de la province de Constantine, publiée par le Dépôt de la guerre en 1854. Autant la partie topographique de cette carte est bonne, autant la nomenclature est imparfaite.

[4] Variantes : *El-Herîn*, A; *El-Mehres* ou *El-Mehriïn*, P.

[5] Var. *Dequemma*, M.

[6] La position d'El-Ghadîr est bien connue.

encore à parler de cette rivière. Ensuite on arrive à Calâ-t-Abi-Taouîl.

ROUTE DE CAIROUAN À LA VILLE DE BÔNE.

De Cairouan on se rend à Djeloula, ainsi que nous avons dit plus haut [1]; puis, à Addjer, endroit où se trouvent un château et un pont. Il est situé dans un terrain inégal, pierreux, coupé par des sentiers presque impraticables, et hanté par des lions. Comme le vent y souffle toujours avec violence et que les voyageurs ne manquent presque jamais d'y rencontrer un lion, on dit, par manière de proverbe : « Arrivé à Addjar, passe vite ; il y a des lions qui déchirent, des pierres qui coupent et des vents qui emportent. » Aux alentours de cette ville on trouve quelques tribus arabes et plusieurs fractions des Darîça et des Mernîça, tribus berbères. De là on arrive à El-Fehmîn, bourg où se tient un marché très-fréquenté ; puis, à Djezîra-t-Abi-Hammama ; puis, à El-Ansariîn, localité dont nous avons déjà parlé [2]. Près de là il y a le Fahs Boll « la plaine de Boll », plaine dont le sol est le meilleur de toute l'Ifrîkiya pour la culture des céréales. De Djezîra-t-Abi-Hammama jusqu'à Bône, on marche pendant cinq jours à travers un pays rempli de villages et de fermes. En partant de Bône pour se rendre à Cairouan, on arrive, après une journée de marche, à Zana, groupe de cabanes et de

[1] Voy. p. 78.
[2] Voy. p. 113.

huttes construites avec des broussailles et habitées par des Berbers. On y rencontre quelques sources d'eau, au milieu d'une vaste forêt entièrement composée de chênes *zan*[1], dont on exporte une partie en Ifrîkiya.

La ville de BÔNE, fondée à une époque très-reculée, était la demeure d'*Augochtîn* « S. Augustin », grand docteur de la religion chrétienne. Elle est située auprès de la mer, sur une colline d'accès difficile qui domine la ville de SEBOUS « Seibouse ». De nos jours elle porte le nom de MEDÎNA ZAOUI[2]. Elle est à trois milles de la ville neuve, et renferme des mosquées, des bazars et un bain. Les environs sont très-riches en fruits et en céréales. Bône la neuve (*Bone-t-el-Hadîtha*) fut entourée de murs un peu plus tard que l'an 450 (1058); elle possède auprès de la mer un puits taillé dans le roc et nommé *Bîr en-Nethra*, qui fournit à presque toute la population l'eau dont elle a besoin. A l'occident de la ville est un ruisseau qui sert à l'arrosage des jardins et qui fait de cette localité un lieu de plaisance. L'EDOUGH[3], montagne qui domine Bône, est souvent couvert de neige; le

---

[1] Espèce de chêne à feuilles caduques.

[2] C'est-à-dire *la ville de Zaouï*. Il est possible qu'El-Moëzz ibn Badîs, quatrième souverain Zîride, ait donné la ville de Bône en apanage à son parent, Zaouï ibn Zîri, qui, après avoir fait de Grenade la capitale d'un royaume berber, rentre en Afrique l'an 410 (1019-20). Nous savons par Ibn-Khaldoun et d'autres historiens que Zaouï y trouva l'accueil le plus honorable.

[3] Tous les manuscrits portent *Zeghough* زغوغ à la place d'*Idough* اذوغ.

froid y est très-intense, et, chose extraordinaire, on y voit une mosquée sur laquelle la neige ne tombe jamais, bien que toute la montagne en soit couverte. Bône jouit à la fois des avantages d'une ville de l'intérieur des terres et d'une ville maritime: la viande, le lait, le poisson et le miel s'y trouvent en grande abondance. La viande de bœuf est celle dont on fait la plus grande consommation. Nous devons toutefois faire observer que les hommes blancs tombent malades dans cette ville et que les noirs s'y portent très-bien[1]. On trouve dans les environs de Bône plusieurs peuplades berbères appartenant à diverses tribus telles que les Masmouda et les Auréba. Cette ville est fréquentée par des négociants, dont la plupart sont des Andalous. Le revenu que Bône fournit à la caisse particulière du sultan, abstraction faite des sommes perçues pour le compte du trésor public (*beit el-mal*), s'élève à vingt mille dinars (200,000 francs). A l'orient de cette ville, il y en a une autre nommée Merça 'l-Kharez « le port aux breloques[2] », où se trouve le corail. La mer environne cet endroit de tous les côtés, à l'exception d'un chemin très-étroit; elle parvient même quelquefois à couper ce passage pendant la saison de l'hiver. Merça 'l-Kharez est entouré d'un mur et renferme un bazar très-fréquenté. Depuis peu de temps

---

[1] Les noms *bidan* et *soudan* signifient *les blancs* et *les noirs*, mais en parlant des hommes seulement; s'il s'agit des animaux, on emploie les adjectifs *bîd* et *soud*. (Voy. du reste le passage du texte arabe, p. 87, l. 6 et 7.)

[2] La Calle.

on y a établi un débarcadère pour les navires. On construit à Merça 'l-Kharez des vaisseaux et des bâtiments de guerre qui servent à porter le ravage dans le pays de Roum (les côtes de l'Europe). Cette ville est le rendez-vous des corsaires; il en arrive de tous les côtés, attendu que la traversée de là en Sardaigne est assez courte pour être effectuée en deux jours. Vis-à-vis de Merça 'l-Kharez est un puits appelé *Bîr Azraq*, dont l'eau est malsaine; aussi dit-on proverbialement : « Il vaut mieux recevoir un coup de javelot (*mizraq*) que de boire au puits d'Azrag ». Cette ville est infestée de serpents, et l'air y est si mauvais que le teint jaunâtre des habitants sert à les distinguer de leurs voisins; c'est à un tel point qu'ils ont presque tous un amulette suspendu au cou. Le revenu de Merça 'l-Kharez s'élève à dix mille dinars (100,000 francs).

ROUTE DE CAIROAN A TABARCA.

A six journées [1] de Cairouan se trouve MONESTÎR-OTHMAN, bourg gros et bien peuplé, qui renferme un *djamê*, plusieurs caravansérails, bazars et bains, un puits qui ne tarit jamais et un grand château construit par les anciens avec des pierres et de la chaux. Les seigneurs de cette ville sont des Coreïchides et descendent d'Er-Rebiâ ibn Soleiman, qui colonisa cette place lors de son arrivée en Ifrîkiya. On trouve

---

[1] Il faut sans doute lire *une journée* مرحلة à la place de *six journées* ست مراحل. (Voy. p. 90.)

dans Monestîr des Arabes, des Berbers et des *Afarec*[1].
A trois journées plus loin on arrive à BADJA [2], après
avoir traversé une suite non interrompue de villages.
Badja, grande ville, entourée de plusieurs ruisseaux,
est bâtie sur une haute colline qui porte le nom d'AÎN
ES-CHEMS « la fontaine du soleil », et qui a la forme d'un
capuchon. Parmi les sources d'eau douce qui arrosent
cette place et les campagnes voisines on distingue l'*Aïn
es-Chems*, située auprès de la porte du même nom
et tout à fait au pied du rempart. La ville possède
plusieurs autres portes. La citadelle, édifice antique
construit de la manière la plus solide avec des pierres
brutes, renferme dans son enceinte une source dont
l'eau est pure et abondante. On dit que cette forteresse fut bâtie à l'époque où vivait Jésus, sur qui
soit le salut! La ville possède un grand faubourg,
situé à l'orient de la citadelle, dont le mur a été
abattu de ce côté-là. Le *djamé*, édifice solidement
bâti, a pour *ḳibla* [3] le mur de la ville. Badja renferme
cinq bains, dont l'eau provient des sources dont
nous avons parlé ; elle possède aussi un grand nombre
de caravansérails et trois places ouvertes où se tient
le marché des comestibles. A l'extérieur de la ville
on voit des sources en quantité innombrable. Badja
est toujours couverte de nuages et de brouillards;
les pluies et les rosées y sont très-abondantes; rare-

[1] Voy. p. 13, note 3.

[2] Le *Vacca* de Salluste, situé à l'ouest de Tunis et au nord du Medjerda. Un autre *Vacca*, celui dont parle Hirtius, était à quatre lieues au nord de *Thysdrus* (Ledjem).

[3] Voy. p. 6, note 2.

ment le ciel s'y montre pur et serein; aussi les pluies de Badja sont-elles passées en proverbe. A trois milles est de la ville se trouve une rivière qui coule du nord au sud. Les environs de Badja sont couverts de magnifiques jardins, arrosés par des eaux courantes; le sol en est noir, friable et convient à toutes les espèces de grains. On voit rarement des pois chiches et des fèves qui soient comparables à ceux de Badja, ville qui, du reste, est surnommée *le grenier de l'Ifrîkiya*. En effet, le territoire est si fertile, les céréales sont si belles et les récoltes si grandes, que toutes les denrées y sont à très-bas prix, et cela lorsque les autres pays se trouvent soit dans la disette, soit dans l'abondance. Quand le prix des céréales baisse à Cairouan, le froment a si peu de valeur à Badja que l'on peut en acheter la charge d'un chameau pour deux *dirhems* (un franc). Tous les jours il y arrive plus de mille chameaux et d'autres bêtes de somme destinés à transporter ailleurs des approvisionnements de grains; mais cela n'a aucune influence sur le prix des vivres, tant ils sont abondants [1].

On met une journée pour se rendre de Badja à Baseli, groupe d'habitations occupées par des Berbers et situées dans le territoire des Ourdadja, auprès de quelques sources d'eau douce. Parmi les villages qui dépendent de Badja on remarque un bourg magnifique que l'on nomme El-Mogheira, et qui ren-

[1] La ville de Badja, ou Bedja, est maintenant bien déchue de son ancienne prospérité.

ferme plusieurs églises, grands et beaux monuments de l'antiquité. Ces édifices, construits de la manière la plus solide, sont encore debout et très-bien conservés; on croirait, à les voir, que les ouvriers viennent seulement d'y mettre la dernière main. Toutes ces églises sont revêtues de marbres précieux; les toits servent de retraite à une telle multitude de corbeaux que l'on croirait y voir assemblés tous les oiseaux de cette espèce qui existent dans le monde : on prétend qu'il y a là un talisman [qui les attire]. Pendant l'insurrection d'Abou Yezîd, le massacre, l'esclavage et l'incendie vinrent accabler la population de Badja; le poëte qui composa, en mètre *redjez*, la satire d'Abou Yezid, parle ainsi de cet événement :

Ensuite il ruina Badja; il en expulsa les habitants; il en détruisit les bazars et les palais, après avoir fouillé les maisons et les tombeaux.

Le gouvernement de Badja, charge très-recherchée, était resté pendant un temps dans la famille des Beni Ali ibn Homeid el-Ouézîr. Celui d'entre eux auquel on ôtait ce commandement ne cessait d'employer l'intrigue, la flatterie et les cadeaux, afin de s'y faire rétablir. Un individu de cette famille, auquel on demanda pourquoi ses parents ambitionnaient tant le gouvernement de Badja, fit cette réponse : « Pour quatre raisons : on y trouve le froment d'*Anda*, les coings de *Zana*, les raisins de *Beltha*[1] et

[1] L'auteur indique ailleurs les positions de Zana et de Derna. Il ne fait plus mention de Beltha ni d'Anda. Cette dernière ville, dont le nom se trouve dans l'index de Polybe, était probablement située près du Medjerda (*Bagrada*).

le poisson de *Derna*. » On trouve à Badja des poissons de l'espèce nommée *bouri* « le mulet », auxquels rien de comparable n'existe en aucun autre pays : un seul individu de grosse taille peut fournir dix *ratl* « livres » de graisse. On avait l'habitude d'en envoyer à Obeid Allah le Fatemide, après les avoir enduits de miel pour les conserver frais. DERNA est situé entre Tabarca et Badja. De Badja l'on se rend à TABARCA, ville située sur le bord de la mer et renfermant des monuments antiques d'une construction admirable. Elle est fréquentée par les négociants étrangers, aussi jouit-elle d'une certaine prospérité. La rivière qui la baigne est assez profonde pour admettre de gros navires et pour les laisser sortir dans la *mer de Tabarca*. On rapporte que cette ville fut le lieu où la Kahena[1] perdit la vie. A l'orient de Tabarca et à la distance d'une journée et demie s'élèvent les châteaux de Benzert (*Kilâ Benzert*), qui offrent un asile aux habitants de cette localité toutes les fois que les *Roum* essayent d'opérer une descente sur la côte; ils servent aussi de *ribats* aux gens qui s'adonnent à la dévotion. Mohammed ibn Youçof s'exprime ainsi dans sa description du littoral qui s'étend depuis Tabarca jusqu'à la rade de Tunis : « Le MERÇA-'L-COBBA « la rade de la coupole » est dominée par BENZERT, ville maritime traversée par un gros fleuve, très-poissonneux, qui va se jeter dans la mer. Elle est entourée d'une muraille de pierre et possède un *djamé*, des bazars, des bains et des

---

[1] Voy. l'*Hist. des Berb.* d'Ibn-Khaldoun.

jardins. Il n'y a pas d'endroit où le poisson soit à meilleur marché qu'à Benzert. »

Cette place fut conquise en l'an 41 (661-662 de J. C.) par Moaouîa ibn Hodeidj. [Le prince Oméïade] Abd el-Melek ibn Merouan, qui l'accompagna dans cette expédition, s'étant écarté du corps de l'armée, trouva, chez une femme indigène, un accueil empressé et une généreuse hospitalité. Jamais il n'oublia ce bienfait, et, parvenu au trône du khalifat, il écrivit à son lieutenant, gouverneur de l'Ifrîkiya, lui ordonnant d'avoir soin de cette femme et de toutes les personnes de la même famille. Cet officier les combla de biens et de faveurs.

L'ordre dans lequel tous ces ports se présentent sera indiqué plus loin, dans un chapitre spécial [1]. Le littoral, auprès des châteaux de Benzert, renferme un lac (*boheira*) qui porte aussi le nom de cette ville et qui reçoit les eaux de la mer. On y pêche, chaque mois de l'année, une espèce de poisson particulière que l'on n'y trouve plus dans les autres mois. Ce lac offre un fait très-curieux : quand les marchands viennent chez le pêcheur pour acheter du poisson, celui-ci leur dit d'indiquer l'espèce sur laquelle il doit jeter son filet, et de préciser le nombre de poissons qu'ils désirent avoir. Alors il prend un poisson [vivant], que l'on dit être la femelle de l'espèce nommée *bouri*; il le lâche dans le lac, le suit avec son filet, puis il retire de l'eau la quantité de

---

[1] Ce chapitre ne se trouve ni dans le manuscrit P, ni dans le manuscrit E. Nous le donnerons d'après les manuscrits A et M.

poissons dont on était convenu; presque jamais il ne se trompe dans le nombre. Auprès de ce lac il y en a deux autres, dont l'un est rempli d'eau douce et l'autre d'eau salée. Chacun de ces lacs se décharge alternativement dans l'autre, pendant la moitié de l'année, sans que la saveur des eaux en soit altérée.

A l'occident de la ville de Bône et à la distance d'une journée de marche, on trouve un lac ayant trois milles de longueur et autant de largeur [1]. L'oiseau de l'espèce appelée *keikel* y construit son nid sur la surface de l'eau, et, lorsqu'il aperçoit sur le rivage un animal [qui pourrait lui nuire], il pousse devant lui, jusqu'au milieu du lac, le nid qui renferme ses petits. C'est le même oiseau que l'on nomme *haouas* en Égypte [2], et dont la peau est employée comme fourrure et se vend très-cher.

ROUTE DE CALÂ-T-ABI TAOUÎL À LA VILLE DE TENÈS.

De Calâ-t-Abi Taouîl on se rend à EL-MECÎLA, grande ville située sur une rivière appelée le SEHER [3]. Elle eut pour fondateur Abou 'l-Cacem Ismaîl, fils d'Obeid Allah [le Fatemide], qui en posa les fondements l'an 313 (925-926 de J. C.). Ali ibn Hamdoun, mieux connu sous le nom d'*Ibn el-Andeloci* [4], fut la personne chargée de faire construire cette

---

[1] Le lac Fezara, situé à dix milles sud-ouest de Bône.

[2] Le mot *keikel* n'est plus connu des peuplades qui habitent les environs du lac Fezara; le mot *haouas* n'est pas connu en Égypte. L'oiseau dont il s'agit est sans doute le grèbe.

[3] Appelé aujourd'hui *Ouadi 'l-Kesab* « la rivière aux roseaux ».

[4]. Voy. p. 78, note 2.

ville. Simak ibn Messaud ibn Mansour, l'aïeul d'Ali ibn Hamdoun, appartenait à la famille de Djodam [ancêtre d'une grande tribu yéménite]. Nommé par Ismaîl au gouvernement d'El-Mecîla, Ali ibn Hamdoun y passa le reste de sa vie; il fut tué pendant les troubles suscités par Abou Yezîd. Son fils Djâfer, qui n'avait pas quitté la ville, obtint le commandement du Zab entier; puis en l'an 360 (970-971) il s'en éloigna, ainsi que nous le raconterons ailleurs [1].

El-Mecîla, ville située dans une plaine, est entourée de deux murailles, entre lesquelles se trouve un canal d'eau vive qui fait le tour de la place. Par le moyen de vannes on peut tirer de ce canal assez d'eau pour l'arrosement des terres. Dans la ville on voit plusieurs bazars et bains, et, à l'extérieur, un grand nombre de jardins. On y récolte du coton dont la qualité est excellente. Tout est à bas prix dans El-Mecîla; la viande surtout est très-abondante. On y rencontre des scorpions dont la piqûre est mortelle. A peu de distance s'élève une montagne habitée par des Adjica, des Hoouara et des Beni Berzal, peuplades qui possédaient jadis le territoire de la ville. Au sud d'El-Mecîla est un endroit nommé EL-KIBAB « les coupoles »; on y remarque des voûtes antiques auprès desquelles sont les restes d'une ville ancienne nommée BECHLÎGA [2]. Ces ruines sont tra-

[1] Djâfer se révolta contre la dynastie fatemide et embrassa le parti des Oméïades espagnols. (Voy. *Hist. des Berbers*, t. II, p. 554.) Le récit auquel El-Bekri renvoie ses lecteurs ne se trouve pas dans les manuscrits que nous possédons de son ouvrage.

[2] « Les ruines de la ville de *Bechilga*, situées à environ une lieue

versées par deux rigoles d'eau douce, dont les conduits sont de construction ancienne. On les appelle [en langue berbère] TARGA 'N-OUDI; ce qui veut dire « rigole de beurre fondu ».

Ahmed ibn Mohammed el-Meroudi parle [dans son poëme] de l'arrivée d'Ismaîl [El-Mansour] à El-Mecîla, ville que les Fatemides nomment EL-MOHAMMEDIYA; voici en quels termes il s'exprime :

Ensuite il vint à El-Mohammediya, ville bien-aimée, que la piété avait fondée;

Il y arriva vers l'heure de midi, et par son aspect il y répandit une vive lumière.

Il campa avec son armée à El-Mecîla, dans un ordre aussi beau que parfait.

Aux alentours se voyaient les indices d'une glorieuse victoire, faveur insigne du Dieu tout-puissant [1].

Le SEHER, rivière auprès de laquelle El-Mecîla est située, a ses sources dans l'intérieur de GHADÎR OUARROU, grande et ancienne ville, entourée de montagnes. *El-Ghâdir* « l'étang » renferme une source dont l'eau est douce et assez abondante pour faire tourner plusieurs moulins. On y remarque encore une autre source, et plus bas une troisième, qui coule avec bruit et qui porte le nom d'*Aïn Makhled*.

de Mecîla, vers l'est, occupent un terrain de quinze ou seize cents mètres de longueur, et de six cents de largeur. Une inscription lapidaire, trouvée près de cet endroit, nous donne l'ancien nom de la ville : c'est le *Zabi* de l'Itinéraire d'Antonin. (Voy. *Revue africaine*, t. II, p. 324.)

[1] Ce fut dans cette expédition qu'El-Mansour réussit à vaincre Abou-Yezîd.

Les eaux de ces sources se réunissent dans la ville et forment le Seher. El-Ghadîr possède un *djamé* et plusieurs bazars bien fournis. Toutes les espèces de fruits s'y trouvent en abondance et se vendent à bas prix, ainsi que le blé et la viande. Pour un *dirhem* (dix sous) on achète un *kintar* (quintal) de raisins. Les habitants de cette [région] appartiennent à la tribu des Hoouara et forment une population de soixante mille âmes. A l'orient d'El-Ghadîr est un bourg très-ancien, qui porte le nom de TARFALA. Cette localité n'a pas sa pareille dans le monde; aussi les habitants disent [par manière de proverbe]: *Tarfala est une portion* (tarf) *du Paradis*. El-Ghadîr est située entre SOUC HAMZA et TOBNA, à deux journées de cette dernière ville.

D'El-Mecîla on se rend à la rivière DJOUZA [1]; puis à la ville d'ACHÎR. Mohammed ibn Youçof attribue la fondation d'Achîr à Zîri [Ibn-Menad] et, pour preuve, il cite les vers suivants, qu'il avait entendu réciter par Abd el-Mélek ibn Aïchoun :

O toi qui veux connaître notre pays de l'Occident et ce lieu d'infidélité, Achîr;
Ce séjour du vice, siége d'une race perverse, ville soutenue par la fausseté et le mensonge! Sache qu'elle fut bâtie par Zîri le maudit; que la malédiction de Dieu retombe sur Zîri!

---

[1] A la place de *Djouza* جوزة, leçon des manuscrits A et M, les seuls qui donnent cette partie du chapitre, il faut peut-être lire *Khorza* خرزة, nom d'une rivière qui forme une des branches supérieures de l'Isser, et qu'il faut côtoyer avant d'arriver au sentier qui monte jusqu'à l'emplacement d'Achîr. (Voy. *Hist. des Berbers*, t. II, p. 490.)

Achîr est une ville très-importante; l'on assure que dans toute cette région il n'y a point de place qui soit plus forte, plus difficile à prendre et plus propre à décourager un ennemi : on ne pourrait y donner l'assaut que par un endroit où il ne faudrait que dix hommes pour repousser une armée. Ce sentier est au côté oriental de la forteresse et conduit à Aïn Messaud « la source de Messaud »; partout ailleurs le rocher s'élève à perte de vue et ne saurait être escaladé [1]; ajoutez à cela que la place est environnée de hautes montagnes. Dans l'intérieur de la ville les eaux jaillissent de deux sources dont on ignore la profondeur; l'une s'appelle *Aïn Soleiman* et l'autre *Thala'n-Tîragh* « la source de couleur jaune[2] ».

Achîr, dont les fortifications furent construites en l'an 367 (977-978 de J. C.) par Bologguîn Youçof[3], fils de Zîri ibn Menad, fut ruinée, postérieurement à l'an 440 (1048-1049), par Youçof, fils de Hammad et petit-fils de Zîri[4], qui livra les biens et les familles des habitants à la rapacité et à la violence de ses soldats. Quinze années plus tard la ville commença à se repeupler.

D'Achîr on se rend au bourg nommé Souc Hoouara, puis à Souc Keram, bourg situé sur le

---

[1] Le texte arabe signifie, à la lettre : *les yeux glissent de dessus lui; comment feraient alors les pieds?*

[2] Ce nom est purement berber.

[3] Voy. *Hist. des Berbers*, t. II, p. 6 et suiv. 489 et suiv.

[4] Youçof gouvernait le Maghreb au nom de son frère, El-Caïd, souverain de la Calâ Beni Hammad. (Voy. *Hist. des Berbers*, t. II, p. 46.)

Chelîf. De là on arrive à Milîana, ville de construction romaine, où l'on voit plusieurs anciens monuments, beaucoup d'arbres et quelques ruisseaux qui font tourner des moulins. Zîri ibn Menad reconstruisit cette place et la donna pour résidence à son fils Bologguîn. Elle est maintenant dans un état prospère. El-Khadra «la verte [1] », qui forme la station suivante, est une ville considérable, qui possède un grand nombre de jardins; un de ses quartiers est envahi par les eaux toutes les fois que la rivière voisine est grossie par les pluies. De là on se dirige vers Beni Ouarîfen, ville ancienne, où l'on voit de vastes plaines couvertes d'herbage. La petite ville de Caria, où le voyageur arrive ensuite, est située sur le flanc d'une montagne et possède un grand nombre de sources. De là on va s'arrêter à Ténès, ville entourée d'une forte muraille et située à deux milles de la mer. Dans l'intérieur de la place est une colline escarpée dont le sommet est couronné par un petit château. Cet édifice est dans une si forte position, que les agents du gouvernement se le sont approprié comme résidence. Ténès renferme une mosquée *djamé* et plusieurs bazars. La rivière Tenatîn, qui entoure la ville du côté du nord et de l'est, vient des montagnes situées à une journée de distance vers

---

[1] Shaw place les ruines d'El-Khadra sur le Chelif, à un mille au nord du Djebel-Doui. C'est auprès d'El-Cantera-t-el-Cadîma, à la jonction du Chelif et du Oued-Ebda que se trouvent les ruines d'El-Khadra, l'*Oppidum novum* de l'Itinéraire d'Antonin, route de Calama à Rusuccuro. Sur son territoire les Français ont fondé un village nommé *Duperré*.

le sud, et se décharge dans la mer. On trouve à Ténès quelques bains. Cette ville s'appelle *Ténès la Neuve;* les habitants montrent, sur le bord de la mer, un château qu'ils disent être *l'ancienne Ténès* [1], et qui, selon eux, fut habité avant la construction de la ville actuelle. Celle-ci fut bâtie en l'an 262 (875-876 de J. C.) par les *marins de l'Andalousie* [bande d'aventuriers], au nombre desquels se trouvaient El-Kerkerni, Abou Aïcha, Es-Saccar et Soheib. Elle fut peuplée par deux colonies andalousiennes, dont l'une était venue d'*El-Bîra (Elvira)*, et l'autre de Todmîr (*Murcie*). Les seigneurs de Ténès sont d'origine noble, leur ancêtre, Ibrahîm, ayant eu pour père Mohammed, fils de Soleiman, fils d'Abd Allah, fils de Hacen, fils de Hacen, fils d'Ali [gendre de Mahomet]. Les marins dont nous venons de parler avaient l'habitude, en quittant l'Espagne, d'aller passer l'hiver dans le port de Ténès; les Berbers des environs, étant venus se joindre à eux, les invitèrent à s'établir dans le château et à y tenir un marché, leur promettant de les soutenir, de les favoriser et d'observer, à leur égard, les obligations de l'amitié et du bon voisinage. Les Andalous acceptèrent la proposition et dressèrent leurs tentes dans l'intérieur de la forteresse. Bientôt ils virent arriver chez eux beaucoup de monde, et, dans le nombre, tous leurs anciens amis de l'Andalousie. A l'entrée du printemps ils tombèrent tous malades, et les Andalous, jugeant la localité malsaine, remontèrent dans leurs navires, sous le prétexte d'al-

---

[1] Ce sont les ruines de Cartenna.

ler chercher des vivres pour le reste de la population. Ils firent alors une descente auprès d'*El-Meriya Beddjana*[1], et s'emparèrent de cette ville, ainsi que nous aurons à le raconter plus loin [2]. Les colons qui restèrent à Ténès virent leur nombre augmenter, leurs richesses s'accroître, et, quelque temps après, ils accueillirent chez eux quatre cents familles de Souc Ibrahîm, habituées à vivre sous la tente, et partagèrent avec elles leurs logements et leurs biens. Tous s'entr'aidèrent alors dans les travaux de construction, et ils élevèrent à Ténès le château que l'on y remarque encore.

Deux portes de la ville s'ouvrent vers le midi, une autre regarde la mer, et celles qui se nomment *Bab ibn Naseh* et *Bab el-Khokha* « la porte au guichet », sont tournées vers l'orient. Quand on sort par la *Porte au guichet*, on trouve l'*Aïn Abd es-Selam*, source abondante qui fournit de l'eau douce.

La mesure de capacité employée par les habitants de Ténès est nommée *sahfa*, et contient quarante-huit *cadous*; le *cadous* contient trois *modd* de la dimension autorisée par le Prophète. Le *ratl* « livre » de viande est de soixante-sept *aoukïa* « onces », et le *ratl* employé pour peser toutes les autres denrées, équivaut à vingt-deux *aoukïa*. Leur *kirat* « carat » pèse un tiers de *dirhem adl* « drachme légale », poids de

---

[1] C'est-à-dire Alméria de Pechina. La ville de Pechina, située à six milles d'Alméria, était d'abord le chef-lieu de ce canton.

[2] Sans doute dans sa Description de l'Espagne, traité dont on ne possède que les premières pages.

Cordoue. La monnaie frappée au coin qui a cours chez eux consiste en *kirats*, en *rôba dirhem* « quart de drachme », en *sikels* et en *doubles grains*. Leur *dirhem* équivaut à douze *dirhem siciliens*.

Saïd ibn ou-Chekla, natif de Tèhert, récita les vers suivants à Ténès, pendant la maladie qui devait l'emporter :

Abandonné par le sommeil, j'ai épuisé ma patience[1], et je me trouve captif, loin du séjour des amis.

Me voici, loin de Tèhert, dans le séjour de l'isolement; la sentence du destin
M'a relégué dans Ténès, ville de malheur, où l'on conduit ceux dont la vie doit promptement s'éteindre.

Ténès est [aussi fatal que] le temps et le bourreau; son eau est le juge [qui nous livre à la mort]; son aspect funeste est le glaive du trépas.

C'est une ville où les puces sont assez nombreuses pour emporter un piéton; où les chacals arrivent en bandes [aussi nombreuses que celles] du jour de la résurrection.

C'est une ville où le peuple marche entouré d'escadrons d'une nation noire qui triomphe dans sa vengeance.

On voit les habitants, accablés par les coups de la fièvre, et s'enivrant malgré cela depuis le matin jusqu'au soir.

Un autre poëte a dit [sur le même sujet] :

Toi qui me demandes comment est le pays de Ténès, séjour de l'avarice consommée et des immondices,

[Sache que] c'est une ville où la rosée [de la bienfaisance] ne descend jamais; où l'habitude de la générosité est tombée en désuétude.

Les habitants savent parler clairement quand il s'agit de dire *non*; s'il faut dire *oui*, ils sont sourds et muets.

---

[1] A la lettre : *les ganses* (ou *liens*) *de la patience sont anéanties.*

Le voyageur qui approche de ce pays, sans le connaître, part le soir même pour ne pas y passer la nuit.

L'eau participe des mauvaises qualités qui distinguent la ville ; c'est de la bourbe qui coule sur un sol bourbeux.

Si jamais tu as envie de maudire un pays, lance ta malédiction en même temps contre Ténès.

De Ténès à Téhert il y a cinq journées de marche.

ROUTE DE CAIROUAN À MERÇA 'Z-ZEITOUNA.

De Cairouan on se rend à MEDDJANA par la route déjà indiquée [1] ; puis à TÎDJIS, ville entourée d'une muraille de pierre construite par les *Roum*, et possédant un faubourg, quelques bazars, un *djamé* et un bain. On y trouve plusieurs familles berbères, appartenant aux tribus de Nefza, d'Oureghrouça [2], de Guezennaïa et de Hamza. Celle-ci est une tribu zenatienne. De Tîdjis on se transporte à COSANTÎNA « Constantine », grande et ancienne ville, renfermant une nombreuse population, et d'un accès tellement difficile, qu'aucune forteresse du monde ne saurait lui être comparée ; elle est située sur trois grandes rivières portant bateau, qui l'entourent de toute part [3]. Ces rivières proviennent des sources nommées OÎOUN

---

[1] Voy. ci-devant, p. 121. Ici finit la lacune des manuscrits P et E.

[2] Les Ourdegbrous d'Ibn-Khaldoun. (*Hist. des Berbers*, t. I, p, 171.)

[3] Le Bou-Merzouc se jette dans le Rommel, à environ un kilomètre en amont de Constantine. Ni l'une ni l'autre de ces rivières n'a maintenant assez de profondeur pour porter bateau. On pourrait cependant les rendre navigables en rétablissant l'ancien barrage à l'entrée du ravin qui sépare le plateau de Constantine de celui de Mansoura. Alors, comme dans les derniers temps du Bas-Empire, on parviendrait à inonder une grande étendue du pays. Sur les flancs

ACHEGGAR, c'est-à-dire « les sources noires[1], » et passent dans un ravin d'une profondeur énorme. Dans la partie inférieure de ce ravin on a construit un pont de quatre arches, lequel soutient un second pont, qui en supporte un troisième de trois arches. Sur la partie supérieure de ces [arcades] se trouve une chambre qui est de niveau avec les deux bords du ravin, et qui forme le passage par lequel on entre dans la ville. Vue de cette chambre, l'eau qui est au fond du ravin a l'aspect d'une petite étoile, tant le précipice est profond. Cette chambre s'appelle *El-Alour* «Syrius», parce qu'elle est [pour ainsi dire] suspendue au ciel[2]. Constantine est habitée par diverses familles qui avaient fait partie des tribus [berbères[3]] établies dans Mîla, dans [le pays des] Nefzaoua et dans [celui de] Castîliya; mais elle ap-

---

des montagnes, à droite et à gauche de la route qui mène de Constantine à Batna, on voit une ligne blanchâtre et presque toujours horizontale, qui semble indiquer les bords d'un vaste lac qui occupait les bassins du Rommel et du Bou-Merzouc, avant la rupture du barrage. La partie inférieure de cette construction existe encore, et l'on remarque, parmi les matériaux dont il se compose, des débris de monuments romains. La troisième rivière d'El-Bekri n'existe pas.

[1] *Acheggar* أشقّار est le mot berber *Azeggagh* أزڭّاغ (rouge) mal orthographié. *Noir* se dit en berber *teberrîk*.

[2] A cette description on reconnaît un aqueduc ancien, probablement celui qui amenait de l'eau aux citernes de la Caçba, et qui fut plus tard converti en pont. La chambre qui, selon El-Bekri, se trouvait au niveau avec les bords supérieurs du ravin et servait de passage pour entrer dans la ville, était, sans doute, le canal de l'aqueduc.

[3] Ce fut vers le milieu du xie siècle que les premières tribus arabes arrivèrent dans l'Afrique septentrionale. Avant cette époque on n'y voyait, en fait de nomades, que des peuplades berbères.

— 152 —

partient à certaines tribus ketamiennes. Elle renferme des bazars bien fournis, et jouit d'un commerce prospère. De cette ville au port de SICDA [1] il y a une [forte] journée de marche.

De Constantine l'on peut se rendre à MÎLA. Au mois de choual 378 (janvier-février 989 de J. C.), El-Mansour [fils de Bologguîn] sortit de Cairouan et envahit le pays des Ketama[2]. Arrivé dans le voisinage de Mîla, il alla se présenter devant cette ville, avec l'intention de la livrer au pillage et d'exterminer la population. Son armée était prête à monter à l'assaut; on venait de déployer les drapeaux et de battre les tambours, quand les femmes de la ville, jeunes et vieilles, sortirent au-devant d'El-Mansour, avec leurs enfants. A ce spectacle il fondit en larmes, et donna l'ordre d'épargner tous les habitants, sans exception. Les ayant alors dirigés sur Baghaïa, il fit réduire leur ville en ruines. Ces pauvres gens venaient de partir pour leur destination, chargés de leurs effets les plus faciles à emporter, quand ils furent attaqués et dépouillés par un corps de troupes sous les ordres de Makcen ibn Zîri [3]. Dès lors la ville de Mîla resta quelque temps sans habitants. Aujourd'hui

[1] C'est-à-dire *Skîkda*, l'ancienne *Rusicada*, maintenant *Philippeville*. Dans les manuscrits de l'ouvrage d'Ibn-Khaldoun ce nom est écrit *Sikda*.

[2] Voy. *Hist. des Berbers*, t. II, p. 14, note.

[3] Makcen était alors au service d'El-Mansour. Ce ne fut que onze ans plus tard que lui et ses frères se mirent en révolte. (Voy. *Hist. des Berbers*, t. II, p. 16.) Il ne faut pas s'étonner de voir le chef d'un détachement piller une caravane qui voyageait avec un sauf-conduit du commandant en chef : toujours et partout, dans les pays musul-

elle est entourée d'une muraille de pierre et d'un faubourg; elle renferme un *djamé*, quelques bazars et quelques bains. Les environs de la place sont arrosés par des eaux courantes. La population de Mîla se compose d'Arabes, de gens de la milice et d'hommes de race mélangée. C'est maintenant une des villes les plus importantes du [gouvernement du] Zab. Auprès de *Bab er-Roous* « la porte aux têtes », qui est à l'orient de la ville, s'élève le *djamé*, qui touche à la maison du gouverneur. Dans l'intérieur de la ville, auprès de la porte septentrionale, qui est nommée *Bab és-Sofli*, on voit une fontaine appelée *Aïn Abi Sebâ;* l'eau y arrive par un conduit souterrain, qui part de la montagne nommée BENI YAROUT; puis elle remplit une rigole qui traverse le bazar. En été, lorsque l'eau devient rare, on ne laisse couler cette rigole que les samedis et les dimanches. Le faubourg renferme plusieurs bains. Dans la ville est une source appelée *Aïn el-Homma* « la source de la fièvre », dont les eaux, appliquées par aspersion sur le corps d'un fiévreux, lui rendent la santé, grâce à la bénédiction divine et à leur extrême fraîcheur. De Mîla on se rend à MERÇA 'Z-ZÎTOUNA « le port de Zetouna ». C'est la montagne de DJÎDJEL que l'on désigne par le nom d'*Ez-Zeitouna* « l'olivier [1] ».

---

maus, les corps détachés *mangent* les peuples, pillent à volonté et se battent le moins possible.

[1] Le Merça 'z-Zeitouna est situé à l'ouest du grand cap, ou montagne, nommé *Sebâ-Roous* « les sept caps ». L'auteur dit que c'est la montagne de *Djidjel*, que l'on désigne par le nom d'*Ez-Zeitouna;* il

ROUTE D'ACHÎR À MERÇA 'D-DADDJADJ.

En quittant Achîr, le voyageur se rend au bourg de CHÂBA, puis à un défilé[1] qui sépare deux montagnes; puis il entre dans une vaste plaine, où l'on recueille la racine du pyrèthre, drogue que l'on exporte aux autres pays. La ville de HAMZA, située dans cette localité, eut pour fondateur et premier occupant Hamza, fils d'El-Hacen, fils de Soleiman, fils d'El-Hocein, fils d'Ali, fils d'El-Hacen, fils d'Ali, fils d'Abou Taleb. El-Hacen, fils de Soleiman, étant venu se fixer en Maghreb, eut plusieurs fils, savoir : Hamza, Abd Allah, Ibrahîm, Ahmed, Mohammed et El-Cacem. Tous ces frères eurent des enfants dont la postérité habite encore cette contrée[2]. De Hamza l'on se rend à BELÎAS[3], lieu situé sur une grande montagne, et de là on arrive à MERÇA 'D-DADDJADJ[4] « le port aux poules ». La mer environne trois côtés de cette dernière localité; une muraille, percée d'une seule porte, s'étend du rivage occidental au rivage oriental [de la péninsule], et c'est là que se trouve l'entrée de la ville. Les bazars et la

se trompe; Djidjel est à huit lieues de là; c'est sans doute *Collo* qu'il a voulu écrire.

[1] Ce défilé commence un peu après Sour-Djouab et finit au-dessous d'Aumale, l'ancienne *Auzia*.

[2] La localité nommée *Souc Hamza* ou *Bourdj Hamza*, porte maintenant le nom de *Bourdj Bouîra;* elle est située au sud du Jurjura, entre cette montagne et la rivière de Bougie.

[3] Le *Teniat el-Begass* de la carte des environs d'Alger, 1851.

[4] Sur la même carte, ce nom est écrit, par erreur, *Mers el-Hadjadje*.

grande mosquée sont situés en dedans de cette enceinte. Le port, très-étroit et peu profond, n'est nullement sûr. La ville possède quelques sources de bonne eau; elle a pour habitants des Andalous et des [fractions de] tribus ketamiennes. Beni Djenad, ville située à l'orient de Merça'd-Daddjadj, est plus petite que celle-ci.

Celui qui veut se rendre de Cairouan à Merça'd-Daddjadj doit suivre jusqu'à El-Mecîla la route indiquée plus haut[1]. De là il se rendra à une source d'eau douce et froide qui est ombragée par un gros arbre et qui porte le nom d'Aouzekour. Cet endroit est sur l'extrême limite du pays des Sanhadja. Ensuite le voyageur se portera en avant jusqu'au Soc Makcen « le marché de Makcen », ville située sur le Chelif[2] et appartenant aux Sanhadja; elle est entourée d'un mur et possède quelques sources. De là il se dirigera sur Souc-Hamza, ville appartenant aux Sanhadja et environnée d'une muraille et d'un fossé. Hamza, fils d'El-Hacen, fils de Soleiman, fils d'El-Hocein, fils d'Ali, fils d'El-Hacen, fils d'Ali, y fit sa résidence. Il arrivera ensuite à Beni-Djenad, petite ville située sur une colline, à un mille de la mer. De là il se rendra à Merça'd-Daddjadj.

ROUTE D'ACHÎR À LA VILLE DE DJEZAÏR BENI MEZGHANNA.

D'Achîr l'on se rend à El-Mediya « Médéa », ville

---

[1] Voy. ci-devant, p. 120 et 141.

[2] Aller d'El-Mecîla à Souc-Hamza (voy. un peu plus loin) en touchant au Chelif, ce serait faire un détour énorme et tout à fait inutile. Il y a quelque erreur dans l'indication d'El-Bekri.

importante et d'une haute antiquité; puis à CAZ-
ROUNA[1], ville située sur une grande rivière dont les
bords sont couverts de moulins et de jardins. Cet endroit, qui porte aussi le nom de MITTÎDJA, est riche en
pâturages et en champs cultivés; il surpasse toutes
les localités voisines par la quantité de lin que l'on
y récolte et que l'on transporte dans les autres pays.
On y remarque des sources d'eau vive et des moulins à eau. De là on se rend à la ville d'IGHZER « petite rivière », en berber[2]; puis à DJEZAÏR BENI MEZ-
GHANNA « les îles de la tribu de Mezghanna » (maintenant *Alger*). Cette dernière ville est grande et de construction antique; elle renferme des monuments anciens et des voûtes solidement bâties, qui démontrent
[par leur grandeur] qu'à une époque reculée elle
avait été la capitale d'un empire. On y remarque un
théâtre (*dar el-melâb*, à la lettre : *maison de divertissement*), dont l'intérieur est pavé de petites pierres de
diverses couleurs, qui forment une espèce de mosaïque. Dans cet édifice on voit les images de plusieurs animaux, parfaitement bien travaillées et fa-
çonnées d'une manière si solide que, pendant une
longue série de siècles, elles ont résisté à toutes les
injures du temps. La ville renferme plusieurs bazars et un *djamé*. Elle possédait autrefois une vaste
église dont il ne reste qu'une muraille en forme

---

[1] Variante : *Cazrouca* فزروقة. Un haouch ou ferme portant le nom
de *Cazrouna* est situé sur le Ouad Yoçor, à 2,300 mètres de la ville
de Blîda.

[2] Probablement Boufarik.

d'abside, se dirigeant de l'est à l'ouest. Cette muraille sert maintenant de *kibla* légale, lors des deux grandes fêtes; elle est ornée de panneaux et couverte de sculptures et d'images. Le port est bien abrité et possède une source d'eau douce[1]; il est très-fréquenté par les marins de l'Ifrîkiya, de l'Espagne et d'autres pays.

Il y a trente milles d'Achîr à Tamaghalet[2], ville bâtie sur le flanc d'une montagne, à l'entrée du grand désert.

ROUTE DE CAIROUAN À TÉNÈS.

De Cairouan l'on se rend à El-Ghozza par la route déjà indiquée[3]; puis à Tadjenna[4], ville située dans une plaine et renfermant une population considérable. Elle est entourée d'une muraille et possède un *djamê*. Ses habitants appartiennent à la tribu [berbère] des Bercadjenna; ceux qui occupent les environs font partie de la tribu des Guezennaïa. De Tadjenna l'on se rend directement à Ténès.

ROUTE D'EL-GHOZZA À TÎHERT.

On se rend d'El-Ghozza à Tadjemout, en traver-

---

[1] Sans doute celle qui est sous la mosquée des Hanefis.

[2] Variante : *Tamghilet*.

[3] La petite ville d'El-Ghozza était probablement dans le canton de Mazouna, entre cette ville et le Chelif. El-Bekri renvoie ici à un itinéraire qui ne se trouve plus dans les manuscrits de son ouvrage.

[4] Sur la carte de la province d'Oran, publiée en 1856 par le Dépôt de la guerre, Tadjenna est placée à environ quatorze milles sud-ouest de Tenès.

sant le *défilé des Miknaça;* puis à Aïn es-Sobhi, source qui jaillit au pied d'une montagne appartenant aux Matmata; de là on passe à Tagharîbet, puis on arrive à Tîhert[1].

La ville de Tîhert est environnée d'un mur percé de trois [*lis.* plusieurs] portes, savoir : *Bab es-Safa*, *Bab el-Menazel* « la porte des logements », *Bab el-Andelos* « la porte d'Espagne », *Bab el-Metahen* « la porte des moulins », etc. Elle est située sur le flanc d'une montagne nommée Guezzoul. La citadelle domine le marché de la ville et porte le nom d'*El-Mâsouma* « l'inviolable ». Une rivière, venant du côté du midi, et appelée la Mîna, passe au sud de la ville. Une autre rivière, formée par les eaux réunies de plusieurs sources et nommée Tatoch, fournit aux besoins des habitants et à l'arrosage des jardins. Celle-ci passe à l'est de la ville. Toutes les espèces de fruits se trouvent à Tîhert, et les coings de cette localité surpassent en beauté, en saveur et en parfum ceux des autres pays. Ils portent le nom de *fares*. Le froid y est très-rigoureux; les brouillards et les neiges sont très-fréquents. Citons à ce sujet quelques vers composés par Abou Abd er-Rahman Bekr ibn Hammad pendant son séjour à Tîhert. Cet homme avait la réputation d'un traditionniste exact et véridique; il avait étudié les traditions en Orient, sous Ibn Mochedded, Amr ibn Merzouc et Bichr ibn Hodjr; en Ifrîkiya il avait eu pour maîtres Sahnoun et quel-

---

[1] Cette route part du Chélif en remontant la vallée du Riou.

ques autres docteurs. Il habita Tîhert et mourut dans cette ville :

Que le froid est rude et intense à Tîhert! Comme le soleil y jette des regards faibles et languissants!
Il se montre au milieu des brouillards, quand il se montre, comme s'il venait de sortir de sa couche.
Nous sommes ici au milieu d'une mer silencieuse [la neige], et le vent nous pousse tout droit devant lui.
Aussi, l'apparition du soleil nous enchante autant que l'arrivée du sabbat réjouit les juifs.

Un natif de Tîhert, ayant remarqué combien la chaleur du soleil était forte dans le Hidjaz [en Arabie], lui adressa ces paroles : « Brûle ici tant que tu voudras; mais, par Allah! tu es bien méprisable à Tîhert. »
La ville dont nous venons de parler est *Tîhert-la-Neuve*. A l'orient de celle-ci et à la distance de cinq milles s'élève *Tîhert-la-Vieille* [maintenant *Tiaret*], château fort appartenant aux Bercadjenna. On raconte que cette peuplade, ayant entrepris de bâtir Tîhert, trouva, chaque matin, l'ouvrage de la veille renversé. Ils construisirent alors *Tîhert es-Sofla* « la basse Tîhert », laquelle est *Tîhert-la-Neuve*. Au sud de cette ville on rencontre des villages habités par des Louata et des Hoouara; à l'ouest, on trouve des Zouagha, et au nord, des Matmata, des Zenata et des Miknaça. Nous venons de dire qu'à l'est de Tîhert est un château appartenant aux Bercadjenna; c'est celui qu'on nomme *Tîhert-la-Vieille*.
Tîhert eut jadis pour seigneur Meimoun, fils d'Abd

er-Rahman, fils d'Abd el-Ouehhab, fils de Rostem, fils de Behram, fils de Doucherar, fils de Sabour, fils de Babegan, fils de Sapour dou 'l-Aktaf, roi de Perse. Behram était client d'Othman, émir des croyants. Meimoun fut chef des Ibadites et imam de ces sectaires ainsi que des Sofrites et des Ouaseliens. Ses partisans lui donnèrent le titre de khalife. Les Ouaseliens avaient leur lieu de réunion aux environs de Tîhert. Ils étaient au nombre d'à peu près trente mille. Ils habitaient des tentes qui ressemblaient à celles des Arabes et qui pouvaient se transporter d'un lieu à un autre. La souveraineté de Tîhert passa des descendants de Meimoun à ceux de ses frères Abd er-Rahman et Ismaîl, fils de la Rostemide; mais en l'an 296 (908-909 de J. C.), Abou Abd Allah es-Chîaï se présenta devant Tîhert et en obtint possession par la promesse d'une amnistie générale; mais il fit mourir un grand nombre de Rostemides, dont il envoya les têtes à son frère, Abou 'l-Abbas. On promena ces trophées dans les rues de Cairouan, puis on les planta sur la *porte de Raccada*. La famille de Rostem avait régné à Tîhert pendant cent trente ans. Mohammed ibn Youçof raconte qu'Abd er-Rahman, fils de Rostem, avait été lieutenant d'Abou 'l-Khattab Abd el-Alâ, fils d'Es-Sameh, fils d'Obeid, fils de Harmela, et cela à l'époque où ce chef s'était rendu maître de l'Ifrîkiya[1]. Dans le mois de safer 144 (mai-juin 761 de J. C.), Abou 'l-Khattab fut tué par Mohammed ibn el-Achâth

---

[1] Voyez *Histoire des Berbers*, t. I, p. 373.

el-Khozaï. Abd er-Rahman [le Rostemide] s'enfuit alors de Cairouan avec les gens de sa maison et la partie de ses trésors la plus facile à emporter. Les Ibadites, s'étant ralliés autour de lui, le reconnurent pour leur chef et se décidèrent à bâtir une ville qui pourrait leur servir de point de réunion. Ils s'arrêtèrent à l'endroit qu'occupe Tîhert de nos jours, et qui, à cette époque, était couvert d'une épaisse forêt. Abd er-Rahman s'étant installé sur un terrain carré et dépourvu d'arbres, les Berbers se dirent : « Il vient de se loger sur un *tacdimet,* » c'est-à-dire sur un *tambour de basque.* La figure carrée du terrain leur avait suggéré cette comparaison[1]. Le vendredi suivant, Abd er-Rahman présida à la prière publique. Quand la cérémonie fut terminée, on entendit des gens pousser de hauts cris à la poursuite d'un lion qui s'était montré dans le bocage. L'animal fut pris vivant, amené sur le lieu où l'on venait de faire la prière et immolé en cet endroit. Abd er-Rahman ibn Rostem dit à cette occasion : « Voici une ville où le sang ne cessera de couler et où l'on fera toujours la guerre. » A l'instant même ses compagnons commencèrent à bâtir en cet endroit une mosquée, pour laquelle ils allèrent couper les poutres dans la forêt voisine. Cet édifice subsiste encore aujourd'hui ; il est composé de quatre nefs et sert de mosquée *djamé.*

« L'emplacement de Tîhert, dit le même auteur, ap-

---

[1] Le tambour de basque carré a, chez les Arabes, le nom de *doff* ; les Berbers le nomment *tecdimet.* (Brosselard, *Dictionnaire berber.*)

partenait à quelques pauvres familles meraciennes et sanhadjiennes, Abd er-Rahman voulut le leur acheter, et, sur leur refus, il offrit de leur céder l'impôt des boutiques avec la permission de se bâtir des maisons dans la nouvelle ville. Ces conditions acceptées, l'on se mit à faire le partage des terrains et à construire des maisons. » Cet endroit est nommé le *camp* (*moasker*) d'Abd er-Rahman ibn Rostem jusqu'à nos jours. « Tîhert, dit-il, possède plusieurs bazars très-fréquentés, et un grand nombre de bains. » Il donne les noms de douze. Dans les alentours on rencontre une foule de peuplades berbères.

Le *modd* dont on s'y sert pour mesurer le blé contient cinq *cafiz* et demi, mesure de Cordoue. Le *kintar* « quintal » que l'on emploie pour peser l'huile et autres denrées équivaut à deux *kintar* [ordinaires] moins un tiers; pour les marchandises importées, telles que le poivre, etc. on se sert du *kintar* ordinaire. Le *ratl* « livre » pour peser la viande équivaut à cinq *ratl* [ordinaires].

ROUTE DE TÉNÈS À ACHÎR.

Si l'on veut suivre la route du littoral (*Sahel*) pour se rendre de Ténès à l'Achîr de Zîri, l'on se transporte d'abord à BENI GUELLÎDACEN, jolie petite ville appartenant aux Matghara et renfermant une population composée d'Andalous et de Cairouanites. L'entrée en est interdite aux Bercadjenna, depuis l'époque de la trahison qu'ils y avaient commise [avec l'intention de s'en emparer]. Un grand bien-être règne dans cette ville. Elle possède plusieurs sources de bonne eau et domine la plaine de Chelif. La ville de CHELIF, située dans cette localité, s'élève sur le bord d'une rivière, et renferme dans son enceinte un bazar bien monté. On la connaît sous le nom du CHELIF des BENI OUATÎL[1]. Elle appartient à des Zouagha. De là on arrive à BENI OUARÎFEN[2], endroit appartenant aux Matghara et situé sur le Chelif. On y trouve quelques boutiques. MÎLIANA, où le voyageur arrive ensuite, est une noble et ancienne ville. Restaurée par Zîri ibn Menad, qui l'assigna pour résidence à son fils Bologguîn[3], elle domine toute la plaine qu'occupent les Beni Ouarîfen et d'autres tribus. Elle est bien approvisionnée, bien peuplée et assise sur une rivière; elle possède aussi quelques puits de bonne eau et un bazar très-fréquenté. De là on passe à ACHÎR.

ROUTE DE TÎHERT À LA MER.

Pour se rendre de Tîhert à la mer, on traverse d'abord plusieurs campements de Berbers; puis on passe par CHELIF BENI OUACÎL, jusqu'à EL-GHOZZA, ce qui fait deux journées[4] de marche. El-Ghozza est

---

[1] Cette ville était située au confluent de la Mina et du Chelif.

[2] Beni Ouarîfen, localité dont le nom est maintenant oublié, était située au confluent du Ouad Fodda et du Chelif, à l'est d'Orléansville.

[3] Voy. *Hist. des Berbers*, t. II, p. 6.

[4] Il y avait au moins trois journées de marche de Tîhert à la ville de Chelif et une journée de là à El-Ghozza.

le *sahel*[1] de Tîhert. Dans le voisinage de cet endroit, et du côté de la mer, se trouve la CALÂ MAGHÎLA DELOUL « château des Maghîla Deloul. » Cette place, bâtie sur la cime d'une haute montagne, est extrêmement forte; une distance de cinq parasanges la sépare de la mer. On y voit une source d'eau appelée AÏN KORDI[2]. La ville de MOSTAGHANEM, située dans le voisinage de la mer et à deux journées de Calâ Deloul, est entourée d'une muraille et possède plusieurs sources, jardins et moulins à eau. Le coton que l'on sème dans le territoire de cette ville fournit de beaux produits. L'embouchure du Chelif n'est pas loin de Mostaghanem. A l'occident de cette ville, et à la distance d'environ trois milles, se trouve TAMAZAGHRAN (*Mazagran*), ville murée, qui possède une mosquée *djamê*. Non loin de là est la CALÂ T-HOOUARA « château du Hoouara », nommée aussi TAÇEGDALT[3]. Ce fort, bâti sur une montagne, est entouré d'arbres fruitiers et de champs cultivés. Au pied de la forteresse coule le CÎRAT, rivière dont les eaux servent à arroser le *Fahs* ou « plaine » du même nom. Bien que cette plaine ait quarante milles de longueur, il n'y a pas un seul endroit qui ne reçoive les eaux du Cîrat; mais aujourd'hui cette ré-

---

[1] *Sahel* signifie le *littoral;* ce mot sert aussi à désigner un entrepôt de commerce qui a des communications faciles avec la mer.

[2] *Aïn Kordi*, l'*Aïn Kerdou* de nos dernières cartes, est située à deux lieues au nord de Mazouna, et à trois ou quatre lieues sud-est de l'embouchure du Oued el-Khamîs.

[3] Ce bourg, appelé maintenant *Calâ*, est à environ neuf lieues sud-est de Mostaghanem.

gion est inculte et déserte, la crainte [inspirée par les attaques des tribus voisines] ayant fait fuir tous les habitants. Sur le littoral de cette plaine s'élève Arzao « le vieil Arzeu », ville construite par les Romains, et maintenant abandonnée. Elle renferme de vastes débris d'anciens monuments et tant d'autres objets merveilleux, que le voyageur en est frappé d'un profond étonnement. Dans le voisinage de cette ville est une colline qui porte trois châteaux entourés de murs et formant un *ribat* très-fréquenté. Cette colline renferme une mine de fer et une autre de mercure [1]. Lorsqu'on met le feu aux broussailles dont elle est couverte, il s'en exhale une odeur aromatique. Oran, située à quarante milles d'Arzao, est une place très-forte; elle possède des eaux courantes, des moulins à eau, des jardins et une mosquée *djamê*. Elle eut pour fondateurs Mohammed ibn Abi Aoun, Mohammed ibn Abdoun et une bande de marins andalous qui fréquentaient le port de cet endroit. Ils accomplirent leur entreprise après avoir obtenu le consentement des Nefza et des Mosguen [tribus qui occupaient cette localité]. Les Mosguen faisaient partie [de la grande tribu berbère]

---

[1] « En mars 1847, on a découvert du mercure natif dans une carrière de pierre à bâtir, située à cinquante mètres à l'est de l'enceinte de la ville d'Arzeu et à quatre cents mètres environ du rivage de la mer. Le mercure était disséminé dans une terre argileuse rougeâtre, remplissant les fentes d'une couche de calcaire de formation tertiaire, à 0^m,30 ou 0^m,40 de profondeur au-dessous du sol. » (*Recherches sur les roches, les eaux et les gîtes minéraux des provinces d'Oran et d'Alger*, par M. Ville, ingénieur au corps des mines. In-4°, Paris, 1852.)

des Azdadja. [Ces Andalous] qui avaient été les compagnons d'El-Corachi[1], fondèrent Oran en l'an 290 (902-903 de J. C.). Ils y séjournèrent jusqu'à l'an 297, quand une foule de tribus se présentèrent devant la ville et demandèrent l'extradition des Beni Mosguen, afin d'exercer contre eux une vengeance de sang. Les Andalous ayant refusé de les livrer, ces tribus commencèrent des hostilités contre la ville, la bloquèrent étroitement et empêchèrent la garnison [de sortir pour puiser] de l'eau. Les Beni Mesguen profitèrent enfin d'une nuit obscure pour s'enfuir de la place et se mettre sous la protection des Azdadja. Les habitants, se voyant sur le point de succomber, consentirent à livrer leur ville, leurs trésors et leurs approvisionnements, à la condition de pouvoir se retirer la vie sauve. Oran fut saccagée et brûlée par les vainqueurs; ce qui eut lieu dans le mois de dou-'l-câda 297 (juillet-août 910 de J. C.). Une année plus tard, les habitants y revinrent avec l'autorisation d'Abou Homeid Doouas, ou Dawoud ibn Soulat, gouverneur de Tîhert. Au mois de châban de l'année suivante (avril-mai 911), la ville commença à se relever et elle devint plus belle qu'auparavant. Dawoud ibn Soulat el-Lahîci leur donna pour gouverneur Mohammed ibn Abi Aoun[2]. La

[1] *El-Corachi*, c'est-à-dire membre de la tribu de Coreich. Il s'agit probablement du général oméïade espagnol Abd el-Melek ibn Omaïa, qui fut mis à mort l'an 282 (895-6 de J. C.). Voyez l'extrait du grand ouvrage historique d'Ibn Haiyan, que M. de Gayangos a inséré dans sa traduction d'El-Maccari, vol. II, p. 454.
[2] Voy. *Hist. des Berbers*, t. I, p. 283.

ville ne cessa de s'agrandir et de prospérer jusqu'à l'an 343, quand Yâla ibn Mohammed ibn Saleh l'Ifrenide s'en empara, après avoir attaqué et mis en déroute les Azdadja du mont *Guèdera*[1]. Cette bataille eut lieu le samedi 15 djomada de l'année susdite (septembre-octobre 954 de J. C.). Dans le mois de dou-'l-câda de la même année (mars 955), Yâla transporta les habitants d'Oran à la ville qu'il venait de fonder et qui est connue [par le nom d'*Ifgan* ou *Fekkan*]. Oran fut alors dévastée et brûlée pour la seconde fois, et elle resta dans un état d'abandon pendant quelques années. Les habitants ayant alors commencé à y rentrer, la ville se releva de nouveau.

Dans la province d'Oran se trouve un village dont les habitants sont renommés pour leur stature colossale et leur force prodigieuse. Plusieurs témoins oculaires m'ont assuré qu'un homme de la taille ordinaire ne va pas à l'épaule d'un natif de ce lieu, et qu'ils avaient vu un de ces villageois porter six hommes et faire quelques pas en avant avec cette lourde charge. Il en avait placé deux sur ses épaules, deux sous les bras et deux sur les avant-bras. Un autre de ces géants, voulant se construire un logement, alla couper mille tiges de fenouil, qu'il mit sur son dos, et s'en servit à construire, en forme de berceau, une habitation qui lui était parfaitement suffisante.

---

[1] C'est le groupe de montagnes, à l'ouest d'Oran, qui s'appelle maintenant *Djebel Romra*.

ROUTE D'ORAN À CAIROUAN.

Sorti d'Oran on se rend à Tensalmet[1], bourg appartenant aux Ouzdadja, et renfermant un bazar et une source d'eau douce. De cet endroit, qui est situé au pied du mont Guèdera, l'on se dirige vers Djeraoua Lazîzou[2], lieu de marché [qui doit son établissement] à Obeidoun ibn Sinan l'Azdadjien. De là on arrive à Casr ibn Sinan « le château d'Ibn Sinan[3] »; puis on suit la grande route déjà indiquée. La distance totale est de vingt-cinq journées.

ROUTE D'ORAN À CAIROUAN PAR LE PAYS DE CASTÎLİYA.

D'Oran on se rend à Casr Mansour ibn Sinân, localité que nous venons d'indiquer; puis à El-Alouiîn « les descendants d'Ali[4] », ville où Yala ibn Badîs[5] avait établi sa résidence. Elle est entourée d'une muraille et située sur une grande rivière. Dans l'intérieur se trouvent quelques sources d'eau. De là on arrive à la ville de Séi, fils de Demmer, bâtie sur un fleuve

---

[1] Localité située à quatre kilomètres ouest de Miserguîn, sur la route d'Oran à Tlemcen.

[2] Les ruines de cet endroit portent maintenant le nom de *Medîna-t-Aroun*. Elles se voient sur la rive gauche du Rio Salado, à trois kilomètres au-dessus du pont que l'on traverse en se rendant d'Oran à Tlemcen.

[3] Maintenant *Aïn Temouchent*, sur la route d'Oran à Tlemcen.

[4] Ce village était situé à une petite journée est de Tlemcen.

[5] Il faut sans doute remplacer le nom de *Badîs* par celui de *Mohammed*. (Voy. *Hist. des Berbers*, t. III, *passim.*)

du même nom. Le Séi [1] est une grande rivière, dont les bords sont couverts de jardins. De là on se rend à Ahça Ocba « les puits d'Ocba [2] », c'est-à-dire d'Ocba ibn Nafê le Coreichide. On y trouve un grand nombre de puits bâtis [3] avec du bois d'*arar* (*thuya articulata*). Ils portent aussi le nom d'Abar el-Asker « les puits de l'armée », c'est-à-dire l'armée d'Ocba. En langue berbère on les appelle *Erçan* [4]. Ensuite on marche pendant trois ou quatre journées à travers des lieux déserts, où la tribu des Maghraoua vient s'installer de temps en temps. Arrivé à Saguïa-t-ibn Khazer « la rigole » ou « le canal d'Ibn-Khazer [5] », endroit qui porte aussi le nom d'Izémmerîn [6], on trouve un ruisseau auprès duquel est un château ruiné dont les alentours sont couverts de dattiers et d'autres arbres fruitiers. De là on arrive aux villes de Bentîous [7], qui sont au nombre de trois et assez rapprochées les unes des autres. Chaque ville possède un *djamê*; deux de ces

---

[1] D'après les indications qu'El-Bekri donne plus loin, il faut identifier le Séi avec la rivière appelée *Ouad Tenazza* ou *Ouad Melrîr*, qui se jette dans le Cîrat, ou Ouad el-Hammam, à cinq lieues sud-ouest de Mascara.

[2] Cette localité, que nous sommes porté à identifier avec le *Aïn Ferès* de nos cartes, est située à l'ouest du confluent du Ouad Tenazza et du Ouad el-Hammam.

[3] C'est-à-dire *cuvelés*.

[4] Tout endroit où l'on creuse pour trouver de l'eau ou des substances métalliques se nomme *erçan* en berber. Ce mot est donc l'équivalent des mots arabes *haci* (au pluriel *ahça*) et *mâden*.

[5] Cet endroit doit se trouver à la distance d'une journée ouest d'El-Mecîla.

[6] *Izemmerîn* est le pluriel d'*izimmer*, mot berber qui signifie *agneau*.

[7] Dans la partie méridionale du Zab de Biskera.

édifices appartiennent aux musulmans orthodoxes; l'autre sert aux schismatiques de la secte *ouaselienne ibadite*. Une de ces villes est habitée par des gens d'origine persane, appelés les *Beni Djordj*. A l'occident coule une rivière qui vient du nord et qui fournit de l'eau aux trois villes. La seconde de ces villes est habitée par une peuplade de sang mêlé; la troisième est occupée par des Berbers. La majeure partie de leurs arbres à fruits consiste en dattiers et en oliviers. Ces villes, situées dans une plaine vaste et fertile, sont entourées de murs et de fossés. A l'occident s'étend le SAHRA ou « désert » de BENTÎOUS, dans lequel la rivière que nous venons de mentionner épand le tiers de ses eaux. Dans ce canton, quand on a fini d'ensemencer un champ, l'on peut apprécier, avec certitude et sans risque de se tromper, la quantité de grains dont se composera la récolte. Les puits de cette localité ne fournissent qu'une eau saumâtre. Dans les environs se trouvent un grand nombre de bourgades. TOLGA, située au nord de Bentîous, se compose de trois villes, entourées chacune d'une muraille de briques, et d'un fossé. Aux alentours on remarque plusieurs ruisseaux et un grand nombre de jardins remplis d'oliviers, de vignes, de dattiers et de toutes les autres espèces d'arbres fruitiers. Une de ces villes est habitée par des gens de sang mêlé; l'autre par des Arabes d'origine yéménite, et la troisième par une peuplade appartenant à [la tribu arabe de] Cais. Sorti de Bentîous, le voyageur prend la route de

Biskera, ville dont nous avons déjà parlé, et de là il se dirige vers Tehouda, ville nommée aussi Medîna-t-es-Sihr « la ville de la magie ». Ce grand centre de population est entouré de champs cultivés, de dattiers et d'arbres fruitiers. Tehouda est de construction antique; elle est bâtie en pierre et possède de grandes richesses. Tout autour règne un faubourg entouré d'un fossé. Dans l'intérieur de la ville on voit un beau *djamé*, et plusieurs mosquées, bazars et caravansérails. Du côté du nord elle reçoit une rivière qui descend du mont Auras. Les habitants sont des Arabes, dont quelques-uns appartiennent à la tribu de Coreich. Lorsque la guerre éclate entre eux et leurs voisins, ils font couler l'eau de la rivière dans le fossé qui entoure la ville, et, de cette manière, ils se garantissent contre le manque d'eau et contre les attaques de l'ennemi. Dans l'intérieur de la ville il y a un puits qui ne tarit jamais, et dont la construction remonte à une haute antiquité; on y remarque aussi beaucoup d'autres puits qui fournissent de la bonne eau. Les habitants de Tehouda ont pour ennemis les Hoouara et les Miknaça *ibadites*, qui demeurent au nord de la ville. Ils professent la doctrine des habitants de l'Irac [c'est-à-dire le rite hanefi]. Autour de la ville se trouve un grand nombre de jardins qui produisent des légumes et diverses espèces de fruits; tous les grains y réussissent parfaitement. Dans les environs on compte plus de vingt bourgades.

La tradition suivante provient d'Abou 'l-Mohadjer [1], qui la tenait de ses précepteurs, lesquels la donnaient sur l'autorité de Chehr ibn Haucheb : « Notre saint Prophète, dit Cheher, défendit aux siens de prendre pour demeure cette localité maudite que l'on appelle *Tehouda*. Il disait : *On y tuera plusieurs hommes de mon peuple pendant qu'ils seront à combattre dans la voie de Dieu. Leur récompense* [dans le ciel] *sera la même que celle des martyrs de Bedr et d'Ohod; avec quel* [courage] *ils se sont exposés afin de trouver la mort!* » [En répétant ces mots] Chehr ne manquait jamais de dire : « Ô comme je voudrais partager leur sort ! » Je demandais aux *tabês* [2] quelle était cette troupe [favorisée], et ils me répondirent : « Il s'agit d'Ocba ibn Nafê qui fut tué [3] par les Berbers et les chrétiens auprès d'une *ville que l'on nomme* Tehouda. *Ils se relèveront de cet endroit, au jour de la résurrection, ayant leurs sabres sur leurs épaules, et ils iront se présenter ainsi devant le Tout-Puissant.* » — « Sous le khalifat de Moaouïa, dit Abou 'l-Mohadjer, Ocba ibn Nafê vint en Égypte, pays qui avait alors pour gouverneur Amr ibn el-Aci. Il s'arrêta dans un village de cette contrée, ayant avec lui Amr ibn el-Aci, Abd Allah, fils d'Amr [ibn el-Aci] et

---

[1] Abou 'l-Mohadjer fut nommé gouverneur de l'Afrique en l'an 55 (675 de J. C.).

[2] On désigne par le mot *tabé* tout musulman qui avait vu et connu quelques-uns des compagnons de Mahomet.

[3] El-Bekri nous donne ici deux récits faits par Abou 'l-Mohadjer au sujet de la mort d'Ocba ; donc Abou 'l-Mohadjer ne mourut pas avec ce chef, quoi qu'en dise En-Noweiri. (*Hist. des Berbers*, t. I, p. 336.)

une bande d'anciens compagnons de Mahomet. On mit devant eux un plateau couvert de mets, et, pendant qu'ils en mangeaient, un milan s'y précipita et emporta un morceau de viande. Ocba invoqua aussitôt le nom de Dieu et s'écria : « Puisses-tu te casser le cou ! » A l'instant même l'oiseau descendit vers eux, se jeta contre là terre et se brisa le cou. *Nous sommes à Dieu, s'écria Amr, et nous retournerons auprès de lui!* A ces paroles, Ocba lui dit : « Qu'as-tu donc, « Abou Abd Allah? » — « J'ai entendu dire, répondit « Amr, qu'une petite troupe de Coreichides doit ar- « river à cet endroit et qu'ils trouveront le martyre. » A ces paroles Ocba s'écria : « Grand Dieu! fais que « je sois de cette bande ! » Plus tard, Yezîd, fils de Moaouïa, fit partir Ocba à la tête d'une armée, afin d'envahir le Maghreb. En passant par l'Égypte, Ocba rencontra Abd Allah, fils d'El-Aci, qui lui adressa ces paroles : « Se peut-il, Ocba, que tu fasses partie « de la troupe qui doit entrer en paradis avec son « équipement militaire? » Ensuite, dit Abou 'l-Mohadjer, Ocba ibn Nafê parvint, dans une de ses campagnes, jusqu'au *Sous el-Adna* et au *Sous el-Acsa*. Arrivé auprès de la mer Environnante [l'Atlantique], il y entra jusqu'à ce que l'eau atteignît le poitrail de son cheval; puis il reprit le chemin de l'Ifrîkiya. A mesure qu'il s'en approchait, ses compagnons le quittaient, troupe par troupe, et, lorsqu'il fut parvenu à la ville de Tobna, ceux qui étaient restés avec lui obtinrent la permission de s'en aller. Un petit nombre seulement ne l'abandonna pas. Ayant continué sa route, il annonça qu'il avait l'intention de passer auprès des villes de Tehouda et de Badîs, afin de reconnaître combien il faudrait de troupes et d'approvisionnements dans le cas où l'on essayerait de réduire ces places, qui étaient alors deux des plus grandes villes du Maghreb. Quand il fut arrivé près de Tehouda, l'armée romaine se mit en mouvement, sous la conduite de Kacîla ibn Lehzem, pendant que les troupes berbères approchaient pour la rejoindre. L'ennemi savait alors que l'armée d'Ocba s'était dissoute. Ocba, les voyant avancer en ordre de bataille, brisa le fourreau de son épée; ses compagnons firent de même, et ils moururent tous en combattant.» On sait que le tombeau d'Ocba est dans la ville de Tehouda [1].

Maadd [el-Moëzz], fils d'Ismaîl et [arrière-]petit fils d'Obeid-Allah [le Fatemide], ayant voulu changer la position de la *kibla* dans la mosquée de Cairouan, fit arracher une partie des briques qui en formaient le *mihrab*. Ceci eut lieu en l'an 345 (956-957 de J. C.). On vint alors lui rapporter que les habitants de Cairouan se rappelaient les uns aux autres la prière faite par Ocba en faveur de leur ville, et comment il avait fondé leur grande mosquée; on lui raconta aussi qu'ils se disaient entre eux : « Dieu tout-puissant empêchera cette tentative par égard pour la prière que lui adressa le compagnon de son

---

[1] Il est positif que le tombeau d'Ocba se trouve à Sidi Ocba, oasis située dans le voisinage de Biskera et à une lieue au sud de Tehouda.

Prophète. » Maadd, que Dieu le maudisse! donna aussitôt l'ordre d'arracher les ossements d'Ocba au tombeau qui les renfermait, et de les jeter au feu. Un corps de cinq cents hommes, tant cavaliers que fantassins, partit pour commettre ce forfait; mais, au moment où ils approchaient du tombeau afin de remplir leur mandat, ils furent assaillis par un ouragan dont la violence excessive, les éclairs éblouissants et les coups de tonnerre retentissants faillirent leur ôter la vie. Ils s'en retournèrent sans avoir violé le tombeau.

Parti de Tehouda, on arrive à BADÎS après une journée de marche. Cette ville se compose de deux forteresses qui possèdent un *djamê* et quelques bazars. Aux alentours s'étendent de vastes plaines et des champs magnifiques en plein rapport. On y fait deux récoltes d'orge chaque année, grâce aux nombreux ruisseaux qui arrosent le sol. De Badîs on se rend à GUITOUN BÎADA, où commence le canton de SOMATA. Ici la route se partage en trois branches, dont l'une conduit au pays des nègres, l'autre à Tripoli et la troisième à Cairouan. A deux journées plus loin on trouve la ville de NEFTA, qui est bâtie en pierre [en pisé] et qui renferme une nombreuse population. Elle possède un *djamê*, plusieurs mosquées et un grand nombre de bains. Il y a tant de ruisseaux, que l'eau se distribue sans être mesurée, tandis que dans le reste de la province de Castîliya elle se vend au poids (?). Tous les habitants de Nefta professent la doctrine chîite; aussi nomme-t-on cette ville *la petite Koufa* (EL-KOUFA T-ES-SOGHRA)[1]. De là on passe à TOUZER, ville dont nous avons déjà parlé et qui occupe l'extrême limite de la région nommée *Castîliya*. Entre Touzer et *Biskera* il y a cinq journées de marche. De Touzer le voyageur se rend à CAFSA, ville qui en est éloignée de deux journées, et de là il se dirige vers FEDDJ EL-HIMAR « le défilé de l'âne », où se trouvent un caravansérail et une citerne d'eau. Ensuite il traverse EL-HEROUÏA, dernier village du canton de CAMMOUNIYA; puis il se rend à MEDKOUD, métropole de ce territoire. Dans la ville de Medkoud on voit un *djamé*, quelques bains, quelques bazars, un grand nombre de mosquées et des caravansérails en quantité. Il y a des puits qui fournissent de l'eau douce, mais il faut la tirer d'une grande profondeur. Dans les alentours on remarque une grande variété d'arbres fruitiers et beaucoup de figuiers. Les figues de ce canton surpassent en bonté celles des autres provinces de l'Ifrîkiya; on en fait sécher au soleil pour les exporter à Cairouan, où elles sont très-recherchées et se vendent plus cher que les autres variétés du même fruit. Medkoud est entourée d'une forêt de figuiers qui la cachent entièrement à la vue, en sorte qu'on ne l'aperçoit qu'au moment d'y arriver. De Medkoud on se rend à DJEMOUNÈS ES-SABOUN, grand bourg qui renferme une population considérable et quelques puits d'eau

---

[1] On sait que la ville de Koufa, située sur l'Euphrate, à quatre journées de Baghdad, fut le lieu où le khalife Ali, tant vénéré par les chîïtes, avait établi le siége de son gouvernement.

douce. Situé sur le premier gradin d'une montagne, il est entouré de sables et d'oliviers. On y voit un *djamé*, un bazar bien monté, un bain, un étang et un grand château qui sert de magasin à toute la population. Cette place a dans ses dépendances beaucoup de villages très-peuplés, qui jouissent d'une grande prospérité. Parti de cet endroit, on arrive à MEDJDOUL, bourg grand et bien peuplé, dont la description rappellerait celle du précédent. Il possède un étang appelé *Bahîra Medjdoul* « le lac de Medjdoul », où les habitants puisent l'eau qu'ils boivent. Ils ont aussi un grand nombre de puits dont l'eau est bonne. De là on se rend à BENI DÉAM, bourgade grande et florissante; puis à la ville de CAIROUAN. L'on met quarante-trois journées à parcourir la route qui mène d'Oran à Cairouan, en traversant le pays de Castîlya.

ROUTE DE TÉNÈS À TÎHERT.

De Ténès on se rend à EL-GHOZZA, ainsi que nous l'avons dit [1]; puis à TADJEMOUT, par le défilé des MIKNAÇA; puis à AÏN ES-SOBHI, source abondante qui jaillit au pied d'une montagne occupée par des Matmata; puis à TAGHARÎBET, puis à TÎHERT.

EL-KHADRA [2], grande ville située dans le voisinage de Ténès, est bâtie sur le bord d'un fleuve qui coule à grand bruit et fait tourner plusieurs moulins.

---

[1] Voy. p. 157, où l'auteur donne presque textuellement le passage qui suit.
[2] Voy. ci-devant, p. 146.

Quand cette rivière déborde, ses eaux envahissent la ville. Les environs d'El-Khadra sont couverts de jardins ; son territoire est cerné de tous les côtés par des tribus berbères, telles que les Madghara, les Beni Demmer, les Medîouna et les Beni Ouarîfen. Elle est située entre la ville de Ténès et celle d'IGHZER, localité que nous avons déjà mentionnée et qui est [voisine de] CAZROUNA MITTÎDJA [1].

La ville de SETÎF est à deux journées d'EL-MECÎLA. En quittant ce dernier lieu, le voyageur se rend d'abord à GHADÎR OUARROU, localité habitée par les Beni Yaghmoracen, tribu hoouaride, et arrosée par plusieurs sources d'excellente eau. La population de cette tribu est estimée à soixante mille âmes. Parti de là, on arrive à Setif, ville grande et importante, dont l'origine remonte aux temps antiques. La muraille qui l'entourait fut détruite par les Ketama, partisans d'Abou Abd Allah es-Chiaï, et cela pour la raison que les Arabes leur avaient enlevé cette ville et les avaient obligés à payer la dîme chaque fois qu'ils voulaient y entrer. Elle est maintenant sans murs ; mais elle n'en est pas moins bien peuplée et très-florissante. Les bazars sont en grand nombre, et toutes les denrées y sont à bas prix. Setîf est à dix journées de CAIROUAN, à dix journées de CAZROUNA et à une journée de TANAGUELALT. Cette dernière ville, située dans le voisinage de Mîla, appartient aux Ketama ; elle est bien peuplée et dans un état prospère ; mais elle n'a pas de mosquée. Ghadîr

---

[1] Voy. p. 156.

Ouarrou est à deux journées de Tobna. Tanaguelalt est à dix-huit journées de Cairouan; Oran est à deux journées de Tlemcen.

DESCRIPTION DE TLEMCEN ET DU PAYS QUI S'ÉTEND ENTRE CETTE VILLE ET LE MAGHREB.

TILIMÇAN (*Tlemcen*) est une grande ville, entourée de murs et située au pied d'une montagne, dont les bois sont d'essence de noyer; elle a cinq portes, dont trois regardent le midi, savoir: la porte du Bain (*Bab el-Hammam*), la porte de Oueheb (*Bab Oueheb*), et la porte au Guichet (*Bab el-Khoukha*). La porte d'*El-Acaba* «la montée», regarde l'orient, et celle d'*Abou Corra* l'occident. On y trouve les ruines de plusieurs monuments anciens et les restes d'une population chrétienne qui s'est conservée jusqu'à nos jours. Il y a aussi une église, qui est encore fréquentée par les chrétiens. Dans ces ruines, on découvre souvent des trésors cachés. Les anciens avaient amené à Tlemcen l'eau de plusieurs sources appelées LOURÎT, qui sont situées à six milles de distance.

Tlemcen, capitale du Maghreb central, possède des bazars, des mosquées, un *djamé*, des plantations d'arbres, et des ruisseaux qui font tourner plusieurs moulins et qui forment la rivière STAFCÎF. Siége de l'empire zenatien [1], rendez-vous des tribus

---

[1] Les Beni Yala, famille zenatienne, régnèrent à Tlemcen depuis l'an 393 (1002 de J. C.), jusqu'à la conquête de cette ville par les Almoravides, sous les ordres de Youçof ibn Tachefîn. Cet événement eut lieu l'an 473 (1080-1). (Voy. *Hist. des Berbers*, t. III, p. 270.)

berbères, Tlemcen est aussi un point de réunion pour les marchands de tous les pays. Mohammed, fils de Soleiman ibn Abd Allah ibn Hacen ibn Ali ibn Abi Taleb [descendant du Prophète], se fixa dans cette ville. Son petit-fils, Abou'l-Aïch Eiça, fils d'Idrîs, fils de Mohammed ibn Soleiman, bâtit *Djeraoua*[1], ville dont il resta le seigneur et dans laquelle il mourut. Tlemcen n'a jamais cessé d'être la demeure des hommes savants dans la loi et dans les traditions, des jurisconsultes connaissant par cœur les décisions légales fondées sur l'analogie et conformes au système de doctrine enseignée par Malek ibn Anès.

La CALÂ [ou château d'] IBN EL-DJAHEL, située au midi de Tlemcen, est une place forte, entourée d'arbres et de ruisseaux; elle touche à la montagne de TARNI (*Tirni*), localité bien peuplée, ainsi que toutes les montagnes qui s'étendent de là jusqu'à TÎZÎL, ville bâtie à l'entrée du désert. L'on part de Tîzîl quand on veut se rendre à Sidjilmessa, à Ouarglan (*Ouergla*) et à El-Calâ (*El-Guele'ïa*), ville fort peuplée, qui renferme une mosquée et les restes de quelques monuments antiques.

Au nord [*lisez* au sud] de Tlemcen est un lieu de halte appelé BAB EL-CASR « la porte du château », qui est dominé par la montagne appelée RAS EL-BAGHL « la tête du Mulet ». La rivière STAFCÎF, qui sort du pied de cette montagne, va se décharger dans un

---

[1] Ville située sur la rivière Kîs, à six milles de la mer, et à dix milles sud-est de l'embouchure du Molouiya.

vaste réservoir de construction antique, où elle se précipite avec un fracas qui s'entend de très-loin. Un conduit, fait avec art, amène ces eaux jusqu'au lieu nommé El-Mihmaz « l'éperon », puis à Oueldj el-Hana, puis à Djenan el-Haddj « le jardin du pèlerin », d'où elles vont se jeter dans la rivière Isser. Celle-ci verse ses eaux dans la Tafna, fleuve qui va passer par Archgoul et se jeter dans la mer, auprès de cette ville. Archgoul est le port de Tlemcen. Entre ces deux localités est une plaine appelée Zîdour, dont la longueur est de vingt-cinq milles. La Tafna, rivière sur laquelle est située Archgoul, vient du midi et contourne la partie orientale de la ville; elle reçoit de petits navires, qui la remontent depuis la mer jusqu'à la ville, l'espace de deux milles. Archgoul possède un beau *djamê* de sept nefs, dans la cour duquel sont une grande citerne et un minaret solidement bâti; elle renferme aussi deux bains, dont un est de construction antique. Le *Bab el-Fotouh* « la porte des victoires » regarde l'occident; le *Bab el-Emîr* est tourné vers le midi, et le *Bab Mernîça*, vers l'orient. Toutes ces portes sont cintrées et percées de soupiraux (*meurtrières?*). L'épaisseur de la muraille est de huit empans; le côté qui regarde le nord est celui qui pourrait offrir le plus de résistance à un ennemi. Dans l'intérieur se trouvent plusieurs puits de bonne eau qui ne tarissent jamais et qui suffisent à la consommation des habitants et de leurs bestiaux. Au sud de la ville est un faubourg.

La mesure de capacité dont on se sert à Archgoul

se nomme *amoura* et contient soixante *modd* de la dimension autorisée par le Prophète. Le *ratl* « la livre » est de vingt-deux *aoukïa* « onces »; la *drachme*, de huit *kharrouba*, et le *kharrouba* de quatre grains (*habba*).

Cette ville était habitée par des négociants quand Eïça, fils de Mohammed ibn Soleiman, prince dont nous avons déjà parlé[1], vint s'y installer et prendre le commandement. Il y mourut en l'an 295 (907-908 de J. C.). Son fils Ibrahim ibn Eïça el-Archgouli naquit dans Archgoul; Yahya, fils et successeur d'Ibrahîm, fut mis en prison, l'an 323 (935 de J. C.), par Abou Abd Allah es-Chîaï.

Dans la mer, vis-à-vis de la ville, est une île appelée DJEZÎRA-T-ARCHGOUL « l'île d'Archgoul ». Elle est si peu éloignée du continent, qu'un homme dont la voix est forte peut se faire entendre d'un bord à l'autre, quand la mer est calme. Cette île s'étend en longueur du sud au nord, et s'élève à une grande hauteur.

Hacen, fils d'Eïça ibn Abi 'l-Aïch et seigneur de Djeraoua, se réfugia dans Archgoul quand Mouça, fils d'Abou 'l-Afiya[2], lui enleva ses autres possessions. A ce sujet nous donnerons ailleurs les éclaircissements nécessaires, s'il plaît à Dieu. Mouça écrivit alors à Abd er-Rahman ibn Mohammed, souverain de l'Espagne, et le pria de lui fournir des secours et de faciliter ainsi la prise [de l'île]. Abd el-Mélek ibn

---

[1] Voy. p. 180.
[2] *Hist. des Berbers*, t. I, p. 268; t. II, p. 570.

Abi Hammama appuya cette demande auprès de Mouça ibn-Mohammed ibn Djodeir[1]. Il en résulta qu'Abd er-Rahman envoya aux habitants de Beddjana (*Pechîna d'Alméria*) et d'autres lieux de la côte l'ordre d'équiper quinze navires de guerre, et il y fit embarquer des troupes, des armes, des munitions et de l'argent. Cette flotte alla bloquer l'île d'Archgoul. On tua un grand nombre de ceux qui s'étaient réfugiés dans l'île et l'on serra les autres si étroitement, qu'ils faillirent mourir de soif, après avoir épuisé l'eau de leurs citernes. Dieu leur vint alors en aide et leur envoya une pluie abondante. Les gens de la flotte, ayant reconnu que les assiégés avaient renouvelé leur approvisionnement d'eau, perdirent l'espoir de les soumettre, et remirent à la voile afin de rentrer chez eux. Ils rentrèrent à Alméria au mois de ramadan 320 (septembre-octobre 932 de J. C.). Quelque temps après, El-Bouri, fils de Mouça ibn Abi 'l-Afiya se saisit d'El-Hacen ibn Eïça, le même qui s'était réfugié dans Archgoul; puis en l'an 338 (949-950), il l'envoya prisonnier à Abd er-Rahman ibn Mohammed.

NOTICE DES PLACES FORTES QUI COUVRENT LE LITTORAL DE TLEMCEN.

A l'orient d'Archgoul est située AsLEN[2], autre ville

---

[1] Ibn-Djodeir était alors *hadjeb*, ou premier ministre du souverain oméïade-espagnol, Abd er-Rahman en-Nacer. (El-Maccari, traduction de M. de Gayangos, vol. II; *Notices et Extraits*, par M. Dozy, p. 123.)

[2] *Aslen* veut dire *frêne* en berber. La ville qui portait ce nom était

forte, dont l'origine remonte à une haute antiquité. Elle est entourée d'une muraille de pierre et renferme une mosquée et un bazar. Les habitants appartiennent à la tribu des Maghîla. Elle domine une rivière qui se jette dans la mer, à l'est de la place, et qui sert à l'arrosage de leurs jardins et arbres fruitiers. La muraille d'Aslen est dégradée et ruinée de tous les côtés par [le courant d']une rivière. Cette ville possède une source dont les eaux coulent jusqu'à la mer.

Abd er-Rahman [le souverain espagnol] s'en rendit maître, et [son ministre] Mohammed ibn Abi Amer [el-Mansour] y envoya Homeid ibn Yezel[1], qui la rebâtit de nouveau.

D'Aslen à Casr ibn Sinan « le château d'Ibn-Sinan[2] » il y a une petite journée de marche. Parti de là, on suit l'itinéraire déjà indiqué, qui marque quatre journées d'Aslen à Tîhert et dix-neuf de Tîhert à Cairouan[3].

De là [c'est-à-dire d'Aslen] l'on se rend à Hisn Tenkeremt, forteresse maritime qui en est éloignée de six milles [vers l'ouest]. Dans les dépendances de cette place on remarque de vastes champs bien cultivés et des plaines d'une grande fertilité.

située à huit milles est de l'embouchure de la Tafna, sur une hauteur désignée par le nom d'*Oussa*, c'est-à-dire Oulhaça, sur la carte Bérard.

[1] Dans l'*Histoire des Berbers* le nom de ce chef est mentionné plusieurs fois.
[2] Aïn Temouchent.
[3] Voy. p. 113 et suiv.

Fekkan[1] est à deux journées d'Aslen; le Séi coule entre ces deux villes, et c'est sur le bord de cette rivière que l'on fait halte à la fin de la première journée [2]. Dans les temps anciens Fekkan était un des lieux où les tribus zenatiennes tenaient leurs marchés. Yâla, fils de Mohammed ibn Saleh l'Ifrenide[3], y construisit une ville dont il posa les fondements en l'an 338 (949-950 de J. C.). Les gens de Tihert établis à El-Maasker « Mascara », les habitants d'Ilèl [4], ceux des deux rives du Beni Ouatîl, ceux d'Oran et de Casr el-Folous, allèrent se fixer à Fekkan, qui prit alors l'aspect d'une ville et s'accrut beaucoup en étendue et en population. Elle est située à l'extrémité méridionale de l'Aouchîlas, montagne couverte d'épaisses broussailles. Au sud de la ville coule le Cîrat, rivière dont les sources sont situées vers l'orient, et dont les rives sont couvertes de moulins et de jardins. A l'ouest de Fekkan, au-dessous des jardins, est le confluent de trois rivières, du Cirat, du Séi et du Hent. La ville est environnée d'une muraille de briques et renferme un *djamê*, un bain et quelques caravansérails.

De Hisn [-*Tankeremt*] à Hisn Mernîça t-el-Bîr « le château des Mernîça du puits », place très-forte, il y

---

[1] Fekkan ou Ifgan, ville dont on peut maintenant à peine distinguer les traces, était située au confluent du Ouad Fekkan et du Ouad el-Hammam, à cinq ou six lieues sud-est de Mascara.

[2] C'est-à-dire, en partant de Fekkan.

[3] *Hist. des Berbers*, t. III, p. 213.

[4] Le *Hilhel* de nos cartes, canton traversé par une rivière du même nom, laquelle se jette dans le Mina, à trois lieues du Chelif.

a trois milles. De cette [dernière] localité à Hisn ibn Zîna il y a aussi trois milles. Une rivière bordée d'arbres fruitiers coule auprès de ce château. A deux milles plus loin on trouve Hisn el-Forous, château perché sur la cime d'une montagne, auprès de la mer. De là à Hisn el-Ourdaniya il y a aussi deux milles. Ce château, comme le précédent, est sur le sommet d'une montagne qui touche à la mer. Le Hisn Honein[1], château situé à quatre milles plus loin, domine un bon mouillage, qui est très-fréquenté [par les navires]. La forteresse de Honein surpasse toutes celles dont nous venons de faire mention, tant par le nombre de ses jardins que par la variété de ses fruits. Elle est occupée par une tribu appelée *Koumiya*[2]. Le château de Honein est à treize milles de la ville de Nedroma, dont il est séparé par la montagne nommée Tagra. Nedroma est située au pied de cette montagne. Au nord et à l'occident de la ville s'étendent des plaines fertiles et des champs cultivés. Elle est à dix milles de la mer. Son *sahel* (ou *port*) est formé par le Macîn, rivière dont les bords produisent beaucoup de fruits. Dans cette localité se trouvent un bon mouillage[3] dominé par deux châteaux, et un beau *ribat*, que l'on fréquente avec empressement dans l'assurance d'obtenir la bé-

---

[1] Honein est situé sur un cap auquel nos cartes donnent le nom de *Ras Onaï*, cap *Noé*, cap *Hone*, etc.

[2] Plus tard cette tribu produisit un personnage bien remarquable, Abd el-Moumen, premier souverain de la dynastie almohade.

[3] Le mouillage de Djamê'l-Ghazouat, ville appelée *Nemours* par les Européens.

nédiction divine. Si quelqu'un commet un vol ou un acte d'impudicité dans cet édifice, il ne tarde pas à subir le châtiment de son crime. Les gens du pays regardent cela comme une chose certaine et l'attribuent à la sainteté du lieu et à la faveur que Dieu a bien voulu lui accorder. Nedroma, ville considérable, est entourée d'un mur; elle possède une rivière et des jardins qui produisent toutes les espèces de fruits.

La ville de TERNANA, située à dix milles du port de Macîn, et à huit milles de Nedroma, est entourée de murs. Elle possède un bazar, un *djamé* et un grand nombre de jardins. Elle est habitée par les Beni Iloul, fraction de la tribu des Demmer. Ce fut la résidence d'Abd Allah, le Ternanien, fils d'Idrîs, fils de Mohammed, fils de Soleiman, fils d'Abd Allah, fils de Hacen, fils de Hacen, fils d'Ali ibn Abi Taleb (que la grâce divine soit sur eux!). La forteresse de TAOUNT[1], située sur le littoral qui dépend de Ternana, couronne une colline que la mer entoure de trois côtés. On y arrive par le côté oriental; mais l'accès en est très-difficile; l'on ne saurait espérer d'effectuer la conquête d'une telle place. Elle est occupée par une tribu berbère nommée les *Beni Mansour*. Une mine d'antimoine se trouve dans cette colline. Les habitants possèdent des jardins et une grande quantité d'arbres; une partie des figues que l'on récolte à Taount est desséchée au soleil pour être envoyée dans les pays voisins. On remarque encore sur cette

[1] Située immédiatement à l'est de la rade de Nemours.

portion du littoral le château (*hisn*) d'ABOU GUENNOUN et celui de KARBÎOU.

NOTICE DES PORTS SITUÉS À L'EST D'ASLEN.

Nous allons indiquer ici une série de ports, selon l'ordre dans lequel ils se présentent au voyageur qui part d'ASLEN, en se dirigeant vers l'orient. Le premier qu'il rencontre se nomme MERÇA 'L-MÂ 'L-MEDFOUN « mouillage de l'eau enterrée ». Près de là se trouvent quelques habitations et plusieurs sources dont les eaux se rendent à la mer. Ce port est à treize milles d'Aslen; une traversée de deux journées et un tiers le sépare de MERÇA 'T-RAHEB « le port du moine », (en espagnol, *Puerto de los Frayles*), qui est situé vis-à-vis, sur la côte de l'Andalousie. La rade d'ORAN [MERÇA OUEHRAN], qui vient ensuite, est très-grande et offre un bon hivernage, garanti contre tous les vents. Elle est à six milles du port d'EL-MÂ EL-MEDFOUN, et à deux journées et demie d'ECHEKOUBÉRÈS[1], port de l'Andalousie, situé vis-à-vis. Echekoubérès est le vieux port où les marins débarquèrent avant de s'établir à Beddjana[2]. A l'est du port d'Oran et à qua-

[1] Si Escombrera, cap et île qui forme l'entrée du port de Carthagène, n'était pas situé trop à l'orient, on pourrait le regarder comme l'*Echekoubérès* d'El-Bekri. Une indication donnée quelques lignes plus loin fait voir qu'Echekoubérès était à l'ouest d'Acla (*Las Aguilas*), tandis qu'Escombrera en est à l'est. Il est possible cependant que la synonymie soit bonne et que notre auteur se soit trompé.

[2] Ces marins quittèrent les ports de l'Afrique pour aller s'établir à Beddjana (*Pechina*) (voy. ci-devant, p. 148), vers la fin du règne de Mohammed Ier. Ce prince mourut en 273 (886 de J. C.). (Voy. El Maccari de M. de Gayangos, t. II, p. 447.)

rante milles de distance par terre est situé MERÇA
AÏN FERROUDJ[1], port qui offre un hivernage bon et
sûr. On y trouve quelques puits contenant de l'eau,
et, à peu de distance, on découvre le lieu où demeurent les habitants. Vis-à-vis, sur la côte de l'Andalousie et à la distance de trois journées, est situé
Acla (*las Aguilas*), port de la ville de Lorca. A l'est
d'Aïn Ferroudj se trouve le port de CASR EL-FELOUS,
ville inhabitée, qui s'élève sur le bord de la mer.
L'eau y arrive par un conduit artificiel, et l'on peut
encore s'en procurer en creusant le sol. Le mouillage n'est pas sûr. Vis-à-vis, sur la côte de l'Andalousie, est situé le port de *Carthadjenna* « Carthagène ». Plus loin on arrive à MERÇA MAGHÎLA, port
qui tire son nom des Maghîla, fraction de la tribu des
Hachem. On peut y mouiller en été; mais il est exposé aux coups de vent. Sur le bord de la mer on
remarque un *ribat* où il y a toujours du monde.
L'eau s'y trouve en abondance. Cet endroit est à
trente-cinq milles de Casr el-Felous. Vis-à-vis, sur
la côte occidentale de l'Andalousie, est située *Cabtîl-
Todmîr* « la capitale (?) de Théodomir[2]. » Ensuite on
arrive à la rade de TÉNÈS, qui est abritée contre les
vents de l'est et de l'ouest. On y aborde en été et
l'on y trouve de l'eau de source. Entre ce mouillage
et le précédent il y en a quelques autres peu con-

---

[1] Le port aux poules, situé à moitié chemin entre Arzeu et Mostaghanem.
[2] Cette ville était située dans la province de Murcie. (Voy. El-
Maccari, traduction de M. de Gayangos, vol. I, p. 376.)

sidérables. En Andalousie, vis-à-vis du port de Ténès, se trouve *Chent Pol* «le cap Santa Pola.» Le premier port que l'on rencontre à l'est de Ténès en est à plus de vingt milles et se nomme *le port de l'île d'Ocour* (Merça Djezîra-t-Ocour)[1]. Une petite rivière s'y jette à la mer. L'île est très-rapprochée de la terre ferme. Il faut cinq journées de navigation pour faire la traversée de cet endroit à *Lecant* «Alicante», port situé vis-à-vis, sur la côte de l'Andalousie. Après Ocour on trouve le mouillage de Cherchel, qui est dominé par une ville énorme, de construction antique, et maintenant inhabitée. On peut s'y procurer de l'eau en creusant dans les graviers. Cette rade est abritée du côté de l'est et du côté de l'ouest. Vis-à-vis, à la distance de cinq journées et demie de navigation, se trouve Merça Moraira[2] «le mouillage du cap Moraira». Autrefois Cherchel possédait un port; mais il est maintenant comblé. Cette ville renferme plusieurs *ribats*, dans lesquels une foule de monde se rassemble chaque année. La montagne de Chenoua se présente ensuite; elle possède un bon mouillage nommé El-Batal[3], qui est abrité du côté de l'occident. Cette localité est inhabitée; elle offre de l'eau, mais en petite quan-

---

[1] Cette île est probablement la même que celle qui porte le nom d'*Achac* sur la carte Carette, et celui de *Tokikt Indich* (?) sur la carte des environs d'Orléansville, 1855.

[2] Le texte arabe porte مُدَيْرَة (*Modeira*); il faut sans doute lire مُرَيْرَة (*Moraira*).

[3] Ce mouillage est indiqué sur la carte Bérard et même sur la carte catalane.

tité. Vis-à-vis, sur la côte de l'Andalousie, et à la distance de cinq journées et demie de navigation, s'élève la montagne de *Caroun*[1]. Après [Chenoua] vient le Merça Hour[2]; puis Enf el-Canater « le cap aux arcades[3] », où l'on voit encore debout les restes d'arcades; puis à Merça 'd-Dobban « le port aux mouches », [nommé par les Européens *la pointe de la Pescade;*] puis le Merça Djenabiya[4], où il y a une île. Dans cette localité on trouve une ville antique, maintenant inhabitée, et un ruisseau qui se décharge dans la mer[5]. Vis-à-vis, sur la côte de l'Andalousie, et à la distance de six journées, est situé le port de Dénia (*Merça Dania*). Ensuite on trouve le port d'Alger (Merça 'l-Djézaïr « le port des îles »), appelé aussi Djezaïr Beni-Mezguenna; nous avons déjà parlé de cette ville[6]. L'île s'appelle Stofla; le mouillage, situé entre elle et le continent, est très-bon et offre un

[1] Probablement le cap Saint-Martin.

[2] Maintenant *Sidi-Feruch,* altération du nom arabe *Sidi-Feredj.*

[3] Cet endroit s'appelle maintenant *Ras el-Canater,* nom que, par une étrange bévue, on a écrit *Ras Acata,* sur la belle carte des environs d'Alger publiée en 1851 par le Dépôt de la guerre.

[4] Ce nom est écrit جنابية dans les manuscrits M. et A. Dans un manuscrit de la Bibliothèque impériale (R. C. n° 4796) se trouve un traité géographique, dans lequel on reconnaît plusieurs passages tirés de l'ouvrage d'El-Bekri. Nous y lisons qu'immédiatement à l'ouest d'Alger se trouve la *ville* de *Laghaniya* (لغانية), nom tout à fait inconnu aux habitants de cette localité. La leçon que nous avons adoptée a été fournie par des vieillards qui habitent près de cet endroit. Le golfe de *Djenabiya* a pour limites les îles de la Pescade à l'ouest, et le point des moulins à l'est.

[5] Tout ce passage s'applique non pas à Merça Djenabiya, mais à Merça'd-Dobban.

[6] Voyez ci-devant, p. 156.

sûr hivernage. Cette île s'étend en longueur de l'est à l'ouest. Auprès du port est une source d'eau douce [1]. Vis-à-vis, sur la côte de l'Andalousie et à la distance de six journées, se trouve le port de *Benechekola* « Peniscola ». Après Alger, le premier port remarquable est celui de Merça 'd-Daddjadj; il n'est pas sûr et ne doit être abordé qu'en été. Vis-à-vis est l'île andalousienne nommé *Maïorca*. Au delà de Merça 'd-Daddjadj on trouve le port de Bougie (Merça Bedjaiya), ville très-ancienne, qui a pour habitants des Andalous [2]. A l'orient est un grand fleuve qui admet des navires chargés. Ce port est sûr et offre un bon hivernage. Ici la côte cesse d'avoir en face d'elle aucune partie de la péninsule espagnole. Au delà de Bougie on rencontre un bon mouillage, qui est celui de Bône (Merça Bouna). Bougie est le port de *Calâ-t-Abi-Taouîl*. Dans les montagnes qui dominent ce mouillage se trouvent des tribus ketamiennes qui professent la doctrine des Chîïtes. Elles respectent les gens qui ont du penchant pour leurs croyances et traitent généreusement tous ceux qui font profession de leur religion. Avant d'arriver au port de Bougie on rencontre l'île de Djouba [3]. Le port de Sebîba [4], qui vient après celui de Bougie,

---

[1] Cette source se trouve au pied de l'escarpement sur lequel est bâtie la mosquée hanefite.
[2] Ce fut en l'an 460 (1067-8) qu'En-Nacer, le souverain hammadite, s'empara de Bougie.
[3] L'île Pisan de nos cartes.
[4] L'orthographe de ce nom nous paraît suspecte. Il désigne probablement la localité nommée maintenant *El-Mansouriya*.

est dominé par les montagnes des Ketama. L'Aïn
el-Aougat « la fontaine des heures », située au milieu
de ces montagnes, est bien connue ; quand chaque
heure de la prière arrive, les eaux commencent à
couler, et quand la prière est terminée elles s'arrêtent
tout à fait. De ce port les navires se rendent à Djezîra t-el-Afïa [1], île d'où l'on se dirige vers le port
Djîdjel. Cette ville, qui est maintenant habitée, renferme quelques débris d'anciens monuments. Les
montagnes ketamiennes, qui dominent toutes ces
localités, renferment du minerai de cuivre que l'on
transporte en Ifrîkiya et ailleurs. Cette montagne
fournit aussi du lapis-lazuli d'excellente qualité. Du
port de Djîdjel l'on se rend à celui d'Ez-Zeitouna
« l'olivier [2] » ; c'est là que commencent les Djebal er-
Rahman [3], vaste montagne qui s'avance dans la mer,
vis-à-vis de l'île de Sardaigne. Elle est remplie
d'arbres et de sources d'eau, et a pour habitants
plusieurs fractions de la grande tribu des Ketama et
d'autres peuplades. On y voit beaucoup de champs
cultivés et de riches pâturages. De cette montagne
on exporte du bois écorcé en Ifrîkiya et dans les contrées voisines. Elle possède plusieurs lieux de marché
et quelques ports, dont nous pouvons nommer Merça
'l-Kharratîn « le port des écorceurs » et le Merça's-
Chedjra « le port de l'arbre ». A l'autre extrémité de

---

[1] L'île, ou plutôt les îlots d'El-Afiya sont à environ deux lieues ouest de Djidjel.

[2] Ce mouillage est situé à l'ouest du grand promontoire nommé Sebâ Roous « les sept caps ».

[3] Le Sebâ Roous, nommé cap *Boujaroun* sur quelques cartes.

cette montagne se trouve le *merça* d'EL-COLL « Collo », d'où l'on se rend à ISTOURA « Stora », port de TACIGDA « Skîkda ou Philippeville », ville de la plus haute antiquité. On y regarde avec admiration les restes des monuments que les anciens y ont laissés. MERÇA 'R-ROUM [1], port où l'on arrive ensuite, offre un bon hivernage. De là on passe à l'île de GHAMR [2], puis au *merça* de TOKOUCH, port bien abrité, où l'on voit un grand nombre de villages. La montagne qui l'avoisine abonde en fruits et en tous les biens de la terre. Du RAS EL-HAMRA [3], où l'on arrive ensuite, l'on se rend au *merça* d'IBN EL-ALBÎRI [4], puis à celui d'EL-KHARROUBA « le caroubier », puis à MERÇA MANÏÂ « le port protégé », qui est situé auprès de la ville de Bône. Dans le voisinage se trouve EN-NETHRA, puits dont nous avons déjà parlé[5]; il est creusé dans le rocher qui borde la mer, et doit sa construction aux anciens. Pendant le gros temps, les vagues pénètrent jusqu'à ce puits. C'est de la ville de Bône que les galères partent pour faire la course sur les côtes du pays des *Roum* (l'Europe chrétienne), de l'île de Sardaigne, de l'île de Corse et d'autres lieux. Au delà [de Bône] on

[1] Ce mouillage est situé à une lieue au sud-est du cap de Fer. Sur la carte Carette il est nommé *Kalet Roum* (c'est-à-dire *le débarcadère des Romains*); sur la carte publiée par le Dépôt de la guerre en 1854, un château voisin du port est désigné par le nom de *Kef Kalah*, c'est-à-dire, *rocher du débarcadère*.

[2] Ce nom, dont l'exacte prononciation nous est inconnue, s'appliquait à l'un des îlots qui entourent l'extrémité du cap de Fer.

[3] Le cap de Garde, au nord de Bône.

[4] Le mouillage du fort Génois.

[5] Voy. ci-devant, p. 133.

trouve la ville de Merça 'l-Kharez « le port aux breloques » (la Calle), puis le port de Tabarca, Après celui-ci l'on remarque surtout le *merça* de Carthage (Carthadjinna); mais entre les deux se trouvent plusieurs petits ports, tels que Merça ibn Abi Khalîfa, en face duquel est située l'île des Deux-Frères[1]; puis à Merça 'r-Roum, qui sert de port à Benzert. Dans le voisinage est Comlariya, île d'où les oiseaux de passage venant de l'Andalousie et d'autres lieux traversent la mer pour se rendre dans le pays de *Roum*. Ils attendent, pour prendre leur essor, que les vents aient cessé; alors ils s'élèvent dans les airs jusqu'à ce qu'ils découvrent les contrées où ils vont séjourner. Après Benzert vient Merça Ras el-Djebel, où il y a un bon hivernage; puis Merça 'th-Thenïa « le port du défilé »; puis le *ribat* de Casr Abi 's-Sakr, vis-à-vis duquel est située l'île d'El-Korrath, où Zïada t-Allah (l'Aghlebide) fit mourir ses oncles et ses frères[2]. Ensuite se trouve le port du *ribat* de Casr el-Haddjamîn « château de poseurs de ventouses »; puis le port de Carthage; puis celui de Casr el-Emîr, qui est à huit milles de Tunis par la voie de terre, bien qu'il soit très-rapproché par le moyen du Lac creusé (El-Boheira 't-el-Mahfoura). Ce château est situé sur le canal artificiel qui conduit de la mer jusqu'à Tunis. On remarque ensuite un grand port nommé Radès[3], dont nous

---

[1] En arabe *El-Akhouan*; sur nos cartes les îles *Fratelli*.
[2] Voy. *Hist. des Berbers*, t. I, p. 440. C'est l'île *Plane* ou *Kamela* de nos cartes.
[3] La ville de Radès est à un mille du lac de Tunis.

avons déjà parlé à l'article *Tunis;* nous y avons rapporté les traditions qui le concernent[1]. Au sud du port de Tunis se trouvent plusieurs autres ports, dont le plus important est celui de Souça (Hadrumète). Les petits ports intermédiaires sont le *ribat* d'El-Hamma[2]; puis Djoun en-Nakhla « le golfe du dattier »; puis Merça Bouna « le mouillage du cap Bon », vis-à-vis duquel sont deux îles, nommées l'une El-Djamour el-Kebîr « le grand Djamour », et l'autre El-Djamour es-Saghîr « le petit Djamour ». Puis on trouve la montagne d'Adar[3], d'où l'on peut découvrir [l'Etna], montagne de la Sicile. Dans l'Adar demeurent certaines gens qui ont renoncé au monde, et qui vivent là au milieu des animaux sauvages. Ils s'habillent avec du *berdi*[4] et se nourrissent des herbes que la terre leur offre et de poissons qu'ils peuvent attraper dans la mer. Ils n'en mangent qu'une toute petite quantité, à peine suffisante pour amortir la faim. La plupart de ces dévots sont favorisés par la Providence, qui s'empresse d'exaucer leurs prières. Depuis la conquête

---

[1] Voy. p. 93.
[2] Le Hammam el-Enf, ou bien le Hammam Gourbès, situé à quatre lieues plus loin.
[3] Le *Ras Addar* de nos cartes. Le mot *Adar*, tel qu'El-Bekri l'écrit, n'appartient pas à la langue arabe.
[4] *Berdi* est le nom donné par les anciens Arabes au *papyrus*, plante qui ne se trouve qu'en Égypte, au Congo, à l'embouchure du Zaïre, et en Sicile, dans le voisinage de Syracuse. On en faisait non-seulement du papier, mais des voiles, des cordes, des couvertures de lit et des habillements. Juvénal dit (*Sat.* IV, vers 24) :

        . . . . Hoc tu
Succinctus patrio quondam, Crispine, papyro.

de l'Afrique [par les musulmans], l'Adar a toujours été connu comme la demeure de cette classe d'anachorètes. Plus loin se trouve DJOUN EL-MELLAHA « le golfe de la saline [1] »; puis le port d'ICLÎBIYA (Clypea); ville grande et bien peuplée; puis EL-MERÇA 'L-MEDFOUN « le port enterré », où la mer est toujours mauvaise et engloutit très-souvent les navires; puis le port de la ville de RÎHAN, puis celui d'HERCLA[2], puis celui de CASR IBN OMAR EL-AGHLEBI, puis celui de la ville de SOUÇA. Parti de Souça pour se diriger vers le sud, on rencontre d'abord le port de KHAFANÈS[3], où les navires peuvent hiverner, et qui est dominé par un grand *mahrès ribat*. Ensuite se présente le port d'EL-MONESTÎR, le *mahrès* le plus considérable de l'Ifrîkiya; nous en avons déjà fait mention. Dans le voisinage de ce port est la saline de Lamta (MELLAHA LAMTA), grand dépôt d'excellent sel, qui s'exporte aux pays voisins[4]. Ensuite on arrive au port de CASR EL-COURIATEIN « le château des deux Couriat », qui sont deux grandes îles situées au large, et séparées l'une de l'autre par un canal navigable. De là on arrive à la ville d'EL-MEHDIYA, port de Cairouan, où viennent se décharger les navires de tous les pays.

[1] Situé probablement entre Ras Melha et Ras Mustafa, près de Iclîbïya.
[2] Var. *Laherclïa*, M.
[3] Le *Skams* de la carte Sainte-Marie.
[4] Voy. les *Wanderungen*, de M. Barth, t. I, p. 162.

ROUTE D'EL-MEHDIYA À ALEXANDRIE PAR MER.

D'El-Mehdiya on se rend au *merça* de Sallecta, rade qui est commandée par un château; puis, au *merça* de Capoudiya, place composée de plusieurs châteaux; puis à Ras el-Djecer «la tête du pont», situé à l'entrée d'El-Casîr «les bas fonds de la petite Syrte»; puis à Ez-Zerca «l'azurée», deux îles sous-marines, dont l'une est grande et l'autre petite; puis à Kerkinna (*Cercinna*), grande île où se trouvent sept citernes et quelques ruines anciennes. Les habitants de la terre ferme y envoient leurs bestiaux [pour les engraisser]. On a mis en culture la plus grande partie de cette île, qui est située en face de la ville de Sfax. De là on se rend à Ras er-Remla «la tête des sables»; puis à El-Djorf «la falaise[1]»; puis à Casr er-Roum «le château des Romains», où la mer est toujours tranquille; puis à la ville de Cabes; puis à Djerba, île habitée par des Berbers kharedjites «hérétiques». On y trouve de l'or en quantité. Elle communique avec le continent au moyen d'un bac [ou gué] et marque l'extrémité orientale des bas fonds (*El-Casîr*). Les habitants sont perfides et méchants, aussi ne doit-on pas s'y fier. Le Casîr occupe une étendue de cinquante milles. Dans la mer, entre le Casîr et la terre, s'élève un édifice de cons-

---

[1] Le nom de *El-Djerf*, ou *El-Djorf*, est mal placé ici; cette localité est au sud-est de Cabès sur la terre ferme, en face de l'île de Djerba.

truction antique que l'on nomme Casîr el-Beit « l'écueil du pavillon [1] ». A environ cinquante milles au nord de Casîr el-Beit on rencontre deux îles dont l'une s'appelle Nemouchet et l'autre Anbedouchet [2]. Parti de l'île de Djerba, le navire se rend au *merça* des Andalous ; puis à Casr ed-Derec « le château aux boucliers », parage où la mer est toujours dormante ; puis à Ocaïbelat, [lac] où l'on pénètre en suivant un passage que les eaux se sont ouvert à travers les sables pour se jeter dans la mer [3]. De là on se dirige vers le mont Cantabîr [4], parage redouté des marins. On arrive ensuite au port d'Atrabolos « Tripoli », mouillage sûr et bon. Cette ville possède un arsenal pour la construction de navires. Plus loin on atteint le Ras es-Châra [5] « cap aux broussailles » ; puis on arrive à Lebda (*Leptis Magna*), puis à Ras Canan [6], puis à Casr el-Ibadi, puis à Sort, puis à Adjedabiya, puis à El-Yahoudiya « la juiverie [7] », puis au Hadjer [ou « rocher » d'] Abdoun, puis à l'Aïn [ou « source »] d'Abou Zeid, puis à Ras Aoutan [8], localité où se trouve

---

[1] Voy. p. 51.
[2] Les îles Linosa et Lampedousa sont à 25 lieues au nord-est de l'extrémité septentrionale de la grande Kerkinna.
[3] Sur nos cartes, cette localité est clairement indiquée et porte le nom d'*El-Biban* « les portes ».
[4] Cette localité n'est indiquée ni sur les cartes, ni sur les routiers que nous avons consultés.
[5] Sur la carte de l'amirauté anglaise, cet endroit est désigné par le nom de *Sciarra*.
[6] Le cap Mesrata.
[7] Ce nom est écrit *Kudia* sur la carte de l'amirauté anglaise.
[8] Le cap *Razat* de nos cartes.

la Cala t-es-Chîni « la cale aux galères [1] »; puis à Souça de Barca [2], puis à Checca t-el-Filfil, puis à Checca t-et-Tîs, puis au *merça* [ou « rade »] de Derna, puis au *merça* de Tîni [3], puis à Tobourc (*Tobrouc*), puis à l'île d'El-Corachi, puis à Djezîra t-et-Tarfa « l'île du tamarisc », puis à Djezîra t-el-Hammam « l'île de pigeons », puis à Ouad el-Melali, puis à Ras el-Mellaha « cap de la saline », puis à Merça 'z-Zîtouna « le port de l'olivier [4] », puis au *merça* d'Amara, puis au *merça* d'Es-Solloum [5], puis à Ras el-Aousedj [6], puis à El-Kenaïs [7], puis à Es-Chacor, puis à Bousîr, puis à Mîna 'z-Zeddjadj « le port du verre », puis à Mîna 'l-Andelocïin « le port des Andalous », puis au phare d'Alexandrie (Menara-t-el-Iskenderiya).

ROUTIER D'ALEXANDRIE À ANTALIYA.

En quittant Alexandrie le navire se rend à Boukîr

[1] L'ancien *Naustathmus*.
[2] Souça de Barca est l'ancienne *Apollonia*. Cette ville, devenue siége d'un évêché, reçut le titre de *Sôzouza* « la conservatrice », dont les indigènes ont fait *Souça*. El-Bekri, ou l'auteur qu'il cite, aurait dû placer *Naustathmus* après Souça. Les mots *cala* « cale » et *chîni* « galère » ne se trouvent pas dans nos dictionnaires; le premier est encore employé dans l'Afrique septentrionale avec la signification que nous lui donnons ici; la signification du second a été fixée par M. Quatremère, dans sa traduction de l'*Histoire des Mamlouks*, d'El-Macrîzi, t. I, p. 142, note.
[3] Le *Ras et-Tin* des cartes.
[4] Nommé *Port-Bardeah* sur la carte de l'amirauté anglaise.
[5] Auprès de la grande Acaba.
[6] Sur nos cartes ce mot est écrit *Harzeit*.
[7] Voy. p. 8.

« Aboukir », puis à Dimyat « Damiette », puis à Bahîra-Tinnis, puis à l'île de Debcou, où l'on fabrique les étoffes nommées *dîbekiya* [1]; puis à Tîdarmîmas (?), où se voit encore un château bâti par les compagnons du Prophète; puis à Ghazza, puis à Mellaha-t-el-Ouerdiya « la saline d'El-Ouerdiya », puis à Ascalan, puis à Caiceriya, puis à Yafa [2], puis à Ras Kerman « le cap Carmel », puis à Haïfa, puis à Akka « Saint-Jean-d'Acre », où l'on voit un pont de construction antique, sous lequel les navires entrent voiles déployées; puis à Sour « Tyr », ville [située sur une langue de terre] qui s'avance dans la mer et sert de port à la ville de Beit el-Macdis « Jérusalem »; puis à Seida, puis à Beirout, puis à Tripoli de Syrie (Atrabolos es-Cham), puis à El-Ladekiya, puis à Antakiya « Antioche », puis à Antaliya « Satalic », d'où l'on se rend aux Iles confédérées « El-Djezaïr el-Mouallafa [3] ».

Voilà la route des navires et la liste des stations qu'ils parcourent successivement depuis Aslen [4] jusqu'aux îles Mouallafa. Il nous reste maintenant à indiquer les ports situés dans les parties du Maghreb les plus reculées et à les relier, par un itinéraire, avec Asîla.

Au rapport de Moumen ibn Youmer le Hoouarien, on trouve un lieu d'hivernage sur la côte d'Aoua [5],

---

[1] Voy. *Mém. sur l'Égypte*, de M. Quatremère, t. I, p. 340.
[2] L'auteur aurait dû placer Yafa (*Jaffa*) avant Caiceriya.
[3] L'archipel grec.
[4] Le texte arabe porte *Asîla*, erreur de rédaction.
[5] Peut-être l'île d'*Aiouni*, que notre auteur place auprès d'Arguin.

île [ou presqu'île] d'où partent des caravanes ayant pour destination la ville de Noul. Elles y arrivent après avoir marché pendant deux mois vers le nord-est[1], de la marche ordinaire des chameaux. Noul, situé sur l'extrême limite du territoire musulman, est le premier lieu habité que le voyageur rencontre quand il arrive du Sahra. Les navires mettent trois jours à se rendre des parages du Noul jusqu'à Ouadi 's-Sous « la rivière de Sous ». Ensuite ils font route pour Amegdoul[2] « Mogador », mouillage très-sûr, qui offre un bon hivernage et qui sert de port à toute la province de Sous[3]. De là ils se dirigent vers Couz, qui est le port d'Aghmat et qui possède un *ribat* occupé par des gens dévots. Ensuite ils se rendent à Asfi; puis à El-Beida « la blanche[4] », promontoire qui avance dans la mer; puis à Fedala, île qui sert de port au Tamesna « Temsna », pays des Béreghouata. De là on se rend au *merça* de Marîfen, puis à la rivière de Sela « Salé », où l'on trouve une ville de la plus haute antiquité dont les restes sont encore debout et qui se nomme Chella. Sur le bord de la mer, à l'est (?) de la rivière de Sela, on remarque une vaste caverne dont la partie supérieure est percée de soupiraux qui ressemblent à des

---

[1] Le texte arabe porte *vers l'orient*.
[2] Le tombeau ou chapelle de Sîdi Megdoul est situé tout auprès de Mogador; ce dernier nom est une altération de *Meqdoul*.
[3] Le texte arabe porte : *et qui forme le* Sahel (littoral) *de la rivière de Sous*. Cette indication n'est pas exacte; Mogador (*Meqdoul*) est à vingt-cinq ou vingt-six lieues au nord de l'embouchure du Sous.
[4] Le cap Blanc.

bouches de puits. Le sol, au-dessus de cette caverne, est bien cultivé. De là on se dirige vers la rivière SEBOU; puis au SAFDED [1], fleuve sur les bords duquel les hommes blancs ne sauraient demeurer sans être atteints d'une maladie presque toujours mortelle. Il n'y a que des nègres qui puissent y habiter; aussi, quand ceux-ci voient arriver un blanc chez eux, ils se mettent à crier : *Méiz! méiz!* « regarde! regarde! » Du Safded l'on navigue vers le HAUD (ou « bassin ») d'ASÎLA, puis on suit la route déjà indiquée [2].

A dix milles de TERNANA [3], dit l'auteur dont nous avons cité les paroles, se trouve TABAHRÎT « la maritime », ville entourée de murailles et située sur le bord de la mer. Elle renferme des bazars très-fréquentés et une mosquée *djamê*, solidement construite, qui domine la mer. Tabahrît est un entrepôt maritime qui attire les caravanes de Sidjilmessa et d'autres lieux. Elle est habitée par des Berbers appartenant à la tribu de Matghara et beaucoup mieux policés que leurs voisins de la même race. A l'orient de Tabahrît et à la distance d'environ trois milles se trouve MESKAK, ville maritime ceinte de murailles et entourée de jardins. Les habitants ont leur marché à Tabahrît, ville moins ancienne que la leur. En effet, Tabahrît fut rebâtie par El-Haddj Moramer, postérieurement à l'an 420 (1029 de J. C.). Ta-

[1] Dans le dictionnaire géographique intitulé *Meraced el-Ittilâ* on trouve ce nom écrit *Chafded*.
[2] L'auteur l'indique plus loin.
[3] Voy. ci-devant, p. 187.

bahrît est le port de la ville d'Oudjda dont elle est éloignée de quarante milles. De Tlemcen à OUDJDA il y a trois journées; l'on se rend d'abord à EL-HAMMA, puis à un village nommé ES-CHEHBA « la grisâtre », puis à Oudjda.

Le *modd* dont on se sert à Oudjda s'appelle *el-oudjdat*. Oudjda se compose de deux villes ceintes de murailles, dont une fut bâtie postérieurement à l'an 440 (1048-1049), par Yala, fils de Bologguîn et membre de la tribu des Ourtaghnîn. La ville neuve, renfermant plusieurs bazars, est habitée par des commerçants. Le *djamé*, situé en dehors des deux villes, s'élève auprès d'une rivière, au milieu de jardins. Oudjda est entourée de forêts et de vergers; les vivres y sont de bonne qualité et le climat est très-sain. Les habitants se distinguent facilement à la fraîcheur de leur teint et à la douceur de leur peau. Les pâturages sont excellents et profitent également aux solipèdes et aux ruminants; un seul de leurs moutons peut fournir jusqu'à deux cents onces de graisse. La ville de TAFERGUENNÎT est voisine de Tabahrît et sert de port à DJERAOUA. Les voyageurs qui partent des contrées orientales [de l'Afrique] pour se rendre à Sidjilmessa et aux autres localités de l'occident, traversent la ville d'Oudjda et ils suivent la même route lors de leur retour. Pour aller d'Oudjda à Sidjilmessa l'on se rend d'abord à ZA, bourg au près duquel on remarque une rivière [du même nom], des vergers et des champs cultivés; de là on arrive à

Tamlelt [1] ; puis à la montagne des Beni-Irnîan, puis à [la rivière] Guîr, puis à El-Ahça, puis à Lamesli, puis à Dar el-Amîr « la maison de l'émir », puis à Sidjilmessa. Pour aller d'Oudjda à Fez, il faut se rendre d'abord à Zâ, puis à Taberîda, puis chez les Miknaça, qui habitent des cabanes construites de broussailles; puis on passe par Aïn et-Tîn « la source du figuier », d'où l'on arrive à Fez. Pour se rendre d'Oudjda à Melîla on gagne d'abord le Zâ; puis, après une journée de marche, on atteint Guercîf, bourg bien peuplé et situé sur le Molouia. Cette rivière vient du côté où habitent les Matghara. Le gué qu'il faut traverser pour arriver à Guercîf est au sud de la ville. L'on se dirige alors vers Colouê Djara « les châteaux de Garet ? », place forte qui occupe le sommet d'une montagne et qui est absolument imprenable. De là on se rend à Melîla, ville ancienne, environnée d'une muraille en pierre et renfermant une citadelle très-forte, une mosquée *djamê*, un bain et quelques bazars. L'on rapporte qu'elle doit sa reconstruction aux fils d'El-Bouri ibn Abi 'l-Afiya le Miknacien. Lorsqu'un négociant arrive dans cette ville, les habitants, qui sont tous de la tribu des Ourtedi, tirent au sort pour savoir le-

---

[1] La plaine de Tamlelt est située à quarante-trois lieues au sud sud-ouest d'Oudjda et à trente-quatre lieues au nord-est de Tafilelt, dont la position est très-rapprochée de celle qu'occupait Sidjilmessa. Dans les manuscrits M et A il y a un blanc où le nom devait se trouver. Le manuscrit P offre la leçon باملت, groupe de lettres qui peut se lire de plusieurs manières, mais qui n'offre, en aucun cas, la véritable orthographe du nom.

quel d'entre eux doit se charger des opérations commerciales auxquelles l'étranger veut se livrer; celui-ci ne peut rien faire en dehors de la surveillance et de l'inspection de son nouveau patron, qui, de son côté, est tenu de protéger son hôte contre ceux qui voudraient lui faire du tort. Pour s'indemniser de cette peine, le patron exige de lui une récompense, et, de plus, un cadeau pour les frais de logement. Selon Mohammed ibn Youçof et d'autres [écrivains], cette place fut conquise, en l'an 314 (926-927 de J. C.), par Abd er-Rahman en-Nacer li-dîn Illah [le souverain oméïade de l'Andalousie], lequel bâtit alors la muraille de la ville afin d'en faire un lieu de retraite pour [son partisan] Mouça ibn Abi 'l-Afiya. Dans les vers suivants, Ahmed ibn Mohammed ibn Mouça er-Razi fait allusion à cette circonstance:

Et le roi, défenseur de la religion de Dieu [1], n'oubliant rien de ce qui pourrait protéger la foi, bâtit pour Mouça, comme lieu de retraite, une ville haut placée, forte et imprenable, devant laquelle Tahert et les Africains durent s'humilier, et dont la construction aurait dépassé la puissance des Amalécites.

La mesure de capacité dont on se sert à Melila s'appelle *modd* et contient vingt-cinq *modd* de la dimension autorisée par le Prophète. Le *ratl*, qui est le même que celui de *Nokour*, équivaut à vingt-deux onces, et chaque once pèse quinze drachmes. Le quintal qu'ils emploient pour toutes les espèces de

---

[1] En arabe *En-Nacer li-dîn Illah;* c'était le titre du souverain.

denrées est un multiple de ce *ratl*. La drachme se compose d'un certain nombre de carats, et chaque carat fait cinq huitièmes de la drachme [légale].

Le port de Melîla est bon en été; vis-à-vis, sur la côte de l'Andalousie, se trouve le port de CHELOUBÎNA « Salobreña ». Plus loin, nous indiquerons la série de ports qui couvrent le littoral, de l'ouest à l'est, depuis Nokour jusqu'à Melîla, et nous ferons connaître, en même temps, les noms des ports andalousiens qui se trouvent en face de ceux-ci.

Le voyageur qui part du port de Melîla, en se dirigeant vers l'est, rencontre d'abord le port de la ville de DJERAOUA, bon mouillage, auprès duquel est une rivière qui se décharge dans la mer. De là aux îles du Molouia [les *Djâferîn*] il y a huit milles par la voie de terre. Vis-à-vis, sur la côte de l'Andalousie et à la distance de deux journées de navigation, se trouve *Camdjala* [1].

Le port d'ADJROUD, situé immédiatement à l'orient[2] de celui de Djeraoua, est abrité du côté de l'ouest et peut être abordé pendant l'été. On y trouve plusieurs puits et un village. Vis-à-vis, en Andalousie, et à la distance de deux journées de navigation, est situé le port de Delaïa (*Dalias*).

A dix milles est d'Adjroud on arrive au port de TERNANA, auprès duquel se trouvent des habitations

[1] Ce nom nous est inconnu.

[2] L'auteur se trompe : le mouillage d'Adjroud est situé à l'embouchure du Kîs, rivière qui passe auprès de l'emplacement de Djeraoua. Cette ville était située sur la rive droite du Kîs, et à six milles de la mer.

et quelques puits qui fournissent de l'eau. Vis-à-vis, sur le continent espagnol, est situé le port d'El-Meriya Beddjana [1]. On arrive ensuite au port d'Archgoul, qui est situé au nord [2] de celui de Ternana. Vis-à-vis, sur le territoire espagnol et à la distance de deux journées de navigation se trouve le port de Cabta Beni Asoued [3]. Après Archgoul, du côté de l'est, on trouve le port d'Aslen.

ROUTE D'ARCHGOUL À CAIROUAN.

D'Archgoul on se rend à Aslen, puis à Casr Sinan, ce qui fait une petite journée de marche. De là on suit la route déjà indiquée [4], ce qui fait quatre journées d'Aslen à Tîhert et dix-neuf journées de Tîhert à Cairouan.

DESCRIPTION DU TERRITOIRE DE NOKOUR.

Le territoire de Nokour a pour limite [5], du côté de l'orient, le pays des Zouagha, qui est à environ cinq journées de cette ville et qui avoisine le Djeraoua d'El-Hacen ibn Abi 'l-Aïch. Près de là sont des Matmata, gens de Kebdan, les Mernîça d'El-Kodïa-t-el-Beida «le tertre blanc», les Ghassaça, habitants du mont Herek et les Beni Ourtedi de Co-

---

[1] Voy. ci-devant. p. 148.
[2] A l'est-nord-est.
[3] Le cap de *Capta* de la carte catalane; le cap de *Gate* des cartes modernes.
[4] Voy. p. 184.
[5] M. Quatremère, ayant pris le mot حدّه (*sa limite*) pour un nom propre, a traduit : «Le territoire de Nakoura-Wadjdah.»

louê Djara. Du côté de l'occident, le territoire de Nokour s'étend jusqu'au pays des Beni Merouan, peuplade qui fait partie de la tribu des Ghomara, et il touche, non-seulement au pays des Beni Homeid, tribu à laquelle les [chevaux] homeidiens doivent leur nom[1], mais aussi à la contrée des Mecettaça et des Sanhadja. Derrière ces peuplades se trouvent les Aoureba de la bande de Ferhoun[2], les Beni Oulîd, les Zenata de Taberîda, les Beni Irnîan, et les Beni Meracen de la bande de Cacem[3], seigneur de Za et de la Kodïa « tertre », nommée *Taourirt*[4].

Les ports qui dépendent de Nokour sont : Molouïa, Herek, Garet, Merça 'd-Dar et Aouktîs, mouillage qui avoisine la montagne de Temçaman. Ce fut dans cette localité, nommée aussi Abou 'l-Hacen, que se réfugièrent les descendants de Saleh[5]. A ces ports il faut ajouter le Ouadi 'l-Bacar « rivière des bœufs », et El-Mezemma[6], qui est à cinq milles au nord de Nokour. Vis-à-vis, sur la côte de l'Andalousie est située la ville de Malaga; une journée et

---

[1] Voy. ci-après.

[2] Ce Ferhoun a été sans doute un personnage d'importance; mais son nom ne figure pas dans les chroniques arabes que nous avons consultées.

[3] Voy. ci-après, p. 216.

[4] Poste militaire sur le Za, et appelé maintenant *Caçaba Moula Ismaïl*.

[5] Un peu plus loin l'auteur donne une notice de cette famille. (Voy. aussi *Hist. des Berbers*, t. II, p. 137, et le *Baïan*, t. I, p. 178 et suiv.)

[6] Sur les cartes espagnoles ce nom est écrit *Alhucemas*.

demie suffit pour faire la traversée du *Ghadîr*[1], qui les sépare. Parmi les autres ports du même territoire on distingue Badîs, Bacouïa, et Balîch; celui-ci appartient aux Sanhadja.

Nokour est environnée de collines dont celle qui fait face à la ville se nomme El-Mosalla. La mosquée est soutenue par des colonnes en bois de thuya, espèce d'arbre qui, avec le cèdre, se trouve en grande abondance dans ce pays. La ville a quatre portes : au sud, le *Bab Soleiman;* entre le midi (sud-est) et le nord, le *Bab Beni Ouríaghel;* à l'ouest, la porte d'El-Mosalla, et, au nord, le *Bab el-Yahoud* « la porte des Juifs ». La muraille de la ville est construite en briques. Dans l'intérieur on trouve plusieurs bains et quelques bazars bien garnis et bien achalandés. Nokour est située entre deux rivières, le Nokour et le Ghîs; le premier sort de la montagne des Beni Gouin, dans le pays des Guezennaïa, et la seconde prend sa source dans le territoire des Beni Ouríaghel. Chacune d'elles parcourt une distance d'environ une journée et demie avant de se jeter dans la mer. L'une et l'autre font tourner plusieurs moulins.

La montagne des Gouin donne aussi naissance au Ouergha[2], l'un des fleuves les plus célèbres du Maghreb. Le Nokour et le Ghîs se réunissent au lieu nommé *Agdal,* et là ils se partagent encore pour

---

[1] Le mot *ghadîr* signifie *étang, lac;* ici il sert à désigner l'extrémité de la mer Méditerranée qui touche au détroit de Gibraltar.

[2] Ce mot signifie *or* en langue berbère.

former plusieurs ruisseaux. A l'extrémité de cet endroit s'élève le *ribat* de Nokour. Saîd, fils de Saleh, bâtit sur le Ghîs une mosquée à l'instar de celle d'Alexandrie, dont elle reproduisait les *mahrès* et toutes les dépendances. Le rivage [de la mer auprès] du Ghîs est d'un accès difficile et s'appelle TAGRAGRA. C'est là que la famille des Saleh avait établi ses haras. La ville de Nokour est située à cinq milles de la mer vers le sud; elle possède beaucoup de jardins et de vergers, dont les arbres sont presque tous des poiriers et des grenadiers. Un natif de Nokour, nommé Ibrahîm ibn Aiyoub, composa les vers suivants :

Toi, ma seule espérance! toi que je désire et que je demande partout!
Toi qui es pour mon cœur le monde entier et l'objet de mon adoration !
Me sera-t-il défendu de rassasier mon âme [en embrassant] cette belle main qui renferme assez de bonheur pour remplir l'univers ?
Me sera-t-il défendu de jeter un regard sur ce front dont l'éclat embrase toute la terre ?
Songe que, pour le visiter, j'ai traversé les déserts de Nokour, ayant pour monture une chamelle à la démarche rapide et au pied sûr.

La mesure de capacité usitée à Nokour s'appelle *sahfa* et contient vingt-cinq *modd* de la dimension adoptée par le Prophète. La demi-sahfa s'y nomme *sods* « sixième ». Le *ratl* employé dans cette ville pour le pesage de toutes les espèces de denrées se compose de vingt-deux onces. Leur *kintar* « quintal » est de cent *ratl;* leurs *dirhems* « monnaie d'argent » se donnent par compte et non au poids.

La ville de Nokour eut pour fondateur Saîd, fils d'Idrîs et petit-fils de Saleh ibn Mansour le Himyerite, surnommé *El-Abd es-Saleb* « le bon serviteur ». Saleh fit la conquête de cette contrée sous le règne [du khalife] El-Ouélîd ibn Abd el-Mélek. Arrivé dans le Maghreb à l'époque de la première conquête musulmane, il s'établit au port de Temçaman, près de BEDKOUN, endroit situé sur *Ouâdi 'l-Bacar*. Le port de TEMÇAMAN est à vingt milles de la ville de Nokour; n'étant qu'une rade foraine, on ne peut le fréquenter qu'en été. Vis-à-vis, sur le continent espagnol, est située la ville de Tonîana[1]. Les Sanhadja et les Ghomara, Berbers de cette localité, se laissèrent convertir à l'islamisme par Saleh; mais, trouvant ensuite que les obligations de cette religion leur étaient à charge, ils retombèrent presque tous dans l'infidélité, chassèrent Saleh de leur pays et prirent pour chef un nommé *Dawoud Er-Rondi* « natif de Ronda en Espagne ». Cet homme appartenait à la tribu [berbère] de Nefza. Dieu les ayant ensuite ramenés dans le droit chemin, ils renoncèrent au polythéisme et ôtèrent la vie à Er-Rondi. Saleh fut rappelé et il passa le reste de ses jours dans ce pays. Il mourut à Temçaman et fut enterré à AGTA, village situé sur le bord de la mer. On y

---

[1] Variante : صونيانة. C'est probablement le *Turaniana* de l'itinéraire d'Antonin.

montre encore son tombeau. Il laissa trois fils :
El-Motacem, Idrîs et Abd es-Samed. Les deux premiers eurent pour mère une femme sanhadjienne.
El-Motacem, auquel les habitants confièrent le commandement, se fixa au milieu d'eux et mourut peu
de temps après. Son [neveu et] successeur, Saîd, fils
d'Idrîs, fonda la ville de Nokour. Une bande de
Berbers que Saleh ibn Mansour avait installée sur
le bord de la rivière, vis-à-vis de Nokour, y établit
un marché, puis, sur l'ordre de Saîd, ces gens se
transportèrent dans la nouvelle ville. En l'an 244
(858-859 de J. C.), les Madjous « Normands », que
Dieu les maudisse ! envahirent la ville de Nokour
et la mirent au pillage. Ils emmenèrent en captivité
tous les habitants qui n'avaient pas cherché leur
salut dans la fuite. Au nombre des prisonniers se
trouvèrent Amma t-er-Rahman « la servante de Dieu
le miséricordieux », fille de Ouakef, fils d'El-Motacem ibn Saleh, et sa sœur Khanâoula; mais elles
furent rachetées par l'imam Mohammed ibn Abd er-Rahman [cinquième souverain oméïade d'Espagne].
Pendant huit jours la ville de Nokour resta au pouvoir des Madjous (idolâtres, mécréants).

Les Berbers Beranis s'étant insurgés contre Saîd,
fils d'Idrîs, élurent pour chef un nommé Segguen.
Les malfaiteurs accoururent de tous les côtés, se ralièrent autour de Segguen et allèrent attaquer Saîd
jusque dans le lieu où il faisait son séjour. Arrivés
là, ils essuyèrent une défaite totale, par la permission
de Dieu; leur chef perdit la vie et la coalition ber-

bère se trouva dissoute. Le reste des insurgés s'empressa de rentrer dans l'obéissance. Saîd ibn Idrîs mourut après un règne de trente-sept ans et eut pour successeur un de ses fils nommé *Saleh ibn Saîd;* les autres étaient Mansour, Hammoud, Zîada-t-Allah, Er-Rechîd, Abd er-Rahman, surnommé *Es-Chehîd* « le martyr », Moaouïa, Othman, Abd Allah et Idrîs. Abd er-Rahman se distingua comme habile jurisconsulte, étant très-versé dans le droit malekite. Il fit quatre fois le pèlerinage de la Mecque, puis, étant passé en Espagne avec l'intention de prendre part à la guerre sainte, il tomba dans une embuscade dressée par Ibn Hafsoun[1] et vit périr tous ses compagnons. Parvenu à s'échapper, grâce à la vitesse de son cheval, il alla joindre les guerriers commandés par le caïd Abou 'l-Abbas[2], et mourut sur le

[1] Pendant la dernière moitié du IIIᵉ siècle de l'hégire, Omar ibn Hafsoun, soutenu par les Mowallid (musulmans à l'extérieur, mais ayant du sang chrétien dans les veines et la religion chrétienne dans le cœur), fit une guerre acharnée à la dynastie oméïade qui régnait à Cordoue. En l'an 299 de l'hégire il était encore sous les armes, bien que Conde le fasse mourir en l'an 270. Cet écrivain lui donne pour successeur un fils du nom de *Caleb;* ayant lu dans un historien arabe, que le *kelb Ibn Hafsoun* « le chien, fils de Hafsoun » continuait à faire la guerre, il prit le mot *kelb* pour un nom propre. Omar ibn Hafsoun commença sa carrière de révolte en l'an 267 (880-1 de J. C.); il mourut en l'an 305 (917-8 de J. C.). (*Baïan*, t. II, p. 106, 178 du texte arabe; El-Maccari, traduction de Gayangos, vol. II, p. 437.)

[2] Ce général oméïade est mieux connu sous le sobriquet d'*Ibn-Abi Abda*. Son nom, *Ahmed*, indique suffisamment que son surnom était *Abou 'l-Abbas*. Il fit plusieurs expéditions contre les chrétiens de l'Espagne septentrionale et contre Ibn Hafsoun. Il mourut sur le champ de bataille en l'an 305 (917), dans une rencontre avec les chrétiens,

champ de bataille. Saleh eut à soutenir une guerre contre son frère Idrîs, qui s'était fait appuyer par les Beni Ouriâghel et les Guezennaïa. Les deux partis en vinrent aux mains sur le Gouin, montagne située dans le territoire des Guezennaïa. Idrîs mit en déroute les troupes de Saleh, livra leur camp au pillage et poussa en avant afin de pénétrer dans Nokour. Comme le commandant que Saleh y avait laissé se défendait vigoureusement, Ishac lui fit annoncer que ce prince venait d'être tué. « Quand j'en aurai la certitude, lui répondit l'officier, je ne vous ferai plus aucune résistance. » Ishac, ne pouvant rien obtenir de lui, alla se poster sur la montagne voisine, et son frère Saleh profita des ombres de la nuit pour tromper la vigilance de l'ennemi et rentrer dans sa capitale avec ses compagnons les plus dévoués. Le lendemain, Ishac endossa sa cotte de mailles, monta à cheval et se dirigea vers la ville, sans se douter que son frère y était. Les portes s'ouvrirent devant lui; mais à peine y fut-il entré qu'il se vit enlever de sa monture par les pages de Saleh, et conduire en présence de ce chef, qui ordonna

---

sous les murs de Castro Mores (?) فاشتر مورش. Ce fut probablement dans cette bataille qu'Abd-er-Rahman es-Chehîd perdit la vie. Selon les chroniques espagnoles, les deux armées se rencontrèrent auprès de Saint-Étienne de Gormaz, place située près du Duero. Ils mentionnent la mort du général musulman, auquel ils donnent le nom d'*Ablapaz*, c'est-à-dire *Ibn-Abi Abda*. (Voy. Ferreras, t. III, p. 23, de l'édition française, et le *Baïan*, t. II, p. 177 du texte arabe. Consultez aussi Ibn-Haiyan, *apud* Gayangos, traduction anglaise de Maccari, vol. II, p. 451 et suiv.)

de l'enfermer dans le palais. Quelque temps après, Cacem el-Ousnani, seigneur de Za et de la Kodia, insista vivement auprès de Saleh sur la nécessité de faire mourir le prisonnier. Les *moulas* [clients et affranchis] de la famille, auxquels on donna des ordres à cet effet, refusèrent d'obéir, et ce fut un page nommé *Asloun* qui, sur les injonctions de son maître, alla trouver Idrîs et lui ôta la vie.

Les Miknaça s'étant refusés de payer à Saleh les impôts qu'ils lui devaient, ce prince leur écrivit une lettre de menaces et, l'ayant cachetée, il la mit dans un sac à fourrage qu'il lia sur le dos de son âne. Il dit alors à un de ses hommes de confiance : « Emmène cet animal jusqu'au milieu du pays des Miknaça; tu le laisseras là avec son paquet, et tu reviendras ici. » L'ordre fut exécuté. Les Miknaça rencontrèrent l'âne, qu'ils reconnurent aussitôt comme celui de Saleh; ils examinèrent le paquet, et, après avoir lu la lettre qui s'y trouvait, ils tinrent conseil ensemble. On voulut d'abord couper les jarrets à l'âne et persister dans la rébellion, mais ensuite ils prirent le parti de réunir la totalité de la somme exigée, de la mettre sur le dos de l'animal avec une belle housse d'étoffe mervienne [1] et de tout ramener à Saleh. Ils demandèrent en même temps l'oubli du passé, et se firent pardonner leur insubordination. Saleh ibn Saîd mou-

[1] Selon l'Idrîci (trad. franç. t. I, p. 467) on tire de *Merou* ou *Merve*, ville du Khoraçan, province de la Perse, quantité de soie ainsi que du coton d'une qualité supérieure, connu sous le nom de coton de Merve et extrêmement moelleux; c'est avec ce coton que l'on fabrique diverses étoffes destinées pour l'exportation.

rut après un règne de vingt-huit ans. Saîd, son fils cadet, auquel on remit l'autorité, se fut à peine établi dans le gouvernement, que les Esclavons appartenant à sa famille par droit d'achat vinrent lui demander leur affranchissement. Il leur répondit en ces termes : « Vous êtes notre milice et nos serviteurs; vous êtes tout à fait comme des hommes libres puisqu'on ne vous compte pas au nombre des choses qui se transmettent par héritage et qu'on ne vous applique pas la loi qui règle le partage des successions. Pourquoi donc voulez-vous être affranchis ? » Malgré ces observations, ils persistèrent dans leur demande et, sur son refus de les satisfaire, ils lui adressèrent des injures grossières et prirent pour chefs son frère Obeid Allah et son oncle Abou Ali er-Rida. Attaqué par les révoltés jusque dans son palais, Saîd, qui n'était soutenu que par ses pages et par les femmes de sa famille, les combattit du haut du château et les força à la retraite. Expulsés de la ville par la populace, les insurgés allèrent se poster à Caria-t-es-Sacaleba « village des Esclavons », bourg situé au-dessus de Nokour. Ils s'y tinrent retranchés pendant sept jours, quand Saîd, ayant enfin réuni quelques troupes, sortit pour les attaquer. A la suite d'un combat acharné il vainquit les mutins et enferma dans une prison son frère Obeid Allah et son oncle Er-Rida, dont il avait épousé la fille. El-Aghleb, Abou 'l-Aghleb, et les autres cousins de Saîd qui avaient pris part à la révolte, subirent la peine de mort. Obeid Allah fut envoyé à la Mecque sous bonne garde, et y resta jusqu'à la fin de ses jours. Séada-t-Allah, fils de Haroun et cousin d'El-Aghleb, fut indigné de ces exécutions : « Comment! s'écria-t-il, Saîd tue mon cousin et laisse la vie à son frère et à son oncle, qui étaient tout aussi coupables qu'El-Aghleb ! » S'étant alors mis à travailler les Beni Islîten qui occupaient la montagne d'Abou 'l-Hacen, il parvint à les gagner, bien qu'il se tînt dans Nokour, et sans que Saîd eût la moindre connaissance du complot. Les Islîten se mirent en révolte; Saîd rassembla ses partisans et sortit avec Séada t-Allah afin de châtier les rebelles. Lorsque le combat fut bien engagé, Séada-t-Allah trahit son chef et passa avec les siens du côté de l'ennemi. Saîd prit la fuite, après avoir perdu environ un millier des siens, et abandonna aux vainqueurs ses drapeaux et ses tambours. S'étant enfermé dans Nokour, il soutint un siége contre les Islîten, commandés par Séada-t-Allah, et, victorieux à son tour, il parvint à les repousser. Ayant fait prisonnier Meimoun, fils de Haroun et frère de Séada-t-Allah, il lui ôta la vie; puis il dévasta et brûla les maisons appartenant à Séada-t-Allah, lequel s'était retiré à Temçaman. Quelque temps après, Séada-t-Allah fit la paix avec son souverain et rentra à Nokour. Rempli de bravoure et d'audace, il en sortit de nouveau, accompagné de tous ceux qui dépendaient de lui, et pénétra dans le territoire appartenant aux Botouïa et aux Beni Ourtedi. Ayant obtenu de ces peuplades la possession de Colouê Djara, il se mit à leur tête et envahit les cantons occupés par les Mernîça et les Zenata. Après y avoir tué beaucoup de monde et soumis toute cette région, il s'en retourna à Nokour, où il ne cessa de servir Saîd avec fidélité. Omm es-Saad, sœur de Saîd et fille de Saleh, épousa [un chérif nommé] Ahmed, fils d'Idrîs, fils de Mohammed, fils de Soleiman, fils d'Abd Allah, fils d'El-Hacen, fils d'El-Hacen, fils d'Ali, fils d'Abou Taleb. Le mariage fut célébré à Nokour, et Ahmed y passa le reste de ses jours avec sa femme.

Obeid Allah es-Chïaï [le Fatemide], ayant vaincu ses ennemis, écrivit aux habitants du Maghreb, les invitant à reconnaître son autorité et à le considérer comme le chef spirituel et temporel de tout le peuple musulman. La lettre qu'il envoya à Saîd ibn Saleh se termina par une pièce de vers assez longue, dans laquelle se trouvait le passage suivant :

Si vous entrez dans la bonne voie, je me chargerai de faire votre bonheur; si vous vous détournez de moi, je vous jugerai dignes de mort.

Armé d'un glaive qui fera baisser les vôtres, j'envahirai facilement votre pays et je le remplirai de carnage.

Un Andalous, natif de Tolède et surnommé *El-Ahmès* « le ferme, le brave », qui était alors poëte en titre de la famille Saleh, écrivit, par l'ordre de Youçof ibn Saleh, une réponse à cette lettre. Dans ce long morceau de vers on remarqua surtout les lignes suivantes :

Tu en as menti! j'en jure par la maison sainte! non, tu

ne sais pas pratiquer la justice. Dieu le miséricordieux ne reconnaît aucun mérite à tes paroles.

Tu n'es qu'un ignorant, qu'un imposteur ; et pour ressembler aux autres sots tu prends le plus court chemin.

La religion de Mahomet occupe nos pensées généreuses ; tes pensées à toi, Dieu les a rendues viles.

Obeid Allah, ayant lu cette lettre, écrivit à Messala ibn Habbous, officier auquel il avait confié le gouvernement de Téhert, et, dans cette dépêche, il lui ordonna d'envahir le territoire de Nokour et de faire la guerre à Saîd ibn Saleh. Parti de Téhert le 1ᵉʳ du mois de dou 'l-hiddja 304 (fin de mai 917 de J. C.), Messala s'avança jusqu'à une journée de marche de Nokour, et prit position à un endroit nommé Nésaft. Saîd sortit pour le combattre et résista, sans désavantage, pendant trois jours. Il avait dans son armée un Berber distingué par sa bravoure, qui se nommait *Hamd ibn el-Aïyach*, et qui appartenait à la tribu des Itouweft. Cet homme, ayant formé le projet de pénétrer dans le camp ennemi et d'assassiner Messala, prit avec lui sept autres cavaliers et s'élança vers le général fatemide. Aux cris d'alarme qui s'élevaient à leur approche, une foule de soldats entoura ces téméraires et les fit prisonniers. Messala ayant donné l'ordre de leur trancher la tête, Hamd s'écria : « On ne tue pas un homme comme moi. » — « Et pourquoi pas? » lui dit Messala. — « Parce que sans moi, et sans le secours de mon bras, tu ne pourras jamais venir à bout de Saîd ». Messala lui fit grâce de la vie, et le traita avec tant d'égards et de bonté, qu'il réussit à lui gagner le cœur. Ayant alors confié un détachement de troupes au transfuge, il lui permit d'aller faire un coup de main. Hamd, sachant qu'un côté de la position occupée par Saîd était mal gardé, se dirigea vers cet endroit et pénétra dans le camp. Les troupes de Saîd, se voyant attaquées par un point qu'elles avaient cru inabordable, s'enfuirent dans le plus grand désordre, et Saîd, pris au dépourvu, fut entraîné dans la déroute. Reconnaissant que le désastre était irréparable, il envoya à Nokour l'ordre d'évacuer le palais et d'en transporter les habitants, avec leurs effets, dans l'île qui est située auprès du port. Ses fils, Saleh, Idrîs et El-Motacem, passèrent, avec le reste de la famille, dans ce lieu de refuge. Pour lui, il endossa une double cotte de mailles, et, secondé par ses pages et ses principaux officiers, qui en avaient fait de même, il résista à l'ennemi jusqu'à ce qu'il trouvât la mort. Son camp fut mis au pillage, et Messala fit son entrée dans Nokour le jeudi 3 moharrem 305 (juin 917 de J. C.). On saccagea la ville, et on réduisit en captivité les femmes et les enfants. Le vainqueur chargea un courrier de porter à Obeid Allah la nouvelle de cette victoire, et il envoya à Cairouan la tête de Saîd ibn Saleh, avec les têtes de Mansour ibn Idris ibn Saleh et de plusieurs autres membres de la famille Saleh ibn Mansour. On porta ces trophées à travers les rues de Cairouan; puis on les planta sur les murs de Raccada. Une *erdjouza* (poëme d'une versification très-simple), composée par Abou Djafèr Ahmed ibn [Mohammed] el-Meroudi, renferme un passage qui se rapporte à cet événement et qui mérite d'être reproduit ici :

Un vilain, fils de vilain, faisait l'insolent,
A la tête d'une bande de la sotte populace.
Il se disait : « Nokour me sera un refuge, même contre la colère du Seigneur! »
Mais le jugement du destin, qui tranche tout, vint le frapper [et le surprit] de la part de Dieu, à l'instar d'un vaste incendie.
[Le Fatemide] entra dans un pays qui, depuis longtemps, n'avait souffert aucune invasion;
Et, du poids de sa puissance, il écrasa cette population infidèle.
On apporta la tête de leur chef, pour qu'elle fût l'objet de tous les outrages;
Elle se balançait sur l'extrémité d'une lance flexible;
Les cheveux, en désordre, n'avaient pas été lavés;
La barbe, souillée de poussière, n'avait pas été peignée.

Les enfants de Saîd ibn Saleh, et tous les autres membres de sa famille qui avaient pu se sauver, quittèrent le port de Nokour et allèrent débarquer à Malaga et à Pechina. Abd er-Rahman [le souverain oméïade], fils de Mohammed en-Nacer, leur fit donner une honorable réception, et leur envoya de beaux habits et de riches présents. Comme il leur laissa le choix de venir se fixer dans la capitale de l'empire ou de rester à Malaga, ils donnèrent la préférence à ce dernier lieu, parce qu'il était plus rapproché de leur pays et qu'ils espéraient trouver l'occasion d'y rentrer.

Messala passa environ six mois à parcourir le territoire de Nokour; puis il y établit un de ses officiers, nommé *Deloul*, en qualité de lieutenant, et repartit pour Téhert. Deloul se vit graduellement abandonné par les *Orientaux* [les soldats fatemides], et bientôt il n'eut plus à ses ordres qu'une petite troupe de ses gens. Les fils de Saîd, bien renseignés sur ces faits, se décidèrent à rentrer dans leur pays, étant convaincus d'y trouver un bon appui dans l'amour et l'affection de leur peuple. Les trois princes, Idrîs, El-Motacem et Saleh, montèrent chacun dans un navire différent, après être convenus que le premier arrivé en Afrique obtiendrait l'autorité suprême. Ils s'embarquèrent le soir, et partirent tous à la fois, poussés par un vent favorable. Saleh ibn Saîd, qui était le plus jeune, arriva la même nuit dans les parages de Nokour, et, au point du jour, il se trouva dans le port de Ouadi 'l-Bacar, près de Temçaman. A la nouvelle de son arrivée, les Berbers accoururent de tous les côtés pour le recevoir, et l'ayant reconnu pour leur chef, ils lui donnèrent le titre d'*El-Yetîm* « l'orphelin », à cause de sa jeunesse. Alors ils marchèrent contre Deloul, le firent prisonnier avec ses gens, et les mirent tous en croix, sur les deux bords du Nokour. Abd er-Rahman ibn Mohammed, ayant reçu de Saleh une dépêche lui annonçant la nouvelle de cet événement, la fit lire publiquement dans la grande mosquée de Cordoue, et en expédia des copies dans toutes les provinces andalousiennes. Il donna en même temps l'ordre d'envoyer aux princes salehides tout ce qu'on pourrait trouver de plus beau en fait de tentes, d'équipages, de vêtements, de selles, de bijoux, de drapeaux, de tambours, de cottes de mailles et d'armes de toutes espèces. Dieu leur rendit, de cette manière, bien au delà de ce qu'ils avaient perdu. Saleh était déjà installé dans le commandement, quand ses frères, après avoir lutté contre la mer et les vents pendant deux mois, vinrent débarquer à Nokour, sains et saufs, et le reconnurent pour souverain. Il mourut après un règne de vingt ans. Cette famille demeura toujours attachée à la doctrine orthodoxe, à la grande communauté musulmane et au rite de Malek ibn Anès. Saîd, ainsi que son père, célébrait la prière publique comme imam; ils faisaient eux-mêmes le prône à la congrégation, et ils savaient par cœur tout le Coran. El-Mowaïd, fils d'Abd el-Bedïa, fils de Saleh, fils de Saîd, fils d'Idrîs, fils de Saleh, fils de Mansour, succéda au trône; mais ayant à soutenir un siége contre Mouça, fils d'Abou 'l-Afiya, il succomba dans la lutte et perdit la vie. Le vainqueur fit piller la ville de Nokour, saccager les maisons, renverser les fortifications, détruire les édifices publics, et, portant le ravage bien plus loin que ne l'avait fait Messala ibn Habbous, il laissa l'emplacement de la ville aussi nu qu'un champ dont le vent aurait balayé la poussière, et où rien ne s'entend que le glapissement des chacals. Nokour fut détruite en l'an 317 (929-930 de J. C.).

Ensuite Abou Aîoub Ismaîl, fils d'Abd el-Mélek,

fils d'Abd er-Rahman, fils de Saîd, fils d'Idrîs, fils de Saleh, prit le commandement et rebâtit l'ancienne ville que Saleh ibn Mansour avait fondée. Il y installa une nouvelle population, y rétablit le marché et y fixa son séjour. Il régnait encore en l'an 323 (935 de J. C.), quand Abou 'l-Cacem, souverain de l'Ifrîkiya, fit partir, pour le Maghreb, Sandal le *feta*, son serviteur nègre, afin de secourir [son général] Meiçour [1] le *feta*, dont il n'avait pas eu de nouvelles depuis longtemps. Sandal quitta El-Mehdiya dans le second mois de djomada 323 (mai-juin 935), et, parvenu au *Djeraoua* d'El-Hacen ibn Abi 'l-Aïch, il y prit quelques jours de repos. De là il se rendit à *Herras*, d'où il écrivit à Ismaîl ibn Abd el-Mélek, seigneur de Nokour, lui ordonnant de venir le trouver. Ismaîl, qui avait déjà quitté sa ville pour s'enfermer dans le château d'*Egri*, lui envoya des ambassadeurs, avec un écrit dans lequel il se déclarait l'humble serviteur du gouvernement fatemide. Sandal, peu satisfait de cette réponse, fit partir des messagers qui devaient voir le seigneur de Nokour et le presser de se rendre auprès de leur général; puis, ayant appris qu'Ismaîl avait fait mourir ces envoyés, il marcha contre Egri et prit position à *Naceft*, endroit situé dans le voisinage de cette forteresse. C'est en ce lieu que Messala ibn Habbous avait tué Saîd ibn Saleh. Après huit jours de combats, Sandal emporta la place de vive force;

---

[1] Dans le texte arabe on a imprimé par erreur منصور à la place de ميسور.

Ismaîl et presque tous ses partisans perdirent la vie dans le dernier assaut. Cet événement eut lieu un vendredi du mois de choual de l'année susdite (septembre 935 de J. C.). Les femmes d'Ismaîl, ses parentes, deux de ses jeunes enfants, ainsi que tout ce qui était dans la forteresse, tombèrent au pouvoir du vainqueur. Sandal installa dans la ville [de Nokour] un gouverneur ketamien, nommé Mermazou, et partit pour rejoindre son collègue Meiçour, qui était alors occupé à faire le siége de Fez. Il y avait à cette époque chez les Islîten du mont Abou 'l-Hacen un membre de la famille Saleh qui s'appelait *Mouça* et qui portait le surnom d'*Ibn Roumi*. Il était fils d'El-Motaçem, fils de Mohammed, fils de Corra, fils d'El-Motaçem, fils de Saleh, fils de Mansour. Aussitôt que Sandal eut quitté le pays, les habitants de Nokour rentrèrent dans leur ville, prirent pour chef Ibn Roumi, tuèrent Mermazou, avec tous ses gens, et envoyèrent la tête de cet officier à l'émir des croyants, Abd er-Rahman ibn Mohammed. En l'an 324 (935-936 de J. C.), Mouça ibn Roumi fut expulsé de Nokour par un de ses parents nommé *Abd es-Semiâ*, fils de Djorthem, fils d'Idrîs, fils de Saleh, fils d'Idrîs, fils de Saleh, fils de Mansour. Il passa en Espagne et se fixa dans la ville de Pechina, avec les gens de sa famille, ses enfants et son frère Haroun ibn Roumi. Ses cousins, Djorthem ibn Ahmed et Mansour ibn el-Fadl, s'établirent à Malaga. En l'an 336 (947-948 de J. C.), les habitants de Nokour rappelèrent d'Espagne Djorthem ibn Ahmed et le prirent pour leur souverain. Son père Ahmed était fils de Mohammed, fils de Zîada-t-Allah, fils de Saîd, fils d'Idrîs, fils de Saleh. Djorthem resta dans Nokour jusqu'au mois de dou 'l-hiddja 36o (septembre-octobre 971 de J. C.). Le commandement passa successivement à plusieurs de ses descendants; mais en l'an 410 (1019-1020 de J. C.), les Azdadja vainquirent les Djorthemides et les forcèrent à partir pour Malaga. Dans la suite, quand les Azdadja se furent retirés dans leur pays, aux environs d'Oran, les Beni Djorthem revinrent à Nokour, c'est-à-dire à la ville d'El-Mezemma. Quelque temps après, Yala, fils d'El-Fotouh l'Azdadjien, chassa du pays tous les membres de cette famille. Maintenant, en l'an 460 (1067-1068 de J. C.), Nokour appartient aux descendants de Yala ibn Fotouh [1].

A l'est du port de Temçaman et à la distance de quinze milles, on trouve le MERÇA GARET, rade foraine, auprès de laquelle il y a quelques puits qui fournissent de l'eau. Vis-à-vis, sur la côte de l'Andalousie, est situé le port de CARIA BELLECH « village de Velez » (Malaga). Le bras de mer qui les sépare peut être franchi en un jour et une nuit. A dix milles de Garet, vers l'est, se trouve TARF HEREK, cap auprès duquel les petits navires peuvent hiverner, et où l'on se procure de l'eau douce en creusant les graviers. Vis-à-vis, sur la côte de l'Andalousie et à la distance d'une journée et demie de navigation, est situé le

[1] Voy. l'*Hist. des Berbers*, t. II, p. 143.

port de Chati[1]. Plus à l'est, entre ce cap et la ville de Melîla, on voit une baie qui est située en face d'El-Monekkeb « Almuñecar », port de l'Andalousie, dont elle est éloignée de deux journées de navigation. A l'est de cette baie est le port de Melîla, ville auprès de laquelle un ruisseau se jette dans la mer, et qui est à quelques milles[2] du cap Herek. Vis-à-vis, sur la côte de l'Andalousie, on trouve le port de la ville de Chéloubînïa « Salobreña ».

ROUTE DE NOKOUR À CAIROUAN.

De Nokour on se rend à Beni Islîten, localité située sur la rivière de Temçaman; puis à la rivière de Garet, ce qui fait une journée de marche; puis à Coloué Djara, une journée; puis au fleuve Molouïa, une journée; puis à la ville de Djeraoua, une journée; en tout six journées; puis on suit la route déjà indiquée.

Le pays des Ghomara touche au territoire de Nokour et renferme le canton de Medjekeça, contrée où parut un faux prophète nommé *Ha-mîm*[3], et sur-

---

[1] Le nom de cette ville s'écrit maintenant *Sete* et *Gete*. Elle est située sur la côte de Grenade, dans le voisinage de Motril.

[2] A la place d'امیال (*milles*), les manuscrits portent الیال (*nuits*), leçon inadmissible.

[3] Sept sourates du Coran commencent par les lettres *h, m,* que l'on prononce *ha, mîm*. La signification de ces sigles cabalistiques est demeurée inconnue. Ici on les voit employés comme nom propre, ainsi qu'il est arrivé au groupe analogue *i, s,* que l'on prononce *ya, sîn,* et qui est devenu le nom du légiste qui fonda la secte des Almoravides.

nommé *El-Mofteri* « le faussaire ». Son père, Menn-Allah « Dieu-donné », était fils de Harîz, fils d'Amr, fils d'Ou-Djefoul, fils d'Ou-Zeroual. Dans cette même région on voit une montagne qui porte encore le nom de HA-MÎM; elle avoisine la ville de TÎTAOUEN « Tétouan ». Cet imposteur, ayant amené beaucoup de monde à le regarder comme un prophète, leur ordonna de ne prier que deux fois par jour, au lever et au coucher du soleil; pendant la prière ils devaient s'incliner de manière à toucher la terre avec le plat des deux mains. Il composa dans leur langue [berbère] et, pour leur usage, un Coran dont plusieurs passages ont été traduits [en arabe]. Après la formule qui énonce l'unité de Dieu on lisait ces mots : « Délivre-moi de mes péchés, ô toi qui permets au regard [de l'homme] de contempler l'univers ! délivre-moi de mes péchés, ô toi qui fis retirer Moïse *du fleuve.* » En voici un autre passage : « Je crois à Ha-mîm et à Abou-Khalef » (c'est ainsi qu'ils désignaient le père de Ha-mîm, attendu qu'il portait effectivement ce surnom); « ma tête est remplie de croyance, ainsi que mon intelligence, et ce qui est renfermé dans ma poitrine, et tout ce qui est entouré de mon sang et de ma chair. Je crois à Tanguît. » Tanguît, la tante de Ha-mîm et la sœur d'Abou Khalef Menn Allah, était devineresse et magicienne. Daddjou, la sœur de Ha-mîm, était magicienne, devineresse, et une des plus belles femmes de l'univers. En temps de guerre et dans toutes les conjonctures fâcheuses, ils avaient recours à elle et ils prétendaient avoir reconnu que son appui leur était très-utile. Ha-mîm prescrivit à ses sectateurs de jeûner chaque jeudi pendant toute la journée et chaque mercredi jusqu'à midi passé. Celui qui, pendant les jeûnes de ces jours-là, mangeait quelque chose, encourait une amende de cinq bœufs, pour l'usage de Ha-mîm. Il supprima, en faveur de tous ses partisans, vingt-sept jours du jeûne qui s'observe pendant le mois de ramadan; il ne conserva comme obligatoire qu'un jeûne de trois jours; le quatrième jour on rompait le jeûne, et le lendemain on célébrait la fête. Il leur prescrivit de payer la dîme de tous les objets; il abolit le pèlerinage, le rite de purification et l'ablution totale. Il permit de manger la chair de porc : « La verge seule, disait-il, en est défendue, et cela se trouve dans le Coran de Mahomet »; sur lequel soient le salut et la bénédiction de Dieu! Il prohiba le poisson, à moins qu'il n'eût été égorgé, et les œufs de toute espèce d'oiseaux. Abou 'l-Abbas Fadl ibn Mofaddel ibn Omar el-Medhidji nous a transmis les vers suivants, qui ont pour auteur un natif de Tanger nommé *Abd Allah ibn Mohammed el-Mekfouf* « l'aveugle », et qui renferment la satire de Ha-mîm avec l'indication de ses turpitudes :

Ils ont dit faussement que Ha-mîm leur fut envoyé avec une religion dont la vérité est claire et manifeste.
Je leur répondis : « Vous mentez! Puisse Dieu briser votre ligue! Cet homme n'est qu'un adultère, fils d'un adultère.

« Si Ha-mîm fut réellement un envoyé de Dieu, je serais le premier à nier sa mission. »

Ces gens recueillent les paroles d'une vieille femme, pleine de fourberie et d'astuce, qui, par ses sortiléges, l'emporte sur les autres magiciens;

Paroles de mensonge dont la trame a été ourdie par Satan; ils les tiennent secrètes, mais Dieu dévoile tous les secrets.

Ha-mîm el-Mofteri fut tué, en l'an 315 (927-928 de J. C.), chez les Masmouda du littoral qui fait partie des dépendances de Tanger. Il avait un fils nommé *Mohammed*; aussi fut-il surnommé *Abou Mohammed*. Ses autres fils étaient Abd Allah et Eiça. Celui-ci passa en Espagne sous le règne d'Abd er-Rahman ibn Mohammed; il jouissait d'une certaine considération dans son pays, où on l'appelait Ibn-el-Mofteri « le fils du faussaire ». Les Beni Ou-Djefoul, tribu de Ha-mîm, habitent les bords du Ras, rivière qui est à trois milles de la ville de Tétouan.

Dans une des montagnes occupées par les Medjekeça il y avait un habile magicien nommé *Ibn-Kociya*. Les gens de l'endroit où il demeurait écoutaient ses ordres avec soumission et n'osèrent pas lui désobéir, même pour un seul instant. S'il rencontrait un homme assez hardi pour le contredire ou résister à ses volontés, il retournait le manteau dans lequel il s'enveloppait, et aussitôt une maladie grave atteignait, soit cet individu, soit ses bestiaux. Quelque nombreux que fussent les récalcitrants, le même malheur les frappait tous. Par ses prestiges il leur faisait accroire que des éclairs brillaient sous ses vêtements. Ses fils et ses descendants se tiennent encore dans la même contrée, et ils surpassent tous leurs voisins en rang et en influence.

Parmi les merveilles du pays des Ghomara nous pouvons citer celle-ci : chez les Beni Cheddad, branche des Ou-Halaouat, il y avait un homme qui portait toujours sur lui un sac rempli de têtes et de dents d'animaux marins et terrestres; ces objets, enfilés par une corde, lui servaient de chapelet. Lorsqu'un individu venait le consulter sur un événement futur ou sur un fait déjà arrivé, il passait ce chapelet au cou de cette personne, en guise de collier, puis il le secouait et l'arrachait avec violence. Flairant alors chaque pièce du chapelet successivement, jusqu'à ce que sa main s'arrêtât sur l'une d'elles, il répondait à la demande du curieux et lui déclarait le sort qui l'attendait : maladie, mort, gain, perte, prospérité, adversité, chagrin et autres choses de cette nature, il prédisait tout et ne se trompait presque jamais.

Le même pays offre un phénomène extraordinaire; des hommes appelés *Er-Raggada* « dormeurs ». On les trouve sur les bords de la rivière Laou, chez les Beni Saîd, les Beni Catîten et les Beni Irouten. L'un ou l'autre de ces hommes-là tombe dans une léthargie qui dure pendant deux ou trois jours, et il y reste sans se remuer et sans s'éveiller, quand même on lui ferait souffrir les douleurs les plus vives, ou qu'on le couperait par morceaux. Sorti de son évanouissement le lendemain du troisième jour, il a l'air d'un homme ivre et, pendant le reste de cette journée, il demeure tout hébété, sans s'apercevoir de ce qui se passe autour de lui. Le jour suivant, il prédit ce qui doit arriver cette année-là : récoltes abondantes, disette, guerre et autres choses remarquables. Ceci est un fait qui se passe au vu et au su de tout le monde.

Plusieurs personnes m'ont assuré avoir rencontré, au port de Badis, un petit homme au teint jaune qui jouissait d'une grande considération dans cette localité, parce que, disait-on, il avait le pouvoir de faire jaillir de l'eau hors de la terre, même dans les localités où l'on n'avait jamais connu ni source ni puits. Il n'avait qu'à flairer l'air d'un endroit pour pouvoir annoncer la proximité ou l'éloignement de l'eau.

Le *mowarcba*, usage généralement répandu chez les Ghomara, flatte singulièrement l'amour-propre de leurs femmes. Au moment où l'homme qui vient d'épouser une fille vierge se dispose à consommer son mariage, les jeunes gens de la localité enlèvent la mariée à la dérobée et la retiennent loin de son époux, pendant un mois ou même davantage; ensuite ils la lui ramènent. Il n'est pas rare que la même femme soit enlevée plusieurs fois de suite; ce qui lui arrive surtout quand elle se distingue par sa beauté. Plus on la recherche de cette façon, plus elle en est heureuse.

Lorsqu'un voyageur s'arrête chez ce peuple, son hôte ne croit pas avoir parfaitement rempli envers lui les devoirs de l'hospitalité, à moins de lui avoir donné pour compagne une de ses parentes restée veuve; il permet à sa sœur déjà veuve, ou à sa fille, ou à toute autre femme de la famille qui est célibataire, de passer la nuit avec l'étranger.

Ils ne souffrent pas dans leur pays les gens atteints de défauts corporels, dans la crainte, disent-ils, de laisser détériorer leur race; mais ils accueillent avec empressement les hommes qui se distinguent par les agréments de leur figure et par leur bravoure. Tout ce peuple est d'une beauté remarquable; les hommes laissent croître leurs cheveux, à l'instar des femmes; ils en font des tresses dont ils s'entortillent la tête après les avoir parfumées.

DESCRIPTION DE LA VILLE DE SIBTA (CEUTA).

La ville de SIBTA « Ceuta » est située sur le bord de la mer Romaine, c'est-à-dire sur le *Bahr ez-Zocac* « la mer du détroit », qui communique avec l'océan Environnant (l'Atlantique). Elle est bâtie sur une péninsule très-étroite, qui s'avance dans la mer en se dirigeant d'occident en orient, et dont les côtés de l'est, du nord et du sud sont entourés par les flots. Il serait possible aux habitants de faire communiquer la baie [qui est au sud avec celle] qui est au nord, et de convertir ainsi leur péninsule en une île tout à fait séparée du continent. Les anciens avaient déjà creusé un canal dans cet endroit sur une longueur d'environ deux jets de flèche. Ceuta est une grande ville entourée d'une muraille de pierre construite avec une grande solidité par Abd er-Rahman En-Nacer li-dîn-Illah. Dans les bains on emploie de l'eau de mer, qui s'y transporte à dos d'animaux. La ville renferme un bain très-ancien que l'on appelle *Hammam Khaled* « le bain de Khaled ». Du côté de l'est se trouve un faubourg qui possède trois bains. Le *djamé* de la ville est situé auprès de la mer méridionale, celle que l'on nomme la MER DE BEÇOUL. Il se compose de cinq nefs et d'un parvis qui renferme deux bassins. Un des cimetières de Ceuta est sur la montagne; l'autre est au nord de la ville et touche à la mer d'ER-REMLA « la plage sablonneuse ». La population se compose d'Arabes, appartenant à la tribu de Sidf[1], et de Berbers provenant des cantons d'Asîla et d'El-Basra. Ceuta a toujours été un de ces lieux où les sciences [théologiques] ont fixé leur séjour. A l'orient de la ville est une haute montagne, sur laquelle Mohammed ibn Abi Amer[2] avait commencé la construction d'un mur; mais ce travail est resté inachevé. Cette montagne domine le faubourg dont nous venons de parler et qui renferme des bains. Tout le terrain qui les sépare est planté en vignes. L'hôtel du gouvernement (*dar el-imara*) est situé dans la partie septentrionale de la ville. On compte cinq milles depuis

---

[1] Cette tribu était originaire du Hadramaut, province du Yémen. (*Camous.*)

[2] Le célèbre El-Mansour, premier ministre du sultan oméïade espagnol, Hicham El-Mowaiyed, portait le surnom d'*Ibn-Abi Amer*. Ses clients et les amis de sa famille formèrent un parti très-puissant que les historiens désignent par le nom du parti des Amérides.

le mur occidental par lequel on entre dans la place jusqu'à l'extrémité orientale de la péninsule. Dans cet espace, la ville occupe la partie occidentale. Le mur, de ce dernier côté, est flanqué par neuf tours; dans celle du milieu on trouve la porte qui forme l'entrée de la ville. Devant ce mur s'étend un autre mur beaucoup plus bas, qui a cependant assez de hauteur pour mettre un homme à couvert. Au pied de la basse muraille est un fossé large et profond, que l'on traverse sur un pont de bois; devant ce pont on remarque un jardin, quelques puits et un cimetière. Le mur méridional passe sur la crête de falaises très-élevées; le mur oriental et celui qui regarde le nord descendent graduellement vers les bas terrains. Au nord de la ville, dans la tour appelée *Bordj Sabec* « la tour de Sabec », se voit une porte par laquelle on entre dans l'hôtel du gouvernement. Depuis le mur occidental jusqu'au mur oriental, on compte deux mille cinq cents coudées; le terrain occupé par le faubourg qui touche au mur occidental, a sept mille quatre cents coudées de longueur. Ceuta, ville d'une haute antiquité, renferme plusieurs monuments du peuple ancien qui l'avait pris pour séjour, entre autres les ruines de quelques églises et de bains. Un conduit qui part de la rivière Aouîat, et qui contourne le rivage de la mer Méridionale jusqu'à l'église, qui est maintenant le *djamé*, amène à la ville l'eau dont on a besoin. Ce fut Ilîan [1], seigneur de cette place, qui fournit à

---

[1] Par ce nom les historiens arabes désignent le comte Julien.

Tarec ibn Zîad les moyens de passer en Espagne avec ses compagnons. Quand Ocba ibn Nafê le Coreichide envahit le Maghreb et se montra devant Sebta, Ilian sortit au-devant de lui avec un présent magnifique, et obtint non-seulement une amnistie, mais sa confirmation dans le commandement qu'il exerçait. Plus tard les Arabes firent avec les habitants un arrangement à l'amiable et obtinrent la permission de s'établir dans la ville. Ils en furent expulsés quelque temps après par les Berbers de Tanger, et Ceuta resta abandonnée et en ruines, sans autres habitants que les animaux sauvages. Un membre de la tribu des Ghomara, nommé *Magcen*, qui professait le polythéisme, s'étant installé dans Ceuta, adopta pour religion l'islamisme et devint seigneur de la ville. Après sa mort il eut pour successeurs son fils Eisam, et ensuite son petit-fils Modjebber[1] ibn Eisam. Sous le règne de cette famille, une foule de monde, chassée de Calchana[2] par la disette, vint à Ceuta et se bâtit des maisons sur des terrains achetés aux Berbers. Malgré l'introduction de cet élément étranger, la ville ne cessa de reconnaître l'autorité des Coreichides de la famille d'El-Hacen [les Idricides], qui gouvernaient alors toute cette

---

[1] Dans l'*Hist. des Berbers*, t. II, p. 136, ce nom est écrit *Modjir*; la différence provient d'un point de plus ajouté à une lettre.

[2] Notre auteur a déjà indiqué une ville de ce nom, située à douze milles de Cairouan; mais la Calchana dont il parle ici était probablement celle qu'Ibn Haiyan, le célèbre historien espagnol, place dans le voisinage de Xérès. (Voy. la traduction d'El-Maccari, par M. de Gayangos, vol. II, p. 454.)

partie du littoral africain. Sous le règne d'Er-Rida, fils d'Eisam, frère et successeur de Modjebber, Ceuta tomba au pouvoir d'Abd er-Rahman en-Nacer li-dîn-Illah. Ce fut sur le premier vendredi du premier mois de rebiâ de l'an 319 (mars-avril, 931 de J. C.) que Feredj ibn Ofaïr [1], général au service du souverain oméïade, entra dans Ceuta et s'y établit comme gouverneur.

Plusieurs routes conduisent de Ceuta à Tanger; elles traversent un territoire occupé en entier par des tribus masmoudiennes.

DESCRIPTION DE TANDJA (TANGER).

Le territoire de Tanger est occupé par des Sanhadja. La route qui mène de Ceuta à Tanger, et qui suit le rivage de la mer, traverse d'abord une plaine où l'on remarque des terres cultivées qui s'étendent jusqu'à la distance d'un mille. Elle passe ensuite sur le territoire des Beni Semghera, habitants de la montagne de MERÇA MOUÇA, et atteint la rivière de la ville d'EL-YEMM « la mer, l'abîme », et d'EL-CASR EL-AOUWEL « le premier château ». Les Masmouda [de ces localités] se partagent en quatre tribus; les Doghagh, les Assada, les Beni Semghera et les Kotama. Les tribus sanhadjiennes se rattachent à deux branches; celle de Car ibn Sanhadj et celle de Hezmar ibn Sanhadj. El-Casr el-Aouwel, habité par des Beni Tarîf, est entouré de vastes plantations d'arbres.

[1] Dans l'*Hist. des Berbers*, t. II, p. 137, ce nom est écrit *Nedjah ibn Ghofaïr*.

Les navires peuvent entrer dans la rivière et remonter jusqu'à la muraille d'El-Casr. Entre la source et l'embouchure de cette rivière il y a une distance d'environ deux relais de poste [1]. Une journée de marche suffit pour se rendre de Ceuta à El-Casr; de ce dernier endroit à Tanger on met encore une journée.

Voici ce que dit Mohammed ibn Youçof : « Le voyageur qui part de Tanger, avec l'intention de se rendre à Ceuta par mer, se dirige vers l'orient et rencontre d'abord DJEBEL EL-MENARA « la montagne du phare »; puis MERÇA BAB EL-YEMM « mouillage de la porte de la mer », rade sans abri, auprès de laquelle on remarque quelques habitations, un *ribat*, et un ruisseau qui se décharge dans la mer. De cet endroit à Tanger il y a trente milles par la voie de terre et, par mer, une demi-journée de navigation. Vis-à-vis, sur la côte de l'Espagne et à la distance d'un tiers de journée, est situé le port de l'île de TARÎF (*Tarifa*). Après avoir passé EL-YEMM, le voyageur aperçoit le ZELOUL, rivière dont les bords sont couverts de vergers et de champs cultivés. Ensuite il trouve la rivière de BAB EL-YEMM qui se décharge dans la mer, après avoir traversé de nombreux jardins, des villages et des champs cultivés appartenant à des Masmouda. Plus loin il passe auprès d'un rocher qui se dresse dans la mer et qui porte le nom d'EL-MEBKHA [2];

---

[1] Le *berîd* ou relais de poste était de quatre parasanges, et la parasange de trois milles. *Sikka*, le terme employé ici par El-Bekri, signifie certainement la distance d'un relais de poste à un autre, et peut être assimilé au *berîd*.

[2] Le manuscrit P porte المبخة, mot qui peut se lire de plusieurs

puis il atteint Merça Mouça « le port de Moïse », qui offre un bon mouillage, même en hiver, et qui abrite les navires contre tous les vents, excepté celui du sud-est[1]. On y remarque une rivière qui se jette dans la mer et sur le bord de laquelle il y avait autrefois un château. Cet édifice fut mis en ruine par les Beni-Mohammed[2] et les Masmouda, en l'an 302 (914-915 de J. C.); rebâti par l'émir des croyants En-Nacer[3], il fut encore renversé par ce peuple en l'an 340 (951-952 de J. C.). A l'occident de ce château on trouve quelques peuplades berbères; elles se sont établies, auprès de la mer, sur un terrain sablonneux qui fournit de bonne eau. Les habitants de Ceuta ont pris cette localité pour leur rendez-vous de chasse. Entre Merça Mouça et Merça Bab el-Yemm la distance, par terre, est de huit milles. En Andalousie, vis-à-vis de Merça Mouça, est situé Bourt-Lob[4]. La traversée du bras de mer

manières. Dans le texte imprimé, nous avons admis la leçon des manuscrits M et A.

[1] En arabe *el-lebech;* à Alger et dans le Maroc on dit *lebadj,* en italien *libeccio;* c'est probablement une altération du mot grec λίψ, en latin *libs.* Selon un géographe très-distingué, c'est le vent du sud-ouest. Quoi qu'il en soit, l'indication fournie par El-Bekri n'est pas exacte : toute la côte africaine, depuis Tanger jusqu'à Ceuta, est très-bien abritée contre les vents du sud.

[2] Pour l'histoire de cette petite dynastie idrîcide, on peut consulter Ibn-Khaldoun, *Hist. des Berbers,* t. II, p. 145 et suiv.

[3] Nous avons déjà dit qu'Abd er-Rahman, huitième souverain de la dynastie oméïade qui régna en Espagne, portait le titre d'*En-Nacer li-dîn Illah,* c'est-à-dire « le champion de la religion de Dieu. »

[4] Localité située auprès de la pointe Carnero, cap que forme l'extrémité occidentale de la baie de Gibraltar.

qui sépare ces deux endroits peut s'effectuer dans une demi-journée. Il n'y a pas de lieu au monde où l'on trouve autant de singes qu'à Merça Mouça. Ces animaux imitent les actions des hommes qui passent auprès d'eux. Lorsqu'ils voient des matelots faire marcher un bateau à l'aide de rames, ils prennent des morceaux de bois et se mettent à les contrefaire. Plus loin on rencontre le port de l'île de Toura; sur la terre ferme se voit le village qui a donné son nom à l'île et au port. L'île de Toura a l'aspect d'une montagne entièrement séparée du continent; la côte de la terre ferme qui l'avoisine se compose de hautes falaises; le port est situé entre elles et l'île. De là on se rend à Merça Belyiounoch, port dont le village du même nom est bien peuplé et abonde en fruits. A l'occident du village est une rivière qui verse ses eaux dans la mer, après avoir fait tourner plusieurs moulins. De cet endroit au port de l'île de Toura il y a cinq milles par terre. On arrive ensuite au lieu nommé El-Casr. Ce château est situé sur un ravin qui verse une grande quantité d'eau pendant l'hiver et très-peu en été. Auprès du château se trouvent quelques voûtes ruinées et d'autres monuments antiques.

« Plus loin on rencontre la localité nommée Ma el-Hîat « l'eau de la vie », où l'on trouve, sur la plage, entre les pierres qui sont au pied d'une colline de sable, plusieurs sources qui fournissent une excellente eau. Les vagues arrivent jusqu'à cette colline. Pour peu que l'on creuse dans ces sables, on fait jaillir de l'eau douce. On raconte que ce fut ici l'endroit où le garçon de Moïse oublia le poisson [1]. On trouve dans ce parage, et nulle part ailleurs, un poisson qui porte le nom de *poisson de Moïse;* large de deux tiers d'un empan, il a plus d'un empan en longueur; il n'a de la chair que d'un seul côté, l'autre côté en est dépourvu, de sorte que la peau est collée aux arêtes. Sa chair est d'un goût agréable et s'emploie avec avantage pour guérir la gravelle et fortifier la sécrétion séminale. De là on se rend à un petit port nommé MERÇA DENNÎL; en face, sur la terre ferme, est un bourg bien peuplé, qui porte le nom de HOOUARA et qui possède quelques sources d'eau douce. On passe ensuite auprès d'un rocher qui s'élève hors de la mer et que l'on appelle HADJER ES-SOUDAN «la pierre des nègres». De là on arrive à la ville de Ceuta.

[ROUTE DE CEUTA À TÉTOUAN.]

Parti de Ceuta, en suivant le chemin de terre, on arrive, après une marche de six milles, à l'endroit où le OUADI-'L-MENAOUEL se décharge dans la mer, au midi de cette ville. De là on se rend au OUADI NEGRO [2], rivière qui sort de la montagne d'ABOU DJEMÎL et qui coule auprès de plusieurs villages habités par les Beni Affan ibn Khalef. Auprès de cette rivière est un lieu nommé EL-CASR, où l'on voit

---

[1] La légende de Moïse et du poisson se trouve dans le Coran, sourate XVIII, versets 59 et suiv.

[2] Le *Oued Nefza* de nos cartes.

effectivement un *château* de construction antique, dans lequel est un bain. On remarque beaucoup d'autres ruines anciennes sur le bord du Ouadi Negro. Plus loin se trouve la rivière d'AsMÎR, qui prend sa source dans le DJEBEL ED-DEREGA « la montagne du bouclier », et qui coule de l'ouest à l'est. Sur ses bords se voient plusieurs villages appartenant aux Beni Ketrat, peuplade masmoudienne. De là on se dirige vers l'endroit nommé CAP MONT[1], promontoire qui avance dans la mer, qui est au midi de Ceuta. Cette localité est habitée par des Beni Ketrat et des Beni Sikkîn. Ensuite on arrive au NEHR ELÎLI, rivière qui sort aussi de la montagne d'ED-DEREGA. Plus loin on trouve le bourg de TAOURÈS, qui appartient à Abd er-Rahman ibn Fahel, membre de la tribu des Beni-Sikkîn, peuplade masmoudienne. Cet endroit est entouré de bonnes terres et de champs cultivés. De là on arrive à TITAOUAN (*Tétouan*), ville située sur le flanc du DJEBEL ICHEGGAR. Cette montagne touche à celle d'Ed-Derega et s'étend jusqu'au mont RAS ETH-THAUR « tête de taureau », d'où elle se prolonge encore jusqu'à Merça Mouça, port de mer, à l'occident [de Ceuta]. La ville de Tétouan domine la partie inférieure du OUADI RAS[2], rivière que Mohammed [Ibn Youçof] appelle le MEDJEKEÇA et qui, dans cette localité, est assez large pour permettre aux pe-

---

[1] Le *Cabo Negro* des cartes espagnoles.
[2] Le manuscrit P porte *Racen*, pluriel berber du mot *Ras*. Il y avait dans les environs de Tétouan un peuple nommé les *Beni-Racen*. Sur nos cartes, le nom de cette rivière est écrit *Martil* ou *Martin*.

tits navires de remonter depuis la mer jusqu'à Tétouan[1]. La mer est à dix milles[2] de cette ville, qui forme le chef-lieu du territoire appartenant aux Beni Sikkîn. Tétouan possède une citadelle de construction antique, un phare et plusieurs moulins situés sur les nombreux ruisseaux qui coulent [dans les environs]. Au nord de la ville est une montagne nommée Belat es-Chok « le pavé d'épines ». Les Beni Sikkîn peuvent mettre en campagne cent cavaliers. Le Derega, montagne entre laquelle et Tétouan il y a la distance d'un relais de poste, est la demeure des Beni Merzouc ibn Aoun, tribu masmoudienne. La partie de cette montagne où ils ont établi leurs habitations s'appelle Sadîna; c'est une bourgade où l'on trouve des eaux courantes et des champs cultivés qui sont les plus beaux de toute cette contrée. Le Derega est une montagne abrupte et presque inabordable; mais le sommet est couvert de vastes pâturages et de grasses prairies qui servent à la nourriture des troupeaux. La bourgade est bâtie sur la partie méridionale de la montagne. Au sud-ouest du Derega s'élève la montagne qui porte le nom de Ha-mîm el-Mofteri, imposteur dont nous avons déjà parlé. Le Derega touche au territoire des Ghomara, et son extrémité, de ce côté-là, est habitée par les Beni Hocein ibn Nasr. On se dirige ensuite vers

---

[1] C'est-à-dire jusqu'au pied de la haute colline sur laquelle Tétouan est bâtie. *Titawîn*, en berber, signifie « les yeux » ou « les sources ».

[2] Trois milles, tout au plus.

le Racen, fleuve dont la source est à Tîttesouan, localité de la montagne des Beni Ha-mîm. On se rend ensuite au Souc [ou marché] des Beni Maghraoua, situé sur la limite du territoire appartenant aux Medjekeça et à l'occident du Racen (Ras). Ce marché se tient tous les mardis et attire beaucoup de monde. Plus loin on arrive à Feddj el-Ferès « le défilé de la jument », où l'on voit quelques villages appartenant à des familles masmoudiennes, qui peuvent mettre en campagne deux cents cavaliers. De là on se rend à Ouinacam, autrefois chef-lieu du pays qui appartenait à Hammoud ibn Ibrahîm. Cet endroit est situé sur le flanc d'une montagne, et possède des eaux courantes et des vergers en quantité. La rivière Seshour, qui coule auprès de cette ville en traversant un beau pays, prend sa source dans le Tamourat, montagne habitée par les Metna, tribu sanhadjienne. C'est sur le Derega, à deux milles sud-ouest de Ouinacam, que les Sanhadja vont se retrancher chaque fois qu'ils se révoltent contre l'autorité du souverain. Immédiatement à côté du Derega s'élève la montagne qui porte le nom de Habîb ibn Youçof el-Fihri [1]. Il y a la distance de deux relais de poste entre le Derega et Tanger.

ROUTE DE CEUTA À LA VILLE DE TÎGUÎÇAS.

L'on se rend d'abord au Ouadi-Ras par le chemin

---

[1] Ce personnage est probablement celui que les historiens de l'Afrique appellent *Habib ibn Abi Obeida el-Fihri*. Il était petit-fils d'Ocba ibn Nafê.

déjà indiqué, puis on traverse le territoire des Ghomara, puis celui des Beni Gafou, puis celui des Beni Nefgaoua, famille appartenant à la tribu des *Beni Homeid.* Cette fraction des Ghomara habite les bords du Laou, grande rivière qui porte bateau. Les Nefgaoua élèvent une race de bétail dont l'excellence est reconnue, et des chevaux que l'on désigne par le nom de *homeidi.* De là on passe chez les Beni-Meçara, peuplade qui habite les environs de Tîguiças et qui appartient aussi à la tribu des Homeid.

LIEUX REMARQUABLES QUI SE TROUVENT SUR LA ROUTE DE CEUTA À TANGER.

Entre Ceuta et Tanger se trouvent quelques lieux remarquables et plusieurs centres de population. Tels sont le Nehr Ilîan « rivière du comte Julien » et le Casr Ilîan, château dans lequel on remarque beaucoup de ruines anciennes. A l'occident de cette rivière est un endroit qui porte le nom de Kerouchet et qui marque l'extrémité du territoire occupé par les Ghomara et les Masmouda. Dans cette localité, et immédiatement à côté de ces tribus, demeure une peuplade sanhadjienne nommée Metna. Le Nehr el-Khalîdj « fleuve du détroit » coule à l'est de Tanger, et se décharge dans la mer par une embouchure assez profonde pour admettre des navires. La montagne de Ras eth-Thaur « la tête du taureau » est habitée par un grand nombre de peuplades masmoudiennes. La rivière nommée Medjaz el-Ferouc « le gué de l'homme timide » est très-grande ; celle de

Fermîoul prend sa source dans les montagnes d'Aïn es-Chems « la source du soleil » et de Metrara. Celle-ci est très-escarpée; elle abonde en arbres et en eaux courantes. C'est de là que la rivière appelée Ouadi-'r-Remel « la rivière de sable » se précipite vers la mer du Détroit après avoir traversé beaucoup de vergers et de champs qui fournissent de belles moissons. La source appelée Aïn-es-Chems est très-abondante; elle jaillit dans le village de Nasr ibn-Djerou, endroit florissant et bien peuplé qui possède un *djamé* et beaucoup de jardins. On y tient un marché tous les vendredis. De là à Ceuta il y a une journée de marche. A côté d'Aïn es-Chems s'élève la montagne de Taremlîl, chef-lieu des Beni Racen; on y trouve de beaux villages, des jardins et une mosquée *djamé*. Le Taremlîl occupe le centre du territoire habité par les Masmouda, territoire situé en face de *Tétouan*. La montagne s'étend jusqu'à la ville de Bab el-Yemm, et de là jusqu'à la mer qui est à l'occident [de Ceuta]. Medjaz Fekkan est la résidence des Milwetha, tribu qui peut mettre en campagne cinq cents cavaliers. Tout auprès de là se trouvent la localité nommée Er-Rosafa, et la Kodya « tertre » de Tafoughalt. Les nombreux villages de cet endroit sont habités par des Metna et peuvent mettre en campagne environ quatre-vingts cavaliers. La rivière des Aoureba prend sa source dans un village nommé El-Acoulès, autour duquel on remarque de belles prairies et des terres cultivées d'une grande fertilité. Ce lieu forme la Canbaniya « campagne » de Tanger.

TINDJA (*Tanger*), appelée en langue berbère Ou-LÎLI [1], fut prise d'assaut par Ocba ibn Nafê, qui tua toute la partie mâle de la population et emmena le reste en captivité. Une ceinture de murailles solidement construites entoure cette ville, qui est située sur le bras de mer appelé Ez-Zocac « le détroit ». Ce lieu est fréquenté par des navires de petite dimension qui viennent y décharger leurs cargaisons; les grands navires n'y vont pas, parce que la rade est très-dangereuse quand le vent souffle de l'est. Ceci est la localité que les livres d'histoire désignent par le nom de TINDJA-T-EL-BAIDA « Tanger la blanche ». On y trouve beaucoup de monuments antiques, tels que des châteaux, des voûtes, des cryptes, un bain, un aqueduc, des marbres en grande quantité et des pierres de taille. Lorsqu'on creuse dans ces ruines on trouve diverses espèces de bijoux, surtout dans les anciens tombeaux.

Tanger forme l'extrême limite de l'Afrique du côté de l'occident. On rapporte que la juridiction de cette ville s'étendait sur un territoire dont la longueur et la largeur étaient également d'un mois de marche. On ajoute que, dans les temps anciens, les rois du Maghreb y avaient établi le siége de leur empire, et qu'un de ces princes [2] avait dans son armée trente éléphants. De Cairouan à Tanger on compte

---

[1] Oulîli, le *Volubilis* des Romains, était situé sur le mont Zerhoun, à plus de trente lieues au sud de Tanger. Des ruines s'y voient encore.
[2] Probablement Bocchus, beau-père de Jugurtha.

mille milles. La ville actuelle est bâtie sur une hauteur plus élevée que l'emplacement de l'ancien Tanger, lequel a été envahi par les sables. Elle renferme un beau *djamé* et un bazar très-fréquenté. Dans l'Océan, vis-à-vis de Tanger et de la montagne nommée ADLENT (*Atlantic, l'Atlas*), se trouvent les îles FORTUNATECH (*Fortunatæ*), c'est-à-dire *heureuses*. Elles sont ainsi nommées parce que leurs forêts et bocages se composent des diverses espèces d'arbres fruitiers, qui y ont poussé naturellement et qui produisent des fruits d'une qualité admirable; au lieu de mauvaises herbes, le sol produit des céréales et, à la place de buissons épineux, on trouve toutes les variétés des plantes aromatiques. Ces îles, situées à l'occident du pays des Berbers, sont disséminées dans l'Océan, mais assez rapprochées les unes des autres.

ROUTE DE TANGER À FEZ.

La CALA-T-IBN KHARROUB « château d'Ibn Kharroub » est à une journée de Tanger. C'est une grande ville, bâtie sur le pic d'une montagne; elle possède des bois, des vergers, beaucoup de bétail et de champs cultivés. Elle appartient aux Kotama, qui composent une des tribus masmoudiennes. Dans le voisinage de cette place forte est un grand village, occupé par des Arabes de la tribu de Khaulan, et renfermant une nombreuse population qui vit dans l'abondance. Il est situé sur le bord du ZELOUL, rivière que le voyageur rencontre avant d'arriver à la Calâ-t-ibn

Kharroub. Dans le voisinage du même endroit se trouve DIMMA-T-ACHIRA, riche canton appartenant à des Sanhadja. Ensuite on rencontre plusieurs villages très-rapprochés les uns des autres, et habités par des Kotamiens ; puis on arrive à SOUC KOTAMA, lieu de marché qui était la capitale des États gouvernés par Idrîs, fils d'El-Cacem ibn Ibrahîm. Cette grande et magnifique ville est située sur la rivière LOKKOS[1]; elle possède un *djamé* et un marché bien achalandé. De là on se rend à CASR DENHADJA, château qui s'élève sur une colline et qui domine une grande rivière. On y voit les restes de quelques monuments antiques. C'est là que les rois du Maghreb s'étaient établis dans les temps anciens. Le SARSAR, montagne située au sud de ce château, est occupé par plusieurs peuplades appartenant aux tribus de Kotama et d'Assada. De Casr-Denhadja l'on se rend à EL-BASRA, ville qui occupe un grand emplacement et qui surpasse toutes les localités voisines par l'étendue de ses pâturages et le nombre de ses troupeaux. On y trouve une telle abondance de lait, que la ville a reçu le nom de BASRA-T-ED-DOBBAN « Basra des mouches ». Elle s'appelle aussi BASRA-T-EL-KITTAN « Basra du lin », parce que, à l'époque où elle commença à se peupler, on y employait du lin en guise de

---

[1] Les manuscrits portent *waw-lokkos*. Le mot *waw* est berber et signifie *lequel est*, de même que la syllabe *ten*, mise avant les noms de certaines localités de l'Afrique, veut dire *laquelle est*. Ce sont les équivalents des pronoms relatifs arabes هو الذى et هى التى. El-Bekri, s'il avait mieux connu la valeur de ce mot *waw*, l'aurait supprimé.

monnaie dans toutes les opérations commerciales. Elle s'appelle aussi EL-HAMRA « la rouge », parce que le terrain sur lequel elle est bâtie est d'une couleur rougeâtre. Cette ville, située entre deux coteaux, est ceinte d'une muraille qui est percée de dix portes et construite en pierre et en brique. On y remarque une mosquée à sept nefs et deux bains. Le principal cimetière est sur une montagne, à l'orient de la ville; le cimetière occidental porte le nom de MACBERA CODÂA « le cimetière des gens appartenant à la tribu arabe des Codâa. » Comme l'eau qui se trouve dans la ville est saumâtre, les habitants tirent celle qu'ils boivent d'un puits situé auprès de la porte principale et nommé BÎR IBN DELFA. Les jardins en dehors de Basra renferment de nombreuses sources et des puits qui fournissent de l'eau douce. Les femmes de cet endroit se distinguent par l'éclat de leur beauté et les charmes de leur figure; il ne s'en trouve pas de plus belles dans aucune partie du Maghreb. Un natif de Téhert, nommé *Ahmed ibn Feth*, et surnommé *Ibn el-Kharraz* « le fils du cordonnier », fait allusion à cette particularité dans un poëme qu'il composa en l'honneur d'Abou-'l-Aïch ibn Ibrahîm ibn el-Cacem. Voici ce qu'il dit :

Fi de tous les autres plaisirs! donnez-moi la musicienne de Basra au teint rose et blanc!

Que ses regards inspirent l'ivresse [de l'amour]! que la rose s'épanouisse sur ses joues! que sa taille soit bien déliée!

Qu'elle ait l'aspect d'un *mordjien*, la piété d'un *mohadjer*, la retenue d'un *sonnite* et la droiture d'un *ibadite*[1] !

[1] Les Mordjiens et les Ibadites étaient des hérétiques musulmans

Téhert! tu es débarrassée [de moi], tu es déchargée de toute responsabilité; en échange de toi, j'ai reçu Basra; résigne-toi [1] à l'échange.

El-Hamra (*Basra*) serait impardonnable si, en retour de mon affection, elle ne me prodiguait pas des fleuves, des océans de bonheur.

Comment pourrait-elle s'en excuser, tant qu'elle a pour seigneur, Eïça, cette mer de générosité, ce roi des rois, ce vainqueur des vainqueurs.

Ajoutons que Basra est une ville de construction moderne, ayant été fondée vers la même époque qu'Asîla. Après avoir passé Basra on rencontre, à la fin de la journée, le REDAT, fleuve qui baigne le pied d'une montagne dont le sommet sert d'emplacement à KORT, ville qui est maintenant en ruines. De Kort on se rend à un endroit nommé HANNAOUA ou, selon Mohammed, DJENYARA, que l'on appelle aussi EL-DJEBEL EL-ACHEHEB « la montagne grisâtre ». Cette localité est remplie de villages bien peuplés. Parti de là on arrive, après une journée de marche, à un petit village bâti sur le bord d'une grande rivière nommée le SEBOU. De là à la ville de Fez il y a une journée de marche.

les Mohadjer étaient les partisans de Mahomet qui abandonnèrent la Mecque pour aller le trouver à Médine; les Sonnites, ce sont les orthodoxes. En arabe ces noms, employés comme noms communs, ont chacun une signification particulière, ce qui a procuré au poëte l'occasion d'enfermer dans un seul vers un jeu d'esprit intraduisible. Si l'on donne à ces mots la signification qu'ils tiennent de leurs racines, on peut traduire de cette manière : « Qu'elle se montre avec l'aspect d'une *prude*, la tenue d'une *coquette*, la modestie d'une *femme honnête* et la droiture d'une *corde*. »

[1] Dans le texte arabe lisez فاعتنياض.

Si l'on veut passer par Asîla après avoir quitté Tanger, on met une journée à parcourir la distance qui sépare ces deux villes, puis on se rend à Souc Kotama, localité déjà mentionnée.

AUTRE ROUTE DE BASRA À FEZ.

De Basra l'on se rend à Ouadi Ouargha « la rivière d'or », puis à Macena, ce qui fait une journée de marche. Macena était la capitale des États d'Eïça, fils de Hacen le Hacenide, surnommé *El-Haddjam*. Sorti de cette ville, qui est arrosée par une grande rivière, on arrive à Sedak, ville située dans le territoire des Maghîla et résidence de Khallouf ibn Ahmed el-Maghîli. De là on va directement jusqu'à Fez. Pour faire cette route il faut mettre sept journées.

Asîla, première ville du littoral africain, à partir de l'occident, est située dans une plaine entourée de petites collines. Elle a la mer à l'ouest et au nord. Autrefois elle était environnée d'une muraille percée de cinq portes. Quand la mer est agitée, les vagues vont atteindre le mur du *djamé*, édifice composé de cinq nefs. Tous les vendredis il se tient dans cette ville un marché qui est très-fréquenté. Les puits qui se trouvent dans l'intérieur de la place ne fournissent qu'une eau saumâtre; mais le Bîr Adel, le Bîr es-Sanïa « puits de la machine hydraulique », et plusieurs autres puits de l'extérieur, donnent une eau de bonne qualité. Le cimetière est à l'est de la ville. Le port, dont l'entrée est du côté de l'orient (?), offre un bon abri aux navires ; une jetée, formée de pierres de taille, se déploie en segment de cercle au nord de ce bassin, et protége le mouillage contre la violence de la mer.

Asîla, ville de construction moderne [1], doit son origine à un événement que nous allons raconter. Les *Madjous* « Normands » avaient débarqué au port deux fois. Lors de leur première descente ils se présentèrent comme de simples visiteurs, et prétendirent avoir caché dans cette localité beaucoup de trésors. Voyant que les Berbers s'étaient réunis pour les combattre, ils leur adressèrent ces paroles : « Nous ne sommes pas venus ici avec des intentions hostiles ; mais ce lieu renferme des trésors qui nous appartiennent ; allez vous placer plus loin, et, lorsque nous les aurons déterrés, nous en ferons le partage avec vous. » Les Berbers acceptèrent cette condition, et, pendant qu'ils se tenaient à l'écart, ils virent les Madjous creuser la terre et en retirer une grande quantité de *dokhn* « millet » pourri. Voyant la couleur jaune de ce grain, et croyant que c'était de l'or, ils accoururent pour s'en emparer, et mirent les étrangers dans la nécessité de s'enfuir vers leurs vaisseaux. Ayant alors reconnu que leur butin était du millet, ils eurent du regret de ce qu'ils venaient de faire et invitèrent les Madjous à

---

[1] *Asîla* est la forme berbère de *Zilis*, nom d'une ville bien connue des géographes grecs et latins. En disant qu'elle était de construction moderne, El-Bekri s'est trompé ; la persistance du nom indique suffisamment qu'elle n'avait jamais été totalement abandonnée.

débarquer de nouveau pour déterrer leurs trésors. « Non, répondirent ceux-ci, nous ne le ferons pas; vous avez violé votre engagement, et vos excuses ne nous inspirent aucune confiance. » Ils partirent alors pour l'Andalousie et firent une descente sur le territoire de Séville. Cela eut lieu en l'an 229 (843-844 de J. C.), sous le règne de l'imam Abd er-Rahman ibn el-Hakem. La seconde fois qu'ils débarquèrent au port d'Asîla, leur flotte venait d'être chassée des parages de l'Andalousie par un fort coup de vent. Plusieurs de leurs navires sombrèrent à l'entrée occidentale du port, au lieu qui s'appelle encore *Bab el-Madjous* « la porte des païens. » Les habitants du pays s'empressèrent alors de bâtir un *ribat* sur l'emplacement d'Asîla, et d'y installer une garnison qui devait se renouveler régulièrement, au moyen de volontaires fournis par toutes les villes du voisinage. On y tenait une grande foire aux trois époques de l'année que l'on avait fixées pour le renouvellement de la garnison, c'est-à-dire au mois de ramadan, au 10 de dou-'l-hiddja et au 10 de moharrem. Sur ce terrain, qui appartenait à une tribu louatienne, quelques Kotamiens bâtirent un édifice pour leur servir de *djamé*. Des habitants de l'Andalousie et d'autres contrées, ayant entendu parler de cet établissement, y apportèrent, aux époques déjà indiquées, diverses espèces de marchandises et y dressèrent leurs tentes. Alors on commença à construire des maisons, et on finit par y former une ville. El-Cacem ibn Idrîs ibn Idrîs, qui vint alors prendre possession de cette place, bâtit la muraille et la citadelle qui la protégent encore. On y voit son tombeau. Ibrahîm, son fils et son successeur dans le gouvernement d'Asîla, fut remplacé par Hocein ibn Ibrahîm. El-Cacem, fils de Hocein, prit ensuite le commandement. Après lui, un membre de la même famille, nommé Hacen et surnommé El-Haddjam, y installa des officiers qui gouvernaient en son nom. Asîla fut enlevée aux Idrîcides par Ibn Abi-'lAfiya, et reçut un gouverneur nommé par ce chef. Le mot *Asîla*, dit-on, signifie « bonne ».

Au sud de cette ville on trouve plusieurs tribus louatiennes et une peuplade appelée les Beni Zîad, qui forme une branche de la tribu hoouarite établie à Zeloul. A l'occident habitent les Hoouara du littoral; on y voit aussi une grande caverne, située sur le bord de la mer, et qui est envahie par les vagues lors de la haute marée. Au sud-ouest de la place est une source jaillissante que l'on appelle Aïn el-Khacheb « la fontaine de la poutre ». Au midi on voit les ravins nommés Khandoc el-Maza « fossé de la chèvre » et Khandoc es-Soradec « fossé de la tente »; à l'ouest est situé le Tachet, ravin dans lequel les habitants font paître leurs troupeaux.

La mesure de capacité dont on se sert à Asîla s'appelle *modd* et contient vingt *modds* de la dimension autorisée par le Prophète. En cela il ressemble à la *fanega* « boisseau » de Cordoue. La *coleila*, petite jarre que l'on y emploie pour mesurer l'huile, contient cent douze *aoukïa* « onces »; vingt *coleilas* forment un *kintar* « quintal ».

Asîla est située à l'ouest de Tanger. En partant de la première de ces deux villes on rencontre d'abord la rivière du même nom; on la passe à gué, puis on remarque une mosquée située à droite de la route. Plus loin on passe à gué la rivière de Nebroch. Le bourg qui porte ce nom est situé à un demi-mille de la mer, et appartient à des Louata; il est florissant, bien peuplé, riche en fruits et en sources. On parcourt ensuite une plage sablonneuse jusqu'à une grande rivière que l'on traverse dans un bac. Sur le bord de cette rivière on voit un village grand et prospère qui est habité par les gens de Tahedart, et qui possède une saline. Ensuite on passe une plage de sable; puis on trouve un étang d'eau douce, large d'environ deux cents coudées et situé au nord d'un rocher très-élevé et à un demi-mille de la mer. Un vent très-violent se précipite de ce lac avec tant de force, qu'il cause des avaries aux navires et les renverse même, si les matelots n'y font pas attention. Ensuite on traverse une plage située en face de la ville de Setta; puis on gravit une falaise pour atteindre Kagmariya, village qui appartient à des Sanhadjiens et qui possède des carrières où l'on taille des meules de moulin. De là on arrive à Ichebertal [1], montagne qui avance dans la mer, mais qui fait partie de la terre ferme. On y trouve des sources d'eau douce et une mos-

[1] Le cap Spartel.

quée qui sert aussi de *ribat*. Ce promontoire est à trente milles d'Asîla. Les navires qui se laissent pousser au large de Spartel par un vent d'est ne peuvent éviter d'être entraînés dans la mer Environnante (l'Atlantique), à moins que le vent ne tourne à l'ouest. Sur la côte andalousienne, tout à fait vis-à-vis de Spartel, s'élève la montagne d'El-Aghar[1]. Si l'on part de la côte africaine avec un vent du sud, ou si l'on part d'Espagne avec un vent du nord, on met deux tiers de journée à traverser le bras de mer qui sépare ces deux caps. De Spartel on passe ensuite à un endroit nommé El-Cala, puis on arrive à Tanger. De cette ville à Spartel il y a quatre milles.

ROUTE DE CEUTA À FEZ.

De Ceuta à Dimma-t-el-Achîra, localité déjà indiquée, il y a une journée de marche. De là on se rend à l'endroit nommé El-Kénîça « l'église », où se trouve un village florissant qui couronne une colline[2] appartenant aux Kotama. On arrive ensuite à la rivière de Maghar, où se trouve un établissement appartenant aux Kotama et composé d'un beau village et d'un canton très-riche en céréales et en troupeaux. Plus loin on trouve Hadjer en-Necer « le rocher de l'aigle », résidence des Beni Mohammed [famille idrîcide]. A l'occident de ce lieu est situé le

---

[1] On la nommait aussi *Tarf el-Agher* « cap d'El-Agher », d'où son nom moderne *Trafalgar*.
[2] Remplacez ظاهر par طاهر dans le texte arabe.

canton de Rehouna, et, à l'orient, le territoire des Beni Feterkan, tribu ghomaride. Au Hadjer, le chemin forme un embranchement; si l'on prend la route de droite on arrive à Aftès, ville appartenant à Guennoun ibn Ibrahîm, et habitée par des Kotama. Cette localité est riche et florissante; elle est située à l'ouest du Hadjer et sur le bord du Lokkos, rivière dont nous avons déjà fait mention, et qui coule de l'est à l'ouest. Le voyageur la rencontre un peu avant d'arriver à Aftès. De là cette rivière descend jusqu'à la ville de Souc Kotama, où elle prend le nom de *Waw-Lokkos*[1]; puis elle arrive à Tochoummès[2], résidence de Meimoun ibn el-Cacem [prince idrîcide]. Cette grande ville, dont la fondation remonte à une haute antiquité, est entourée d'une muraille de pierre et renferme une nombreuse population. On y remarque beaucoup de ruisseaux et d'arbres fruitiers. Ici la même rivière reçoit le nom de Sefded[3] et s'élargit beaucoup. Elle passe auprès du *ribat* de Hara-t-el-Ahchîs, bourg bien peuplé, qui touche à une vaste plaine nommée Fahs Abi Seiyar « la plaine d'Abou Seiyar ». D'Aftès, le voyageur passe à Zehedjouka, ville d'Ibrahîm ibn Mohammed. Ce fut de là que ce prince [idrîcide] partit, avec ses fils, pour s'emparer de Tanger et du territoire qui s'étend jusqu'à Ceuta. Zehedjouka appartient maintenant

[1] Voy. ci-devant, p. 256.
[2] Le *Tussi Mussi* de la carte catalane.
[3] Dans le *Meraced el-Ittilâ*, dictionnaire géographique en arabe, dont nous possédons une édition imprimée à Leyde en 1854, ce nom est écrit *Chefded*.

aux Zerhouna. Plus loin on trouve Medîna-iou-Iddja-djin [1], ville riche et agréable, située sur une rivière d'eau douce, et renfermant un *djamê*, plusieurs bazars et un bain. Elle porte aussi le nom de Djebel el-Acheheb « la montagne grisâtre ». La rivière qui la baigne et qui s'appelle le Ouadi-Souçac, est aussi grande que celle de Cordoue. Iou-Iddjadjin est située dans le canton de Djenyara ; elle possède plusieurs sources, et appartient à Guennoun ibn Mohammed. La population se compose de Beni Messara, tribu masmoudienne. Plus loin on trouve la ville d'Assada, qui renferme quelques restes d'anciens monuments et qui est entourée d'arbres et de vignes. Elle est à six milles au sud d'Iou-Iddjadjin. Tout auprès, sur le bord de la route, on remarque quatre statues [ou stèles]. On arrive ensuite à Medjaz el-Khacheba « le passage de la poutre », lieu où on traverse le Ouargha. Cette rivière coule dans un pays magnifique, au milieu d'une foule de villages qui ressemblent à des villes. Alors on rencontre une série de bourgs très-rapprochés les uns des autres, et dont le plus grand se nomme le Kirzaoua des Beni Hosein. Ensuite on traverse le canton de Maghîla et l'on gravit l'Acabat-el-Afarec « la côte des Africains », où l'on voit, à gauche de la route, le château de Zalegh. Plus loin on trouve le château d'Ourtîta, puis la plaine de Mohalli, puis le village de Khandoc Sedderouagh. Ici le chemin se partage en deux branches qui con-

[1] Ce nom composé, dont le premier mot est arabe, le second berber et le troisième arabe berbérisé, signifie *la ville des pèlerins*.

duisent aux deux quartiers de Fez. Par cette route on met six jours à se rendre de Ceuta à Fez.

AUTRE ROUTE DE CEUTA À FEZ.

De Ceuta à Tétouan il y a une journée de marche. Le voyageur sorti de Ceuta rencontre l'Aouîat, rivière qui coule au fond d'un ravin et qui fait tourner plusieurs moulins pendant la saison des pluies. Elle est à deux milles de la ville. C'est de là qu'Ilian amena l'eau à Ceuta, par le moyen d'un aqueduc composé d'arcades dont quelques-unes sont encore debout dans les ravins. De là on se rend à la rivière El-Menaouel, puis à Ouadi Negro; alors, pour arriver à Feddj el-Farès, on prend la route de Tanger, que nous avons déjà décrite. De là on passe à Feddj es-Sari, défilé situé à l'extrémité du Djebel Habîb ibn Youçof, montagne qui produit une grande quantité de plantes médicinales[1]. Sur la pente de ce défilé, du côté qui regarde le nord, est un village (hara) nommé Morad. Il y a une journée de marche depuis le défilé jusqu'à Aftès. Arrivé dans cette ville, le voyageur suit la route que nous avons déjà indiquée. Entre le défilé et Aftès on remarque deux

---

[1] En arabe aïoud. Ce mot est le pluriel d'aoud, qui signifie bois (lignum) et bois d'aloès. Ce dernier produit végétal ne vient que dans les îles de la mer indienne, aussi devons-nous supposer qu'El-Bekri a voulu désigner par ce mot les plantes médicinales en général. Ibn el-Beithar, dans son Dictionnaire des simples et des minéraux, décrit les propriétés de huit plantes qui portent toutes le nom d'aoud.

châteaux, dont l'un, le CALÂ-T-IBN-KHARROUB, a été déjà mentionné.

DESCRIPTION DE LA VILLE DE FEZ.

FAS « Fez » se compose de deux villes situées l'une à côté de l'autre et entourées chacune d'une muraille. Elles sont séparées par une rivière très-rapide qui fait tourner des moulins, et que l'on traverse au moyen de ponts. L'une de ces villes, appelée ADOUA-T-EL-CARAWIÎN « le côté ou quartier des Cairouanides », est située à l'ouest de l'autre, laquelle se nomme ADOUA-T-EL-ANDELOSIÎN « le côté des Andalous ». Dans le premier de ces quartiers chaque habitant a devant sa porte un moulin à lui et un jardin rempli d'arbres fruitiers et coupé par des rigoles. Sa maison aussi est traversée par un courant d'eau. Les deux villes renferment plus de trois cents moulins et environ une vingtaine de bains. Les juifs sont plus nombreux à Fez que dans aucune autre ville du Maghreb; de là ils font des voyages dans toutes les contrées [du monde]. Les Maghrebins disent, par manière de proverbe, *Fas bled bla nas*, c'est-à-dire « Fez est une ville sans hommes[1] ». Les deux quartiers de Fez sont bâtis au pied d'une colline; la rivière qui les sépare vient d'une source très-abondante qui jaillit au milieu d'un marécage, dans le territoire des Matghera, et à une demi-journée de la ville de Fez. Le quartier des Andalous fut fondé

---

[1] Parce qu'elle était remplie de juifs, gens peu estimables aux yeux des musulmans.

en l'an 192 (807-808 de J. C.), et celui des Cairouanides l'année suivante. Idrîs ibn Idrîs, qui régnait alors, mourut dans le premier mois de rebiâ de l'an 213 (mai-juin 828 de J. C.); il finit ses jours à Oulîli, ville située dans le territoire de Fez et à une journée de cette capitale, du côté de l'occident. Le quartier des Andalous a plusieurs portes, dont celle qui est appelée *Bab el-Fatouh* « la porte de Fatouh »[1] regarde le midi et donne sortie aux voyageurs qui ont l'intention de se rendre à Cairouan. Une autre porte du même quartier, le *Bab el-Kenîca* « la porte de l'église », est placée à l'orient, vis-à-vis du *Rabed el-Marda* « le faubourg des malades, des lépreux ». Le *Bab Abi Khallouf* est également à l'orient; le *Bab Hisn Saadoun* « la porte du château de Saadoun » est au nord, le *Bab el-Haoud* « la porte de l'abreuvoir » est à l'occident, en face du quartier des Cairouanides, ainsi que le *Bab Soleiman*. C'est par ces deux dernières portes que sortent les habitants du quartier [des Andalous] lorsqu'il survient des querelles entre eux [et leurs voisins de l'autre quartier]; alors ils se livrent bataille sur le terrain nommé *Kodya-t-el-Foul* « le tertre aux fèves ». Nommons encore le *Bab el-Faouwara* « la porte de la source jaillissante ». Dans ce quartier est un beau *djamé* renfermant six nefs qui se dirigent de l'est à l'ouest. Les colonnes qui le soutiennent sont en pierre

---

[1] Selon l'auteur du *Cartas*, p. vi de l'édition imprimée, cette porte fut construite par Fatouh ibn el-Moëzz ibn Zîri, personnage sur lequel on peut consulter l'*Histoire des Berbers*, t. III, p. 252.

calcaire [1]; son parvis, qui est très-grand, renferme plusieurs pieds de noyers et d'autres arbres, et reçoit de l'eau en abondance par le moyen d'une rigole appelée *Saguïa Masmouda* « le canal des Masmouda ». Une espèce de pomme douce, nommée la *tripolitaine* (*trabolosi*), qui est grosse et agréable au goût, vient très-bien dans ce quartier; elle s'y trouve en abondance, bien qu'elle ne réussisse pas dans le quartier des Cairouanides. La fleur de farine, dans le quartier des Andalous, est meilleure que celle de l'autre quartier, grâce à l'habileté des ouvriers qui la préparent. Dans le quartier des Andalous, les hommes sont plus braves et les femmes plus belles que dans le quartier opposé; mais, dans celui-ci, les hommes sont plus beaux. Parmi les portes du quartier des Cairouanides on remarque le *Bab el-Hisn il-Djedîd* « la porte du château neuf », qui regarde le midi, et par laquelle on sort pour se rendre à ZOUAGHA; le *Bab es-Silcela* « la porte de la chaîne », qui est tournée vers l'orient et qui donne passage aux personnes qui se rendent dans le quartier des Andalous; le *Bab el-Canater* « la porte des ponts », qui est tournée vers l'orient; le *Bab-Sîadj* « la porte de la haie », construite par Yahya ibn el-Cacem, regarde le nord et ouvre sur la route qui mène à EL-MAKHAD « le gué », à OUCHETATA et à MAGHÎLA; le

---

[1] En arabe *goddan*, ou *djeddan* (جدّان), mot qui désigne une espèce de pierre molle. C'est probablement le calcaire qui s'emploie dans l'Afrique septentrionale pour former des colonnes torses, des linteaux et des montants de porte.

Bab Souc el-Ahad « la porte du marché de dimanche », tournée vers l'occident et ouvrant sur la route qui mène à Zouagha. Ce même quartier possède un *djamé* à trois nefs, qui se dirigent d'orient en occident. Cet édifice, fondé par Idrîs ibn Idrîs, a plusieurs vestibules et une grande cour où l'on voit des oliviers et d'autres arbres. On compte, dans ce quartier, une vingtaine de bains; on y remarque aussi un grand nombre de jardins et de ruisseaux. Ces eaux y arrivent après avoir traversé le quartier des Andalous. Les citrons viennent très-bien dans le quartier des Cairouanites, et ils atteignent une grosseur extraordinaire; mais ils ne réussissent pas dans l'autre quartier. Au reste ces deux parties de la ville se distinguent également par leur importance et par leurs ressources. La rivière de Fez se jette dans le Sebou. Dans le canton de Maghîla, à l'occident du quartier des Cairouanites, on remarque un endroit appelé Es-Séïkh «l'enfoncement», parce qu'il s'abîma en terre avec tous ses habitants. En l'an 341 (952-953 de J. C.) l'armée d'El-Bouri, fils d'Abou-'l-Afiya, abandonna ses tentes et ses bagages en cette localité, après avoir été mise en déroute par les Beni Mohammed. Dans la rivière de Fez on trouve beaucoup de poissons de l'espèce nommée *lebîs*[1]. On attribue les vers sui-

---

[1] Une espèce de carpe, peut-être le *cyprinus niloticus*. Le *lebís* du Nil est une espèce du genre mormyre. Je tiens d'un natif de Fez que le *lebîs* est encore très-commun dans cette rivière. Selon lui, ce poisson a la tête rouge, renferme beaucoup d'arêtes, beaucoup de graisse et pèse d'une à deux livres. Pour le prendre on empoisonne les eaux avec de la noix vomique.

vants à Mohammed ibn Ishac, surnommé *El-Bedjeli*[1] :

Quartier de Cairouan, endroit qui m'es si cher! puissent tes coteaux garder toujours leur beauté et leur fraîcheur!
Puisse Dieu ne jamais t'enlever le manteau de ses faveurs! à toi, noble pays, qui repousses le crime et le mensonge.

Ibrahîm ibn Mohammed, natif d'Asîla et père du célèbre jurisconsulte Abou Mohammed el-Mofaddel ibn Omar el-Medhedji (*membre de la tribu arabe de Medhedj*), composa sur Fez les vers suivants:

Je suis entré dans Fez, ville que je désirais tant voir; mais les émanations du fromage me prirent aux yeux et à la tête.
Tant que je vivrai, je ne remettrai plus le pied dans Fez, dût-on me donner Fez avec tous ses habitants.

Un cadi de Tèhert, nommé Ahmed ibn Feth, est l'auteur du bon mot que nous rapportons ici :

Lance des ordures aux nez des Fezzois des deux quartiers! n'en épargne pas un seul!
Ce sont des gens repus d'ignominie au point de dire : Si l'on veut vivre dans l'aisance, il ne faut pas être généreux.

Le *modd* employé à Fez pour mesurer le blé renferme quatre-vingts *aoukïa;* le *modi*, qu'ils appellent *louh*, équivaut à cent vingt de ces *modd*. Toutes les denrées alimentaires, telles que l'huile, le miel, le lait et les raisins secs, se vendent à l'*aoukïa*.

[1] Dans aucun de nos manuscrits ce surnom n'est écrit d'une manière uniforme. On y trouve les leçons البجلي, النجلي, البدلي, البدلسي, etc.

Aux environs de la ville on trouve plusieurs fractions de tribus berbères, telles que les Terehna, les Maghîla, les Aouréba, les Sadîna, les Hoouara, les Miknaça et les Zouagha.

Lorsque Mouça ibn Noceir fut parvenu jusqu'à Tanger, Aïyad ibn Ocba quitta la colonne et se dirigea contre Segouma, château situé dans le voisinage de Fez. Soleiman ibn Abi'l-Mohadjer suivit son exemple. Mouça, auquel ils firent l'invitation d'y retourner avec eux, s'y refusa d'abord, « parce que, disait-il, les gens de cette ville ont fait leur soumission »; puis s'étant laissé intimider par leurs menaces, il consentit à rebrousser chemin. Dans le premier combat que ces Arabes livrèrent aux habitants de Segouma, ils essuyèrent un grave échec; mais Aïyad ibn Ocba profita de l'occasion pour escalader la forteresse du côté opposé et mettre la garnison en déroute. Dans le massacre qui s'ensuivit il périt tant de monde, que la population des Aouréba est demeurée peu nombreuse jusqu'à ce jour. Au rapport d'Ibn Abi Hassan, Mouça écrivit en ces termes à El-Ouélîd ibn Abd el-Mélek, après avoir pris Segouma : « Émir des croyants, dans le partage des prisonniers faits à Segouma, on vous a réservé cent mille individus [1]. » A cette dépêche El-Ouélîd fit la réponse suivante : « Allons donc ! c'est

---

[1] Comme le quint du butin et des captifs appartenait au khalife, il faudrait admettre que Mouça avait fait à Segouma cinq cent mille prisonniers; et cela sans compter la foule de monde qu'il avait passée au fil de l'épée. L'on se demande où se trouvait cette ville et pourquoi les historiens et géographes arabes n'en parlent que pour exalter Mouça ibn Noceir. Il est probable que Segouma n'a jamais existé.

encore là un de tes mensonges ! Si l'on devait t'en croire, cet endroit aurait été le rendez-vous de toutes les nations de la terre. »

NOTICE DES IDRÎCIDES.

Fez était la capitale des états qui appartenaient aux descendants d'Idrîs, fils d'Abd Allah, fils de Hacen, fils de Hacen, fils d'Ali, fils d'Abou Taleb. Idrîs, étant arrivé en Maghreb, s'établit à OULÎLENI : c'est ainsi que Tanger s'appelait en langue berbère[1]. Selon Mohammed [Ibn Youçof], OULÎLI est située à une journée de Fez, et ce fut là qu'Idrîs, fils d'Idrîs, cessa de vivre. Cette grande et ancienne ville, qu'il ne faut pas confondre avec Tanger, est située à l'occident de Fez. Idrîs descendit d'abord chez un membre de la tribu des Aouréba, nommé *Ishac ibn Mohammed ibn Abd el-Hamíd*, le Motazelite[2], dont il adopta les croyances religieuses. Ceci eut lieu en l'an 172 (788-789 de J. C.). Dans le mois de chaban de l'année suivante (décembre-janvier 789-790), il se rendit à Massena; plus tard, il sortit pour aller à Taza (*Tèza*), endroit faisant partie des États gouvernés par les Beni [Abi] 'l-Afiya. Dans une montagne de cette localité on trouve de l'or parfaitement pur et d'une qualité excellente. Idrîs partit pour Tèza dans le second mois

---

[1] Voy. ci-devant, p. 248, où notre auteur écrit *Oulili*.
[2] Les Motazelites niaient la prédestination, l'éternité du Coran et l'existence des attributs divins. Les musulmans orthodoxes repoussent avec horreur les opinions de ces sectaires.

de djomada 174 (octobre-novembre 790 de J. C.), et il mourut à Oulîli.

Abou 'l Hacen Ali ibn Mohammed ibn Soleiman en-Naufeli rapporte, sur l'autorité de son père et d'autres individus, des renseignements bien différents de ceux que la plupart des historiens ont fournis au sujet de la fuite d'Idrîs et de son arrivée en Maghreb. Voici son récit :

« Idrîs, fils d'Abd Allah, fut du nombre de ceux qui prirent la fuite lors de la défaite de Hocein, l'*homme de Fekh*[1]. La bataille de Fekh eut lieu le samedi 8 de dou 'l-hiddja 169 (juin 786 de J. C.). Idrîs se tint caché pendant quelque temps, jusqu'à ce que [son client] Rached trouvât moyen de le soustraire à la vengeance du sultan, qui le faisait rechercher avec une persistance extrême. Rached, homme de beaucoup d'intelligence et de courage, aussi remarquable par sa force de corps que par sa prudence et son habileté, le revêtit d'une *medrâa* « chemise de laine », d'un turban d'étoffe grossière, et, l'ayant fait passer pour son domestique, il se mit en route avec la caravane des pèlerins [qui partait de la Mecque]. Pendant le voyage, Idrîs se conduisit à l'instar d'un bon serviteur, toujours empressé à exécuter les ordres de son maître. Arrivés à Misr (*au vieux Caire*) sans accident, ils y entrèrent vers la nuit, et pendant qu'ils marchaient au hasard dans les rues, sans savoir

---

[1] Localité des environs de la Mecque. (Voy. sur la révolte de Hocein, l'*Hist. des Berbers*, t. II, p. 559, et Aboulfedæ *Annal.* t. II, p. 53.)

où diriger leurs pas, ils passèrent auprès d'une maison bien bâtie, dont l'aspect extérieur dénotait suffisamment la grande aisance qui régnait dans l'intérieur. Ils venaient de s'asseoir dans une boutique, auprès de la porte de cette maison, quand le maître les aperçut et reconnut à leur tournure et à leur air qu'ils étaient des étrangers et natifs du Hidjaz. « Il « me semble, leur dit-il, que vous êtes des étrangers? » — « Nous le sommes, » fut la réponse. — « Et je « crois que vous êtes natifs de Médine? » — « Nous « sommes ce que vous dites. » L'individu qui les interrogeait ainsi était un client des Abbacides. Rached l'examina avec attention, et, jugeant à sa figure que c'était un homme de bien, il se leva et lui dit : « Je voudrais vous communiquer un secret; mais, « avant de le faire, je dois obtenir de vous la promesse « d'exécuter une des deux choses que je vais vous pro« poser, c'est-à-dire : soit de nous accueillir chez vous, « de mériter la faveur de Dieu par cet acte de bien« faisance, et de protéger en nos personnes [le sang « de] votre Prophète Mohammed ; soit de garder le « secret, si vous repoussez notre demande. » Ayant reçu de lui un engagement à cet effet, il lui adressa ces paroles : « Voici Idrîs, fils d'Abd Allah, fils de « Hacen, fils de Hacen, fils d'Ali, fils d'Abou Taleb. « Sorti avec Hocein ibn Ali du lieu où on l'avait re« légué, il s'est échappé de la mort, et je le conduis « maintenant dans le pays des Berbers. Peut-être trou« vera-t-il dans cette contrée éloignée une retraite as« surée où ses ennemis ne sauront l'atteindre. » Cet homme les fit entrer dans sa maison, et les y tint cachés jusqu'à ce qu'une caravane, qui devait se rendre en Ifrîkiya, eût achevé ses préparatifs de départ. Alors il loua pour eux un chameau, leur fournit des vivres et des habits; puis, au moment où les autres voyageurs allaient se mettre en route, il leur dit : « Le gouverneur de l'Égypte a des postes mi-« litaires sur toute la frontière, de sorte que per-« sonne ne peut sortir du pays avant d'être examiné « et fouillé; mais je connais une route abandonnée, « un sentier écarté et peu connu; je ferai passer ce « jeune homme par là. » En même temps il désigna Idrîs du doigt. S'adressant ensuite à Rached, il promit de lui remettre Idrîs à un certain endroit, au delà de la ligne de postes qui couvraient la frontière. Rached monta alors dans l'un des deux paniers que portait son chameau, après avoir placé ses effets dans l'autre, et il partit avec la caravane. L'homme qui s'était montré si généreux fit alors venir deux de ses chevaux, l'un pour lui-même, l'autre pour Idrîs, et, s'étant engagé dans la basse route avec son protégé, il marcha en avant pendant quelques jours, afin de devancer la caravane et de s'arrêter ensuite pour la laisser arriver. Idrîs et Rached, s'étant rencontrés de nouveau, montèrent sur le même chameau et continuèrent leur marche jusqu'à la frontière de l'Ifrîkiya. N'osant pas y entrer, ils traversèrent les contrées occupées par les Berbers et arrivèrent enfin dans le territoire de Fez et de Tanger [1]. Idrîs

[1] Fez n'existait pas à cette époque.

se fixa dans cette contrée, après s'être mis sous la protection des Berbers. Haroun er-Rechîd, ayant appris cette nouvelle, s'en plaignit à [son vizir] Yahya ibn Khaled [le Barmekide], et celui-ci lui répondit : « Émir des croyants, je me charge de vous débarras-« ser de cet homme. » Il fit alors venir un membre de la tribu de Rebîah, nommé *Soleiman ibn Horeiz el-Djezeri*, un de ces dogmatistes qui avaient adopté les opinions des Zeidiya [1]. Doucereux [dans ses manières], brave [à l'occasion], c'était un véritable démon de l'espèce humaine. Il tenait le rang d'imam [chef de secte] parmi les Zeidiya, dont il était le principal théologien. Ce fut lui qu'Er-Rechîd avait fait appeler pour soutenir, contre Hicham ibn el-Hakem, une controverse au sujet de l'imamat [2]. Yahya ayant gagné cet intrigant par l'offre d'une forte somme d'argent, lui fit des promesses magnifiques, tant en son nom qu'en celui du khalife, et l'engagea à tuer Idrîs par quelque tour d'adresse. Il lui remit alors une somme considérable et un flacon renfermant de la civette empoisonnée ; puis il le fit partir avec un homme sûr et d'une valeur éprouvée. Les deux émissaires se mirent en route et traversèrent

[1] Dans l'*Hist. des Berbers*, t. II, p. 499, se trouvent quelques renseignements au sujet de cette secte chiîte.

[2] Dans la théorie de la constitution musulmane, le corps entier des croyants ne devrait avoir qu'un seul chef ou imam, revêtu des deux puissances, la temporelle et la spirituelle. L'imamat ou droit d'être imam devait-il être héréditaire ou électif? Grave question qui, peu d'années après la mort de Mahomet, souleva une guerre civile et jeta pour toujours les semences de la désunion parmi les sectateurs de l'islamisme.

le Maghreb jusqu'au lieu où se trouvait Idrîs. Soleiman se présenta devant ce prince, qui le connaissait déjà de réputation, et lui adressa ces paroles : « Je suis venu vous voir après avoir subi volontai-
« rement les plus dures épreuves pendant que j'ensei-
« gnais la doctrine pour laquelle vous connaissez mon
« attachement. Le sultan avait voulu me faire arrêter
« à cause du désir que j'avais manifesté de me mettre
« en campagne avec vous autres, membres de la fa-
« mille du Prophète; aussi suis-je venu dans votre
« pays pour y chercher un asile et pour vous soute-
« nir de tout mon pouvoir. » Charmé de ces paroles, Idrîs accueillit l'étranger avec une grande bienveillance et le reçut dans son intimité après l'avoir comblé d'honneurs. Soleiman se mit alors à tenir des conférences avec les Berbers et à proclamer ouvertement le devoir de soutenir la descendance du Prophète, fournissant aux partisans de cette doctrine les raisonnements qu'il avait naguère tenus en Irac. S'étant concilié de cette façon la faveur d'Idrîs, il resta auprès de lui en attendant l'occasion de le prendre au dépourvu et d'employer la trahison pour le perdre. Un jour que Rached s'était absenté pour exécuter une commission dont son maître l'avait chargé, Soleiman prit le flacon empoisonné et entra chez Idrîs. Lorsque la conversation se fut engagée, et que le prince, resté seul avec lui, l'entretenait de la manière la plus amicale, il prit l'occasion de lui dire : « Seigneur ! je prie Dieu d'accepter, s'il le faut,
« le sacrifice de ma vie, afin qu'il épargne la vôtre !

« J'ai sur moi un flacon de civette, parfum dont les
« éléments constituants ne se trouvent pas dans votre
« pays. Je vous l'offre, en vous priant de vous par-
« fumer avec ce qu'il renferme. » Il le déposa alors devant le prince, qui le déboucha aussitôt pour en respirer l'odeur. Soleiman sortit alors, et trouvant son compagnon, qui se tenait prêt avec deux chevaux, amaigris d'avance pour mieux courir, il se mit en selle et partit au grand galop. Cet homme l'accompagna dans sa fuite. Quand le poison qu'Idrîs avait flairé lui fut monté au cerveau, voilà que ce prince tomba en défaillance et demeura tout à fait insensible. Les gens de service, ne pouvant deviner ce qui lui était arrivé, envoyèrent chercher Rached, qui revint en toute hâte. Pendant que ce fidèle serviteur s'occupait à soigner son maître et à chercher la nature du mal qui l'avait atteint, Soleiman et son compagnon avaient déjà franchi une grande étendue de pays. Idrîs resta dans un état d'insensibilité complète, bien que son pouls continuât à battre, et il mourut vers la fin de la journée. Rached ayant découvert que l'auteur du crime était Soleiman ibn Horeiz, partit à cheval avec une troupe d'amis, dans l'espoir de rattraper les fuyards. Ayant devancé tous ses compagnons, dont les chevaux avaient succombé à la fatigue, il finit par atteindre les traîtres. Soleiman se retourna pour défendre sa vie, et dans ce combat il reçut de Rached trois coups de sabre sur la tête et sur le visage, ainsi qu'un autre qui lui estropia la main. Aucune de ces blessures n'était mortelle,

grâce à la bonté de son armure et à l'adresse qu'il déploya en se défendant. Le cheval de Rached, épuisé par la rapidité de cette longue course, s'arrêta tout à fait, et Soleiman profita de cette circonstance pour prendre la fuite et se sauver d'une mort imminente. Il ne pouvait pas faire autrement; car son compagnon l'avait abandonné au moment du danger, sans faire le moindre effort pour le soutenir. Aussitôt qu'il se vit hors d'atteinte, il s'arrêta pour panser ses blessures. « Un homme, dit Abou 'l-Hacen en-« Naufili, qui avait vu Soleiman après son retour en « Irac, m'a raconté que ce traître était estropié d'un « bras. »

Le récit que nous venons de donner a quelque ressemblance avec celui que nous tenons d'Ahmed ibn el-Hareth ibn Obeida el-Yemani, et que nous reproduisons ici :

« Échappé de la bataille de Fckh, Idrîs ibn Abd Allah arriva en Égypte, pays dont la poste aux chevaux était alors sous la direction de Ouadeh, client de Saleh, fils du [khalife abbacide] El-Mansour. Cet homme, étant partisan de la secte chîite, fournit au fugitif des chevaux de poste. Lorsque Idrîs fut entré dans le territoire de Tanger, [Haroun] er-Rechîd ordonna à Es-Chemmakh, un de ses clients, de se déguiser en médecin et d'aller le trouver. Comme Idrîs souffrait d'un mal de dents qui lui avait causé une fluxion sur la joue, Es-Chemmakh y appliqua une poudre empoisonnée et partit sur-le-champ. Idrîs mourut par l'effet du poison ; son assassin prit la fuite et alla rejoindre Er-Rechîd, de qui il obtint la direction de la poste aux chevaux de l'Égypte. »

Selon un autre historien, Es-Chemmakh s'enfuit vers minuit, après avoir prescrit d'employer cette poudre le lendemain matin. « Nous regardons comme certain, dit Mohammed ibn Ibrahîm ibn Mohammed ibn el-Cacem, que cet homme l'empoisonna avec une pastèque; pour couper ce fruit, il employa un couteau dont il avait empoisonné la lame d'un seul côté; il donna au prince le morceau auquel le poison avait touché, et il prit l'autre morceau pour lui-même. »

Ouadeh, client de Saleh ibn Mansour, avait un penchant pour la famille d'Abou Taleb; aussi, lorsque Er-Rechîd eut appris comment il avait agi à l'égard d'Idrîs, il le fit décapiter et mettre en croix.

En-Naufeli nous apprend qu'Idrîs mourut à Oulîli l'an 175 (791 de J. C.), et que, depuis l'époque où les Berbers avaient reconnu son autorité jusqu'à sa mort, il s'était écoulé trois ans et six mois.

Selon un historien que nous n'avons pas encore cité, le prince qui s'échappa de la bataille de Fekh se nommait Dawoud, fils d'El-Cacem, fils d'Ishac, fils d'Abd Allah, fils de Djâfer, fils d'Abou Taleb[1]. Il se sauva en Maghreb, et sa postérité, qui se trouve encore à Fez, s'est alliée par des mariages à la famille des Idrîcides. Il rentra en Orient, car il n'avait

---

[1] Il n'était pas, par conséquent, un descendant de Mahomet.

pris la fuite qu'à l'époque où ses deux frères se révoltèrent contre El-Mansour.

« J'ai reçu, dit Ali en-Naufeli, le renseignement suivant d'Eïça ibn Guennoun, qui servait Idrîs ibn Eïça en qualité de cadi à Archgoul, et qui était entré en Espagne afin de prendre part à la guerre sainte. Soleiman, fils d'Abd Allah, fils de Hacen, fils de Hacen, se rendit aussi en Maghreb et s'établit à Tlemcen. Pour avoir les noms des six fils d'Abd Allah, fils de Hacen, il faut tenir compte du nom de Soleiman. En voici la liste : Mohammed, Ibrahîm, Idrîs, Eïça, Yahya, Soleiman. Ils naquirent dans l'ordre indiqué ici. Soleiman, fils de Mohammed et petit-fils de ce Soleiman, eut plusieurs enfants, dont trois, Mohammed, Yahya et Soleiman, furent tous Coreichides [et imams] dans la *kibla*. »

« Idrîs, dit En-Naufeli, mourut sans enfants; mais il laissa une de ses concubines enceinte. En attendant l'accouchement de cette femme, Rached se chargea de gouverner les Berbers. Le fils qu'elle mit au monde et que l'on appela Idrîs, du nom de son père, reçut de Rached une excellente éducation. Il naquit dans le second mois de rebîâ de l'an 175 (août-septembre 791 de J. C.). Rached mourut en 186 (802 de J. C.). L'espèce d'adoption qui attacha Idrîs II à Rached fournit à Mohammed ibn es-Semheri l'idée des vers suivants, dans lesquels il fait la satire d'El-Cacem, fils d'Idrîs, fils d'Idrîs :

Dites au bâtard, au bâtard de Tanger : « Vis dans cet endroit tant qu'il te plaira; personne ne sera tenté de t'envier [1] ton pays.

« Flatté par l'amour-propre, tu voudrais devenir khalife; allons donc! c'est là une de ces sottises dont tes discours sont toujours remplis.

« Quand je t'ai vu prendre des vilains pour amis, j'ai eu la conviction que Rached était ton grand-père. »

On dit que Rached était l'affranchi d'Eïça, fils d'Abd Allah et frère d'Idrîs. [Après la mort de Rached], la tutelle du jeune Idrîs échut à Abou Khaled Yezîd ibn el-Yas. Ce chef porta les Berbers à reconnaître son protégé pour leur souverain et à lui prêter le serment de fidélité. La cérémonie eut lieu le vendredi 7 du premier rebiâ 187 (mars 803 de J. C.). Idrîs n'avait alors que onze ans. Le samedi 7 du mois de dou'l-hiddja 192 (oct 808 de J. C.), il tua Abou Leila Ishac, qui, jusqu'alors, avait été son protecteur et celui de son père [2]. D'après son ordre, la tête de la victime fut portée en Orient par Ahmed et Soleiman, tous les deux fils d'Abd er-Rahman. Ensuite il alla passer un mois à Fez, dans le quartier des Andalous. Ceci arriva aussi en l'an 192 [3]. L'emplacement où s'élève le quartier des Cairouanites était alors un marais couvert de roseaux et bordé

---

[1] Dans le texte arabe il faut remplacer le mot حسـم par حاسـم.

[2] Abou Leila Ishac ibn Mohammed était chef de la tribu des Aouréba. (Voy. ci-devant, p. 268, et l'*Hist. des Berbers*, t. II, p. 559, 561.)

[3] Il y a dans cette indication une erreur chronologique : Idrîs fait mourir Abou Leila le 7 de dou'l-hiddja de l'an 192; or ce mois est le dernier de l'année musulmane; puis Abou Leila a le temps de passer un mois à Fez avant que l'année soit écoulée!

par quelques tentes appartenant à des Zouagha. Sur l'invitation de ces gens, Idrîs se rendit au milieu d'eux, et, en l'an 193 (808-809 de J. C.), il posa les fondations de ce quartier. Au mois de moharrem 197 (septembre-octobre 812 de J. C.), il fit une expédition contre [la ville de] *Niffis;* ensuite il attaqua [les] Nefza et la ville de Tlemcen. En l'an 199, il rentra dans sa capitale.

Le récit que nous allons rapporter a pour auteur Dawoud ibn el-Cacem ibn Ishac ibn Abd Allah ibn Djafer[1]. « Je me trouvai en Maghreb avec Idrîs II, et je l'accompagnai dans une expédition contre les Kharedjites (*schismatiques*). Les ayant enfin rencontrés, il leur livra bataille, bien que leur armée fût trois fois plus nombreuse que la sienne. On se battit avec un acharnement extrême, et ce jour-là je ressentis une telle admiration pour la bravoure d'Idrîs, que j'avais toujours les yeux fixés sur lui. — « Qu'as-tu « donc? me dit-il, pourquoi me regarder avec tant « d'attention? » — « Pour trois raisons, lui répondis- « je; d'abord vous crachez abondamment, tandis « qu'il me reste à peine assez de salive pour m'hu- « mecter la bouche. » — « Cela, répondit-il, tient à « ce que mon cœur reste inébranlable, et votre « bouche s'est desséchée parce que vous avez perdu « votre sang-froid. » — « La seconde raison, lui dis-je, « c'est à cause de la force de corps que vous déployez. » « — Cela, me dit-il, tient aux prières que notre saint « Prophète offre en notre faveur. » — « La troisième

---

[1] Voy. ci-devant, p. 276.

« raison, ajoutai-je, c'est de vous voir presque tou-
« jours en mouvement; à peine pouvez-vous demeu-
« rer tranquille sur votre cheval. » — « Cela provient,
« me répondit-il, du désir que j'éprouve de com-
« battre; ne croyez pas que ce soit un effet de la peur.
« C'est à bon droit que je puis réciter ces vers :

Notre aïeul Hacen n'a-t-il pas retroussé son manteau pour enseigner à ses fils comment on frappe avec la lance et l'épée!

La guerre ne me lassera pas avant qu'elle se lasse de moi; jamais je ne me plaindrai des fatigues que j'aurai à supporter. »

En l'an 213 (828-829 de J. C.), Idrîs, qui avait alors trente-trois ans, mourut à Oulîli. Il était à manger une grappe de raisin, quand un grain de ce fruit lui resta dans le gosier; ne pouvant s'en débarrasser, il demeura la bouche ouverte, bavant et écumant, jusqu'à ce que la mort survînt. Il laissa plusieurs fils, dont voici les noms: Mohammed, Ahmed, Obeid Allah, Eïça, Idrîs, Djafer, Hamza, Yahya, Abd Allah, El-Cacem, Dawoud et Omar. Mohammed, qui lui succéda, partagea l'empire entre ses frères, d'après le conseil de son aïeule Kenza, mère d'Idrîs. S'étant réservé la ville de Fez pour résidence, il livra à son frère El-Cacem les villes d'El-Basra et de Tanger, avec les régions qui en dépendaient; à Omar, il assigna le pays des Sanhadja et celui des Ghomara; Dawoud obtint le commandement des Hoouara, établis à Tacelmet; Yahya reçut pour sa part l'endroit nommé *Daï* et les localités voisines;

Eïça eut le gouvernement de Wazaccour et de Cela (*Salé*); Hamza eut le commandement d'El-Aoudïa « les rivières », territoire situé dans le voisinage d'Oulîli, et Abd Allah se vit maître de Lemta et des lieux qui en dépendent. Les autres frères, étant trop jeunes pour exercer des commandements, allèrent demeurer avec ceux qui en avaient obtenu. Quelque temps après ce partage, Eïça, seigneur de Wazaccour, se révolta contre son frère Mohammed. Celui-ci écrivit alors à El-Cacem, dont le territoire touchait à celui d'Eïça, lui ordonnant de combattre le rebelle. El-Cacem s'y refusa; mais Omar, qui reçut ensuite un ordre semblable, s'empressa de porter secours à son bienfaiteur. S'étant dirigé vers le lieu où Eïça avait établi son camp, il traversa les environs de Fez, et sans attendre l'arrivée de Mohammed, auquel il avait écrit de venir le secourir, il marcha en avant, expulsa Eïça de Wazaccour, et le contraignit à se réfugier à Salé. Ayant alors reçu un second ordre de son frère, il tourna ses armes contre El-Cacem, et le dépouilla de toutes ses possessions. Dès lors El-Cacem se consacra à la dévotion et s'enferma dans une mosquée qu'il fit bâtir à Asîla, sur le bord de la mer. Peu de temps après ces événements, Omar mourut à El-Ferès, campagne qu'il possédait dans le pays des Sanhadja. On transporta son corps à Fez pour y être enterré. C'est de lui que descendent les Hammoudites, famille qui s'est rendue indépendante en Andalousie, ainsi que nous le raconterons plus loin. Mohammed mourut ensuite, et laissa ses États à Ali, son fils et successeur désigné. Après la mort d'Ali, son neveu, Yahya, fils de Yahya et petit-fils de Mohammed ibn Idrîs, obtint le commandement. S'étant épris d'une belle juive, nommée Hanna, il pénétra dans le bain public pendant qu'elle s'y trouvait, et par cet acte répréhensible il indisposa contre lui toute la population de Fez. Abd er-Rahman, fils d'Abou Sehel el-Djodami et aïeul d'Ahmed ibn Bekr, [qui devint plus tard] seigneur de Fez, profita du mécontentement général pour s'emparer du pouvoir et chasser Yahya de la ville. Ce prince se réfugia dans le quartier des Andalous, où il mourut la même nuit. Sa femme Atîca, qui était fille d'Ali ibn Omar ibn Idrîs, ne l'accompagna pas dans sa fuite. Ali ibn Omar lui-même vint alors à la tête de ses troupes, pénétra dans le quartier des Cairouanides et en prit possession. De cette manière, le pouvoir passa de la famille de Mohammed ibn Idrîs dans celle d'Omar ibn Idrîs. Sous le règne d'Ali, fils d'Omar, un Kharedjite sofrite nommé *Abd er-Rezzac*, et natif, dit-on, de la frontière [septentrionale] de l'Espagne musulmane, se révolta dans le Medyouna, montagne située au sud de Fez. Après avoir livré plusieurs combats à Ali, il remporta sur lui une victoire décisive[1] et le contraignit d'abandonner la ville de Fez et de se réfugier dans le territoire des Aouréba. Les habitants du quartier des Andalous lui firent leur soumission; mais ceux de l'autre quartier refusèrent d'écouter ses sommations, et firent venir chez eux,

---

[1] Dans le texte arabe il faut lire ﻣﻬﺰﻭﻡ à la place de ﻣﻬﺰﻭﻡ.

pour les commander, un fils d'El-Cacem, nommé Yahya, et surnommé *El-Addam*¹. Ce prince resta avec eux jusqu'à l'an 292 (904-905 de J. C.), où il fut tué par Rebiâ ibn Soleiman². Yahya ibn Idrîs, petit-fils d'Omar ibn Idrîs, vint alors à Fez et y rétablit l'autorité dans sa famille. Il resta en possession de cette ville jusqu'à l'an 307 (919-920 de J. C.), où Messala ibn Habbous arriva dans le pays, ainsi que nous l'avons déjà mentionné³. Après avoir expulsé les Beni Saleh de Noccour, ce général marcha sur Ez-Zeitoun, capitale des États que Yahya ibn Idrîs possédait avant de s'être rendu à Fez. Yahya se mit en campagne avec l'intention de défendre cette place forte, dans laquelle il comptait toujours trouver un asile et une retraite assurée; mais il essuya une défaite qui le mit désormais dans l'impossibilité de rétablir ses affaires. Il mourut l'an 334 (945-946 de J. C.) à El-Mehdiya, ville dont Abou Yezîd faisait alors le siége. De tous les princes idrîcides

---

¹ Ce nom est écrit *El-Micdam* المقدم dans le texte imprimé du *Cartas*; *El-Addam* العدام dans le Bekri de l'Escurial; *El-Adlem* العدلم dans celui de Paris; *El-Haddjam* الحجام (leçon évidemment mauvaise), dans le manuscrit du Musée britannique, et *El-Adam* dans le *Baïan*. Dans les manuscrits d'Ibn-Khaldoun (*Hist. des Idrîcides*), on lit *El-Addam* et *Es-Saram* الصرام; mais, dans les Prolégomènes du même auteur, texte imprimé à Paris, ce nom est écrit *El-Mâdam* المعدم.

² Général de Yahya ibn Idrîs.

³ Voy. ci-devant, p. 220, et *Histoire des Berbers*, t. II, p. 145, 526. Dans les documents que nous possédons sur l'histoire des Idrîcides on remarque beaucoup d'erreurs et de contradictions, tant dans les dates que dans les noms propres.

qui régnèrent en Maghreb, aucun n'était parvenu à un tel degré de puissance et de considération que Yahya ibn Idrîs. En-Naufeli dit : « En l'an 305 (917-918 de J. C.), Messala ibn Habbous fit sa première campagne en Maghreb, et, après avoir gagné l'amitié de Mouça ibn Abi 'l-Afiya par des bienfaits, il lui donna le commandement de ce pays. A partir de ce moment, Mouça se vit toujours trompé dans ses espérances et frustré dans ses projets ambitieux par la puissance de Yahya ibn Idrîs; aussi, en l'an 310 (922-923 de J. C.), quand Messala rentra en Maghreb pour la seconde fois, il dénonça à ce chef la conduite du prince idrîcide. Messala, qui convoitait déjà les possessions et les richesses de Yahya, résolut de s'emparer de lui par quelque coup de trahison. Voyant ce prince entrer au camp avec l'intention de lui offrir un riche présent, il le fit arrêter, le dépouilla de tout ce qu'il apportait, et lui ordonna de faire venir tous les trésors qu'il avait laissés dans le palais. Après avoir recueilli de cette façon une somme énorme, il chassa Idrîs du pays. Les États du prince détrôné devinrent le partage de Hacen ibn Mohammed el-Haddjam et de Mouça ibn Abi 'l-Afiya. »

Voici ce que dit le cadi Mohammed ibn Omar es-Sadefi : « Yahya ibn Idrîs ayant été expulsé du pays par Messala ibn Habbous, fut réduit à un tel degré de misère, qu'il se vit abandonné par tout son entourage. Plus tard Mouça ibn Abi 'l-Afiya le fit prisonnier, dévasta la ville où il s'était établi et le retint captif dans la ville de Lokaï. Après avoir subi une longue détention, Yahya obtint de Mouça la permission de s'en aller, et, s'étant rendu seul à la ville d'Asîla, il y fixa son séjour, et reçut de [ses parents], les Beni Ibrahîm, le don d'une petite propriété qui suffisait, tout au plus, à son entretien. »

Le même auteur dit : « Idrîs, le père de Yahya, avait prié Dieu de faire mourir son fils de faim dans un pays étranger. En l'an 331 (942-943 de J. C.), Yahya prit la route d'El-Mehdiya, et cela à l'époque de la révolte d'Abou Yezîd et de sa lutte avec les Fatemides, réduits alors à leurs propres forces. Il mourut de faim, sans pouvoir se rencontrer avec les princes fatemides, parce qu'Abou Yezîd tenait leur ville étroitement bloquée. »

En l'an 307 (919-920 de J. C.), Messala ibn Habbous confia le gouvernement de Fez à Rîhan ibn Ali le Ketamien. Cet officier garda son commandement jusqu'à l'an 316 (928 de J. C.), où Hacen ibn Mohammed, petit-fils d'El-Cacem ibn Idrîs et surnommé *El-Haddjam*, vint l'expulser de la ville. El-Haddjam resta en possession de Fez pendant deux ans. Ce fut à son oncle, Ahmed ibn el-Cacem ibn Idrîs, qu'il fut redevable de ce sobriquet. Une discussion s'étant élevée entre eux les mit de mauvaise intelligence et les entraîna dans une guerre. Les armées des deux princes s'étant rencontrées à El-Medali, dans le pays des Sanhadja, Hacen se jeta sur un des serviteurs de son oncle, et lui porta un coup de lance dans la partie du bras où l'on pratique la saignée. Il fit exactement la même chose à un second serviteur, puis à un troisième. Son oncle, à qui on raconta cette circonstance, s'écria, « Voilà mon neveu qui s'est fait barbier-chirurgien (*haddjam*)! » et ce sobriquet lui resta. Un des poëtes qui cultivaient la faveur des Idrîcides, fait allusion à cette anecdote dans le vers suivant :

On me nomme Haddjam, moi qui ne suis pas un chirurgien ; et cela, parce que j'ai frappé mes adversaires à la veine du bras.

Hacen el-Haddjam se tenait dans le fond du pays d'El-Medali; mais de là il gouvernait la ville de Fez. Ayant livré bataille à Mouça ibn Abi'l-Afiya, l'un des grands chefs berbers, il lui fit éprouver une défaite si honteuse que jamais, depuis l'arrivée des Idrîcides en Maghreb, rien de pareil ne s'était vu dans ce pays. Mouça prit la fuite après avoir perdu plus de deux mille de ses partisans, et, avec eux, son fils Minhel. Quelque temps après, Hacen, qui se trouvait à Fez, devint la victime d'une trahison ourdie par Hamed ibn Hamdan el-Hemdani, surnommé *El-Louzi*, parce qu'il était originaire du bourg d'El-Louz[1], en Ifrîkiya. Cet homme, l'ayant accueilli chez lui, le retint prisonnier, après avoir donné l'ordre de fermer les portes de la ville, afin que les troupes de son hôte n'y entrassent pas. Tel était du reste l'usage de Fez; jamais les habitants ne permettaient à un chef d'introduire ses troupes dans la ville. Après avoir enfermé Hacen dans une pri-

Voy. ci-devant, p. 123.

son, Hamed envoya chercher Mouça ibn Abi'l-Afiya, et l'introduisit dans la place. Devenu maître du quartier des Cairouanides, Mouça parvint, quelque temps après, à soumettre celui des Andalous. Voulant alors tirer vengeance de la mort de son fils Minhel, il engagea Hamed, de la manière la plus pressante, à tuer Hacen el-Haddjam. Hamed s'y refusa d'abord, afin d'éviter le scandale qu'un tel forfait donnerait au public; puis, s'étant décidé au crime, il administra du poison au prisonnier, et le conduisit ensuite, pendant la nuit, jusqu'à la muraille de la ville. Hacen tomba du haut du rempart, se démit la cuisse et alla mourir dans le quartier des Andalous. Abd Allah ibn Thaleba ibn Mohareb el-Azdi y succomba en même temps, ayant été mis à mort par l'ordre de Mouça, ainsi que ses fils Mohammed et Youçof. Mohareb, son troisième fils, prit la fuite et se réfugia dans Cordoue, ou, selon un autre récit, dans El-Mehdiya. Mouça forma alors le projet d'ôter la vie à Hamed el-Hemdani; mais ce chef parvint à s'enfuir, et à se réfugier dans la ville d'El-Mehdiya. Devenu maître du Maghreb entier, Mouça expulsa les autres Idrîcides de leurs possessions, et les contraignit à s'enfermer dans Hadjer en-Necer, forteresse bâtie, en l'an 317 (929), par Ibrahîm, fils de Mohammed, fils d'El-Cacem, fils d'Idrîs, fils d'Idrîs. Il avait même exprimé l'intention de les y assiéger afin de pouvoir exterminer toute cette famille; mais il dut renoncer à son projet en conséquence des remontrances que lui adressèrent les personnages les plus influents du Maghreb : « Comment! lui dirent-ils, tu viens de les chasser et de les réduire à l'indigence; puis, maintenant, toi qui es Berber, tu veux faire mourir toute la postérité d'Idrîs! » Pour éviter les suites de leur mécontentement, il alla rejoindre son armée, et, voulant ôter aux réfugiés tous leurs moyens d'action, il plaça en observation, à Tawint, un corps de troupes commandé par Abou Cameh « le père du blé », un de ses principaux officiers. Son fils Medyen, qu'il établit dans Fez, pour lui servir de lieutenant, resta dans cette ville jusqu'à l'an 321 (933 de J. C.), époque vers laquelle Homéid ibn Izeli [1] arriva au Maghreb avec Hamed ibn Hamdan el-Hemdani. Aussitôt qu'il apprit cette nouvelle, il s'enfuit de la ville. Homeid y installa Hamed comme gouverneur. Les Idrîcides, ayant alors réuni leurs forces, tombèrent sur les troupes d'Abou Cameh, les mirent en pleine déroute et s'emparèrent de presque tout ce qu'il y avait dans leur camp. Ce fut là, dit-on, le motif qui porta les vainqueurs à désigner cette localité par l'appellation d'*El-Kaoum* « le tas de blé », et à employer ce nom comme mot de ralliement et comme parole de bon augure. Ahmed, fils de Bekr et petit-fils d'Abd er-Rahman ibn Abi Sehel el-Djodami, s'étant emparé de Fez, y tua Hamed et son fils. Mouça ibn Abi 'l-Afiya, à qui il envoya leurs têtes, fit transporter ces trophées à Cordoue par

---

[1] Ce personnage est le Hamîd ibn Yesel de la traduction de l'*Histoire des Berbers*. Le nom *Yesel* ou *Izel* est probablement une altération du mot berber *Isli*, qui signifie *fiancé*.

Saîd ibn ez-Zerrad. En quittant le Maghreb, Homeid ibn Izeli y avait laissé Mouça ibn Abi 'l-Afiya, sans attendre l'autorisation [de son souverain]; aussi, à son retour en Ifrîkiya, se vit-il enfermer dans une prison, d'où il n'effectua son évasion que pour passer en Andalousie. Ensuite, en l'an 323 (935 de J. C.), le *feta* Meiçour arriva en Maghreb, ainsi que nous l'avons déjà dit [1]. Ce général ayant fait arrêter Ahmed ibn Bekr, qui commandait à Fez et qui était sorti de la ville pour visiter le camp, l'envoya prisonnier à El-Mehdiya. Les habitants de Fez ayant alors pris pour chef Hacen ibn Cacem le Louatien, Meiçour tint leur ville bloquée pendant sept mois avant de se décider à la retraite. En l'an 341 (952-953 de J. C.), quand Ahmed ibn Bekr eut obtenu la permission de quitter El-Mehdiya et de rentrer à Fez, Hacen ibn Cacem lui remit le commandement, qu'il avait gardé jusqu'alors. Meiçour, étant revenu en Maghreb, mit le siége devant la forteresse où Mouça ibn Abi 'l-Afiya s'était enfermé. Les Idrîcides prirent une part très-active à cette guerre, qui se termina par la défaite de Mouça et sa fuite dans le désert. Les possessions de ce chef passèrent entre les mains des Idrîcides. Tous les membres de cette famille reconnaissent aux descendants de Mohammed ibn el-Cacem ibn Idrîs ibn Idrîs le droit de les commander, et ils avaient alors pour chefs Hacen, Guennoun et Ibrahîm, tous fils de Mohammed. Ce prince était resté sans influence dans la position inférieure où

[1] Voy. ci-devant, p. 225.

ses frères et ses parents l'avaient relégué, mais alors l'illustration et la puissance devinrent le partage de ses enfants. Son fils Ibrahîm, mieux connu par le surnom d'*Er-Rahouni*, laissa deux fils, Guennoun et Hannoun, qui allèrent s'établir dans le rocher de l'Aigle (*Sakhra-t-en-Necer*). Le vrai nom de Guennoun était El-Cacem. Ce prince eut à subir l'insolence de Mohammed ibn Ishac, mieux connu sous le nom d'El-Bedjeli[1], qui l'accabla de satires. S'étant épris d'une concubine appartenant à ce poëte, il la lui enleva et l'installa chez lui. El-Bedjeli, qui avait déjà eu un enfant de cette femme, sollicita l'intervention d'Ahmed ibn el-Cacem ibn Idrîs, afin de se la faire rendre. Ahmed écrivit à Guennoun, qui était son cousin, en le priant de la renvoyer au poëte et en lui faisant observer que l'acte dont il venait de se rendre coupable l'exposerait aux propos les plus injurieux. Voyant que Guennoun ne faisait aucune attention à sa lettre, il autorisa El-Bedjeli à combattre le ravisseur avec l'arme de la satire, lui promettant de ne jamais s'en offenser. Un de ces libelles renfermait le passage suivant :

Les ordures que tu lâcheras en recevant les premiers coups de mes satires, penses-tu qu'elles se laisseront enlever par les eaux du Sefded débordé?
Ou par la mer de Tanger, qui s'agite sous les bourrasques de l'*Eurus* [ou par le..... qui se précipite du haut[2]] d'un rocher escarpé?

[1] L'orthographe de ce surnom est incertaine. (Voy. p. 266.)
[2] Il y a ici un blanc dans tous les manuscrits.

Ou par le Nil d'Égypte quand il répand ses torrents dévastateurs, dont les vagues écumantes envahissent le rivage?

Guennoun prétend qu'il n'est que pédéraste; il est cependant le passif quand il se trouve seul avec son page.

Enfants de Mohammed le bâtard, vous êtes les plus vils de tous les êtres qui se lèvent le matin et qui se couchent le soir!

Si Guennoun appartient à la famille de Mahomet, je me déclare infidèle envers le prophète Mahomet!

Nous avons déjà parlé du Sefded et fait remarquer que ce fleuve change de nom selon les localités qu'il traverse. Le poëte parle des bourrasques de l'Eurus dans la mer de Tanger, parce que le vent de l'est y cause d'énormes désastres et se fait sentir également sur les deux côtés [du détroit].

De tous les descendants de Mohammed, celui qui parvint au plus haut degré de puissance fut Abou 'l-Aïch, fils de Guennoun et petit-fils de Mohammed. Il posséda tout le territoire qui s'étend depuis Iou Iddjadjin, au sud de Hadjer en-Nesr, jusqu'à la ville de Fez. Le savant de la famille était Ahmed, fils d'Ibrahîm et petit-fils de Mohammed. Il possédait par cœur l'histoire des anciens Arabes et les chroniques [de l'islamisme]; il connaissait bien les généalogies des Arabes, et comme sa prudence était égale à son intelligence, il mérita, par ses talents, l'admiration universelle. Aussi le nommait-on *Ahmed el-Fadl* « Ahmed l'homme de mérite. » Le territoire dont il était le seigneur s'étendait depuis Iou Iddjadjin jusqu'à la ville de Ceuta. Il avait un tel penchant pour les Oméïades [d'Espagne], qu'il poussa jusqu'au fanatisme son dévouement pour cette famille. Ce fut lui qui, en l'an 332 (943-944 de J. C.), consulta le grand cadi [de l'Andalousie], Mohammed ibn Abd Allah ibn Abi Eïça, lui exprimant le désir de passer en Espagne, et de faire la guerre sainte sous les ordres d'Abd er-Rahman, émir des croyants. Ce monarque, ayant eu connaissance du souhait exprimé par le prince idrîcide, ordonna au cadi de lui répondre et de l'encourager à venir. Il le chargea en même temps d'informer son correspondant qu'après avoir débarqué à Algésiras, il trouverait, à chacune des trente stations qu'il devait parcourir avant d'arriver à Belat Homeid, sur l'extrême frontière [du nord], un kiosque bâti pour le recevoir, et que chacun de ces édifices coûterait mille mithcals (*pièces d'or*) à l'émir des croyants. « De cette manière, ajouta Abd er-Rahman, on fera vivre éternellement le souvenir de son arrivée en Espagne. » Le seul membre de la famille d'Idrîs dont la renommée scientifique rivalisa avec celle d'Ahmed el-Fadl fut Ahmed el-Akber « l'aîné, l'ancien », fils d'El-Cacem ibn Idrîs et surnommé *El-Garéti*. Il possédait effectivement quelques connaissances et jouissait d'une certaine réputation en Maghreb. Ce fut lui qui attira [dans ce pays le poëte] Bekr ibn Hammad. Deux autres de ces princes, nommés l'un, *Hacen Guennoun*, fils d'El-Cacem, et l'autre, *Eïça ibn Guennoun*, et petit-fils de Mohammed ibn el-Cacem, se rendirent à la cour de l'émir des croyants, Abd er-Rahman. Ils y arrivèrent le lundi, 12 du mois de choual de l'an 333 (mai 945 de J. C.), et, après avoir passé quelque temps à jouir des faveurs dont ce monarque les combla, ils repartirent pour leur pays dans le mois de safer de l'année suivante (septembre-octobre 945). Au commencement de l'an 338 (juillet 949), les Beni Mohammed ibn el-Cacem firent abattre la ville de Tétouan; puis ils en eurent du regret, et se disposèrent à la relever de ses ruines. Les habitants de Ceuta, ayant appris leur intention, poussèrent de hauts cris et prétendirent que la nouvelle Tétouan nuirait à la prospérité de leur ville et lui enlèverait tous ses avantages. L'émir des croyants, Abd er-Rahman, s'empressa d'y envoyer un corps de troupes sous les ordres d'Ahmed ibn Yala. Ce général arriva à Ceuta en l'an 341 (952-953) et expédia au gouverneur de Tîguîças une dépêche par laquelle le souverain espagnol ordonnait à Homeid ibn Izeli, commandant de cette place, de se rendre à Ceuta avec ses troupes, et d'aider Ibn Yala à combattre les Beni Mohammed. Lorsque les deux corps d'armée eurent effectué leur jonction, Ali ibn Moad, que Homeid avait envoyé en mission auprès de ces Idrîcides, les décida à sortir de Tétouan et à livrer leurs fils [comme otages] à l'émir des croyants. Ahmed ibn Yala se rendit alors auprès du [souverain oméïade] avec Hacen et Mohammed, dont le premier était fils d'Ahmed el-Fadel, fils d'Ibrahîm ibn Mohammed, et le second était fils d'Eïça, fils d'Ahmed ibn Ibrahîm. Ces deux Idrîcides arrivèrent à Cordoue le samedi 10 redjeb 341 (décembre 952 de

J. C.). Eïça [père de Mohammed] était surnommé *Abou 'l-Aïch*. Hacen [ibn Ahmed] fit alors venir auprès de lui son fils Yahya, et Mohammed [ibn Eïça] envoya chercher son fils Hacen. Ces jeunes princes arrivèrent à Cordoue le mercredi 25 du second rebia 342 (septembre 953 de J. C.), et se fixèrent dans cette capitale. Leurs pères repartirent pour le Maghreb, après avoir été comblés, à plusieurs reprises, de dons et d'honneurs. Yahya et Hacen laissèrent de la postérité mâle à Cordoue; le premier y mourut en l'an 349 (960-961 de J. C.), et le second en 350. On les enterra dans le cimetière du faubourg, et le cadi El-Monder ibn Saîd [1] récita sur eux le service funèbre. Yahya laissa un fils, nommé Hocein; Hacen en laissa deux : Mohammed et Hocein. Ces princes demeurèrent à Cordoue jusqu'à l'avénement d'El-Mostancer [2]. Au mois de redjeb 354 (juillet-août 965 de J. C.), ce khalife les fit conduire [en Afrique] par quelques grands de l'empire, qui possédaient toute sa confiance. Ces envoyés remirent les trois princes à Ahmed [el-Fadel] et à Hacen, tous les deux fils d'Ibrahîm ibn Mohammed ibn el-Cacem. Comme Yahya [petit-] fils d'Ahmed [ibn Ibrahîm] et père de Hocein était déjà mort, Ahmed ibn Ibrahîm ac-

---

[1] Monder ibn Saîd, grand cadi de Cordoue, mourut en office vers la fin de l'an 355 (novembre, 966 de J. C.). Dans les *Analectes* d'El-Maccari (t. I, p. 470 du texte arabe imprimé) se trouve une notice biographique de ce magistrat distingué. (Voy. aussi le Maccari de Gayangos, trad. angl. vol. II, p. 468.)

[2] En l'an 350 (961 de J. C.).

cueillit le fils de son [petit-] fils Yahya et l'établit dans le territoire que celui-ci avait possédé.

Nous allons maintenant parler de la postérité d'Omar ibn Idrîs ibn Idrîs, aïeul de la dynastie [hammoudite], qui surgit en Andalousie. Omar eut plusieurs fils : 1° Ali, né d'une concubine ; 2° Idrîs, dont la mère, Zeineb, était fille d'Abd Allah, fils de Dawoud, fils d'El-Cacem el-Djaferi ; 3° Obeid Allah, né d'une esclave nommée *Rebaba*; le quatrième se nommait *Mohammed*. Ali laissa douze fils et une fille nommée *Atîca*, qui épousa Yahya ibn Yahya ibn Mohammed ibn Idrîs, ainsi que nous l'avons déjà dit[1]. Presque toute la postérité de ces quatre frères vit au milieu des Aouréba ; le reste se trouve dans la ville de Fez et dans le territoire des Kotama. Hamza ibn Ali fut tué, avec ses deux fils, Haroun et Yahya, à Beni-Aousdja, ville qui lui appartenait ; Mouça ibn Abî 'l-Afiya les ayant faits prisonniers, leur donna la mort de sa propre main. Hamza avait aidé Hacen ibn Mohammed el-Haddjam dans la bataille qui amena la déroute de Mouça ; puis, après avoir assisté à la mort de Minhel, fils de Mouça, il avait fait suspendre le cadavre de ce jeune chef à la porte de son palais, dans la ville des Beni Aousdja. Ce fut pour se venger que Mouça leur ôta la vie. Hacen, fils d'Obeid Allah et petit-fils d'Ali, était affligé de la lèpre. Guennoun, fils d'Idrîs et petit-fils d'Ali, fut chassé de son pays par Mouça ibn Abi 'l-Afiya ; il passa chez les Zenata, fut fait prisonnier par les Béregouata, et laissa de la posté-

[1] Voy. ci-devant, p. 282.

rité dans le pays de ce peuple. Abou 'l-Aïch, fils d'Ali, laissa de la postérité en Espagne. Idrîs, fils d'Omar ibn Idrîs, surpassa en mérite tous ses frères. Le droit de commander à la famille entière fut exercé par ses descendants jusqu'à ce que les Beni Mohammed ibn el-Cacem eussent obtenu la supériorité numérique. Mohammed, fils d'Idrîs ibn Omar, portait le surnom d'*Abou 'l-Aïch;* mais il était mieux connu sous le sobriquet d'*Ibn Meïyala*. Il montra toujours un grand dévouement à En-Nacer Abd er-Rahman. Nous avons déjà mentionné que Yahya, fils d'Idrîs, maître de la ville de Fez, fut le plus puissant des Idrîcides du Maghreb, et qu'il mourut à El-Mehdiya. « Les salons de Yahya ibn Idrîs, dit Ali en-Naufeli, étaient très-fréquentés par les uléma et les poëtes. Abou Ahmed es-Chaféï assistait régulièrement à ces réunions, et prenait part aux discussions scientifiques qui avaient lieu en la présence du prince. Plusieurs écrivains travaillaient à copier des livres pour Yahya ibn Idrîs; on arrivait d'Espagne et d'autres pays dans l'espoir de goûter de ses bienfaits, et on ne le quittait qu'après être comblé de grâces et d'honneurs. » Outre les fils d'Idrîs ibn Omar que nous avons nommés, il y en avait encore cinq, qui laissèrent une postérité nombreuse. Obeid Allah, fils d'Omar ibn Idrîs, épousa une Berbère nommée *Melouka;* cette femme lui donna plusieurs fils, dont nous ne connaissons que Hamza, El-Cacem et Abou 'l-Aïch. Ses autres fils, Ali, Ibrahîm et Mohammed, naquirent d'une Zouaghienne. On désigne Mohammed par le titre d'*Es-*

Chehîd « le martyr ». Hamza se distinguait par sa bravoure, sa générosité et son caractère entreprenant. Il laissa plusieurs fils, dont la nombreuse postérité se trouve encore dans le pays des Ghomara et dans celui des Zenata. Ali, fils d'Obeid Allah, eut aussi plusieurs fils, dont le seul Guennoun laissa de la postérité ; on en trouve dans le canton d'El-Djezîra [1]. Ibrahîm, [fils d'Obeid Allah], laissa de la postérité à Hadjer en-Necer, et on trouve les descendants d'un de ses fils dans le pays des Zenata. El-Cacem, fils d'Obeid Allah, laissa une nombreuse famille, dont les membres demeurent parmi les Zenata. La postérité de Mohammed es-Chehîd habite aussi le territoire des Zenata. Abou 'l-Aïch, fils d'Obeid Allah, laissa deux fils, Hammoud et Yahya; la postérité de celui-ci habite Tazeghedera [2]. Hammoud eut trois enfants : El-Cacem, Ali et Fatema. Ali obtint le khalifat de l'Andalousie en l'an 407 (1016-1017 de J. C.). Il fut tué dans un bain, au palais de Cordoue, par deux pages esclavons. Les assassins subirent la peine de mort. Il laissa deux fils, Yahya et Idrîs, dont le premier était son successeur désigné et seigneur du Maghreb ; le second possédait la ville de Malaga. Après la mort d'Ali, les Berbers firent venir son frère El-Cacem, et, l'ayant conduit au palais, ils le proclamèrent khalife, avec le concours du peuple, qui lui prêta le serment de fidélité. Yahya, neveu

---

[1] Peut-être *El-Djezira-t-el-Khadra*, maintenant Algéceras, en Espagne.

[2] La position de cette localité nous est inconnue.

d'El-Cacem, apprit cette nouvelle avec indignation, parce que son père l'avait déjà déclaré héritier du trône, et, secondé par son frère Idrîs, il résolut de combattre son oncle, qui leur avait enlevé, par surprise, l'exercice du khalifat. Idrîs traversa la mer pour se rendre en Maghreb, et Yahya, qui était d'accord avec lui, quitta ce pays et débarqua à Malaga, afin de faire valoir ses droits au trône du khalifat. Arrivé à Séville l'an 414 (1023-1024 de J. C.), Yahya poussa en avant jusqu'à Cordoue, où il se fit proclamer khalife, sous le titre d'*El-Motali* « l'exalté ». La khotba se faisait partout en son nom quand les troupes berbères répudièrent son autorité et le contraignirent à se réfugier dans Malaga. Son oncle, El-Cacem, revint alors à Cordoue, et prit le titre d'*El-Mamoun* (*securus*); mais, ayant été détrôné par son neveu Yahya, il alla s'établir dans Séville, d'où il se fit expulser plus tard par Mohammed ibn Abbad. S'étant alors rendu à Xérès, où il fut assiégé[1] par son neveu Yahya, il tomba, lui et ses fils, entre les mains de son adversaire, et fut enfermé avec eux dans une prison. Yahya ibn Ali, devenu maître du royaume, conserva le pouvoir jusqu'à sa mort[2]. Il fut tué dans

---

[1] Dans le texte arabe, je lis ﺓﺮﺼﺑ à la place de ﺮﺼﺑ.

[2] Yahya ibn Ali s'empara de Cordoue, pour la seconde fois, en l'an 416 (1025); il la perdit deux années plus tard; mais il conserva Carmona, ainsi que la ville et les dépendances de Malaga, jusqu'à l'an 427, où il fut assassiné par quelques-uns de ses propres serviteurs. (El-Maccari, trad. de Gayangos, vol. II, p. 240 et suiv.) C'est à tort que Conde et ses copistes le font mourir en 417. Les renseignements fournis par Conde sont presque toujours inexacts ou faux.

le mois de moharrem 427 (novembre 1035 de J. C.). Son frère, ayant appris cette nouvelle à Ceuta, s'y fit proclamer khalife, sous le titre d'*El-Azîz Billah* « puissant par la grâce de Dieu », et alla débarquer à Malaga, où il se fit proclamer de nouveau, sous le titre d'*El-Moteaïyed Billah* « soutenu par Dieu ». On fit la prière publique au nom de ce khalife, tant à Malaga et dans les états berbers de l'Andalousie, que dans Almeria et les lieux qui en dépendent. Il mourut le lundi 16 moharrem 431 (octobre 1039 de J. C.). Son [fils et] successeur désigné, Hacen ibn Yahya, seigneur de Ceuta, passa en Andalousie après avoir pris le titre d'*El-Mostancer Billah* « le victorieux par la faveur de Dieu », et se fit reconnaître comme khalife à Malaga, à Grenade et dans les lieux qui avoisinent ces deux villes. Il conserva le pouvoir jusqu'à sa mort, événement qui eut lieu en l'an 434 (1042-1043 de J. C.). Son frère, Idrîs ibn Yahya, prit alors le titre d'*El-Aali* « l'exalté », et se fit proclamer khalife le jeudi 6 du second djomada 434 (janvier 1043 de J. C.). Dès lors on célébra la prière publique au nom de ce prince, à Malaga, à Grenade, à Carmona et dans les cantons qui en dépendent. Il fut déposé en l'an 438 (1046-1047 de J. C.). Mohammed, fils d'Idrîs et petit-fils d'Ali, se mit alors en avant, prit le titre d'*El-Mehdi* « le dirigé », et régna comme khalife dans ces mêmes localités jusqu'à l'an 444 (1052-1053 de J. C.), époque de sa mort. L'autorité passa entre les mains de son neveu Idrîs, fils de Yahya, fils d'Idrîs, fils d'Ali. Ce prince adopta le titre d'*El-Mouwaffac* « le favorisé », sans prendre celui de khalife. Quelques mois plus tard, El-Aali Idrîs ibn Yahya pénétra dans la ville où El-Mouwaffac se tenait, et, pour la seconde fois, il se fit proclamer souverain à Malaga. Le pouvoir lui resta jusqu'à l'an 446 (1054-1055 de J. C.), époque de sa mort. Son fils Mohammed ibn Idrîs lui succéda sous le titre d'*El-Mostâli* « qui cherche à s'élever », mais sans se faire proclamer khalife. Il resta à Malaga jusqu'au commencement de l'an 447 (avril 1055), quand cette ville lui fut enlevée par Badîs ibn Habbous ibn Makcen [1]. Dès lors la dynastie fondée par Ali ibn Mahmoud cessa de régner. Mohammed ibn Idrîs vécut quelque temps à Alméria dans une profonde obscurité; puis, au mois de choual 459 (août-septembre 1067 de J. C.), il se rendit à Melîla, par suite d'une invitation que l'on venait de lui adresser. Les Beni Ourtedi, habitants de cette localité, de Colouê Djara et des lieux voisins, le reconnurent pour leur souverain. Il est resté avec eux jusqu'à ce jour; nous sommes maintenant vers la fin de 460 (octobre 1068 de J. C.).

NOTICE DE L'EMPIRE DES BÉREGHOUATA ET DE LEURS ROIS.

Le récit qui va suivre provient de Zemmour, surnommé *Abou-Saleh*, et membre de la tribu des Béreghouata. Cet homme était fils de Mouça, fils de Hicham, fils de Ouardîzen, et il tenait chez son peuple le rang de chef de la prière. Ayant été chargé d'une

---
[1] Comparez *Hist. des Berbers*, t. II, p. 63.

mission par le souverain des Béreghouata, Abou Mansour Eïça, fils d'Abou 'l-Ansar Abd Allah, fils d'Abou Ghofaïr Yahmed, fils de Moad, fils d'El-Yaça[1], fils de Saleh, fils de Tarîf, il arriva à Cordoue dans le mois de choual 352 (octobre-novembre 963 de J. C.), et se présenta à la cour d'El-Hakem el-Mostancer. Pour communiquer les renseignements qu'on lui demandait, il avait recours au député qui l'accompagnait et qui lui servait d'interprète. Abou Mouça Eïça, fils de Dawoud, fils d'Achrîn es-Settaci, c'est ainsi que se nommait l'interprète, était natif de la ville de Chella; il professait la religion musulmane et appartenait à la famille de Kheiroun ibn Kheïr.

Tarîf, aïeul des rois des Béreghouata, était fils de Chemaoun, fils de Yacoub, fils d'Ishac. Il avait pris part aux expéditions de Meicera-t-el-Matghari, surnommé *El-Hakîr* « le méprisable[2] », et à celles de Maghrour ibn Talout [3]. Ce fut en souvenir de lui que l'île de Tarîf « Tarifa » reçut ce nom. Les partisans de Meicera se dispersèrent après la mort de leur chef, et Tarîf, qui, à cette époque, exerçait le pouvoir royal chez les Zenata et les Zouagha, passa dans

[1] En lettres arabes اليسع; plus loin le même nom est écrit *El-Yas* الياس.

[2] Ce chef berber, partisan zélé de la doctrine hérétique professée par les Sofrites, n'était pas du tout un adversaire méprisable; il battit les Arabes dans presque toutes les rencontres, et peu s'en fallut qu'il n'arrachât l'Afrique septentrionale à l'autorité du khalife de l'Orient. (Voy. l'*Hist. des Berbers* d'Ibn-Khaldoun, *passim*.)

[3] Nous ne trouvons aucun renseignement au sujet de ce personnage.

la province de Tamesna (*Temsna*) et y fixa son séjour. Les Berbers le prirent pour leur chef et lui confièrent le soin de les gouverner. Il mourut dans ce pays sans avoir jamais renoncé aux pratiques de l'islamisme. L'un de ses quatre fils, le nommé *Saleh*, reçut des Berbers le commandement suprême. « La mort de Saleh, dit Zemmour, eut lieu précisément cent ans après celle du Prophète [Mahomet] ». Dans sa jeunesse il avait combattu, à côté de son père, sous les drapeaux de Meicera-t-el-Hakîr. S'étant distingué par son savoir et par ses vertus, il se présenta aux Berbers en qualité de prophète, et leur enseigna les doctrines religieuses qu'ils professent de nos jours. Il déclarait aussi que Dieu lui avait fait parvenir un Coran, volume qu'ils lisent encore aujourd'hui. « Cet homme, dit Zemmour, est le *Saleh el-Moumenîn* dont Dieu a fait mention dans le Coran de Mahomet, sourate de l'interdiction [1]. Ayant chargé son fils El-Yas de conserver sa doctrine, il lui enseigna les lois et les prescriptions de la religion qu'il voulait établir. Il lui ordonna, en même temps, de ne pas publier cette doctrine avant d'avoir acquis assez de forces pour ne craindre aucun danger; car il aurait non-seulement à remplir le devoir de la prédication, mais aussi celui de mettre à mort tous ceux qui oseraient lui résister. Il lui recommanda aussi de vivre en bonne intelligence avec le souverain de l'Andalou-

---

[1] On lit dans le Coran, sourate 66, verset 4 : « Et Gabriel et le saint des croyants (en arabe *Saleh el-Moumenin*) et les anges [lui seront], après cela, un soutien. »

sie. S'étant alors mis en route pour l'Orient, il promit à ses sectateurs de revenir parmi eux quand le septième de leurs rois serait monté sur le trône. Il déclara aussi qu'il était le *Mehdi*, qui doit paraître lors de la consommation des siècles, afin de combattre Ed-Deddjal « l'antechrist »; qu'il compterait au nombre de ses disciples Eïça ibn Meryam « Jésus, fils de Marie », et qu'il devait célébrer la prière à la tête d'une congrégation dont Eïça ferait partie; enfin qu'il remplirait la terre de sa justice autant qu'elle a été remplie d'iniquité. A ce sujet il leur adressa plusieurs discours, dont il attribuait la composition à Mouça 'l-Kelîm « Moïse, qui parla avec Dieu[1] », au devin Satîh[2] et à Ibn-Abbas[3]. Il ajouta que son nom, en langue arabe, était *Saleh* « saint »; en syriaque, *Malek* « possesseur »; en persan, *Aalem* « savant[4] »; en hébreu, *Ou rabbia* « monseigneur », et en berber, *Ouryawera*, c'est-à-dire « celui après lequel il n'y a rien[5] ».

[1] C'est le Coran, sourate IV, verset 162, qui autorise le titre de *kelîm*, donné à Moïse.

[2] Personnage fabuleux que les historiens musulmans font vivre trois ou quatre cents ans. Selon eux, il était encore au monde lors de la naissance de Mahomet, et avait prédit les hautes destinées de cet innovateur.

[3] Abd Allah ibn Abbas, l'un des cousins de Mahomet et aïeul des khalifes abbacides, se distingua autant par son savoir que par sa vertu.

[4] Si cet imposteur avait connu le persan, il aurait employé le mot *danichmend*, ou *danichguer* à la place d'*aalem*, mot purement arabe.

[5] Ce nom est évidemment altéré, et les Arabes qui ont voulu l'expliquer paraissent avoir pris la syllabe finale ورى *wera* pour la pré-

Lors du départ de Saleh, son fils El-Yas prit le commandement, et demeura, en apparence, très-attaché aux devoirs de l'islamisme, la crainte et la prudence l'ayant empêché de manifester la doctrine qu'il avait reçue de son père. La pureté de ses mœurs et l'austérité de sa vie le tinrent éloigné des affaires mondaines. Il mourut après un règne de cinquante ans, et laissa plusieurs fils, dont un se nommait *Younos*. Celui-ci, ayant succédé au pouvoir, enseigna publiquement la nouvelle religion, et fit tuer toutes les personnes qui refusaient de l'adopter. Emporté par le fanatisme, il dépeupla trois cent quatre-vingt-sept villes, ayant passé au fil de l'épée tous les habitants, parce qu'ils lui avaient résisté. Sept mille sept cent soixante et dix de ces récalcitrants subirent la peine de mort dans Tamellougaf, localité portant le nom d'une haute pierre qui se dressait au milieu de l'emplacement du marché. Dans une seule bataille, il tua aux Sanhadja mille *ouaghd;* chez ce peuple, le mot *ouaghd* sert à désigner un individu qui n'a ni frère, ni cousin; or les personnes de cette catégorie se rencontrent rarement dans les tribus berbères. En indiquant combien il y avait eu de morts appartenant à la classe la moins nombreuse, on donnait le moyen d'apprécier les pertes énormes que les autres classes

position arabe ورا (*après*). Or *era* ou *ara*, en langue berbère, s'emploie avec la négative *our* de la même manière que la particule *pas* se joint au *ne* en français. Le mot berber ورياوري *ouryawera* signifie *il n'a rien apporté*, sens qui ne convient pas ici; peut-être devons-nous lire ورريلاى, *ourillara*, c'est-à-dire *il n'a pas été*, *non-existant*, *introuvable*, *rare*, *sans pareil*.

de la population y avaient faites. « Younos, ajoute Zemmour, se rendit en Orient, et accomplit le pèlerinage, devoir que personne de sa famille n'avait rempli, ni avant, ni après lui. » Il mourut dans la quarante-quatrième année de son règne, et l'autorité, qui aurait dû rester dans sa postérité, tomba entre les mains de [son neveu] Abou Ghofaïr Yahmed, fils de Moad, fils d'El-Yaçâ, fils de Saleh ibn Tarîf. Ce chef suivit la religion de ses aïeux, et parvint à un haut degré de puissance. Il livra aux Berbers un grand nombre de batailles, dont le souvenir ne se perdra jamais. Lors de la prise de Tîmghacen, ville immense qui existait à cette époque, il laissa massacrer les habitants pendant l'espace de huit jours, depuis le jeudi jusqu'au jeudi de la semaine suivante; aussi les maisons, les places et les rues de la ville furent inondées de sang. Une autre bataille, livrée dans une localité nommée *Beht*, coûta la vie à un nombre infini de combattants. Abou Ghofaïr épousa quarante-quatre femmes, dont chacune lui donna un fils. Il mourut vers l'an 300 de l'hégire (912-913 de J. C.), après un règne de vingt-neuf ans. Abd Allah Abou 'l-Ansar, celui de ses fils qui lui succéda, se distinguait par son caractère généreux et ses manières engageantes; fidèle observateur de sa parole, toujours prêt à soutenir ceux qui recherchaient sa protection, il recevait des cadeaux, mais il en rendait plusieurs fois la valeur. Il avait le nez épaté, le teint remarquablement clair, le corps très-blanc et la barbe longue. Pour tout habillement, il portait un large pantalon et un manteau. Jamais il ne mettait de chemise, et jamais il ne s'enveloppait la tête d'un turban, excepté en temps de guerre. Il n'y avait que les étrangers qui portassent le turban dans son pays. Chaque année il réunissait ses milices et ses troupes domestiques, sous le prétexte d'envahir le territoire d'un peuple voisin, et, par cette démonstration, il forçait les tribus [des environs] à lui envoyer des cadeaux et à rechercher son amitié. Aussitôt qu'il avait reçu les offrandes de toutes ces peuplades, il licenciait ses troupes et cessait ses préparatifs hostiles. Il jouit d'un règne tranquille pendant quarante-deux ans, et fut enterré à Tamselakht, où l'on voit encore son tombeau. Un de ses fils, nommé *Abou Mançour Eïça*, lui succéda l'an 341 (952-953 de J. C.). Ce prince monta sur le trône à l'âge de vingt-deux ans, et, s'étant attaché à suivre la politique de son père, il professa ouvertement la religion des Béreghouata, et parvint à se faire généralement redouter par l'accroissement de sa puissance. Son père, en mourant, lui avait recommandé de cultiver l'amitié du souverain de l'Andalousie, conseil que tous ces princes avaient toujours donné à l'héritier présomptif du trône. Voici, selon Zemmour, une des paroles qu'Abou Ghofaïr adressa à son fils : « Tu es le septième membre de la famille qui aura exercé le commandement, et j'ai l'espoir que Saleh ibn Tarîf viendra te trouver, ainsi qu'il l'a promis. » Ici finissent les renseignements fournis par Zemmour.

Abou 'l-Abbas Fadl, fils de Mofaddel ibn Amr, de

la tribu arabe de Medhedj, nous a fourni les renseignements suivants : Younos, qui le premier avait soutenu par les armes la religion des Béreghouata, était originaire de Chedouna « Sidonia » (en Espagne) et de la localité nommée *Ouadi Berbat*. Il se rendit en Orient la même année que plusieurs autres personnages remarquables, savoir : Abbas ibn Naseh, Zeid ibn Sinan le Zenatien, chef de la secte des Ouaceliya; Berghoul ibn Saîd de Trara, l'aïeul des Beni Abd er-Rezzac, famille *sofrite*, appelée aussi les *Beni Oukîl*; Menad, chef des Menadiya, le même qui laissa son nom au château d'*El-Menadiya*, près de Sidjilmessa; et un autre individu dont je ne me rappelle pas le nom. Quatre de ces hommes se distinguèrent par leurs connaissances dans la jurisprudence canonique et orthodoxe; mais Younos et les deux autres s'arrogèrent la qualité de prophètes. Selon le même historien, Younos avait goûté du breuvage qui fortifie la mémoire, ce qui lui procura la faculté de retenir tout ce qu'il entendait. A ses connaissances en astrologie, en divination et dans l'art d'évoquer les génies, il réunissait quelques notions de théologie scolastique et de controverse, sciences qu'il avait étudiées sous Ghailan [1]. S'étant mis en route pour vi-

---

[1] Ghailan, de Damas, fils de Younos, affranchi copte, embrassa l'islamisme; mais, au lieu de s'en tenir à la doctrine orthodoxe, il nia la prédestination et enseigna le libre arbitre de l'homme. Une nouveauté si abominable mérita un prompt châtiment : le khalife Oméïade Hicham ibn Abd el-Melek, fit arrêter et crucifier celui qui, le premier, avait osé enseigner aux musulmans les principes de la théologie scolastique. Cette exécution eut lieu en l'an 110 de l'hé-

siter l'Espagne, il s'arrêta chez ce peuple zenatien [les Béreghouata], et, quand il eut reconnu toute l'étendue de leur ignorance, il fixa son séjour dans leur pays, et se mit à leur prédire certains événements, dont l'arrivée lui fut indiquée par les astres. Presque toujours il devinait très-juste, et, par ce talent, il s'acquit auprès d'eux une grande considération. Convaincu alors de leur crédulité et de leur faiblesse d'esprit, il annonça ouvertement ses doctrines religieuses et somma les Berbers de le reconnaître pour prophète. Comme il était natif de Berbat, il donna à ses sectateurs le nom de *Berbati;* et ce mot, en passant par la bouche des Berbers, devint *Béreghouati* [1].

Ibn Mofaddel parle aussi d'un long poëme que Saîd ibn Hicham, le Masmoudien, composa sur la bataille de Beht. Il nous en a communiqué ces vers :

Femme! ne pars pas encore; reste; raconte-nous, donne-nous des renseignements certains.

Les Berbers, égarés et perdus, sont frustrés dans leur espoir; puissent-ils ne jamais s'abreuver d'une source limpide!

gire (728-9 de J. C.). (*Kitab el-Maarif*, p. 244; *Hist. litt. des Arabes*, par de Hammer, en allemand, t. II, p. 152; *Chehrestani*, p. 32 du texte arabe imprimé; *Kitab el-Mewakef*, p. 333 du texte arabe imprimé.) M. Quatremère a pris le mot *ghailan* pour le pluriel de *ghoul*, et l'a rendu par *génies*.

[1] Il y a en Espagne une rivière Barbati, dont l'embouchure est à cinquante-quatre milles ouest d'Algésiras et à neuf milles est du cap Trafalgar. Ibn-Khaldoun repousse la dérivation donnée par El-Bekri. (Voy. *Hist. des Berbers*, t. II, p. 133, où il faut remplacer les mots *vallée des environs de Xérès* par *rivière de la plaine de Xérès*.)

J'abhorre une nation qui s'est perdue, qui s'est écartée de la voie de l'islamisme.

Ils disent : « Abou Ghofair est notre prophète; » que Dieu couvre d'opprobre la mère de ces menteurs !

N'as-tu pas vu la journée de Beht? N'as-tu pas entendu les gémissements qui s'élevèrent sur les pas de leurs coursiers? Gémissements de femmes éplorées, dont les unes avaient perdu leurs enfants; les autres, hurlant d'effroi ou laissant échapper le fruit de leur sein.

Au jour de la résurrection, les gens de Tamesna connaîtront ceux qui nous ont protégés.

Younos sera là, avec les enfants de ses enfants, entraînant sur leurs pas les Berbers asservis.

« C'est donc là Ouryawera? Que la géhenne se ferme sur lui, ce chef des orgueilleux !

« Votre réprobation ne date pas d'aujourd'hui, mais de l'époque où vous étiez partisans de Meicera. »

Ce dernier vers confirme le récit de Zemmour, où il dit que Tarîf avait été un des compagnons de Meicera. Cet homme égaré enseignait à ses sectateurs à reconnaître d'abord la mission divine de tous les prophètes, ainsi que celle de Saleh ibn Tarîf et de chacun de ses descendants qui régnerait après lui; à croire fermement que les discours composés par lui pour leur instruction étaient une révélation de la part de Dieu; loin de la gloire de Dieu un tel outrage ! à jeûner pendant le mois de redjeb et à manger pendant celui de ramadan [1]; à prier cinq fois chaque jour et cinq fois chaque nuit; à célébrer la fête du sacrifice le onzième jour de moharrem; en faisant l'ablution, à se laver d'abord le nombril et les

---

[1] Au contraire de l'usage musulman orthodoxe.

hanches, ensuite les parties du corps qui servent aux évacuations ordinaires, puis la bouche; à s'essuyer le cou par devant et par derrière avec la main mouillée; à se laver les avant-bras à partir des coudes; à passer la main mouillée sur la tête trois fois et à s'en frotter les oreilles autant de fois; enfin à se laver les jambes à partir des genoux. Quelques-unes de leurs prières consistent en gestes sans prosternements; d'autres ressemblent à celles des musulmans. Ils font trois prosternements de suite, et ils élèvent de terre leur front et leurs mains jusqu'à la hauteur d'un demi-palme. Leur *ihram*[1] consiste à placer l'une des mains sur l'autre et à dire : *A bisem en Yacoch*[2]! ce qui signifie « au nom de Dieu! » puis, *Moggar Yacoch!* c'est-à-dire « le grand, c'est Dieu! » Pendant qu'ils prononcent la profession de foi, ils tiennent les deux mains ouvertes et appliquées sur le sol; ils récitent la moitié de leur Coran en se tenant debout [pendant la prière], et l'autre moitié en faisant les prosternements. Dans la salutation [qui termine la prière] ils prononcent en langue berbère des mots correspondant à ceux-ci : « Dieu est au-dessus de nous; rien ne lui est caché de ce qui est dans la terre et dans le ciel ». Ensuite ils répètent

---

[1] L'*ihram*, nommé aussi *tekbîr*, s'accomplit en prononçant les mots *Allahou Akber* « Dieu est très-grand! »

[2] *Yacoch*; telle est la leçon de nos manuscrits; elle paraît représenter le mot *Iacchus*; la suppression d'un seul point dans le mot arabe nous donnerait la leçon *Bacoch*, c'est-à-dire *Bacchus*. Le culte de cette divinité a donc existé chez les Berbers du Maroc central. *Yacoch* n'est pas un mot berber. Le mot *bisem* est arabe.

vingt-cinq fois la formule *Moggar Yacoch*, et autant de fois les mots *Ihan Yacoch*, c'est-à-dire « l'unique, c'est Dieu »; puis *Onr d'am Yacoch*, ce qui signifie « il n'y a point de semblable à Dieu ». C'est le jeudi, de grand matin, qu'ils célèbrent la prière publique. Leur loi les oblige de jeûner un certain jour de chaque semaine, et le même jour de toutes les semaines suivantes. Ils prélèvent la dîme de tous les grains à titre d'aumône légale; mais ils ne l'acceptent pas des musulmans. Chacun d'eux peut épouser autant de femmes que ses moyens physiques et pécuniaires lui permettent d'en avoir; il n'y a pas de limite au nombre; mais ils ne peuvent épouser leurs cousines jusqu'au troisième degré. Avoir des concubines, épouser des femmes musulmanes, marier leurs filles à des musulmans, tout cela leur est défendu; mais ils peuvent répudier leurs femmes et les reprendre autant de fois que cela leur plaît. Le voleur dont la culpabilité est établie par son propre aveu ou par des preuves évidentes est mis à mort. Chez eux on lapide la personne reconnue coupable de fornication. Le menteur est flétri du titre d'*El-Mogheiyer* « celui qui altère la vérité », et chassé du pays. La rançon exigée d'un meurtrier est de cent bœufs. Il ne leur est pas permis de manger la tête d'aucun animal; le poisson même est une viande défendue, à moins qu'il ne soit égorgé. Les œufs sont un mets prohibé; manger des poules est un acte répréhensible, tant qu'une nécessité impérieuse ne l'exige pas. Ils ne font pas l'*adan* « appel à la prière », ni l'*icama* « l'introduction à la prière ». Pour connaître les heures, ils se contentent d'observer le chant du coq, et de là vient la défense de manger la chair de cet animal. Ces sectaires recevaient dans leurs mains et avalaient la salive de leur faux prophète, croyant s'attirer ainsi la bénédiction divine; ils la portaient aussi à leurs malades comme un remède infaillible. Les Béreghouata étaient devenus très-savants dans la connaissance des astres et dans la pratique de l'astrologie judiciaire. Tous, hommes et femmes, se distinguaient par leur beauté et par la force extraordinaire de leurs bras. Chez eux on voyait une jeune fille vierge sauter par-dessus trois ânes placés de front, sans que sa robe les touchât; tour de force que leurs femmes mariées ou veuves étaient incapables d'accomplir.

Le Coran que Saleh ibn Tarîf composa pour l'usage de ses sectateurs renferme quatre-vingts sourates qui portent, presque toutes, le nom d'un prophète, en y comptant celui d'Adam. La première sourate est intitulée *Aïyoub* « Job », et la dernière, *Younos* « Jonas ». On y trouve aussi la sourate de *Firaoun* « Pharaon », celle de *Caroun* « Coré », celle de *Haman* « Aman », celle de *Yadjoudj* et *Madjoudj* « Gog et Magog », celle d'*Ed-Deddjal* « l'Antechrist », celle d'*El-Eidjel* « le veau d'or », celle de *Harout* et *Marout*[1], celle de *Talout* « Saül », celle de *Nemroud* « Nemrod », et d'autres encore qui ressemblent aux précédentes par les contes qu'elles renferment. On y remarque

---

[1] Deux anges rebelles dont les noms sont mentionnés dans la seconde sourate du *Coran*.

aussi la sourate du *Coq*, celle de la *Perdrix*, celle de la *Sauterelle*, celle du *Chameau*, celle du *Serpent*, lequel marchait sur huit pattes, et les sourates des *Merveilles du monde*, chapitre qui, selon eux, renferme la science la plus sublime.

FRAGMENTS TRADUITS DU COMMENCEMENT DE LA SOURATE DE JOB, LAQUELLE FORME L'INTRODUCTION DE L'OUVRAGE.

« Au nom de Dieu! Celui auquel il a donné son livre pour le communiquer aux hommes, c'est le même dont il a employé l'entremise pour leur manifester ses nouvelles. Ils disent : *Satan a eu connaissance du destin;* à Dieu ne plaise! Satan n'a pas la faculté de savoir ce qui est connu de Dieu seul. Demande quelle est la chose qui dompte les langues dans les discours; rien ne peut dompter les langues dans les discours, excepté Dieu, par son décret. La langue que Dieu a envoyée pour offrir la vérité aux hommes, c'est par elle que la vérité s'est établie. Regarde Mahomet ». Dans leur langue, ces derniers mots s'expriment ainsi : *Imouni*[1] *Mamet*, d'où l'on voit que *Mahomet* s'y dit *Mamet*. « Tant qu'il vécut, tous les hommes qui étaient devenus ses compagnons se conduisirent avec rectitude; lorsqu'il fut mort, les hommes se corrompirent. Il en a menti celui qui a dit que la vérité puisse se maintenir là où il n'y a pas un envoyé de Dieu ». Cette sourate est très-longue.

Zemmour racontait qu'à l'époque où il fournis-

---

[1] *Moun*, en berber-chelha, signifie *vois*.

sait ces renseignements les descendants de Saleh ibn Tarîf pouvaient toujours se mettre en campagne avec trois mille deux cents cavaliers, et que les tribus béreghouatiennes soumises à leur empire et professant leur religion étaient les suivantes : les Djeraoua, les Zouagha, les Beranès, les Beni Abi Naser, les Mendjesa, les Beni Abi Nouh, les Beni Ouaghmer, les Matghara, les Beni Bouregh, les Beni Demmer, les Matmata et les Beni Ouzekcînt. Les forces combinées de toutes ces tribus se composaient de plus de dix mille cavaliers. Parmi les peuplades musulmanes soumises à leur autorité et réunies à leur empire, on comptait les Zenata de la montagne, les Beni Ilît, les Nomaleta, les Beni Ouaoucînt, les Beni Ifren, les Beni Naghît, les Beni'n-Noman, les Beni Ifellouça, les Beni Kouna, les Beni Isker, les Beni Assada, les Regana, les Izemîn (en berber « les lions »), les Menada, les Macîna, les Resana et les Terarta. Les forces réunies de ces peuplades pouvaient former un corps de douze mille cavaliers. Dans l'armée des Béreghouata, on ne voit ni tambours, ni drapeaux. Zemmour, auquel nous devons ce renseignement, fit l'énumération de plus de cent rivières qui coulent dans leur pays, et il signala, comme la plus grande, le MACENAT, fleuve qui se décharge dans la mer, et qui coule du midi au nord; sa longueur, depuis sa source jusqu'à son embouchure, est de six journées de marche. Le OUANCÎFEN se décharge dans l'Océan, après avoir réuni ses eaux à celles du CHELLA [qui coule] au pied [de la ville] de Ribat.

Les Béreghouata continuèrent à professer publiquement leur religion dans la contrée qui leur appartenait, et à se laisser gouverner par les descendants de Saleh ibn Tarîf; mais, quelque temps après l'expiration de l'an 420 (1029 de J. C.), l'émir Temîm, l'Ifrenide[1], prit les armes contre eux, et, s'étant emparé de leur pays, il y fixa sa résidence, après en avoir expulsé une partie de la population et réduit le reste en esclavage. Depuis lors, la puissance des Béreghouata est restée anéantie; leurs fausses doctrines ont disparu sans avoir laissé de traces, et tous les liens qui les attachaient à l'infidélité ont été brisés. Temîm se distingua par la sévérité de son caractère et un grand amour de la justice; il punit de mort un de ses fils qui avait enlevé une jeune esclave à un marchand établi sur le bord de la rivière de Chella. Aujourd'hui on professe l'islamisme dans toute la région qui avait appartenu aux Béreghouata[2].

ROUTE DE FEZ À CAIROUAN.

De Fez à Cairouan il y a quarante journées de marche. Nous allons indiquer ici les plus remarquables de ces stations.

On sort de Fez par le Bab el-Fatouh, porte qui fait partie du quartier des Andalous, et l'on traverse le Merdj « marais » d'Ibn-Hicham pour atteindre

---

[1] Ibn-Khaldoun parle de ce chef, auquel il donne le nom d'*Abou Kemal Temîm*. (Voy. *Hist. des Berbers*, t. III, p. 222.)

[2] Pour la suite de l'histoire des Béreghouata, voy. *Hist. des Berbers*, t. II, p. 130 et suiv.

le Sebou, fleuve qui est à quatre milles de Fez et dont les bords sont couverts de villages. De là on se dirige vers la localité nommée Acaba-t-el-Bacr « la colline du bœuf », d'où l'on se rend à Khandoc el-Foul « la ravine aux fèves », endroit qui appartient aux Miknaça. Après avoir traversé une suite non interrompue de villages, de terres cultivées et de ruisseaux appartenant aux Azdadja et à d'autres tribus, on arrive à Calâ Gormat [1], château qui avait servi de retraite à Abou Moncad, fils de Mouça ibn Abi 'l-Afiya. On y voyait autrefois un *djamê*, plusieurs bazars et un bain. A dix milles au nord de cette place forte se trouve la ville de Teçoul, nommée aussi *Aïn Ishac*, qui était naguère la capitale des États de Mouça ibn Abi 'l-Afiya. Elle occupait trois collines et renfermait un *djamê*, quelques bazars, un bain et une source de bonne eau, sur laquelle Mouça avait fait construire un pavillon. Cette ville fut détruite par Meiçour, général au service du fatemide [Obeid Allah]. De nos jours, le territoire situé entre Fez et Gormat est occupé par des Matghara. Une distance de deux journées sépare ces deux villes, ou, selon Mohammed [ibn Youçof], d'une journée seulement. Pour atteindre la ville de Djeraoua, il faut mettre six journées, ou huit selon Mohammed, dont deux se passent à traverser le désert. [Voici l'indication

---

[1] Dans le texte arabe de l'*Hist. des Berbers*, t. I, p. 174, ce mot est écrit كرماط et *Koumat* dans la traduction, t. I, p. 269. Dans les manuscrits arabes les copistes confondent très-souvent le *r* ر avec le *ou* و.

de cette route :] On se rend de Gourmat à OULÎLI, bourg où Zaoui, neveu de Mouça ibn Abi 'l-Afiya, avait fixé sa résidence; puis on traverse le FEDDJ « ou défilé » de TÈZA, localité qui appartient à des Miknaça; puis on arrive au OUADI OUAROGGUÎN, rivière d'eau salée, qui coule dans le territoire des Miknaça; de là on se rend à la rivière ZA, puis on traverse le désert jusqu'à DJEROUA. Cette place, située dans une plaine, était autrefois entourée d'un mur de briques. Dans l'intérieur est une citadelle; à l'extérieur, on remarque plusieurs sources d'eau salée et des faubourgs qui entourent la ville de tous les côtés. En dedans des murs se trouvent quelques puits d'eau douce, cinq bains, dont un porte le nom d'*Amr ibn el-Aci*, et un *djamê* à cinq nefs soutenues par des colonnes de pierre. [Cette ville], construite en l'an 259 (872-873 de J. C.) par Abou 'l-Aïch Eïça, fils d'Idrîs, fils de Mohammed, fils de Soleiman, fils d'Abd Allah, fils de Hacen, fils de Hacen, avait plusieurs portes, dont deux regardaient l'orient, une l'occident et une autre le nord. Les vastes plaines qui entourent cette place conviennent également à la culture des céréales et à la nouriture des troupeaux. A quatre milles au sud de Djeraoua on trouve, dans la montagne nommée *Djebel-Memalou*, un château, bâti par El-Hacen, fils d'Abou 'l-Aïch, et entouré de jardins et d'eaux vives. Depuis le château jusqu'au pied de la montagne s'étend une forêt de broussailles tellement épaisse, qu'il est impossible d'y pénétrer. Dans les environs de Djeraoua, on voit de nombreux villages habités par des Berbers de diverses tribus, tels que des Matghara, des Beni Ifren, des Oudana, des Yaghmor de la montagne, des Beni Racîn, des Beni Badacen et des Beni Ourîmech. Abou 'l-Aïch et ses successeurs possédaient aussi la ville de Tlemcen et les contrées qui en dépendent. El-Hacen, son petit-fils, ayant quitté Djeraoua pour s'enfermer avec sa famille, ses trésors et ses enfants dans le château dont nous venons de parler, s'y laissa prendre, en l'an 338 (949-950 de J. C.), par El-Bouri, fils de Mouça ibn Abi 'l-Afiya. Un long poëme, composé par Bekr ibn Hammad, renferme une allusion à cet événement. Voici le passage :

Demande aux Zouagha quel était l'effet de ses épées et de ses lances quand elles frappèrent la ligne étincelante [de guerriers] qui s'opposait [à sa marche].

Demande aux Nefza comment il viola leur territoire jusqu'alors intact, pendant que [leurs chevaux] se vautraient [sur l'herbe] transpercés par ses lances flexibles.

Une disgrâce cruelle enveloppa les Maghîla abattus par ses épées; un breuvage plein d'amertume fut le partage de Djeraoua.

C'est auprès de Djeraoua que se trouve le port de Taferguennît. On met une journée pour se rendre de Djeraoua à Ternana, lieu de marché très-fréquenté, et une autre journée pour atteindre Tlemcen, ville dont nous avons déjà parlé et qui est habitée par des Zenata. De là on se rend à Tafda, grande ville renfermant une nombreuse population, et située sur deux rivières, dont l'une, provenant d'une source thermale, fournit la boisson des habitants et met en mouvement tous les moulins. Ensuite on arrive au Casr ou «château» d'Ibn Senan l'Azdadjien, autour duquel on voit beaucoup de jardins arrosés par la rivière Kedal. De là on marche jusqu'à Ilîl, grande ville entourée d'arbres et remplie d'une nombreuse population ; elle est habitée par des Hoouara et renferme une mosquée *djamê.* Ensuite on arrive à El-Ghozza, ville magnifique, qui est bâtie sur le Chelif et entourée de jardins. On met trois journées pour se rendre de là à Tèhert, ville dont nous avons déjà parlé, et deux journées pour se transporter de Tèhert à Tamaghîlt, château construit en briques, sur le bord d'une rivière, et qui possède un bazar et un faubourg. Les habitants appartiennent à une tribu zenatienne, les Beni Demmer. On arrive ensuite à Izmama, forteresse renfermant un bazar, quelques caravansérails et une population composée de Louatiens et de Nefzaouiens. Plus loin, on trouve la ville de Haz, située sur une rivière qui coule pendant la saison des pluies. Cette ville est maintenant déserte, Zîri ibn Menad le Sanhadjien en ayant expulsé les habitants. De là on se rend à Boura, rivière qui coule [en toute saison], et dont les bords sont occupés par les Beni Irnaten, qui avaient autrefois habité la ville de Haz. Boura abonde en scorpions, et possède un petit bazar. Auprès de Mouzya, place forte où le voyageur arrive ensuite, s'élève un château en pierre, de construction antique, nommé *Casr el-Atech* « le château de la soif », autour duquel s'étend une flaque d'eau salée. On y voit aussi une ville immense, bâtie par les anciens, et maintenant déserte; elle est construite de l'espèce de pierre nommée *el-djelîl* [1], et s'appelle *Medîna-t-er-Rommana* « la ville de la grenade ». Au pied de son emplacement coulent plusieurs sources très-abondantes, dont les eaux, qui sont de bonne qualité, vont atteindre El-Mecîla. On y voit encore une autre ville antique sans habitants, et qui s'appelle en langue berbère *Taourest*, c'est-à-dire « la rouge »; elle est construite en pierres, et s'élève auprès d'une rivière d'eau douce. On passe du château de Mouzya à EL-MECÎLA, ville dont nous avons déjà fait mention; puis on arrive à ADENA, ville abandonnée, qui fut mise en ruines, l'an 324 (935-936 de J. C.), par Ali ibn Hamdoun, surnommé *Ibn el-Andeloci*. Cela eut lieu à l'époque où Meicera le *feta* [2] revint de son expédition en Maghreb. Le territoire d'Adena offre un grand nombre de ruisseaux et de sources d'eau douce. On y remarque surtout l'Aïn EL-KITTAN « la fontaine du lin », source de bonne eau, qui jaillit dans un désert et qui est ombragée par quatre dattiers. Cet endroit est à une journée d'El-Mecîla. A l'orient [d'El-Mecîla] coule le OUADI MAGGARA, ruisseau sur lequel se trouvent sept villages, dont celui qui porte le nom de *Yekcem* fournit

[1] *Pierre de taille*, en arabe الحجر الجليل. La signification du mot *djelîl* serait demeurée incertaine, si notre auteur, en parlant de la ville de Tebessa (voy. plus loin), n'avait pas dit qu'elle était bâtie en pierres *djelîl*. Or nous savons que les anciennes constructions de cette ville sont en grosses pierres, régulièrement taillées.

[2] Voyez p. 77.

de l'huile d'une excellente qualité. Entre Aïn el-Kittan et Adena, on rencontre trois rivières : le *Seher*, le *Ouadi 'n-Niça* « la rivière des femmes », et le *Ouadi Abi Taouîl*. On y trouve aussi une fontaine nommée *Aïn el-Ghazal* « la source de la gazelle ». Entre le Seher et le Nîça, il y a une distance de trois milles. Le *Ouadi 'n-Niça* fut ainsi nommé parce que les Hoouara, dans une de leurs courses, avaient enlevé les femmes d'Adena. Les habitants de cette ville poursuivirent les ravisseurs, et, les ayant atteints auprès de la rivière, ils délivrèrent leurs femmes, reprirent le butin et tuèrent une partie des Hoouara[1]. ADENA est à deux journées de Tobna, ville dont nous avons déjà parlé. Les environs [d'Adena] sont habités par les Beni Zenradj. De là on se rend au *Neher el-Ghaba* « la rivière de la forêt »; puis on marche pendant trois jours à travers une contrée occupée par des Arabes, des Hoouara, des Miknaça, des Kebîna et des Ouargla. Cette région, ainsi que les pays voisins, est dominée par l'AURAS, montagne qui a une étendue de sept journées de marche; elle renferme un grand nombre de places fortes appartenant aux Hoouara et aux Miknaça, qui professent les doctrines hérétiques de la secte ibadite. Ce fut dans l'Auras qu'Abou Yezîd Makhled ibn Keidad le Zenatien et natif de Nef-

[1] On trouve en Algérie et sur les frontières du désert plusieurs localités qui se nomment *Ouadi 'n-Neça*. Ce dernier mot est berber et signifie *lieu où l'on passe la nuit, où l'on bivaque*. Comme le même mot signifie *femmes* en arabe, il y a beaucoup d'indigènes qui expliquent l'origine de ces noms par des contes semblables à celui que nous donne El-Bekri.

zaoua se révolta contre Abou 'l-Cacem, fils d'Obeid Allah le Fatemide. Elle fut aussi la demeure de la Kahena. Le voyageur arrive ensuite à BAGHAÏA, forteresse ancienne, construite en pierre et entourée, de trois côtés, par un grand faubourg. A l'occident, on voit beaucoup de jardins et une rivière. Les caravansérails, bains et bazars sont relégués dans le faubourg; mais le *djamé* se trouve dans l'enceinte de la ville. Baghaïa est située au pied de l'Auras, dans une vaste plaine coupée par des ruisseaux. Ses environs sont occupés par des peuplades appartenant aux tribus des Mezata et des Darîça, qui professent les doctrines des Ibadites. Pendant l'hiver ils se tiennent dans la région des sables, où il ne tombe ni pluie, ni neige, ne voulant pas exposer aux intempéries de cette saison leurs jeunes chameaux qui viennent de naître. Les Berbers et les Romains s'étaient fortifiés dans Baghaïa quand Ocba ibn Nafê le Coreichite les attaqua. A la suite de plusieurs combats acharnés, la fortune se déclara contre eux; mis en déroute par le chef arabe, qui leur tua beaucoup de monde, ils se réfugièrent dans la forteresse. Le vainqueur leur enleva plusieurs chevaux, appartenant à la race que l'on élevait dans l'Auras, et qui, par leur vigueur et leur légèreté, surpassaient tout ce que les musulmans avaient encore vu dans leurs expéditions. Ocba ne jugea pas convenable de s'arrêter devant Baghaïa, ne voulant pas perdre un temps précieux qu'il pourrait employer à combattre d'autres adversaires. De nos jours, toute la population de cette ville professe les doctrines des Ibadites. A Baghaïa, les blés se mesurent au *oueiba*, dont chacun contient soixante-quatre *modd* de la dimension autorisée par le Prophète, et équivaut à un *cafîz* et demi, mesure de Cordoue. Le cafîz employé pour mesurer l'huile est le même que celui de Cairouan, et contient cinq *arrobes* de Cordoue. Le *ratl* de viande équivaut à vingt *ratl fil-fili*. De Baghaïa l'on se rend à MEDDJANA, grande ville environnée d'une muraille en briques et possédant un *djamé*, quelques bains et un grand nombre de mines, dont une, appelée *El-Ourîtci*, appartient à des Louata, et fournit de l'argent. Cette ville porte aussi le nom de *Meddjana-t-el-Mâden* « Meddjana les mines »; elle possède un château, bâti en pierres et renfermant trois cent soixante citernes. Meddjana est habité par des Arabes; mais les environs sont occupés par des Louata. Le château dont nous venons de parler porte le nom de *Bichr ibn Artah*. Ce chef y pénétra de vive force, et envoya le cinquième du butin à Mouça ibn Noceir, qui l'avait chargé d'emporter cette place forte. Entre Baghaïa et Meddjana on rencontre le *Fondoc* « ou caravansérail » de MESKÎANA et le OUADI MELLAG, rivière dangereuse, remplie de fondrières et très-difficile à traverser à gué. De Meddjana on passe à MERMADJENNA, petite ville qui renferme une mosquée, un caravansérail et un bazar, et qui s'élève dans une vaste plaine. Telle est la route suivie pendant l'été; mais en hiver il faut se rendre de Meskîana à la ville de TEBESSA, parce que le Mellag est si gros à cette époque que la première route est impraticable. Tebessa est une grande et ancienne ville, bâtie en pierres de taille. On y trouve une grande abondance de fruits. Une partie de la muraille qui l'entoure fut abattue par Abou Yezîd Makhled ibn Keidad. Elle est située auprès d'une grande rivière, bordée de forêts et de vergers; on y trouve surtout des noyers, dont le fruit est renommé pour sa grosseur et sa saveur. On remarque dans cette grande ville plusieurs salles voûtées, où les caravanes de voyageurs s'abritent avec leurs animaux quand il tombe de la pluie ou de la neige. Une seule de ces salles peut contenir plus de deux mille bêtes de somme. De Tebessa on arrive à SEBÎBA, ville très-ancienne, construite en pierre et renfermant un *djamé* et plusieurs bains. Elle est arrosée par plusieurs ruisseaux qui font tourner des moulins. Le territoire de cette ville est couvert de jardins et produit du safran, dont la qualité est parfaite. Tout autour s'élèvent de grandes montagnes, habitées par une population arabe nommée *Beni 'l-Moghallès*, et par une tribu berbère, les Beni Keslan. Dans les environs on rencontre beaucoup de Berbers appartenant, les uns à la tribu des Hoouara, et les autres à celle des Mernîça. Sur la route qui mène à Sebîba on trouve un lieu de guet nommé *Aïn et-Tîna* « la source de la figue », et une fontaine appelée *Aïn Erban*, dont l'eau découle d'un conduit antique. A l'orient de cette source est une haute montagne qui se termine en pointe; on y voit, dans une crevasse de rocher, le corps d'un homme égorgé que l'on sait être toujours resté en cet endroit depuis les temps qui ont précédé la conquête de l'Ifrîkiya [par les musulmans]. Toutes les parties du corps, grandes et petites, ont résisté à la décomposition et échappé aux atteintes des animaux carnassiers et d'autres bêtes. On dit que c'est le corps d'un des disciples de Jésus; du reste nous en avons déjà parlé [1]. De Sebîba on se rend au village d'EL-DJEHNIÏN, qui est grand, bien peuplé, et renferme des bazars et des boutiques. Il est entouré d'arbres et abonde en fruits. De là à CAIROUAN il y a une journée de marche. El-Djehniïn est situé au pied du MAMTOUR, montagne qui doit son nom à Moaouia ibn Hodeidj; ce général y dressa son camp et éprouva une pluie tellement forte, qu'il s'écria : « Notre montagne est *mamtour* », c'est-à-dire « sujette aux pluies [2] ». De là on passe à la station nommée *El-Heri*, auprès de laquelle est une tour de guet; puis on se rend à KODÎA T-ES-CHÂÎR « le tertre d'orge », d'où on arrive à CAIROUAN.

Selon Mohammed ibn Youçof, on se rend de SEBÎBA à SAGUÎA MEMS « le canal d'arrosage de Mems », bourg florissant et bien peuplé, où l'on trouve une mosquée et un caravansérail; puis à EL-MOSTAÎN [3], bourg grand et bien peuplé, où l'on voit deux citernes et un puits de trente toises de profondeur, qui fournit de l'eau de bonne qualité; puis au château d'EL-KHEIR, où l'eau est saumâtre; puis au château d'Ez-

---

[1] Voy. ci-devant, p. 129.
[2] Voy. *Hist. des Berbers*, t. I, p. 325.
[3] L'orthographe de ce nom est incertaine.

Zeradba, nommé aussi *El-Khattara*, localité florissante et bien peuplée; puis à la ville de Cairouan.

ROUTE DE FEZ À SIDJILMESSA.

La ville de Sofrouï, située à une journée de Fez, est ceinte de murs et entourée de ruisseaux et de jardins. A une journée plus loin, on trouve El-Asnam « les stèles », d'où l'on met une journée pour arriver à El-Mezi, endroit situé dans le territoire des Meklata; une autre journée de marche conduit le voyageur à Tasaghmert, village situé sur une rivière. Pour atteindre ensuite le lieu appelé Amghak, il faut faire une forte journée de marche, c'est-à-dire environ soixante milles. Sorti de là, on entre dans le territoire de Sidjilmessa. Après avoir traversé pendant trois jours un pays bien arrosé, bien boisé et rempli d'arbres fruitiers, on arrive dans cette ville.

Nous reproduisons ici, d'après les indications de Mohammed ibn Youçof, un itinéraire de Sidjilmessa à Fez. Parti de cette première ville, on arrive, après une journée de marche, à l'endroit nommé Arfoud; c'est une montagne absolument stérile, dont les environs sont tout à fait déserts et qui offre une source d'eau chaude. De là on arrive à El-Ahça, localité sablonneuse, où l'on se procure de l'eau en creusant à la profondeur d'environ une coudée. Cette station, située dans le territoire des Zenata, est à une journée de la précédente. A une journée plus loin on trouve Yerara, château fort, qui possède une nombreuse population, un bazar, un *djamé* et un ruisseau d'eau vive. Les moutons de cette localité sont d'une belle race, que l'on dit être celle de *Kis* [1], endroit situé dans le pays de Fars (*Perse*). Leur laine, qui est d'une qualité supérieure, s'emploie à Sidjilmessa pour fabriquer des étoffes, dont chaque pièce se vend à un prix qui dépasse vingt mithcals (pièces d'or). Une autre journée de marche suffit pour atteindre SENGUENFOU, montagne faisant partie de ce *Deren* (l'Atlas) dont nous avons fait mention en plusieurs endroits de notre ouvrage. On y voit beaucoup de pins, de cèdres et de chênes à glands doux. A une journée plus loin, sur le bord méridional de MOLOUÎA, on trouve MATMATA AMESKOUR, canton considérable qui abonde en céréales et dont la totalité est arrosée par les eaux de cette rivière, et couverte de troupeaux de bœufs et de moutons. Il possède un *djamé* et un lieu de marché. La journée suivante s'achève à l'endroit nommé SOUC LEMÎS, qui possède un lieu de marché, une mosquée et une nombreuse population. Les environs sont sillonnés par des eaux courantes. Cette localité appartenait autrefois à Medyen, fils de Mouça ibn Abi 'l-Afiya. Une autre journée de marche conduit le voyageur à MAGHÎLA-T-IBN TIGAMAN, établissement appartenant à une congrégation de sofrites et entourée d'un grand faubourg. Les Beni Tigaman eux-mêmes professent la religion orthodoxe et demeurent sur la colline qui touche au faubourg. On

---

[1] Ile du golfe Persique. M. Defrémery, dans sa traduction du *Gulistan*, p. 177, note 4, a donné de très-bons renseignements au sujet de *Kis*.

met ensuite deux journées à traverser une chaîne de hautes montagnes, jusqu'à ce qu'on arrive à MA-GHÎLA-T-EL-CAT, grande forteresse, qui renferme un *djamé* et un bazar. On y remarque beaucoup de ruisseaux et des vergers. L'arbre le plus abondant est le figuier, dont les fruits desséchés s'envoient à Fez. Une autre journée de marche conduit à LOUATA ME-DYEN, forteresse réputée imprenable; elle est située sur la rivière *Sebou*, et appartient à des Louata. De là on va descendre à FEZ.

DESCRIPTION DE SIDJILMESSA.

Sidjilmessa fut fondée en l'an 140 (757-758 de J. C.). L'accroissement de cette ville amena la dépopulation de TERGHA, ville qui en était éloignée de deux journées, ainsi que la ruine de la ville de Zîz [1]. Sidjilmessa est située [2] dans une plaine dont le sol est imprégné de sel. Elle est entourée de faubourgs; dans l'intérieur on voit de très-belles maisons et des édifices magnifiques; elle possède un grand nombre de jardins. La partie inférieure de la muraille qui l'entoure est en pierres, et la partie supérieure en briques. Cet ouvrage de défense fut élevé par Abou Mansour [3] el-Yaçâ, fils d'Abou 'l-Cacem, qui fit tous les frais de la construction sans vouloir permettre à qui que ce fût d'y contribuer

---

[1] La ville de Zîz a laissé son nom à la rivière qui passe auprès de Tafîlelt.
[2] Sidjilmessa était située un peu à l'est de Tafîlelt.
[3] Plus loin l'auteur donne à ce prince le surnom d'*El-Montacer*.

avec lui. Il y consacra mille *modi* « boisseaux » de vivres [tous les jours]. Cette muraille, percée de douze portes, dont huit en fer, fut construite par El-Yaçâ en l'an 199 (814-815 de J. C.). L'année suivante il se transporta sur les lieux, et partagea entre diverses tribus les terrains de la ville qu'elles possèdent encore. Les habitants portent toujours le *nicab*, voile qui leur cache la figure; et si, par hasard, quelqu'un d'entre eux se montre le visage découvert, ses proches parents ne le reconnaissent pas.

Sidjilmessa est située sur une rivière formée par la réunion de plusieurs ruisseaux qui prennent leur source dans une localité nommée Aglef. A peu de distance de Sidjilmessa ce courant d'eau se partage en deux branches, dont l'une passe à l'orient et l'autre à l'occident de la ville. Le *djamê*, fondé par El-Yaçâ, est d'une construction solide et bien soignée; mais les bains sont mal bâtis et d'un mauvais travail. L'eau que l'on consomme dans la ville est saumâtre, ainsi que celle que l'on tire des puits. L'eau qui sert à l'arrosement des terres ensemencées provient de la rivière et se ramasse dans des bassins, comme cela se pratique ailleurs pour la culture des jardins. Les dattes, les raisins et toutes les autres espèces de fruits s'y trouvent en grande abondance. On laisse sécher à l'ombre les raisins qui viennent sur treilles sans avoir été atteints par l'ardeur du soleil, et on leur donne le nom de *dhilli* « ombragé »; mais on fait sécher au soleil les grappes qui ont déjà subi l'influence de ses rayons.

Sidjilmessa est située à l'entrée du désert, et l'on ne connaît aucun lieu habité, ni à l'ouest, ni au sud de cette ville[1]. On n'y voit pas de mouches. L'éléphantiasis ne se déclare jamais parmi les habitants de cette ville, et lorsqu'une personne qui en est atteinte arrive chez eux, sa maladie ne fait plus de progrès. A Sidjilmessa on engraisse les chiens pour les manger, ainsi que cela se pratique à Cafsa et à Castîliya. On y regarde aussi comme une friandise les grains de blé qui commencent à germer. Les lépreux y font le métier de vidangeur; celui de maçon est réservé spécialement aux juifs.

Lorsqu'on part de Sidjilmessa pour se rendre à Ghana, dans le pays des noirs, on doit marcher pendant deux mois à travers un désert inhabité. Dans cette vaste région, on rencontre quelques nomades qui ne s'arrêtent nulle part. Tels sont les Beni Messoufa, fraction de la grande tribu des Sanhadja; ils n'ont pas une seule ville où ils puissent se réfugier, à l'exception toutefois de Ouadi Derâ, qui est à cinq journées de Sidjilmessa.

La dynastie des Beni Midrar régna dans Sidjilmessa pendant l'espace de cent soixante ans. Abou 'l-Cacem Semgou ibn Ouaçoul, le Miknacien, père d'El-Yaçâ et grand-père de Midrar, s'étant trouvé en Ifrîkiya, fit la rencontre d'Ikrima, client d'Ibn Abbas, et reçut de lui [des instructions religieuses]. Il possédait des troupeaux qu'il faisait très-souvent paître

---

[1] Les indications fournies par El-Bekri lui-même démontrent la fausseté de ce renseignement.

sur le terrain qui devint plus tard l'emplacement de Sidjilmessa. Quelques Sofrites vinrent se joindre à lui; mais, dès qu'ils furent au nombre de quarante, ils prirent pour chef Eïça ibn Mezyed *el-Asoued* « le noir ». Alors, c'est-à-dire en l'an 104 (722-723 de J. C.), ils se mirent à bâtir la ville de Sidjilmessa. Selon d'autres historiens, Midrar était forgeron et faisait partie des *rabedi* « faubouriens » d'Espagne. Lors de l'affaire du faubourg [1], il quitta ce pays et se fixa dans le voisinage de Sidjilmessa. L'emplacement de cette ville était alors une plaine inculte où les Berbers se rassemblaient à une certaine époque de l'année pour acheter et vendre des outres de peau. Midrar apportait régulièrement à ce marché les ustensiles de fer qu'il avait fabriqués; plus tard il y dressa une tente pour lui servir de demeure, et les

---

[1] Le 13 ramadan 202 (fin de mars 818), une révolte éclata dans le faubourg (*rabed*) situé au sud de Cordoue. El-Hakem, troisième souverain de la dynastie des Oméïades espagnols, se mit aussitôt à la tête de sa garde, attaqua les insurgés et en fit un massacre épouvantable. Par son ordre, on rasa toutes les maisons et même les mosquées de ce quartier populeux, et on livra le sol à la charrue. Les habitants, forcés à s'expatrier, se rendirent, les uns à Tolède, d'autres chez les Berbers de l'Afrique septentionale, et le reste, formant un corps de quinze mille hommes, alla débarquer à Alexandrie. Bientôt après, ceux-ci s'emparèrent de la ville et se firent bien payer par le gouvernement abbacide avant de consentir à reprendre la mer. Ils passèrent dans l'île de Crète, où le gouvernement byzantin n'entretenait plus de garnison, et ils y fondèrent une petite dynastie musulmane. Partout où ces faubouriens (*rabedis*) allèrent s'établir, ils se distinguèrent par leur audace et par leurs brigandages. La destruction du faubourg mérita à El-Hakem lui-même le sobriquet d'*Er-Rabedi*. (Ibn el-Abbar, dans les *Notices et extraits* de Dozy, p. 38 et suiv. Voy. aussi le *Maccari* de Gayangos, vol. II, p. 102-3.)

Berbers s'établirent autour de lui. Telle fut l'origine de Sidjilmessa, qui devint graduellement une ville importante.

Bien que le premier de ces récits soit plus conforme à la vérité que le second, il n'en est pas moins vrai que Midrar exerça le métier de forgeron, puisque ses descendants, devenus souverains de Sidjilmessa, essuyèrent, à ce sujet, les traits de la satire.

Eïça ibn Mezyed, premier gouverneur de Sidjilmessa, se conduisit de manière à mécontenter ses partisans sofrites. Un jour, dans une réunion tenue chez lui, Abou 'l-Khattab [1] adressa ces paroles à l'assemblée, « Les noirs sont tous des voleurs, sans en excepter celui-là », et il le montra du doigt. Les assistants s'emparèrent aussitôt d'Eïça, et, l'ayant attaché à un arbre, sur le haut d'une colline, ils le laissèrent exposé aux piqûres des moustiques jusqu'à ce qu'il mourût. Cette colline porte encore de nos jours le nom de *Djebel Eïça* « la montagne d'Eïça ». Ce chef avait régné quinze ans. Abou 'l-Cacem Semgou, le Miknacien, fils de Mezlan, fils de Nezoul [2],

---

[1] Abou 'l-Khattab Abd el-Alâ el-Maâferi, Arabe appartenant à une tribu yémenite, se mit à la tête des Berbers schismatiques, tant Sofrites qu'Ibadites, en l'an 141 (758 de J. C.). Devenu tout-puissant dans la partie orientale de ce pays, il étendit son autorité jusqu'au Maghreb occidental ; l'anecdote racontée ici par notre géographe en est la preuve. En l'an 144 (761), il trouva la mort dans une grande bataille qu'il livra aux troupes du kalife abbacide El-Mansour. Cette rencontre eut lieu à l'orient de la ville de Tripoli. (Voy. *Hist. des Berbers*, index, aux mots *Abou 'l-Khattab* et *Ibn el-Achâth*.)

[2] L'auteur de l'*Histoire des Berbers* parle de ce chef, que l'on nommait aussi *Semgou ibn Ouaçoul*.

que l'on choisit alors pour chef, conserva le pouvoir pendant le reste de ses jours. Il mourut subitement, l'an 168 (784-785), au moment où il faisait le dernier prosternement de la prière du soir. Son règne avait duré treize ans. Abou 'l-Ouezîr el-Yas, son fils et successeur, fut déposé l'an 174 (790-791 de J. C.) par son frère Abou 'l-Montecer el-Yaçâ, qui s'empara du trône. Celui-ci, homme d'un caractère despotique, emporté, dur et violent, subjugua tous les Berbers qui osèrent lui résister, et humilia leur esprit orgueilleux. Il préleva le quint sur le produit des mines du Derâ; il professa ouvertement les doctrines de la secte sofrite, et fit bâtir les murs de Sidjilmessa, ainsi que nous venons de le dire. Il mourut en l'an 208 (823-824 de J. C.) et eut pour successeur son fils El-Montecer ibn el-Yaçâ, surnommé *Midrar*. Le règne de celui-ci fut troublé par la rivalité de ses deux fils. Chacun de ces jeunes gens portait le nom de *Meïmoun;* mais l'un était surnommé *Ibn Thakîa* « le fils de Thakîa » et l'autre *Ibn er-Rostemiya* « le fils de la Rostemide ». Aroua, la mère de celui-ci, était fille d'Abd er-Rahman et petite-fille de Rostem[1]. Pendant trois ans, les deux frères se disputèrent le pouvoir par la voie des armes, jusqu'à ce que leur père, qui favorisait Ibn er-Rostemiya, chassât Ibn Thakîa de Sidjilmessa. Le fils préféré déposséda son père; mais les habitants de la ville se soulevèrent contre lui et le privèrent du com-

---

[1] Voy. sur les Rostemides de Tîhert l'*Hist. des Berbers*, t. I, p. 241 et suiv.

mandement. Ibn Thakîa, à qui ils offrirent le trône, refusa de l'accepter au préjudice de son père; aussi prit-on le parti de rendre le pouvoir à Midrar. Quelque temps après, ils découvrirent que leur souverain venait d'inviter Ibn er-Rostemiya à quitter le Derâ avec tous ses partisans, et qu'il avait l'intention de lui remettre l'autorité suprême. A cette nouvelle, ils assiégèrent Midrar [dans son palais], lui enlevèrent le commandement, et prirent pour chef son fils Ibn Thakîa, le même que l'on désigne ordinairement par le titre d'*El-Amîr* « l'émîr ». Ce prince garda le pouvoir jusqu'à sa mort, qui eut lieu en l'an 263 (876-877 de J. C.). Il régnait encore quand son père Midrar mourut, dépouillé de toute autorité. Mohammed, fils et successeur de Meimoun el-Amîr, garda le pouvoir jusqu'au mois de safer de l'an 270 (août-septembre 883), qu'il cessa de vivre. El-Yaçâ, fils d'El-Montecer, fils d'Abou 'l-Cacem [Semgou], prit alors le commandement et régna jusqu'au mois de dou 'l-hiddja 297 (août-septembre 910). Il s'enfuit alors de sa capitale, qui venait de tomber au pouvoir d'Abou Abd Allah es-Chîaï. Le vainqueur donna le commandement de la ville à Ibrahîm ibn Ghaleb le Mezatien; mais, cinquante jours plus tard, les habitants massacrèrent leur nouveau gouverneur et tous les soldats qu'Es-Chîaï avait laissés dans la place. En l'an 298, au mois du premier rebiâ (novembre-décembre 910 de J. C.), El-Feth Ouaçoul, fils d'El-Amîr Meimoun, prit le commandement. Il mourut dans le mois de redjeb 300 (février-mars 913 de J. C.), et eut pour successeur son frère Ahmed. Dans le mois de moharrem 309 (mai-juin 921 de J. C.), Ahmed fut tué par Messala ibn Habbous, qui emporta la ville d'assaut après l'avoir assiégée pendant quelque temps. Messala y installa, comme gouverneur, El-Motezz, fils de Mohammed, fils de Sarou, fils de Midrar, qui mourut en office l'an 321 (933-934 de J. C.). Mohammed, fils et successeur d'El-Motezz, garda le pouvoir jusqu'à l'an 331 (942-943 de J. C.), époque de sa mort. El-Montecer Semgou lui succéda; mais, comme il n'avait que treize ans, son aïeule prit la direction des affaires. Deux mois plus tard l'autorité leur fut enlevée par Mohammed, fils d'El-Feth et petit-fils d'El-Amîr. Ce prince, ayant triomphé par la force des armes, chassa son cousin El-Montecer, fit profession de la doctrine orthodoxe, et se conforma au rite de Malek. Monté sur le trône, il tint une conduite irréprochable et travailla à faire fleurir la justice; on peut toutefois lui reprocher de s'être arrogé, en l'an 342 (953-954 de J. C.), le titre d'*Amîr el-Moumenîn* « commandant des croyants », d'avoir pris le surnom d'*Es-Chaker Billah* « le reconnaissant envers Dieu », et d'avoir fait frapper, en cette qualité, des dirhems et des dinars. Il resta sur le trône pendant quelque temps; mais à l'approche des troupes d'Abou Temîm Maadd [El-Moezz le Fatemide], commandées par le général Djouher, il sortit de la ville avec les gens de sa maison, sa famille, ses enfants, ses principaux officiers, et alla s'enfermer avec eux et ses trésors dans Tasegdalt, château fort, situé à douze milles de Sidjilmessa. Djouher s'empara de cette ville en l'an 347 (958 de J. C.). Mohammed, étant sorti de sa forteresse avec un petit nombre d'amis, se dirigea vers son ancienne capitale, après s'être déguisé. Il avait l'intention d'examiner l'état des affaires; mais il fut reconnu en route par quelques hommes de la tribu des Matghara, qui le firent prisonnier et le livrèrent à Djouher. Cela eut lieu dans le mois de radjeb de la même année (septembre-octobre 958 de J. C.).

Il suffit d'ensemencer une fois les terres autour de Sidjilmessa pour avoir des récoltes pendant trois ans consécutifs. Cela tient à la chaleur extraordinaire qui règne dans ce pays. Lors de la récolte, les grains sont très-secs, et une partie tombe dans les crevasses dont le sol est sillonné et commence à pousser; aussi la seconde et la troisième année l'on se borne à labourer la terre sans l'avoir ensemencée. Leur froment, qui est de l'espèce chinoise, a le grain si petit, qu'il en faut soixante et quinze mille grains pour remplir un *modd* de la dimension autorisée par le Prophète. Le *medi* « boisseau » en usage chez eux contient douze *cancal*; le cancal équivaut à huit *zellafa*, et la zellafa à huit *modd* de la capacité légale. On remarque comme une singularité que, chez eux, les pièces d'or sont reçues au compte et non pas au poids, et que les poireaux se vendent au poids et non pas au compte.

Entre Sidjilmessa et CAIROUAN on compte quarante-six journées de marche, ou cinquante-trois, selon Mohammed ibn Youçof. L'on se rend d'abord à Carar el-Amîr « la résidence de l'émîr », c'est-à-dire de celui qui appartenait à la famille de Midrar; puis à Hisn ibn Midrar « le château du fils de Midrar »; puis à la montagne d'Akesraïgh; puis à Ameskour, ville appartenant aux Matmata, peuplade qui cultive toujours l'amitié du souverain de Sidjilmessa. Nous avons déjà parlé d'Ameskour; elle est à cinq journées de Sidjilmessa. Ensuite on arrive à la ville de Djeraoua, après avoir mis six journées à traverser une région, partie habitée, partie déserte. On y remarque une localité bien connue sous le nom d'Es-Sodour « la sortie »; elle est située auprès du pays habité, dans le voisinage d'une source de bonne eau. C'est là que s'embranche la route qui mène à Melîla. De Djeraoua l'on se rend à Cairouan, en suivant la route déjà indiquée. Pour aller de Sidjilmessa à Melîla, l'on se rend d'abord à Es-Sodour, ainsi que nous venons de le dire; puis à Aguercîf, bourg florissant qui s'élève sur le bord du Molouïa; puis à Djerwaou, endroit très-fréquenté de certaines peuplades qui s'y installent dans des cabanes de broussailles; l'on rapporte même [que ces gens] vont bientôt s'y établir tout à fait. De là on se rend à Colouê Djara, ville très-peuplée, dont nous avons déjà fait mention, et qui est située sur une montagne, auprès d'un lac salé; parti de là, on se rend directement à Melîla, ce qui fait quinze journées de marche. Nous avons déjà parlé de Melîla.

ROUTE DE SIDJILMESSA À AGHMAT.

De Sidjilmessa à Tîhammamîn[1], où se trouve une mine de cuivre, deux journées de marche; de Tîhammamîn à Ouadi Derâ « la rivière du Derâ », deux journées de marche. Les bords de cette rivière sont couverts de bocages et d'arbres fruitiers en quantité prodigieuse. On y trouve l'espèce d'arbre nommée *Takout*[2]; il ressemble au *tarfa* « tamarisc » et sert à la préparation du cuir de Ghadams. Chaque jour de la semaine il se tient un marché sur les bords du Derâ, dans l'une ou l'autre des nombreuses localités auxquelles on a donné cette destination. Il y a certains jours où l'on tient deux marchés [dans deux endroits différents], tant est grande l'étendue de cette région et le nombre de ses habitants. La partie cultivée de ce territoire s'étend, sans interruption, sur une longueur de sept journées de marche. Du Ouadi Derâ on passe à l'endroit nommé Adamest; puis à Ourzazat, place appartenant aux Heskoura; cela fait deux journées. Après avoir marché pendant quatre jours dans le pays des Heskoura, on arrive aux établissements d'une tribu nommée *Hezerdja*. On y voit une montagne de ce nom, où l'on trouve des pierres fines de toutes les espèces, et aussi remarquables par leur bonne qualité que par l'éclat

---

[1] Mot arabe berbérisé qui signifie *les sources d'eaux thermales, les bains.*

[2] *Takout* est le nom berber d'une espèce d'euphorbe. (*Ibn el-Beithar.*)

de leurs couleurs. Ces pierres se forment sur les rochers de la montagne; mais elles sont aussi rudes et âpres au toucher que la peau de chien de mer. On ne peut pas les tailler; l'émeri même n'y mord pas. Elles y sont en grande quantité. Une journée de plus amène le voyageur à AGHMAT.

DESCRIPTION D'AGHMAT.

Le nom d'AGHMAT est porté par deux villes situées chacune dans une plaine. L'une s'appelle l'*Aghmat des Ilan*, et l'autre l'*Aghmat des Ourîka*. Le chef de ces peuples réside dans cette dernière ville, et c'est là que descendent les marchands et les voyageurs; car il n'est permis à aucun étranger d'habiter Aghmat Ilan. Une distance de huit milles sépare les deux villes. On y voit une petite rivière, qui coule du midi au nord et dont l'eau est saumâtre; elle se nomme *Taghîrout*. Tout autour d'[Aghmat Ourîka] s'étendent des jardins et des forêts de dattiers. Ce canton est très-grand; il est occupé par des tribus masmoudiennes, qui demeurent dans des bourgs fermés (*cosour*) et dans les lieux où elles parquent leurs bestiaux. Une grande abondance règne dans ce pays et tout y est à bon marché. On y porte de la ville de Niffîs de grosses pommes, dont on peut acheter pour un demi-dirhem de quoi charger un mulet. Nous devons cependant ajouter que l'air de cette contrée est malsain; que les habitants ont tous le teint jaunâtre, et qu'il s'y trouve beaucoup de scorpions, dont la piqûre est mortelle. On y tient plusieurs marchés, qui sont très-fréquentés; dans celui d'Aghmat, qui a lieu chaque dimanche, on vend toute espèce de marchandises et d'effets de ménage. En ce jour on tue et on consomme plus de cent bœufs et mille moutons. Autrefois, à Aghmat, les habitants se transmettaient entre eux la charge d'émîr; celui qui en avait exercé les fonctions pendant un an était remplacé par un autre que le peuple choisissait dans son sein. Cela se faisait toujours par suite d'un arrangement à l'amiable; c'est, au moins, ce que rapporte Mohammed ibn Youçof le Cairouanite.

Le *ribat* de Couz, situé sur l'océan Environnant, sert de port à Aghmat. Les navires y arrivent de tous les pays; mais ils ne peuvent reprendre la mer que dans la saison des pluies, lorsque le ciel est obscurci et l'atmosphère brumeuse. Alors s'élève un vent de terre qui leur est parfaitement favorable, et qui, s'il continue, les porte hors de danger. Au contraire, si le ciel est clair et l'atmosphère pure, le vent de mer souffle du côté de l'occident et soulève des vagues assez grosses pour pousser le navire vers les plages du désert. Avec un tel vent, il est rare qu'un bâtiment parvienne à se sauver.

ROUTE D'AGHMAT OURÎKA AU RIBAT DE COUZ.

D'Ourîka à Niffîs, trente-cinq milles; de Niffîs à Chefchaouen [1], trente milles; de là à Meramer, trente

---

[1] *Chefchaouen* est le pluriel berber de *Chefchaoua*, nom d'une peuplade qui habitait une partie de l'Atlas, au sud de la ville de Ma-

milles, et de là au ribat de Couz, vingt-cinq milles : somme totale, cent vingt milles.

ROUTE D'AGHMAT À FEZ.

D'Aghmat à l'endroit nommé *Abd el-Khalec ibn Si*, qui se compose de collines de sable, une journée de marche. De là à une vaste plaine appelée FAHS NE-ZAR « la plaine de Nezar », une journée ; le mot *nezar*[1] signifie, en langue berbère, « un crible ». Cette localité fut ainsi nommée parce qu'elle est de forme circulaire et concave au milieu[2]. De là au OUADI OUANCIFEN, une journée. Cette grande rivière, que l'on traverse sur des outres enflées, et qui se décharge dans l'océan Environnant, prend sa source dans un endroit nommé *Hodoud* « les limites », et situé entre le territoire des Zouagha et celui des Matghara. De là à FAHS IMELLOU « la plaine blanche », une journée. Sorti de cette vaste plaine, on arrive, après une journée de marche, à l'endroit nommé *Beni Ouareth*, où l'on trouve beaucoup d'arbres de l'espèce qui s'appelle *el-forbioun* « euphorbe ». Le *forbioun* est un arbrisseau épineux, aux tiges herbacées, d'où découle un suc laiteux qui possède une qualité purgative. De là au territoire des ZOUAGHA, une journée ; puis à HISN DAÏ « la forteresse de Daï »,

roc. (Voy. ce mot dans la table géographique placée en tête du premier volume de la traduction de l'*Hist. des Berbers*.)

[1] L'orthographe de ce nom est incertaine.

[2] A la place de موضع مجوى, le ms. de Paris porte موضع مخوى, c'est-à-dire *un endroit dangereux*.

une journée. Ce château est situé au milieu d'une grande forêt, composée de diverses espèces d'arbres. On y tient un marché qui est très-fréquenté et qui attire de Fez, de Basra et de Sidjilmessa, plusieurs caravanes chargées d'effets et de marchandises. A une journée plus loin on trouve le DERNA, grande rivière qui se jette dans le *Ouancîfen*. De là [au canton des] Maghîla, une journée. Cette peuplade avait eu pour chef Mouça ibn Aguellîd, homme d'une force extraordinaire; lorsqu'il saisissait la queue du meilleur cheval, l'animal ne pouvait bouger, malgré les coups d'éperon que lui donnait le cavalier. AOUZECCOUR, localité située à une journée plus loin, était habitée autrefois par les Beni Mouça, famille qui avait fait partie des Rabadis d'Espagne. Ces gens portèrent le ravage chez leurs voisins, et se rendirent tellement incommodes, qu'ils eurent à soutenir une guerre contre ceux qu'ils avaient outragés. Vaincus dans une bataille qui leur coûta beaucoup de monde, ils se dispersèrent dans le territoire d'Aghmat; un très-petit nombre, ayant obtenu une amnistie, eurent la permission de rester à Aouzeccour, où ils sont encore aujourd'hui. De là à SOUC FENCOUR, marché bien approvisionné et très-fréquenté, une journée. On y fabrique des bournous noirs d'une texture assez serrée pour être imperméables à l'eau. De là à OULHAÇA, une journée; puis, à GUEZENNAIYA, une journée; puis au village d'OURZÎGHA, une journée. Ourzîgha est très-peuplé et bien arrosé; les fruits et les vivres s'y trouvent en abondance; un millier de prunes coûte un quart de dirhem. Meiçour el-Feta, ayant levé le siége de Fez en l'an 324 (935-936 de J. C.), se rendit à Ourzîgha, dont il massacra toute la population mâle, et réduisit les femmes en esclavage. De là on met une journée pour se rendre à Aghîgha[1], c'est-à-dire « pierres sèches »; elle fut ainsi nommée, parce qu'elle est bâtie de pierres sans ciment. Cette ville est maintenant déserte; elle devait sa fondation aux Rabedis espagnols, dont une partie s'y fixa; forcés par les Berbers de l'abandonner, ils allèrent s'établir à Oulîli, où il en reste encore un petit nombre jusqu'à nos jours. De là on se rend à Macîta[2], grand canton où la culture du coton réussit parfaitement. On y tient un marché; mais il n'a pas beaucoup d'importance. De là à Fez, une journée; cela fait en tout dix-huit journées de marche.

ROUTE DE DERÂ À SIDJILMESSA.

La ville de Derâ, nommée *Tioumetîn*, est le chef-lieu de la province de Derâ. Nous avons déjà mentionné que le *Ouadi Derû* prend sa source dans le *Deren* (l'Atlas). Cette ville renferme une nombreuse population, un *djamé* et plusieurs bazars très-fréquentés; elle jouit aussi d'un commerce florissant. Elle est située sur un coteau, au nord d'une rivière qui coule de l'est à l'ouest, et qui se précipite du haut d'une colline rougeâtre avant d'arriver auprès

---

[1] Le mot *aghagh*, forme dérivée d'*aghîgh*, s'emploie en berber-cabyle avec la signification de *pierre*.
[2] Variante *Macîna*, ماسينة.

de la ville. Ali, fils d'Ahmed, fils d'Idrîs, fils de Yahya, fils d'Idrîs, était autrefois seigneur de Derâ. De là on met une journée pour se rendre à Tameddjathet, localité qui produit une espèce d'arbre ainsi nommée, dont les feuilles sont larges et persistantes comme celles du tamarisc. Les écuelles dont on se sert à Derâ, à Sidjilmessa et dans les contrées voisines, sont faites avec le bois de cet arbre. A une journée de là on trouve un endroit nommé Aman Tîssen, c'est-à-dire «l'eau salée». Le jour suivant conduit à Ten Oudaden[1]; ce nom signifie «le puits des cerfs»; on y trouve une mine de cuivre. La journée suivante s'achève à Agrou[2]. Tous ces lieux sont situés dans le territoire des Serta, peuple qui forme une branche de la tribu des Sanhadja. A une journée plus loin se trouve *Touwennîn*[3] *an-oguellîd*, c'est-à-dire «les puits du roi»; de là on se rend au lieu nommé *Aman issîdan*[4], c'est-à-dire «l'eau des autruches»; puis à *Agguer an-oouchan*, c'est-à-dire «le champ des chacals[5]»; ensuite on arrive à Amerghad, endroit où commencent les jardins de Sidjilmessa, ville qui est à six milles plus loin.

---

[1] *Oudad*, singulier d'*oudaden*, est le nom berber du mouflon à manchettes.

[2] Var. *Agzou*.

[3] *Touwennîn* est le pluriel de *touanit*, diminutif de *ouanou* «puits».

[4] Le mot *issîd* «autruche», singulier d'*issîdan*, se retrouve encore dans le dialecte berber de Socna. (Voy. le Vocabulaire donné par le capitaine Lyons, dans son Voyage à Morzouc.)

[5] Tous ces noms sont berbers.

ROUTE DE TAMÉDELT À AOUDAGHAST.

A une journée de Tamédelt se trouve Bîr el-Djemmalîn « le puits aux chameliers », qui a quatre toises de profondeur. Il est un de ces puits dont on doit la construction à Abd er-Rahman ibn Habîb [1]. Parti de là, le voyageur s'engage dans un défilé étroit où, pendant toute la journée, les chameaux doivent marcher à la file. Les trois journées suivantes s'emploient à traverser l'Azouer, montagne dont la surface pierreuse fait beaucoup de mal aux pieds des chameaux. L'*omm-ghîlan* « mimosa gummifera » croît dans cette localité. Si l'on s'écarte de la route, on trouve des masses de fer poreux qui ne fondent pas au feu. Cette montagne est remplie de gros serpents; elle s'étend en longueur l'espace de dix journées, à partir du commencement de la route de Sidjilmessa jusqu'au bord de l'océan Environnant. On dit que l'Azouer se prolonge jusqu'au Nefouça, l'une des montagnes de Tripoli, et cela me porte à l'identifier avec le *Deren* (Atlas), au pied duquel le Ouadi Dera prend sa source, ainsi que je l'ai dit ailleurs. Après avoir marché pendant trois jours dans cette montagne, on arrive à Ten-Defès, endroit qui fournit de l'eau. Pour s'en procurer, les voyageurs n'ont qu'à creuser le sol; mais ces puits ne tardent pas à se combler par suite de l'éboulement des terres. A trois journées plus loin, on rencontre un grand puits nommé *Ouéïnou Heïloun* « puits de Heïloun »; on

[1] Gouverneur de l'Afrique en l'an 127 (745 de J. C.).

marche ensuite pendant l'espace de trois jours dans une plaine unie et déserte où l'on peut quelquefois se procurer un reste d'eau pluviale, retenue sous les sables par une couche de rocher. Plus loin on arrive à une source peu abondante que l'on nomme *Tazecca*, c'est-à-dire « la maison ». Une journée de plus amène le voyageur à un puits de quatre toises de profondeur, creusé dans une roche noire et dure par les soins d'Abd er-Rahman ibn Habîb. A trois journées plus loin, on trouve un grand puits nommé *Ouîttounan*, qui ne tarit jamais, mais dont l'eau, fortement imprégnée de sel, purge les hommes et les animaux qui en boivent. Ce puits a trois toises de profondeur; il est encore un de ceux que l'on doit à la prévoyance d'Abd er-Rahman ibn Habîb. Une marche de quatre jours conduit le voyageur de là à un endroit nommé *Aougazent*, dont le sol a une teinte bleuâtre. Les caravanes y trouvent de l'eau en creusant à une profondeur de deux ou trois coudées. On emploie quatre journées de plus à franchir un désert formé de grosses collines de sable qui coupent le chemin et qui n'offrent pas une goutte d'eau. Sur toute la route d'Aoudaghast, il n'y a pas d'endroit plus difficile à passer que celui-ci. Arrivé ensuite au lieu appelé *Ouanou Zemîn*, on trouve plusieurs puits qui ont peu de profondeur et qui fournissent, les uns de l'eau douce, les autres de l'eau saumâtre. Cette localité est située au pied d'une montagne escarpée, qui s'étend en longueur, et qui est remplie d'animaux sauvages. Toutes les routes qui vont au pays des noirs se réunissent auprès de Ouanou Zemîn. C'est un endroit fort dangereux, car les Lemta [1] et les Guezoula y attaquent très-souvent les caravanes; ils s'y tiennent en embuscade, sachant que les routes du désert viennent aboutir dans cette localité, et que les voyageurs ont besoin d'y faire une provision d'eau. Ensuite on marche pendant cinq jours dans le territoire de OUARAN, région déserte et remplie de collines de sable. Arrivé sur la limite du pays occupé par les Beni Ouareth, tribu sanhadjienne, on trouve un grand puits, ombragé par un arbre nommé *es-sacni*, qui est tout à fait semblable à l'*ihlîledj* « le mirobolanier », si ce n'est qu'il ne porte pas de fruits. Après avoir marché encore deux journées, on arrive à quelques puits d'eau saumâtre, auxquels on a donné le nom d'*Agharef*. Les Sanhadja amènent leurs chameaux dans ce lieu pour les faire boire, afin de leur rétablir et conserver la santé : l'on sait que toutes les eaux salées conviennent parfaitement aux chameaux. Plus loin, à la distance de trois journées, on trouve un endroit nommé *Agguer Tendi*, c'est-à-dire « amas d'eau [2] »; on y voit un grand nombre d'arbres de diverses espèces, et, de plus, le *henna* « lawsonia inermis » et le *haboc* « basilic ». La journée suivante se passe dans

---

[1] Sur le bord septentrional du Niger, immédiatement à l'est de Tenboktou, on trouve une puissante tribu berbère, les Awelemmidin. Le docteur Barth fait observer que ce nom est la forme plurielle de *Lemmed* ou *Lemeth*, et il identifie ce peuple avec les Lemta des géographes et historiens arabes.

[2] *Agguer Temdi* signifie, en berber, *champ du réservoir*.

une montagne nommée *Azgounan*, où les noirs viennent pour intercepter et piller les caravanes. Pendant la journée suivante on traverse un pays sablonneux et boisé, jusqu'à ce qu'on arrive à un puits d'eau saumâtre nommé *Bîr-Ouaran*. On marche ensuite pendant trois jours dans un pays appartenant aux Sanhadja, où l'on trouve de l'eau de puits en grande quantité. De là on se dirige pendant une journée vers une haute colline qui domine Aoudaghast. On y voit beaucoup d'oiseaux qui ressemblent à des pigeons et à des colombes, si ce n'est qu'ils ont la tête plus petite et le bec plus gros. On y remarque aussi des arbres à gomme, dont le produit est envoyé en Espagne, où il sert à lustrer les étoffes de soie. De là on arrive à AOUDAGHAST, ville grande et très-peuplée, qui est bâtie dans une plaine sablonneuse, au pied d'une montagne absolument stérile et dépourvue de végétation [1]. Aoudaghast renferme un *djamé*, plusieurs mosquées et une nombreuse population. Dans ces établissements on trouve des maîtres qui enseignent à lire le Coran. Tout autour de la ville s'étendent des jardins de dattiers. On y cultive le blé à la bêche et on l'arrose à la main. Il n'y a que les princes et les gens riches qui en mangent; la

---

[1] M. Cooley a prouvé, dans son *Negroland*, qu'on a eu tort d'identifier Aoudaghast avec Agadès. Sur la carte dressée par cet habile géographe, Aoudaghast est placée à environ soixante lieues nord-est de Tenboktou. Le docteur Barth recule Aoudaghast encore plus vers l'ouest; il lui assigne une position à l'occident de Tenboktou et à moitié de distance entre cette ville et la mer.

grande majorité de la population se nourrit de *dorra*. Les cucurbitacées y viennent très-bien. On y trouve quelques figuiers de petite taille et quelques pieds de vigne. Les jardins consacrés à la culture du henna sont d'un bon rapport. Aoudaghast possède des puits qui fournissent de l'eau douce. Les bœufs et les moutons y abondent à un tel point, que l'on peut acheter dix béliers, et même plus, pour un *mithcal* (pièce d'or). Le miel est aussi très-abondant, mais on le tire du pays des noirs. Les habitants vivent dans l'aisance et possèdent de grandes richesses. A toute heure le marché est rempli de monde; la foule est si grande et le bourdonnement si fort, qu'à peine peut-on entendre les paroles de celui qui est assis à côté de soi. Les achats se font avec de la poudre d'or; car on ne trouve pas d'argent chez ce peuple. La ville renferme de beaux édifices et des maisons très-élégantes. Tous les habitants ont le teint jaunâtre; à peine en trouve-t-on un seul qui ne soit atteint d'une des maladies dominantes, la fièvre et les affections de la rate. Malgré la distance, on fait venir des pays musulmans du blé, des fruits et des raisins secs. Le blé s'y vend ordinairement à raison de six mithcals le *kintar* « quintal »; il en est de même pour les fruits et les raisins secs. La population d'Aoudaghast se compose de natifs de l'Ifrîkiya, et d'individus appartenant aux tribus des Bercadjenna, des Nefouça, des Louata, des Zenata et surtout des Nefzaoua; on y voit aussi, mais en petit nombre, des gens appartenant à toutes les grandes villes [musulmanes]. On y trouve des négresses, cuisinières très-habiles, dont chacune se vend cent pièces d'or ou plus; elles savent apprêter des mets très-appétissants, tels que le *djouzîncat* « gâteau de noix », les *cataïf* « macaroni au miel », et toutes les espèces de sucreries. On y voit aussi des jeunes filles d'une belle figure, d'un teint blanc, d'une taille légère et svelte; elles ont les seins fermes, la taille fine, la partie inférieure du dos bien arrondie et les épaules très-larges; elles sont tellement favorisées par la nature, qu'elles offrent toujours à l'homme qui les possède les attraits qui n'appartiennent qu'à une vierge. A ce sujet, Mohammed ibn Youçof fait le récit suivant : « Abou Bekr Ahmed ibn Khallouf, natif de Fez et homme de bien, déjà avancé en âge, qui avait fait le pèlerinage de la Mecque, m'a raconté qu'un marchand de Nefouça, nommé *Abou Rostem*, et qui allait régulièrement à Aoudaghast pour faire le commerce, avait déclaré qu'il avait vu dans ce pays une femme couchée sur le côté, position qu'elles prennent ordinairement plutôt que de rester assises et de comprimer ainsi la partie la plus arrondie de leur corps, et que l'enfant de cette femme s'amusait à lui passer sous les reins et à sortir de l'autre côté, sans que la mère se dérangeât en aucune manière, tant elle avait la taille fine et la partie inférieure du dos ample et bien développée. » L'animal dont la dépouille sert à faire des boucliers est très-commun aux environs d'Aoudaghast. On expédie à cette ville des cuivres travaillés et des tobes (ou manteaux) à grands pans [1], teints en rouge et en bleu; on exporte de l'ambre gris, moelleux au toucher, dont la qualité est excellente, vu la proximité de l'océan Environnant (l'Atlantique); on exporte aussi de l'or raffiné et réduit en fils tordus. A Aoudaghast, ce métal est meilleur et plus pur qu'en aucun autre pays du monde.

Entre les années 350 et 360 (961-971 de J. C.), Aoudaghast avait pour roi un Sanhadjien nommé *Tin Yeroutan,* qui était fils de Ouîchenou et petit-fils de Nizar. Plus de vingt rois nègres le reconnaissaient pour leur souverain et lui payaient la capitation. Son empire s'étendait sur un pays habité dont la longueur et la largeur étaient de deux mois de marche. Ce monarque pouvait mettre en campagne cent mille [guerriers montés sur des] chameaux de race. Invité par Târîn [2], le roi de Macîn, à le soutenir contre le roi Aougham [3], il lui fournit cinquante mille [hommes, tous montés sur des] chameaux. Cette armée envahit les états d'Aougham, dont les troupes ne s'attendaient pas à une attaque, et livra tout le pays aux flammes et au pillage. Aougham, voyant la ruine de son pays, ne voulut pas survivre à un tel malheur; il jeta son bouclier, détacha la selle de sa monture, et, s'y étant assis, il se laissa tuer

---

[1] Litt. *ailés*. En Afrique les pans des bournous se nomment encore *djenah* « aile ».

[2] Dans le texte arabe, les lettres de ce nom ne portent pas de points diacritiques; aussi peut-on le lire de plusieurs manières.

[3] Le mot *Aougham,* employé ici comme le nom d'un souverain, sert, plus loin, à désigner le royaume qui appartenait à ce prince.

par les soldats de Tîn Yeroutan. Les femmes d'Aougham furent remplies de douleur en voyant le corps inanimé de leur seigneur, et, trop fières pour se laisser tomber au pouvoir des hommes blancs, elles s'ôtèrent la vie en se précipitant dans des puits, ou par d'autres genres de mort.

ROUTE D'AOUDAGHAST À SIDJILMESSA.

D'Aoudaghast à TAMEDELT on suit la route que nous venons de décrire, et qui est de quarante journées de marche; de Tamedelt à SIDJILMESSA, par la route indiquée ailleurs[1], il y a onze journées de marche; cela fait un total de cinquante et une journées. D'AOUDAGHAST à CAIROUAN, il y a cent dix journées de marche.

ROUTE D'AGHMAT AU SOUS.

Les renseignements que nous reproduisons ici proviennent de Moumen ibn Youmer le Hoouarien. Dans une journée, l'on se rend d'AGHMAT OURÎCA à MEDÎNA NIFFÎS, que l'on appelle aussi *El-Beled en-Nefîs* « le pays charmant ». On y remarque beaucoup de ruisseaux et d'arbres fruitiers. Dans toute cette province, il n'y a point d'endroit dont la fertilité soit plus grande et l'aspect plus agréable. Niffîs est d'une haute antiquité. Ocba ibn Nafê, l'un des compagnons du Prophète, vint attaquer les Roum et les Berbers chrétiens, qui s'étaient réunis dans cette ville, dont la force et l'étendue paraissaient leur of-

---

[1] Voy. ci-après, p. 358.

frir de grands avantages. Il tint la place étroitement bloquée, et, s'en étant emparé, il bâtit la mosquée que l'on y voit encore. Cette conquête eut lieu en l'an 62 (681-682 de J. C.), et procura aux vainqueurs un butin énorme. De nos jours, Niffîs possède une nombreuse population, un *djamê*, un bain et plusieurs bazars très-fréquentés; elle est à une journée de la mer. Les habitants appartiennent à diverses tribus berbères, et surtout à celle des Masmouda. Hamza ibn Djâfer, prince qui eut pour aïeul Obeid Allah ibn Idrîs ibn Idrîs, et qui donna son nom au lieu appelé *Souc Hamza*, était souverain de cette ville. A une journée de Niffîs, on trouve Afîfen, ville située dans une vallée où il y a des eaux vives et beaucoup d'arbres fruitiers. A une journée plus loin on atteint Tamerourt, ville petite, mais agréable, d'où l'on commence à gravir le *Deren* (l'Atlas). Cette montagne, placée comme une limite devant le désert, est habitée par plusieurs peuplades appartenant à la grande famille des Sanhadja et à d'autres tribus. On dit qu'elle se prolonge jusqu'au Mocattem, en Égypte. C'est du Deren que l'on descend dans le pays de Sous. Dans le livre de Mohammed ibn Youçof, on lit ce passage : « Tamerourt est située à l'endroit où l'on commence à gravir le Deren, qui est, dit-on, la plus grande montagne de la terre; elle se prolonge jusqu'à l'Auras et à la montagne de Nefouça, laquelle est située dans le voisinage de Tripoli. Une parole de Mahomet, rapportée par la voie de la tradition, est ainsi conçue : « Dans l'Occident (Maghreb), il y a une montagne que l'on nomme le *Deren;* au jour de la résurrection, elle sera conduite au feu (de l'enfer) avec tous ses habitants, ainsi que l'on conduit la fiancée à son époux. » Reprenons le récit de Moumen : « On marche dans cette montagne jusqu'à l'endroit nommé *El-Mellaha* « la saline », et, sur la cime la plus élevée, l'on trouve une grande rivière [1]. Le Deren est rempli de forêts, de broussailles et de vergers. En le quittant on arrive à un endroit appelé *Ostouanat Abi Ali* « les portiques d'Abou Ali » et situé sur la même montagne. A droite de cette localité et à la distance d'une journée est un lieu nommé *Tazraret*, où se trouve une ancienne mine d'argent, dont le minerai est très-abondant. D'Ostouanat on passe dans le pays des *Beni Maghous*, tribu chez laquelle se tient un marché bien approvisionné. A la droite de cette peuplade habitent les *Beni Lemas*, qui sont tous rafedites (hérétiques). On les désigne par le nom de *Bedjlites*, parce qu'un Bedjlite [2], natif de Nefta en Castiliya, vint se fixer au milieu d'eux quelque temps avant l'arrivée d'Abou Abd Allah es-Chiâi en Ifrîkiya. Mohammed ibn Ourcetted, c'est ainsi qu'il se nommait, leur enseigna, dans ses prédications, qu'ils devaient lancer des malédictions contre les saints compagnons de Mahomet; qu'ils pouvaient regarder

---

[1] A la place d'علي (*la partie la plus élevée*), il serait plus naturel de lire اسفل (*la partie la plus basse*); mais les manuscrits s'y opposent.

[2] La tribu de Bedjel était arabe.

comme licites les choses défendues par la loi, et qu'il leur était permis de considérer l'usure comme une espèce de vente [et par conséquent légale]. Aux mots de l'*adan* ou « appel à la prière » qui sont ainsi conçus, « J'atteste que Mahomet est le prophète de Dieu », il leur ordonna d'ajouter ceux-ci, « J'atteste que Mahomet [1] est le meilleur des hommes »; et, après les mots, « Venez à l'œuvre salutaire », d'employer la formule suivante : « Venez à l'excellente œuvre! la famille de Mahomet est ce qu'il y a de meilleur parmi les créatures. » Ces peuplades professent encore les mêmes doctrines jusqu'à nos jours. Elles prétendent que la qualité d'imam reste dans la lignée de Hacen et non pas dans celle de [son frère] Hocein. Ils eurent jadis pour souverain Abou 'l-Cacem Idrîs, fils de Mohammed, fils de Djâfer, fils d'Abd Allah, fils d'Idrîs. Si la tradition que nous venons de rapporter est authentique, elle désigne évidemment ces gens-là. Dans une montagne escarpée, à côté des Beni Lemas, se trouve une tribu de Berbers idolâtres, qui adorent un bélier; aussi personne d'entre eux n'ose venir aux marchés [du pays musulman], à moins de s'être déguisé. Du territoire des Beni Maghous on met une journée pour se rendre à IGLI, capitale de la province de Sous. Dans cette ville, qui est située sur une grande rivière, il y a beaucoup de fruits et de cannes à sucre, dont le produit s'exporte dans tous les pays du Maghreb. Sur les bords du fleuve dont nous venons de parler,

---

[1] A la place de Mahomet, il faut probablement lire *Ali*.

on trouve une série de lieux de marché, qui se prolonge jusqu'à l'océan Environnant. L'honneur d'avoir fait construire le canal qui fournit de l'eau à la ville de Sous et d'avoir colonisé les bords de cette rivière est attribué à Abd er-Rahman ibn Merouan, frère de Mohammed el-Djâdi[1]. Plus loin, à la distance de deux journées, on rencontre le OUADI MASSET, rivière bordée de villages, qui décharge ses eaux dans l'océan Environnant. MASSET, localité dont cette rivière porte le nom, est un *ribat* très-fréquenté, où se tient une foire qui réunit beaucoup de monde. Cet établissement sert de retraite aux hommes qui veulent s'adonner à la dévotion. De la rivière de Sous à la ville de NOUL on marche pendant trois journées à travers un territoire habité par des Guezoula et des Lemta. Noul est située sur l'extrême frontière du pays musulman, là où commence le désert. Le fleuve de Noul se décharge dans l'Océan. A trois journées de Noul on rencontre le OUADI DERÂ.

A l'occident d'IGLI, grande ville située dans une plaine, coule une forte rivière, qui se dirige du midi au nord et qui traverse une suite non interrompue de jardins. On n'a jamais voulu y établir des moulins, et lorsqu'on leur demande le motif qui les en empêche, ils répondent : « Comment pourrait-on contraindre une eau si douce à tourner des moulins? » Les fruits et tous les produits utiles s'y trouvent en quantité; quelquefois on y achète une

---

[1] Mohammed el-Djâdi, fils de Merouan, était le père de Merouan, dernier khalife oméïade de l'Orient.

charge de dattes pour une moindre somme que le louage de l'animal qui les porte du jardin au marché. Dans cette région, la canne à sucre est le produit le plus abondant; pour un quart de dirhem on peut s'en procurer une si grand quantité, qu'un homme aurait de la peine à la soulever. On y fabrique beaucoup de sucre, dont le quintal se vend à raison de deux mithcals, ou moins encore. On y fond le minerai de cuivre, que l'on exporte ensuite dans le pays des infidèles[1]. La ville renferme une mosquée *djamê*, quelques bazars et caravansérails; elle fut conquise par Ocba ibn Nafê, qui y fit captives plusieurs filles d'une telle beauté et d'une telle perfection de formes, qu'on n'avait jamais rien vu de pareil; chacune de ces belles esclaves se vendit mille dinars ou davantage. Plus tard, Abd er-Rahman ibn Habîb occupa cette place et y forma un camp qui se voit encore.

L'huile de *hergan*[2] est un des produits du pays de Sous; l'arbre qui la fournit ressemble au poirier, si ce n'est qu'il s'élève seulement à la hauteur du bras et qu'il n'a pas de tronc : les rameaux sortent immédiatement de la racine et sont garnis d'épines. Les fruits ressemblent à des prunes noires. On les

---

[1] C'est-à-dire des nègres. (Voy. ci-après, p. 378.)

[2] Les mots *hergan*, *helgan* et *argan* désignent tous le même arbre, l'*arganier*, dont Jackson, Hoest, Græberg, Schusboe et autres écrivains ont donné la description. Ibn el-Beithar fournit quelques bons renseignements sur cet arbre, dans son dictionnaire de simples, sous l'article *Louz el-Berber*. (Voy. la traduction allemande du Dr Sontheimer, t. II, p. 443.)

met en tas et on les laisse jusqu'à ce qu'ils se décomposent; puis on les place[1] dans une poêle de terre, que l'on met sur le feu. Alors on peut en extraire de l'huile, dont le goût ressemble à celui du blé grillé. C'est un aliment sain et agréable, qui échauffe les reins et facilite l'écoulement des urines. Le miel de Sous est bien supérieur à celui qui se trouve dans les autres grandes villes. Les fabricants d'hydromel versent, sur une mesure de miel, quinze mesures d'eau : ce mélange devient alors une boisson fermentée. Si l'on met une moindre quantité [d'eau], la liqueur conserve sa douceur. Ce miel ne se dissout que dans l'eau bouillante ; il est d'une couleur cendrée. Dans les marchés, on se sert de morceaux de bijoux brisés en guise de monnaie d'argent, car les dirhems frappés y sont très-rares. Leurs mithcals s'appellent *kizdîri*, du nom d'Abou 'l-Hacen el-Kizdîri, qui avait été chez eux intendant de la monnaie. On voit à Sous le tombeau d'Abd Allah ibn Idrîs, prince qui mourut dans cette ville.

Au sud d'IGLI, et à la distance de six journées, se trouve la ville de TAMÉDELT, qui eut pour fondateur Abd Allah ibn Idrîs ibn Idrîs. Une muraille de pierre et de briques, percée de quatre portes, entoure cette ville, qui est située dans une plaine, et qui renferme deux bains et un bazar très-fréquenté. Elle s'élève auprès d'une rivière qui prend sa source dans une montagne, à la distance de dix milles. Toute la région entre ces deux points est couverte

---

[1] C'est-à-dire les noyaux.

de jardins. La rivière fait tourner un grand nombre de moulins. Le territoire de Tamédelt est remarquable pour la fertilité du sol et la luxuriance de la végétation; c'est au point que les grains rendent cent pour un. On y voit une mine d'argent, très-riche en minerai. La ville de Derâ est à l'orient de Tamédelt et à la distance de six journées. Parti de cette dernière ville, on arrive, après une marche de trois jours, au OUADI DERÂ, et de là, en six jours, à AGROU. Sur cette ligne, on trouve de l'eau à chaque station. MERGHAD, située à une journée plus loin, est à six milles de Sidjilmessa.

Les habitants de Sous et d'Aghmat sont les plus industrieux des hommes et les plus ardents dans la poursuite des richesses; ils obligent leurs femmes et leurs jeunes garçons à exercer des métiers qui puissent rapporter quelque argent. Ce sont les territoires d'Aghmat et de Sous seulement qui produisent l'arbre nommé *helgan*[1]. L'huile qu'il fournit est de bonne qualité et possède plusieurs vertus. Pour se la procurer, on cueille les fruits et on les donne à manger aux bestiaux; ensuite on ramasse les noyaux, on les fait cuire au feu, après les avoir broyés, et puis on en exprime l'huile. Les habitants ont chez eux une telle abondance de ce fruit, qu'ils peuvent, au besoin, se passer de toutes les autres espèces d'huile.

[1] Voy. la note 2, p. 357.

ROUTE DU OUADI DERÂ AU DÉSERT (SAHRA), ET DE LÀ AU PAYS DES NOIRS.

On met cinq journées pour se rendre du OUADI DERÂ à OUADI TARGA [1], rivière qui marque le commencement du grand désert. Entré dans cette vaste région, le voyageur trouve de l'eau chaque second ou troisième jour de marche, jusqu'à ce qu'il arrive à RAS EL-MEDJABA « la tête, ou commencement de la solitude »; puis il arrive à un puits nommé TEZAMET, qui renferme une source dont l'eau, plutôt salée que douce, jaillit d'une roche très-dure. Ce puits est un ouvrage des anciens, bien qu'on dise qu'il fut construit par les Oméïades. A l'orient de cet endroit est un puits nommé BÎR EL-DJEMMALÎN [2], et dans le voisinage de la même localité est un autre puits appelé NALILI; ni l'un ni l'autre ne fournit de l'eau douce. Entre ces trois puits et le pays occupé par les musulmans, il y a quatre journées de marche. De là on se rend à une montagne nommée, en langue berbère, *Idrar en Ouzzal*, c'est-à-dire « la montagne de fer ». [La distance est] la même que

[1] *Ouadi-Targa*: le premier de ces mots est arabe et signifie *vallée, rivière*; le second est berber et veut dire *rigole, aqueduc*. Le Ouadi Targa est mieux connu maintenant sous le nom d'*Es-Saguia-t-el-Hamra* « la rigole rouge ». Il se jette dans le Ouad Dera, à quelque distance de la mer.

[2] Peut-être la localité du même nom dont El-Békri a déjà fait mention, p. 345. Nous connaissons si imparfaitement la géographie du pays situé au sud du Ouadi Sous, que nous n'avons pas les moyens de trancher cette question. (Voy. cependant le *Negroland* de M. Cooley, p. 9 et 13.)

celle déjà indiquée. En quittant cette montagne on entre dans une solitude (*medjaba*) où il faut marcher huit jours avant de trouver de l'eau. C'est là l'endroit qui porte le nom d'*El-Medjaba-t-el-Kobra* « la grande solitude. » Cette eau est dans le territoire des BENI INTECER, tribu sanhadjienne. De là on se rend à un bourg nommé MEDDOUKEN, qui appartient aussi à des Sanhadja. Une distance de quatre journées de marche sépare cette localité de la ville de Ghana [1].

En partant des [trois] puits déjà indiqués, l'on entre dans une solitude où il faut marcher quatre jours avant de rencontrer de l'eau. Arrivé ensuite à EÏZEL, montagne située dans le désert, on passe chez une tribu sanhadjienne nommée les *Beni Lemtouna*. Ces gens-là vivent en nomades et parcourent le désert. La région qu'ils fréquentent s'étend en longueur et en largeur jusqu'à une distance de deux journées de marche, et sépare le pays des noirs de celui des musulmans. Ils passent l'été dans une contrée nommée AMATLOUS, et dans une autre nommée TALIOUÎN. Ils sont proches voisins du pays des noirs, dont ils se trouvent à une distance de dix journées. Ils ne savent ni labourer la terre, ni l'ensemencer; ils ne connaissent pas même le pain. Leurs troupeaux forment toutes leurs richesses, et leur nourriture consiste en chair et en lait. Plusieurs d'entre eux passeraient leur vie sans voir ni manger du pain, si les marchands venus des contrées musulmanes ou du

---

[1] L'emplacement de la ville de Ghana n'est pas très-éloigné de celui de Tenboktou.

pays des noirs ne leur en faisaient goûter ou ne leur donnaient de la farine en cadeau. Ils professent la religion orthodoxe et font la guerre sainte en combattant les noirs. Ils eurent naguère pour chef Mohammed ïbn Taresna, homme rempli de mérite et de piété, qui avait fait le pèlerinage et combattu les infidèles. Il mourut dans le pays des noirs, à un endroit qui porte le même nom que les *Gangâra*, peuple nègre, et qui est situé à l'occident de la ville de BANKLABÎN. Cette dernière localité est habitée par une bande de musulmans appartenant à la tribu des Sanhadja et nommés les *Beni Ouareth*.

Au delà des Beni Lemtouna se tient une tribu sanhadjienne, nommée les *Beni Djoddala;* elle demeure dans le voisinage de la mer, dont elle n'est séparée par aucune autre peuplade.

Telles sont les tribus qui, postérieurement à l'an 400 (1048-1049 de J. C.), entreprirent de maintenir la vérité, de réprimer l'injustice et d'abolir tous les impôts [qui n'étaient pas basés sur la loi]. Elles professent la doctrine orthodoxe et suivent le rite institué par Malek ibn Anès. Celui qui leur fraya cette voie et qui appela les peuples au *ribat*[1] et au maintien de la vérité se nommait *Abd Allah ibn Yacîn*[2].

A cette époque ils eurent pour chef Yahya ibn Ibrahîm, membre de la tribu des Djoddala. Une certaine année, il fit le pèlerinage de la Mecque et,

---

[1] Au *ribat*, c'est-à-dire à la guerre sainte.
[2] Voy. p. 228.

pendant qu'il s'en retournait, il fit la rencontre du jurisconsulte Abou Amran el-Faci (*natif de Fez*), qui lui demanda des renseignements sur son pays, sur ses principes de conduite et sur les doctrines religieuses dont ses compatriotes faisaient profession. Ayant reconnu, à travers l'extrême ignorance du voyageur, un grand désir de s'instruire, joint à de bonnes intentions et à une foi sincère, il lui adressa ces paroles : « Pourquoi ne pas étudier la loi divine sous son vrai point de vue? Pourquoi ne pas ordonner le bien et défendre le mal? » Yahya répondit : « Les maîtres qui viennent nous enseigner n'ont aucun sentiment de piété, aucune connaissance de la *sonna;* aussi je vous prie de me laisser emmener celui de vos disciples dont vous pouvez garantir le savoir et la piété ; c'est lui qui instruira notre peuple, chez lequel il maintiendra les prescriptions de la loi. » Abou Amran s'étant assuré qu'aucun des élèves à qui il voulait confier cette mission ne consentirait à partir avec Yahya, lui adressa ces paroles : « Ici, à Cairouan, je n'ai point de personne qui vous convienne ; mais vous trouverez à Melkous un jurisconsulte qui est venu assister à mes leçons et dont j'apprécie hautement l'intelligence et la piété. Il se nomme *Ouaggag*, fils de Zeloui. Allez le voir, et vous trouverez probablement en lui tout ce que vous cherchez. » Yahya prit la résolution de suivre ce conseil avant de s'occuper d'autre chose, et s'étant rendu auprès de Ouaggag, il lui raconta sa conversation avec Abou Amran. Ouaggag lui désigna un de ses confrères qui portait le nom d'Abd Allah ibn Yacîn, et dont la mère, Tîn Izamaren, appartenait à une famille guezoulienne qui habitait *Temamanaout*. Ce bourg est situé sur le bord du désert [que l'on appelle le désert] de la ville de Ghana. Yahya emmena cet homme dans son pays, où bientôt soixante et dix personnes se réunirent avec l'intention d'étudier sous ce maître et de lui témoigner une parfaite obéissance. Quelque temps après, les nouveaux prosélytes marchèrent contre la tribu des Lemtouna, la bloquèrent dans une de ses montagnes, et, l'ayant mise en pleine déroute, ils retinrent comme un butin légal tous les troupeaux qu'ils étaient parvenus à lui enlever. Ce parti religieux, voyant sa puissance augmenter de jour en jour, prit pour chef Yahya ibn Omar ibn Telaggaguîn. Quant à Abd Allah ibn Yacîn, il demeura parmi eux, tout en évitant, par un scrupule de conscience, de goûter de la chair ou du lait de leurs troupeaux; il prétendait que ce qu'ils possédaient était, sans exception, [mal acquis et] impur; aussi sa nourriture ne se composait que de gibier pris dans le désert. Ensuite il leur ordonna de bâtir une ville, qui fut nommée *Aretnenna*, et leur prescrivit de n'y point construire de maisons dont les unes dépasseraient les autres en hauteur. Ils se conformèrent à ses ordres et continuèrent à lui montrer une obéissance parfaite jusqu'au moment où ils se fâchèrent contre lui pour des raisons qu'il serait trop long de rapporter. Il paraît qu'ils avaient remarqué quelques contradictions dans les jugements qu'il prononçait. Alors un de leurs compatriotes, le jurisconsulte El-Djouher ibn Segguem, parvint, avec l'aide de deux de leurs chefs, nommés, l'un Eïyar et l'autre Integgou, à priver Ibn Ya-cîn du droit d'imposer ses opinions et ses conseils à la communauté. Ils lui enlevèrent l'administration du trésor public, le chassèrent du pays, démolirent sa maison et livrèrent au pillage tout ce qu'elle renfermait de meubles et d'effets. Ibn Ya-cîn quitta secrètement le pays des tribus sanhadjiennes, et alla trouver Ouaggag ibn Zeloui, le jurisconsulte de Melkous. Celui-ci adressa de vifs reproches aux Sanhadja à cause de leur conduite envers Ibn Ya-cîn, et leur fit savoir que toute personne qui refuserait d'obéir à ce docteur serait retranchée du corps des vrais croyants et mise hors la loi. Ibn Ya-cîn, auquel il signifia l'ordre de retourner à son poste, s'empressa de s'y rendre et de massacrer tous ceux qui s'étaient déclarés contre lui. Il tua, de plus, une foule de gens qu'il croyait mériter la mort, soit par leurs crimes, soit par leur impudicité. Devenu maître du désert entier, il rallia à sa cause toutes les tribus de cette région, les initia à ses doctrines, et leur fit prendre l'engagement de se conduire d'après ses ordres. Plus tard, tous ces néophytes marchèrent contre les Lemta, et, mettant en application la loi qu'Ibn Ya-cîn leur avait enseignée au sujet des propriétés dont l'origine était suspecte, ils exigèrent de cette tribu le tiers de ses biens, afin de rendre légitime la jouissance des deux autres tiers. Les Lemta, ayant consenti à cette demande, furent admis dans la confédération. Le premier des pays ennemis dont ils firent la conquête fut celui de Derâ. Dans cette guerre, ils déployèrent une bravoure et une intrépidité qui n'appartenaient qu'à eux seuls; ils se laissèrent tuer plutôt que de fuir, et l'on ne se rappelle pas les avoir jamais vus reculer devant l'ennemi. Ils combattent à cheval ou montés sur des chameaux de race; mais la plus grande partie de leur armée se compose de fantassins, qui s'alignent sur plusieurs rangs. Ceux du premier rang portent de longues piques, qui servent à repousser ou à percer leurs adversaires; ceux des autres rangs sont armés de javelots; chaque soldat en tient plusieurs, qu'il lance avec assez d'adresse pour atteindre presque toujours la personne qu'il vise et la mettre hors de combat. Dans toutes leurs expéditions, ils ont l'habitude de placer en avant de la première ligne un homme portant un drapeau; tant que le drapeau reste debout, ils demeurent inébranlables; s'il se baisse, ils s'asseyent tous par terre, où ils se tiennent aussi immobiles que des montagnes; jamais ils ne poursuivent un ennemi qui fuit devant eux. Ils tuent les chiens partout où ils les rencontrent, et ils n'en gardent jamais aucun parmi eux. Yahya ibn Omar témoignait à Ibn Ya-cîn la soumission la plus profonde et l'obéissance la plus absolue. Plusieurs personnes ont raconté que, dans une de ses expéditions, Ibn Ya-cîn lui dit : « Émir ! tu as encouru une peine correctionnelle. » — « Comment l'ai-je méritée ? » lui répondit Yahya. — « Je ne te le dirai pas, dit Ibn Ya-cîn, avant de t'avoir châtié et fait payer une dette que Dieu réclame. » — « Je suis prêt à t'obéir, répondit l'émir; châtie mon corps à ta volonté. » Ibn Ya-cîn lui appliqua plusieurs coups de fouet; puis il lui adressa ces paroles : « Un chef ne doit jamais s'engager dans la mêlée du combat; car de sa vie ou de sa mort dépend le salut ou la perte de l'armée. »

Les Almoravides envoyèrent une sommation à Mesaoud ibn Ouanoudîn [1] le Maghraouïen, seigneur de Sidjilmessa, et aux habitants de cette ville. N'ayant pas obtenu une réponse satisfaisante, ils se mirent en marche, au nombre de trente mille guerriers, montés sur des chameaux de selle, tuèrent Mesaoud, s'emparèrent de sa capitale et y laissèrent une garnison. En l'an 446 (1054-1055 de J. C.), lorsqu'ils furent rentrés dans leur pays, les habitants de Sidjilmessa attaquèrent dans la mosquée les Almoravides [qui formaient la garnison], et les massacrèrent presque tous. Ils se repentirent bientôt de ce qu'ils avaient fait, et dépêchèrent successivement plusieurs envoyés vers Ibn Ya-cîn, pour l'engager à revenir avec ses troupes, « puisque, disaient-ils, les Zenata se sont mis en marche pour nous attaquer. » Ibn Ya-cîn appela les Almoravides à une seconde expédition contre les Zenata; mais ils refusèrent d'obéir, et les Beni Djoddala, s'étant mis en révolte ouverte, se retirèrent vers le littoral de la mer. L'émir Yahya

---

[1] Voy. dans l'*Histoire des Berbers*, t. III, p. 258, les renseignements sur Mesaoud ibn Ouanoudîn.

reçut alors d'Ibn Ya-cîn l'ordre de se retrancher dans le Djebel Lemtouna. Cette montagne, d'un abord très-difficile, abonde en eaux et en pâturages; elle s'étend en longueur l'espace de six journées de marche, et, en largeur, l'espace d'une journée. On y voit un château nommé Argui, qui est entouré d'une forêt d'environ vingt mille dattiers. Cette forteresse fut construite par Yannou ibn Omar el-Haddj, frère de Yahya ibn Omar. Pendant que celui-ci se rendait à Djebel Lemtouna, Ibn Ya-cîn marchait sur la ville de Sidjilmessa, à la tête de deux cents hommes appartenant aux tribus sanhadjiennes, et avait pris position à Tameddoult, château auprès duquel on trouve beaucoup de ruisseaux et de dattiers. Cette place forte est dominée par une montagne dans laquelle est une mine d'argent, connue des habitants de la localité. Il parvint alors à rassembler une armée nombreuse, composée de Serta et de Targa (*Touaregs*), tribus qui possèdent quelques châteaux dans cette contrée. Abou Bekr ibn Omar se trouvait dans le Derâ avec Ahmed ibn Amedagnou, quand il reçut d'Ibn Ya-cîn l'ordre de prendre le commandement [des Almoravides], en remplacement de son frère Yahya, que l'on avait laissé sur le Djebel Lemtouna. En l'an 448 (1056-1057 de J. C.), les contingents des Beni Djoddala, au nombre d'environ trente mille guerriers, se retournèrent contre Yahya ibn Omar et le bloquèrent dans cette montagne. Yahya se trouvait alors à la tête d'une force imposante, et il avait auprès de lui Lebbi, fils de Ouardjaï et chef des Tekrour. Les deux armées se rencontrèrent dans un lieu de cette contrée nommé *Tebferîlla* (?) et situé entre TALÎOUEIN et le DJEBEL LEMTOUNA. Yahya ibn Omar y trouva la mort, et beaucoup de monde périt avec lui. On raconte qu'aux heures de la prière on entend les voix des *moueddîn* dans cet endroit; aussi chacun l'évite et personne n'ose y pénétrer. On s'est même abstenu d'enlever aux morts leurs épées, leurs boucliers, aucune pièce de leurs armures ou de leurs habillements. Depuis ce temps, les Almoravides n'ont pas tourné leurs armes contre les Beni Djoddala.

En l'an 446 (1054-1055 de J. C.), Ibn Ya-cîn marcha sur Aoudaghast, pays florissant, dont la métropole est très-grande et possède plusieurs bazars, un grand nombre de dattiers et beaucoup d'arbres à *henna*, gros comme des oliviers. C'était la résidence d'un roi nègre qui portait le titre de *ghana*, avant que les Arabes eussent pénétré dans la ville de ce nom.

Aoudaghast renferme de belles maisons et des édifices solidement bâtis. Elle est à deux mois de Sidjilmessa et à quinze jours de la ville de Ghana. Naguère la population se composait de Zenatiens et d'Arabes, qui formaient deux partis et qui vivaient toujours dans un état de haine et d'hostilité mutuelles. Ils possédaient de grandes richesses et de nombreux esclaves; on y trouvait des individus qui avaient chacun un millier d'esclaves et même davantage. Les Almoravides emportèrent cette ville d'assaut, violèrent les femmes et s'emparèrent de tout ce qui s'y trouvait, en déclarant que c'était un butin légal. Ibn Ya-cîn y fit mettre à mort un Arabe de sang mêlé, natif de Cairouan, qui s'était distingué par sa piété, sa vertu, son assiduité à réciter le Coran et l'avantage d'avoir accompli le pèlerinage de la Mecque. Cet homme se nommait *Zebacra*. Les Almoravides traitèrent la population d'Aoudaghast avec cette rigueur extrême, parce qu'elle reconnaissait l'autorité du souverain de Ghana.

En l'an 449 (1057-1058 de J. C.), Abd Allah ibn Ya-cîn fit une expédition du côté d'AGHMAT. L'année suivante, il soumit le pays des Masmouda, et l'an 451 (1059 de J. C.), il fut tué à KERÎFELT, dans le territoire des Béreghouata. Une chapelle très-fréquentée recouvre son tombeau et forme un *ribat* qui est toujours rempli de monde. Ibn Ya-cîn ne périt qu'après avoir conquis Sidjilmessa et ses dépendances, le Sous entier, Aghmat, Noul et le désert. Les sectateurs d'Ibn Ya-cîn le regardent comme un saint, et, pour justifier leur opinion, ils racontent avec une bonne foi parfaite que, dans une de leurs expéditions, ses compagnons, accablés par la soif, lui adressèrent de vives plaintes. « Espérons, leur dit-il, que Dieu nous fera sortir de nos difficultés. » S'étant alors avancé avec eux pendant une heure, il leur ordonna de creuser la terre devant lui. A peine se furent-ils mis au travail, qu'ils découvrirent une source d'eau parfaitement douce et d'une excellente qualité, dont ils purent étancher leur soif, abreuver leurs montures et faire une provision de voyage. On raconte aussi qu'il s'arrêta [un soir] dans un lieu de halte, auprès duquel était un étang peuplé de crapauds, dont les coassements ne discontinuaient pas. Aussitôt qu'il se fut installé sur le bord de l'étang, ces animaux ne firent plus entendre le moindre bruit. Encore aujourd'hui, une bande d'Almoravides choisira pour chef de la prière un individu qui a déjà prié dans une assemblée présidée par Ibn Ya-cîn, plutôt que de prendre un homme bien plus dévot et plus instruit dans le Coran, mais qui n'aurait pas eu l'avantage de faire la prière derrière cet imam. Telle était la passion d'Ibn Ya-cîn pour les femmes, qu'il en épousait et répudiait plusieurs chaque mois. Dès qu'il entendait parler d'une belle femme, il la demandait en mariage, et jamais il n'assignait un douaire plus fort que quatre mithcals (pièces d'or).

ÉTRANGES DOCTRINES ENSEIGNÉES PAR ABD-ALLAH IBN YA-CÎN.

Il prenait un tiers des biens dont l'origine était suspecte, sous le prétexte que cette contribution servait à purifier les deux autres tiers, et à en rendre l'usage légitime. Lorsqu'un homme entre dans la secte et témoigne du repentir de ses fautes passées, on lui dit : « Tu as commis dans ta jeunesse de nombreux péchés ; il faut donc que tu en reçoives le châtiment, afin d'être délivré de cette souillure. » La punition du fornicateur consiste en cent coups de fouet ; celle du menteur en quatre-vingts coups, et celle de l'homme qui boit des boissons enivrantes en quatre-vingts coups. Quelquefois même on augmente le nombre de coups. Ils traitent de la même manière les peuples vaincus qui se font admettre dans la secte. Un meurtrier, connu comme tel, subit la peine de mort, soit qu'il vienne à eux de bonne volonté et en exprimant son repentir, soit que l'on s'empare de lui pendant qu'il affiche ouvertement son insoumission; sa conversion et son repentir ne lui servent de rien. Celui qui arrive trop tard à la prière publique reçoit cinq coups de fouet. Celui qui omet un des prosternements qui font partie de la prière, en reçoit vingt coups. Chacun est obligé de répéter quatre fois la prière du *dohor*[1] avant d'assister à la célébration publique de la même prière; cette règle s'observe aussi pour les autres prières; on dit aux néophytes : « Vous avez bien certainement manqué plusieurs fois à la prière dans votre vie passée; aussi faut-il suppléer à cette omission. » Presque tous les hommes de la classe inférieure assistent à la prière sans avoir fait l'ablution [prescrite par la loi]; cela leur arrive lorsqu'ils se trouvent pressés par le temps et qu'ils désirent éviter le châtiment dû aux retardataires. Celui qui élève la voix dans la mosquée reçoit le nombre de coups que la personne chargée de le punir juge suffisant pour le corriger. Ceux qui perçoivent l'aumône de la rupture du jeûne l'emploient à leurs dépenses personnelles.

Parmi les traits d'ignorance que l'on attribue

---

[1] La prière du *dohor* a lieu entre midi et demi et une heure.

à Ibn Ya-cîn, nous pouvons signaler celui-ci : Un homme qui avait une contestation avec un marchand étranger le fit comparaître devant ce magistrat. Le marchand, dans une de ses répliques, employa ces mots : « A Dieu ne plaise que cela soit! » Ibn Ya-cîn donna aussitôt l'ordre de lui administrer plusieurs coups de fouet, « parce que, dit-il, il s'est servi d'une expression horrible, une phrase scandaleuse, qui mérite le châtiment le plus rigoureux. » Un natif de Cairouan, qui se trouvait à l'audience, prit la parole et lui dit : « Que trouves-tu de blâmable dans cette expression? Dieu lui-même ne l'a-t-il pas employée dans la partie de son livre où il raconte l'histoire de Joseph et rapporte l'exclamation des femmes qui se coupèrent les doigts? il dit : « A Dieu ne plaise! ce « n'est pas là un mortel; ce ne peut être qu'un ange « glorifié [1]. » Ibn-Ya-cîn rétracta son ordre.

Aujourd'hui, en l'an 460 (1067-1068 de J. C.), les Almoravides ont pour émir Abou Bekr ibn Omar; mais leur empire est morcelé et leur puissance divisée [2]. Ils se tiennent maintenant dans le désert.

Chez toutes les tribus du désert on porte constamment le *nicab* (voile qui se place sur le front) au-dessus du *litham* (voile qui couvre la partie inférieure de la figure), en sorte qu'on ne leur voit que l'orbite des yeux; jamais, dans aucune circonstance, ils n'ô-

---

[1] *Coran,* sourate XII. verste 32.

[2] Voy. *Hist. des Berbers,* t. II, p. 72. A cette époque, on ne s'attendait pas à voir les Almoravides faire la conquête du Maghreb, sous la conduite de Youçof ibn Tachefîn, et soumettre ensuite toute l'Espagne musulmane.

tent ce voile, et l'homme à qui on l'aurait enlevé serait méconnaissable pour ses amis et pour ses parents. Si un de leurs guerriers est tué en bataille et qu'on lui ôte son voile, personne ne peut dire qui il est, jusqu'à ce que cette partie de l'habillement soit remise à sa place. Le voile est une chose qu'ils ne quittent pas plus que leur peau. Aux autres hommes qui ne s'habillent pas comme eux, ils appliquent un sobriquet qui, dans leur langue, signifie *bouches de mouches*. Leur nourriture consiste en tranches de viande séchée que l'on pile, et sur laquelle on verse de la graisse fondue ou du beurre. Chez eux le lait remplace l'eau comme boisson; ils passent souvent des mois entiers sans avaler une goutte d'eau, ce qui ne les empêche pas d'être fortement constitués et bien portants. Chez les peuples du désert, lorsqu'un homme est soupçonné de vol, on lui serre la tête entre deux morceaux de bois fendu, dont on applique l'un sur le front et l'autre sur l'occiput. Il ne peut alors s'empêcher d'avouer son crime; car il ne saurait supporter, même pour un instant, une compression aussi violente.

Parmi les animaux qui habitent le désert on remarque le lamt, quadrupède moins grand qu'un bœuf, et dont les mâles, ainsi que les femelles, portent des cornes minces et effilées. Plus l'individu est âgé, plus ses cornes sont grandes; quelquefois elles atteignent une longueur de quatre empans. Les boucliers les meilleurs et les plus chers sont faits de la peau de vieilles femelles, dont les cornes, avec l'âge, sont devenues assez longues pour empêcher le mâle d'effectuer l'accouplement.

Ce désert abonde en féneks, animaux dont on exporte [la fourrure] dans tous les pays. On y trouve aussi des béliers damaniens[1]. Cet animal est de la taille d'un mouton, mais d'une forme plus belle; il n'a point de laine, mais un poil semblable à celui de la chèvre; par l'élégance de ses formes et la beauté de sa couleur, il tient le premier rang dans ce genre de ruminants. L'arbrisseau nommé *mercîn*, qui est le même que le myrte, ne croît pas dans ce désert, ni dans le territoire d'Aghmat, ni dans celui du Sous. Comme il est très-recherché par les habitants de ces régions, on leur en expédie d'autres pays. Parmi les objets remarquables qui se trouvent dans ce désert, on peut signaler la mine de sel qui est à deux journées de la grande solitude (*El Modjaba t-el-Kobra*) et à vingt journées de Sidjilmessa. Pour arriver au sel, il faut enlever la couche de terre qui le couvre, ainsi que cela se pratique aux mines qui renferment des métaux ou des pierres précieuses. A une profondeur de deux toises tout au plus, on trouve le sel, que l'on détache par blocs, comme on coupe des pierres dans une carrière. Cette mine se nomme *Tatental*. Elle est dominée par un château dont les murs, les salles, les créneaux et les tourelles sont construits de

---

[1] Le daman (*hyrax* des naturalistes) est un petit mammifère du genre des pachydermes, qui demeure dans les rochers, et qui n'a aucune ressemblance avec les animaux de la famille des ruminants. Rien ne nous autorise à l'identifier avec le daman dont il est fait mention ici et qui doit appartenir à la famille des antilopes.

morceaux de sel. De là on exporte ce minerai à Sidjilmessa, à Ghana et dans tous les pays des noirs. Les marchands ne cessent d'affluer vers cette mine, dont les travaux ne s'interrompent jamais et dont le revenu est énorme. On trouve une autre mine de sel dans le pays des Beni Djoddala, à l'endroit nommé Aoulîl (*Arguin*), qui est situé sur le bord de la mer. Des caravanes partent de là avec du sel pour toutes les contrées voisines. Tout auprès d'Aoulîl est une péninsule nommée *Aïouni*. Au moment de la haute marée, ce lieu devient une île où l'on ne peut arriver de la terre ferme; mais lors du reflux, l'on s'y rend facilement à pied. L'ambre gris s'y trouve en grande quantité. La principale nourriture des habitants est la chair de tortues qui abondent dans cette mer et qui atteignent une grosseur énorme. Un homme prend quelquefois la carapace d'un de ces animaux et s'y embarque comme dans un bateau pour aller à la pêche. Quand nous parlerons des tortues qui se trouvent sur la route de Tîrca, nous aurons à raconter, au sujet de leur grosseur, des faits plus extraordinaires que celui-ci. Les habitants de cette localité possèdent des moutons et d'autres bestiaux. Cette île forme un port de mer. Pour se rendre de là à Noul on suit constamment le rivage de la mer pendant l'espace de deux mois. Les caravanes qui entreprennent ce voyage marchent presque toujours dans une région dont le sol est recouvert d'une couche de pierre qui résiste au fer et qui émousse les pics employés pour la briser. L'on s'y procure de l'eau douce en creusant des trous dans les endroits que la mer laisse à découvert lors du reflux. Si un voyageur meurt en route, on ne peut l'enterrer à cause de la dureté du sol et de l'impossibilité d'y creuser une fosse; aussi l'on se borne à couvrir le cadavre avec de l'herbe et des arbrisseaux desséchés, ou bien on le jette à la mer.

NOTICE DU PAYS DES NOIRS, DES VILLES LES PLUS CÉLÈBRES DE CETTE RÉGION, DE LEURS POSITIONS RESPECTIVES, DES DISTANCES QUI LES SÉPARENT, DES MERVEILLES QU'ELLES RENFERMENT, ET DES MŒURS DES HABITANTS.

Les Beni Djoddala, dont le territoire touche à celui des noirs, demeurent sur l'extrême limite du pays où l'on professe l'islamisme. La ville nègre la plus rapprochée de la contrée des Beni Djoddala se nomme *Sanghana*; elle en est à six journées de distance et se compose de deux villes séparées par le NIL (*le Niger*). Le pays [des Djoddala] offre une suite non interrompue de lieux habités jusqu'à l'océan Environnant. Immédiatement après Sanghana et dans la direction du sud-ouest se trouve la ville de TEKROUR, située sur le Nil et habitée par des nègres qui, naguère, étaient païens comme les autres peuples noirs, et adoraient des *dekakîr*. Ce mot, dont le singulier est *dekkour*, est employé par eux pour désigner des idoles. Ouardjabi, fils de Rabîs, étant devenu leur souverain, embrassa l'islamisme, introduisit chez eux la loi musulmane et les décida à s'y conformer, après leur avoir fait ouvrir les yeux à la vérité. Il mourut en l'an 432 (1040-1041 de J. C.). Aujourd'hui les habitants de Tekrour professent l'islamisme. De Tekrour on se rend à SILLA, ville bâtie, comme la précédente, sur les deux bords du Nil. Ses habitants sont de la religion musulmane, doctrine à laquelle ils se laissèrent convertir par Ouardjabi, que Dieu lui fasse miséricorde! De Silla à la ville de GHANA, il y a vingt journées de marche, en traversant une région habitée par plusieurs peuplades nègres. Le roi de Silla fait toujours la guerre aux Noirs qui sont plongés dans l'infidélité, et dont les plus rapprochés se trouvent dans la ville de CALENBOU, à la distance d'une journée de marche. Maître d'un empire fort étendu, ce prince possède assez de ressources pour se maintenir contre le roi de Ghana. Les habitants de Silla emploient comme monnaie le *dorra*, le sel, des anneaux de cuivre et de petits pagnes de coton, qu'ils nomment *chigguïya*[1]. Ils possèdent beaucoup de bœufs; mais on ne trouve chez eux ni moutons, ni chèvres. L'arbre le plus commun est l'ébénier; ils en emploient le bois à divers usages. Dans la partie du Nil qui touche à cette contrée est un endroit nommé *Sahabi*, où se trouve un animal aquatique[2] qui ressemble à l'éléphant par la grosseur du corps, par les naseaux et par les dents. On le nomme *cafou*. Il va paître dans les plaines et

---

[1] Les étoffes de calicot portent encore le nom de *chiggué* dans quelques endroits du pays des Noirs. (Voy. les Voyages du Dr Barth, t. IV, p. 443 de l'édition anglaise.)

[2] L'hippopotame. Le voyageur Ibn-Batoutah en parle aussi.

se retire ensuite dans le Nil. Les chasseurs reconnaissent l'endroit de la rivière où il se tient, à l'agitation de l'eau qui lui passe sur le dos ; ils s'y dirigent, armés de courts javelots de fer, dont les extrémités inférieures portent chacune un anneau auquel est attachée une longue corde. On lui lance un grand nombre de ces traits ; l'animal plonge et se débat au fond du fleuve jusqu'à ce qu'il meure. Alors le cadavre surnage et les chasseurs l'attirent à eux [au moyen de cordes attachées aux javelots]. Ils en mangent la chair et fabriquent avec la peau cette espèce de fouet qui se nomme *ceryafa* et que l'on exporte dans tous les autres pays. A côté de ce canton et à la distance d'une journée est situé Calenbou, ville dont nous venons de faire mention et qui s'élève sur le bord du Nil. Les habitants sont idolâtres. Terenca, ville située auprès de Calenbou, occupe un grand espace de terrain. C'est là que se fabriquent les *chigguïya* (ou pagnes) dont nous venons de parler et dont la longueur, ainsi que la largeur, est de quatre empans. Le coton n'est pas très-abondant chez eux, et cependant presque chaque maison a son cotonnier. Les habitants de ces contrées et des autres états nègres dont nous avons fait mention ont une loi en vertu de laquelle l'homme qui aurait été la victime d'un vol peut, à son choix, vendre le voleur ou le tuer. L'adultère est écorché vif. De Terenca, le pays habité par les Noirs s'étend jusqu'au territoire des Zafcou, peuple nègre qui adore un serpent semblable à un énorme boa. Cet animal a une crinière et une queue [touffue]; sa tête est comme celle du chameau. Il habite le désert et se tient dans une caverne, à l'entrée de laquelle on voit un berceau de feuillage, quelques pierres et une maison habitée par les gens dévots qui se sont consacrés au culte du serpent. Au berceau ils suspendent les habits les plus riches et les effets les plus précieux. Ils y déposent pour leur divinité des plats remplis de mets et de grands vases pleins de lait et de sorbets. Lorsqu'ils veulent attirer l'animal dans le berceau, ils prononcent certaines paroles et sifflent d'une manière particulière; aussitôt le reptile sort au-devant d'eux. Si un de leurs princes vient de mourir, ils réunissent toutes les personnes qui paraissent dignes de la souveraineté et les conduisent auprès du serpent. Ils prononcent alors des formules connues d'eux seuls; l'animal s'approche et flaire les candidats successivement jusqu'à ce qu'il frappe l'un d'entre eux avec son nez; puis il rentre dans sa caverne. L'homme ainsi désigné court après lui de toute sa vitesse, afin d'arracher autant qu'il peut de crins au cou ou à la queue de la bête. Le nombre d'années de son règne est indiqué par le nombre de crins qui lui restent dans la main. Ils prétendent que ce pronostic est infaillible. A côté de ce peuple demeurent les El-Ferouïn, dont le pays forme un royaume indépendant. On y remarque, parmi d'autres singularités, un amas d'eau formant un étang dans lequel pousse une herbe dont la racine est aphrodisiaque au plus haut degré. Le roi du pays se la réserve en totalité, et ne permet pas d'en donner à qui que ce soit. Il possède un nombre immense de femmes; quand il veut les voir, il les fait prévenir un jour d'avance; puis il emploie ce médicament et les visite toutes successivement, sans presque éprouver aucun affaiblissement. Un des rois voisins, qui était musulman, lui envoya un présent magnifique, et le fit prier de lui donner un peu de cette plante. Il reçut en retour l'équivalent de son cadeau et une lettre ainsi conçue : « Les musulmans ne peuvent épouser qu'un petit nombre de femmes ; si je t'envoyais le médicament que tu me demandes, je craindrais de te mettre dans un état tel, que, ne pouvant te contenir, tu te laisserais aller à des excès réprouvés par ta religion. Mais je t'envoie une herbe qui, étant mangée par un homme impuissant, le met en état d'engendrer des enfants. » Dans le pays des El-Ferouïïn, le sel se vend au poids de l'or.

DESCRIPTION DE GHANA ET MŒURS DE SES HABITANTS.

GHANA est le titre que portent les rois de ce peuple; le nom de leur pays est AOUKAR. Le souverain qui les gouverne actuellement, en l'an 460 (1067-1068 de J. C.), se nomme *Tenkamenîn;* il monta sur le trône en l'an 455. Son prédécesseur, qui se nommait *Beci*, commença son règne à l'âge de quatre-vingt-cinq ans. C'était un prince digne d'éloges, tant par sa conduite que par son zèle pour la justice et son amitié pour les musulmans. Quelque temps avant sa mort, il perdit l'usage de la vue; mais il sut cacher cette infirmité à ses sujets, et leur faire accroire qu'il voyait très-bien. Quand on plaçait devant lui divers objets, il ne manquait pas de dire : « Ceci est beau, cela est laid. » Pour tromper le peuple de cette manière, il s'était concerté avec ses vizirs, qui lui indiquaient par des paroles énigmatiques et inintelligibles pour le vulgaire les réponses qu'il devait faire. Beci était l'oncle maternel de Tenkamenîn. Chez ce peuple l'usage et les règlements exigent que le roi ait pour successeur le fils de sa sœur; car, disent-ils, le souverain a la certitude que son neveu est bien le fils de sa sœur; mais il ne peut pas être assuré que celui qu'il regarde comme son propre fils le soit en réalité. Tenkamenîn est maître d'un vaste empire et d'une puissance qui le rend formidable.

Ghana se compose de deux villes situées dans une plaine. Celle qui est habitée par les musulmans est très-grande et renferme douze mosquées, dans une desquelles on célèbre la prière du vendredi. Toutes ces mosquées ont leurs imams, leurs moueddîns et des lecteurs salariés. La ville possède des jurisconsultes et des hommes remplis d'érudition. Dans les environs sont plusieurs puits d'eau douce, qui fournissent à la boisson des habitants, et auprès desquels on cultive des légumes. La ville habitée par le roi est à six milles de celle-ci et porte le nom d'*El-Ghaba* « la forêt, le bocage ». Le territoire qui les sépare est couvert d'habitations. Les édifices sont construits avec des pierres et du bois d'acacia. La demeure du roi se compose d'un château et de plusieurs huttes à toits arrondis, et le tout est environné d'une clôture semblable à un mur. Dans la ville du souverain, non loin du tribunal royal, est une mosquée où les musulmans qui viennent remplir des missions auprès du prince se rendent pour faire leur prière. La ville du roi est entourée de huttes, de massifs d'arbres et de bocages, qui servent de demeure aux magiciens de la nation, chargés du culte religieux; c'est là qu'ils ont placé leurs idoles et les tombeaux de leurs souverains. Des hommes préposés à la garde de ces bois empêchent qui que ce soit d'y entrer ou de prendre connaissance de ce qui s'y passe. C'est là aussi que se trouvent les prisons du roi; dès qu'un homme y est enfermé, on n'entend plus parler de lui. Les interprètes du roi sont choisis parmi les musulmans, ainsi que l'intendant du trésor et la plupart des vizirs. Il n'y a que le roi et son héritier présomptif, c'est-à-dire le fils de sa sœur, qui aient le droit de porter des habits taillés et cousus; les personnes qui suivent la religion du prince portent des pagnes de coton, de soie ou de brocart, selon leurs moyens. Tous les hommes ont la barbe rasée, et les femmes se font raser la tête. Le roi se pare, comme les femmes, avec des colliers et des bracelets; pour coiffure, il porte plusieurs bonnets dorés, entourés d'étoffes de coton très-fines. Quand il donne audience au peuple, afin d'écouter ses griefs et d'y remédier, il s'assied dans un pavillon, autour duquel sont rangés dix chevaux couverts de caparaçons en étoffes d'or; derrière lui se tiennent dix pages portant des boucliers et des épées montées en or; à sa droite sont les fils des princes de son empire, vêtus d'habits magnifiques et ayant les cheveux tressés et entremêlés avec de l'or. Le gouverneur de la ville est assis par terre devant le roi, et tout autour se tiennent les vizirs dans la même position. La porte du pavillon est gardée par des chiens d'une race excellente, qui ne quittent presque jamais le lieu où se trouve le roi; ils portent des colliers d'or et d'argent, garnis de grelots des mêmes métaux. L'ouverture de la séance royale est annoncée par le bruit d'une espèce de tambour, qu'ils nomment *deba*, et qui est formé d'un long morceau de bois creusé. Au son de cet instrument, le peuple s'assemble. Lorsque les coreligionnaires du roi paraissent devant lui, ils se mettent à genoux et se jettent de la poussière sur la tête; telle est leur manière de saluer le souverain [1]. Les musulmans lui présentent leurs respects en battant des mains. La religion de ces nègres est le paganisme et le culte des fétiches (*dekakîr*). A la mort du roi, ils construisent, avec du bois de sadj [2], un

---

[1] Cet usage a été remarqué par Ibn-Batoutah et Ibn-Khaldoun.

[2] Le mot *sadj* s'emploie dans l'Inde pour désigner le *teck* (*tectona grandis*); mais l'arbre africain auquel les écrivains arabes donnent ce nom paraît appartenir à une espèce tout à fait différente. Dans la Chrestomathie de M. de Sacy, t. III, p. 473, se trouve une traduction de l'article *sadj* du dictionnaire d'Ibn el-Beithar; mais nous avons raison de croire qu'une lacune de quelques lignes existait dans le manuscrit dont il s'était servi. Dans la traduction du Dr Southeiner, après les mots, *ses rameaux s'élèvent et s'étendent;* nous lisons: *il a des feuilles dont une seule suffit pour couvrir un homme; elles*

grand dôme, qu'ils établissent sur le lieu qui doit servir de tombeau; ensuite ils placent le corps sur un canapé garni de quelques tapis et coussins, et le placent dans l'intérieur du dôme; ils posent auprès du mort ses parures, ses armes, les plats et les tasses dans lesquels il avait mangé ou bu, et diverses espèces de mets et de boissons. Alors ils enferment avec le corps de leur souverain plusieurs de ses cuisiniers et fabricants de boissons; on recouvre l'édifice avec des nattes et des toiles; toute la multitude assemblée s'empresse de jeter de la terre sur ce tombeau et d'y former ainsi une grande colline. Ils entourent ce monument d'un fossé, qui offre un seul passage à ceux qui voudraient s'en approcher. Ils sacrifient des victimes à leurs morts, et leur apportent comme offrandes des boissons enivrantes. Le roi prélève un droit d'un *dinar* d'or sur chaque âne chargé de sel qui entre dans son pays, et deux *dinars* sur chaque charge de la même substance que l'on exporte. La charge de cuivre lui paye cinq mithcals, et chaque charge de marchandises dix mithcals. Le meilleur or du pays se trouve à GHÎAROU, ville située à dix-huit journées de la capitale, dans un pays rempli de peuplades nègres et couvert de villages. Tous les morceaux d'or natif trouvés dans les mines de l'empire appartiennent au souverain; mais il abandonne au public la poudre d'or, que tout le monde connaît; sans cette précaution, l'or deviendrait si

---

ressemblent à celles du bananier, mais elles les surpassent en longueur et en largeur. Ce n'est pas là un des caractères du *teck*.

abondant qu'il n'aurait presque plus de valeur. Les pépites de ce métal varient de poids, depuis une *aoukïa* « once » jusqu'à un *ratl* « une livre ». On dit que le roi a chez lui un morceau d'or aussi gros qu'une énorme pierre [1]. La ville de Ghîarou est à douze milles du Nil, et renferme un grand nombre de musulmans. Le territoire de Ghana est malsain et mal peuplé; à peine un seul des étrangers qui y arrivent peut se soustraire à la maladie qui éclate à l'époque où les grains montent en épi : c'est au moment de la moisson que la mortalité se déclare parmi eux.

ROUTE DE GHANA À GHÎAROU.

De Ghana à SAMACANDA il y a quatre journées de marche. Les habitants de ce dernier endroit sont les meilleurs archers de tous les nègres. A deux journées plus loin on entre dans le canton nommé TACA. L'arbre le plus commun de cette localité s'appelle *tadmout;* il est tout à fait comme l'arac (*cissus arborea*), si ce n'est qu'il porte un fruit semblable à la pastèque et rempli d'une substance d'un goût aigre-doux, qui a l'aspect du candi, et que l'on emploie avec succès contre la fièvre. Plus loin, à une journée de marche, on arrive à un canal qui sort du Nil, et qui porte le nom de ZOUGHOU ; les chameaux le

---

[1] Selon Ibn-Khaldoun, ce lingot pesait vingt quintaux. Il fut vendu par Mença-Djata, sultan qui régna sur le royaume de Ghana, depuis l'an 761 (1360 de J. C.) jusqu'à 775 (1373-1374). (Voyez *Hist. des Berbers*, t. II, p. 115.)

traversent à gué et les hommes en bateau. De là on se rend à GHARENTEL, vaste territoire qui forme un royaume considérable. Les musulmans n'y fixent pas leur séjour; mais ils sont reçus avec de grands égards par les habitants, qui leur cèdent même le pas quand ils les rencontrent sur les routes. Dans cette contrée, les éléphants et les girafes propagent leurs espèces. De Gharentel on se rend à GHÎAROU.

Le roi de Ghana peut mettre en campagne deux cent mille guerriers, dont plus de quarante mille sont armés d'arcs et de flèches. Les chevaux de cet endroit sont d'une très-petite taille. On trouve chez ce peuple du bois d'ébène veiné, dont la qualité est très-bonne. Les semailles se font deux fois par an : d'abord sur le sol arrosé par le Nil à l'époque de l'inondation, ensuite dans les terrains qui conservent encore leur humidité. La ville d'IRESNI [1], située sur le Nil et à l'occident de Ghîarou, renferme une population musulmane; mais toute la contrée environnante est habitée par des idolâtres. On voit à Iresni des chèvres de petite taille; lorsqu'elles mettent bas, on tue les mâles et on laisse vivre les femelles. [L'imprégnation de ces animaux a lieu d'une singulière manière :] les chèvres se frottent contre un certain arbre qui pousse dans ce pays, et par la vertu de ce bois elles conçoivent sans l'intervention du mâle. Ce fait est tellement connu dans le pays, qu'on le regarde comme incontestable, et son exac-

---

[1] *Iresni* يرسنى, manuscrit M. برسى, manuscrit P. C'est peut-être le *Berchi* برشى de Denham et Clapperton.

titude a été garantie par la déclaration de plusieurs musulmans dignes de foi. Les nègres *adjem*[1], nommés *Noughamarta*, sont négociants, et transportent la poudre d'or d'Iresni dans tous les pays. Vis-à-vis de cette ville, sur l'autre côté du fleuve, est un grand royaume qui s'étend l'espace de plus de huit journées et dont le souverain porte le titre de *dou*. Les habitants vont au combat armés de flèches. Derrière ce pays il y en a un autre nommé *Melel*, dont le roi porte le titre d'*El-Moslemani*. Il reçut ce nom à une époque où la disette avait affligé ses états pendant plusieurs années consécutives. Les habitants eurent recours aux sacrifices pour obtenir la pluie, et ils immolèrent tant de bœufs, qu'ils faillirent en exterminer la race. La sécheresse et la misère ne faisaient toutefois qu'accroître. Le roi entretenait alors chez lui, en qualité d'hôte, un musulman, qui passait son temps à lire le Coran et à étudier les gestes et dits de Mahomet. S'étant adressé à cet homme, il se plaignit des maux qui accablaient ses sujets. « Ô roi, répondit le musulman, si tu veux croire au Dieu tout-puissant, reconnaître son unité, admettre la mission divine de Mahomet et observer fidèlement les prescriptions de l'islamisme, tu obtiendras, j'en suis sûr, une prompte délivrance des malheurs qui sont venus t'affliger; tu feras descendre la miséricorde divine

---

[1] *Adjem* signifie *étranger, barbare, non-arabe*. Comme ce terme peut s'appliquer à tous les peuples nègres, il faut lui supposer ici une signification toute spéciale, c'est-à-dire natif d'un pays où l'on ne professe pas l'islamisme.

sur tous les habitants de ton empire, et tu rendras tes adversaires et tes ennemis jaloux de ton bonheur. » Ayant continué ses exhortations jusqu'à ce qu'il eût décidé le roi à embrasser, avec une conviction sincère, les doctrines de la religion musulmane, il lui fit lire dans le livre de Dieu (le Coran) quelques passages faciles à entendre, et lui enseigna les obligations et les pratiques qu'aucun vrai croyant ne doit ignorer. L'ayant alors fait attendre jusqu'à la veille du vendredi suivant, il lui prescrivit de se purifier par une ablution totale, et de se revêtir d'une robe de coton qui se trouvait toute prête. S'étant alors dirigé avec lui vers une colline, il commença la prière, et le roi, qui se tenait à sa droite, imitait tous ses mouvements. Ils passèrent ainsi une partie de la nuit, le musulman récitant des prières et le roi disant *amen!* A peine le jour eut-il commencé à poindre, que Dieu répandit sur tout le pays une pluie abondante. Le roi fit aussitôt briser toutes les idoles de ses États et expulser les magiciens. Il demeura sincèrement attaché à l'islamisme, ainsi que sa postérité et ses intimes; mais la masse du peuple est encore plongée dans l'idolâtrie. Depuis lors, ils ont donné à leurs souverains le titre d'*El-Moslemani*.

SAMA, une des provinces qui dépendent de Ghana et qui en est à la distance de quatre journées, est habitée par un peuple appelé *El-Bekem*. Les hommes vont absolument nus; les femmes se bornent à cacher leurs parties sexuelles avec des lanières de cuir, tressées par elles-mêmes. Elles se font raser la tête, et jamais le pubis. A ce sujet, le Mecquois Abou Abd Allah raconte qu'il vit une de ces femmes s'arrêter devant un Arabe qui avait la barbe très-longue et prononcer quelques mots. Cet homme, ne les ayant pas compris, demanda à son interprète ce qu'elle voulait. Il apprit qu'elle souhaitait d'avoir cette barbe sur la seule partie de son corps qui n'était pas exposée aux regards. L'Arabe se fâcha contre la femme et lui dit mille injures. Les Bekem sont des archers très-adroits, et se servent de flèches empoisonnées. Chez eux le fils aîné hérite de toute la propriété paternelle.

A l'occident de GHANA est la ville d'ANBARA[1], dont le roi, portant le titre de *Tarem*, résiste à l'autorité du roi de Ghana. A neuf journées d'Anbara et à quinze de Ghana se trouve la ville de KOUGHA[2], dont les habitants sont musulmans, bien que toute la population des alentours soit livrée à l'idolâtrie. La plupart des marchandises que l'on y apporte consistent en sel, en cauris, en cuivre et en euphorbe; ce dernier objet et les cauris y ont le plus de débit. Dans les localités voisines on trouve un grand nombre de mines qui fournissent de la poudre d'or; de tous les pays nègres, c'est celui qui produit la plus grande quantité de ce métal. La ville d'ALOUKEN, située de ce côté-là, obéit à un roi nommé *Canmer*, fils de Beci.

[1] Le Dr Barth identifie Anbara avec Honbori, région située à environ cinquante lieues au sud-est de Tenboktou, et par conséquent à l'est ou au sud-ouest de Ghana.

[2] Le Dr Barth nous a fait connaître la position de Kougha, ville appelée aussi *Kaoukaou, Koukou, Gaghou, Gharou, Gogo* et *Gao*.

On dit qu'il est musulman et qu'il cache sa religion. Dans le territoire de Ghana on trouve une peuplade nommée *El-Honeihîn* [1], qui a pour ancêtres les soldats que les Oméïades envoyèrent contre Ghana, dans les premiers temps de l'islamisme. Elle suit la religion du peuple de Ghana; mais ses membres ne contractent jamais de mariages avec les nègres. Ils ont le teint blanc et une belle figure. On trouve aussi quelques hommes de cette race à Sila, où on la désigne par le nom d'*El-Faman*. Dans le royaume de Ghana, l'épreuve de l'eau est admise en justice : l'homme qui nie une dette, qui est accusé de meurtre ou de tout autre crime, est amené devant le prévôt, qui prend un morceau très-mince d'une espèce de bois, dont le goût est âcre et amer; il le fait infuser dans autant d'eau que cela lui plaît, et il oblige l'accusé d'en boire. Si l'estomac de cet homme rejette le breuvage, on reconnaît que l'accusation est mal fondée; si au contraire la liqueur y reste, on regarde le prisonnier comme coupable.

Parmi les singularités du pays des Noirs, on remarque un arbre à tige longue et mince, que l'on nomme *tourzi;* il croît dans les sables et porte un fruit gros et enflé, qui renferme une laine blanche dont on fait des toiles et des vêtements; ces étoffes peuvent rester toujours dans un feu ardent sans être endommagées. Le jurisconsulte Abd el-Mélek assure que les habitants d'EL-LAMÈS, ville de cette région, ne portent que des habits de ce genre. On trouve

---

[1] Variante : النحين (*El-Nehîn*), A; النهين, P.

auprès du fleuve de Derâ une substance semblable
à celle-ci : c'est une espèce de pierre nommée *ta-
matghost* en langue berbère ; lorsqu'on la frotte entre
les mains, elle s'amollit au point de prendre la consistance du lin. Elle sert à faire des cordes et des li-
cous, qui sont absolument incombustibles. On avait
fabriqué de cette substance un vêtement pour un des
princes zenatiens qui régnaient à Sidjilmessa. Un
homme d'une véracité bien constatée m'a raconté
qu'un négociant avait fait venir pour Ferdilend, roi
de Galice (don Ferdinand Ier, roi de Léon), une serviette faite de ce minéral ; il l'offrit au prince en déclarant qu'elle avait appartenu à un des disciples de
Jésus, et que le feu ne pouvait y faire aucune impression. Il en fit l'épreuve sous les yeux du roi, qui,
frappé d'un tel prodige, dépensa toutes ses richesses
pour acheter cette relique. Il l'envoya au souverain
de Constantinople, pour qu'elle fût déposée dans la
principale église, et reçut, en retour, une couronne
royale, avec l'autorisation de la porter. Plusieurs personnes racontent avoir vu, chez Abou 'l-Fadl de
Baghdad, les franges d'une serviette faites de cette
substance, et qui, étant mises dans le feu, devenaient
plus blanches qu'auparavant. Pour nettoyer cette serviette, qui avait l'apparence d'une toile de lin, on se
contentait de la placer sur le feu.

Lorsqu'on part de GHANA en se dirigeant vers le
lever du soleil, on suit une route dont les bords
sont habités par des nègres et l'on arrive à AOUGHAM.
Les gens de cet endroit cultivent le *dorra*, plante

dont le grain forme leur principale nourriture. A quatre journées plus loin on atteint le *Ras el-Mâ* « la tête de l'eau[1] », où l'on rencontre le Nil, qui sort, en ce lieu, du pays des Noirs. Auprès de ce fleuve habitent des tribus berbères qui professent l'islamisme et qui s'appellent *Medaça*[2]. Vis-à-vis d'elles, sur l'autre bord du fleuve, sont des nègres païens. De là on se rend à Tîrca (ou Tîrecca), en suivant le Nil pendant six journées. Le marché de cette ville attire de Ghana et de Tadmecca une foule de monde. A Tîrca les tortues atteignent une grosseur énorme, et creusent des galeries souterraines dans lesquelles un homme pourrait marcher. Pour faire sortir un de ces animaux de sa retraite, il faut lui attacher des cordes et employer les forces réunies de plusieurs hommes. Le jurisconsulte Abou Mohammed Abd el-Mélek ibn Nakkhas el-Gharfa m'a raconté un fait que je vais rapporter : « Une troupe de voyageurs qui se rendait à Tîrca s'arrêta en route pour passer la nuit. En cette localité les termites sont très-redoutables, parce qu'elles détruisent et gâtent tout ce qu'elles rencontrent; elles élèvent des buttes de terre semblables à des collines, et, chose remarquable, cette terre est moite et humide, quoique dans ces endroits l'eau ne se trouve pas, à quelque profondeur que l'on creuse. On a soin de ne poser les marchandises que sur des pierres amoncelées ou sur des perches

---

[1] Près de l'emplacement de Tenboktou. (Voy. Barth, t. IV, p. 361 de l'édition anglaise.)
[2] Voyages du Dr Barth, t. IV, p. 352.

fichées dans la terre. Chacun des voyageurs cherchа le meilleur moyen de soustraire ses effets aux attaques des termites, et l'un d'entre eux ayant cru voir une grosse pierre, y déposa ses bagages, qui formaient la charge de deux chameaux. S'étant éveillé au point du jour, il ne trouva ni pierre, ni ce qu'il y avait mis. Tout consterné, il se mit à crier : « Malheur ! malheur ! aux armes ! » Ses compagnons l'entourèrent et lui demandèrent ce qui lui était arrivé. Lorsqu'il leur eut raconté sa mésaventure, ils lui firent observer que si cela avait été l'ouvrage de brigands, la pierre n'aurait pas été emportée avec les effets. Un examen du sol leur fit reconnaître les traces d'une tortue qui s'éloignait. Les ayant suivies pendant plusieurs milles, ils atteignirent l'animal, qui portait encore sur son dos les deux charges d'effets. Le voyageur avait pris une tortue pour une grosse pierre. » Le Nil, arrivé à Tîrca, se dirige vers le sud et rentre dans le pays des Noirs. On voyage sur le fleuve[1] pendant environ trois journées; alors on entre dans le pays des Saghmara, tribus berbères [qui se trouvent là] dans un territoire [qui dépend] de Tadmecca. En face, sur l'autre bord du fleuve, est située KAOUKAOU, ville nègre dont nous donnerons la description ainsi que celle des lieux qui l'avoisinent.

GRANDE ROUTE DE GHANA À TADMEKKA.

De Ghana à Tadmekka il y a cinquante journées

---

[1] Le manuscrit de Paris porte ضه. Si l'on accepte cette leçon, on peut traduire ainsi : *On suit le cours du fleuve.*

de marche. A trois journées de Ghana se trouve Sefencou, endroit situé sur le bord du Nil, et formant l'extrême limite du royaume de Ghana. De là on suit le Nil jusqu'à Boughrat, lieu qui renferme une peuplade sanhadjienne appelée *Medaça*. Le jurisconsulte Abd el-Mélek raconte qu'il avait vu à Boughrat un oiseau, semblable à une hirondelle, qui prononçait d'une manière parfaitement claire et intelligible ces mots : *Coutil El-Hocein, coutil El-Hocein* « Hocein fut tué, Hocein fut tué. » Après avoir répété ces paroles plusieurs fois, il disait une fois : *Bi Kerbela* « à Kerbela [1]. » « Nous avons entendu cet oiseau, dit Abd el-Mélek, moi et les musulmans qui m'accompagnaient. » De Boughrat on se rend à Tîrca, d'où l'on traverse le désert jusqu'à Tadmekka [2].

De toutes les villes du monde Tadmekka est celle qui ressemble le plus à la Mecque. Son nom signifie *forme de la Mecque*. C'est une grande ville, entourée de montagnes et de ravins, et mieux bâtie que Ghana et Kaoukaou. Les habitants sont Berbers et musulmans; ils se voilent la figure comme font les Berbers du désert; ils se nourrissent de chair, de lait et d'une espèce de grain que la terre produit sans culture [3]. Le dorra et les autres céréales leur ar-

[1] L'un des épisodes les plus tristes de l'histoire musulmane est celui dans lequel est raconté le meurtre d'El-Hocein, petit-fils de Mahomet, aux environs de Kerbela.
[2] Selon le Dr Barth, Tadmekka occupait l'emplacement d'Es-Souc, ville située dans le désert et à quatre-vingts lieues au nord de Gagho.
[3] Le *Panisetum distichum*. (Barth.)

rivent du pays des Noirs. Leurs vêtements, formés de coton, de *nouli* ou d'autres étoffes, sont teints en rouge. Le roi porte un turban rouge, une tunique jaune et un pantalon bleu. Les dinars dont ils se servent sont d'or pur et s'appellent *solâ* « chauves, » parce qu'ils ne portent pas d'empreinte. Leurs femmes sont d'une beauté si parfaite, que celles des autres pays ne sauraient leur être comparées. Chez eux la prostitution est permise : dès qu'un marchand arrive dans la ville, les femmes courent au-devant de lui, et chacune s'efforce de l'amener à la maison où elle demeure.

Pour se rendre de Tadmekka à Cairouan, on marche pendant cinquante jours dans le désert, afin d'atteindre OUERGLAN [pluriel de *Ouergla*], qui se compose de sept châteaux forts appartenant aux Berbers, et dont le plus grand se nomme *Aghrom en-Ikammen*, c'est-à-dire « le châteaux des pactes [1]. » De là à CASTÎLIYA il y a quatorze journées; puis sept journées de CASTÎLIYA à CAIROUAN, ainsi que nous l'avons dit ailleurs. Entre Ouerglan et le CALÂ T-ABI TAOUÎL il y a treize journées de marche.

Pour se rendre de Tadmekka à GHADAMS, il faut

---

[1] Le mot *aghroum* en berber signifie *pain;* en touareg, le même mot, prononcé *agherom*, veut dire *château.* Notre géographe a donc raison, quant à *agherom*, mais l'explication qu'il donne du mot *ikammen* n'est pas du tout claire : l'équivalent arabe qu'il nous offre peut recevoir plusieurs significations tout à fait différentes. En berber-touareg, le mot *ekemma*, au pluriel *ikammen*, signifie *le désert, le Sahra.* Du reste, ce nom n'est plus connu dans le territoire de Ouergla.

marcher pendant quarante jours à travers un désert où l'on trouve de l'eau tous les deux ou trois jours en creusant le sable. Ghadams est une petite ville qui abonde en eau et en dattiers. Les habitants sont des Berbers musulmans. A Ghadams on voit des souterrains que la Kahena, celle qui s'était montrée en Ifrîkiya, avait employés comme prisons. La population de cette ville se nourrit principalement de dattes. Dans ce pays les truffes atteignent une telle grosseur, que les lapins y creusent leurs terriers. De Ghadams à DJEBEL-NEFOUÇA il y a sept journées de marche, à travers un désert; de Nefouça à Tripoli il y a trois journées, ainsi que nous l'avons déjà dit.

On peut se rendre par une autre route de Tadmekka à Ghadams : après avoir marché pendant six jours dans une région habitée par les Saghmara, on entre dans une solitude où l'on voyage quatre jours avant de trouver de l'eau. Ensuite on passe dans une autre solitude ayant la même étendue que la précédente, et qui renferme une mine d'où l'on tire le *taci'n-semt*, espèce de pierre qui ressemble à l'agate et qui offre parfois un mélange de rouge, de jaune et de blanc. On y trouve, mais bien rarement, de beaux échantillons ayant une grosseur considérable. Les habitants de Ghana, chez qui on les porte, les regardent comme d'une valeur inestimable, et les achètent au prix de ce qu'ils ont de plus cher. On parvient à polir cette pierre et à la percer en employant une autre espèce de pierre nommée *tentouas*, de même que l'on polit le rubis à l'aide de l'émeri : sans tentouas, l'acier n'y mordrait pas. Pour découvrir ces pierres et en reconnaître le gisement précis, on égorge un chameau au-dessus de la mine et on y répand le sang par aspersion; la pierre se montre alors et on la ramasse. A Bounou [1] se trouve une mine de la même substance, mais l'autre est plus riche. Le voyageur passe de cette solitude dans une troisième, qui renferme une mine d'alun, dont le produit s'exporte en divers pays. De ce désert on passe dans un quatrième, où l'on marche pendant onze journées dans un terrain sablonneux, absolument nu, où l'on ne trouve aucune trace ni d'eau, ni de végétation. Les caravanes portent avec elles une provision d'eau et de bois, ainsi que cela se pratique pour les vivres et le fourrage. Entré dans ce désert, le voyageur aperçoit à sa gauche une montagne de sable rouge, qui se prolonge jusqu'à Sidjilmessa. C'est là que l'on trouve le *fenek*, et le renard, cet animal rusé. Cette montagne forme la limite de l'Ifrîkiya.

Le voyageur qui partirait du pays de Kaoukaou, et suivrait le bord du Nil en se dirigeant vers l'ouest, arriverait dans un royaume appelé *Ed-Demdem*, dont les habitants dévorent tous les étrangers qui leur tombent entre les mains. Ils ont un roi principal, qui en a plusieurs autres sous ses ordres. On voit dans ce pays une énorme forteresse, sur laquelle est placée une idole ayant la forme d'une femme, que les

---

[1] La position de cet endroit nous est inconnue.

habitants adorent comme leur dieu, et près de laquelle ils se rendent en pèlerinage.

Entre Tadmekka et Kaoukaou il y a neuf journées de marche. Les Arabes en désignent les habitants par le nom de *Buzurganiyîn* [1]. Cette capitale [2] se compose de deux villes : l'une est la résidence du roi, et l'autre est habitée par des musulmans. Leur roi s'intitule *kanda*. Ils s'habillent, comme les autres nègres, d'un pagne, d'une veste de peau ou d'autre matière, dont la qualité varie selon les moyens des individus. De même que les nègres, ils adorent des idoles. Lorsque le roi s'assied [pour manger], on bat le tambour, et les négresses se mettent à danser en laissant flotter (?) leur épaisse chevelure ; personne ne s'occupe d'affaires dans la ville, jusqu'à ce que le repas du souverain soit achevé ; alors on en jette les débris dans le Nil ; les assistants poussent des cris et des exclamations, ce qui fait connaître au public que le roi a fini de manger. Lorsqu'un nouveau souverain monte sur le trône, on lui remet un sceau, une épée et un Coran, qu'ils prétendent leur avoir été envoyés pour cet objet par l'émir des croyants (le souverain omeïade d'Espagne ?). Leur roi professe l'islamisme ; jamais ils ne confient l'autorité suprême à un autre qu'un musulman. Ils disent que le nom de *Kaoukaou* leur avait été donné parce que leurs tambours font entendre ce mot très-dis-

---

[1] Le mot *buzurguian* signifie les *grands* en langue persane ; *bazirguian*, si l'on admet cette leçon, signifie *négociant*.

[2] C'est-à-dire Kaoukaou.

tinctement. C'est ainsi que chez les gens d'Azouer[1], de Hîr[2] et de Zouîla, les tambours font entendre les mots *zouîla, zouîla*. Dans le pays de Kaoukaou, le sel tient lieu de monnaie dans les opérations commerciales. Ce minéral leur vient d'une contrée nommée *Toutek*, où on le trouve dans des mines souterraines. Il arrive d'abord à Tadmekka, d'où il se transporte à Kaoukaou. Entre Toutek et Tadmekka il y a six journées de marche.

ANECDOTES ADDITIONNELLES QUI ONT TRAIT AUX MOEURS DES BERBERS ET À LEURS TOURS DE FINESSE.

Un vieillard, accompagné de sa femme, qui était jeune et belle, se rendait à la *Calâ-Hammad*[3]. Ils rencontrèrent en chemin un jeune homme qui fit route avec eux et devint amoureux de la femme. Elle ressentit aussi pour lui une vive passion, et dans un entretien qu'ils eurent ensemble, elle consentit à passer pour son épouse légitime et à nier les droits que le vieillard avait sur elle. Lorsque les voyageurs furent arrivés à la Calâ, le mari alla trouver Hammad, et lui raconta l'injure qu'on lui avait faite et la manière dont les deux jeunes gens l'avaient traité. Les accusés, amenés devant ce chef, déclarèrent qu'ils étaient mari et femme, et que le

---

[1] L'auteur a déjà fait mention d'une montagne qui porte ce nom, mais nous ne savons pas si c'est l'endroit dont il parle ici.

[2] *Hîr* paraît être le même nom qu'*Ahîr* ou *Aïr*, pays que les voyages de Richardson et de Barth nous ont bien fait connaître.

[3] La même forteresse que notre auteur appelle partout ailleurs *Calâ t-Abi Taouîl*.

vieillard en avait menti. Hammad demanda alors au vieillard s'il avait eu d'autres compagnons de route, et s'il pouvait offrir le semblant d'une preuve pour justifier sa plainte. « Notre seul compagnon, répondit-il, a été cet animal, » et il se baissa pour montrer un chien qui se tenait auprès de lui. Hammad fit attacher le chien à un dattier, ou à un piquet qui se trouvait là, et dit à la femme d'aller détacher l'animal; elle obéit et mit le chien en liberté. Alors, par l'ordre du prince, elle attacha de nouveau le chien, qui se laissa faire. Hammad dit ensuite au jeune homme : « Lève-toi; lâche le chien et puis attache-le. » Celui-ci essaya de le faire; mais le chien se mit à aboyer contre lui, comme s'il ne le connaissait pas. Hammad s'adressa alors à la femme, et lui dit, « Ce vieillard est ton mari, et tu l'as remplacé par un mauvais sujet; » puis il fit trancher la tête au jeune homme.

Un homme avait deux femmes, et celle qu'il venait d'épouser en dernier lieu lui était plus chère que l'autre. Un jour, la première lui dit : « La femme que tu aimes tant te trompe; elle se compromet avec un jeune homme qui est à son service. » Le mari partit bientôt après, sous le prétexte de faire une course à cheval, et s'étant laissé tomber de sa monture, il se fit porter chez sa seconde femme, en se plaignant de ne pouvoir remuer ni bras, ni jambes. Les gens de la tente et les femmes vinrent le soigner, et restèrent auprès de lui une partie de la nuit. Alors il les pria avec instance de rentrer chez elles et de le laisser avec sa jeune femme. Lorsqu'ils furent partis, il prétendit être accablé de sommeil, et resta sans mouvement comme une personne tombée en défaillance. Voyant alors que sa femme quittait la tente pour passer dans celle où se tenait le séducteur, il alla écouter à la porte. Il entendit le jeune homme dire à la femme, « Tu as bien tardé à venir, et tu m'as laissé sans souper; » à quoi elle répondit : « Mes occupations auprès de cet être-là m'ont retenue loin de toi; mais ne m'en fais pas de reproches, car tu es l'aimé de cœur et lui n'est que le père de mes enfants. » Le mari ne dit mot, et alla se remettre au lit, sans laisser paraître le moindre mécontentement. Le lendemain, au point du jour, la tribu eut une alerte, et l'on cria : « Aux armes ! » Tout le monde accourut pour repousser l'ennemi, et celui qui prétendait tant souffrir de sa chute prit l'air d'un homme qui voulait rallier ses forces, et qui avait trop de fierté pour se tenir éloigné du combat. S'étant revêtu de ses armes, il monta à cheval, et ordonna au jeune homme et à ses autres serviteurs de suivre son exemple. Lorsqu'il se trouva en face de l'ennemi, il dit au galant de pousser en avant et qu'il le suivrait. L'autre, ne pouvant qu'obéir, s'élança au milieu de l'ennemi; mais étant abandonné par le mari offensé, qui rebroussa chemin et le laissa à son sort, il fut le premier qui succomba dans cette journée. Au reste, personne ne soupçonna que ce fût là un acte de vengeance. Quand le mari fut rentré chez sa jeune femme, elle s'écria : « Louange à Dieu, qui t'a ramené sain et sauf ! » — « C'est bien, lui répondit-il ; mais l'aimé de cœur n'est ni sain, ni sauf; quant à moi, je ne suis que le père des enfants. » Reconnaissant à ces paroles qu'il avait tout entendu, elle le supplia de la renvoyer dans sa famille. Il y consentit, et lorsqu'elle eut fait un assez long séjour avec ses parents, il alla les trouver et leur dit : « Pourquoi ma femme ne rentre-t-elle pas chez moi ? » On lui répondit qu'on avait fait tout ce qui était possible pour la décider à partir, mais qu'elle ne voulait pas s'en aller. « Et moi, reprit-il, je ne puis pas me passer d'elle. » Alors on discuta quelque temps, et l'on convint que, pour obtenir le divorce, la femme abandonnerait au mari le douaire qu'il lui avait assigné, et qu'elle le dégagerait de toutes les obligations qu'il s'était imposées par le contrat de mariage. Aussitôt qu'il eut repris le douaire et obtenu ce qu'il avait demandé, il dit aux assistants, « Maintenant que me voilà rentré dans mes droits, je vous ferai savoir ce qui s'est passé, » et il leur raconta toute l'affaire. Les parents de la jeune femme, l'ayant interrogée, découvrirent qu'elle s'était déshonorée, et lui ôtèrent la vie. Ce fut ainsi que, par une conduite habile, un mari se vengea de sa femme et de l'amant sans y avoir mis la main, qu'il se garantit contre les réclamations que la famille de la femme aurait pu exercer contre lui, et qu'il rentra en possession du douaire.

Nous allons raconter, au sujet d'un chef berber, une anecdote qui ressemble à la précédente : cet homme ayant appris que sa femme, dont il soupçonnait la fidélité, recevait, chaque fois qu'il s'absentait, les visites d'un voisin, avertit sa tribu qu'il allait entreprendre un long voyage. Lorsqu'il eut terminé ses préparatifs, il partit avec quelques compagnons; mais, parvenu au premier lieu de halte, il les quitta en prétextant une affaire qui l'obligeait à rentrer chez lui, et les pria de continuer leur route sans l'attendre. Arrivé dans la soirée auprès de sa demeure, il cacha son cheval et ses armes dans un ravin, et s'approcha en cachette afin de voir ce qui se passait chez lui. Étant monté sur un mur, ou un autre endroit, d'où il pouvait regarder sans être découvert, il aperçut sa femme en conversation avec son amant, et obtint la certitude de l'infortune qu'il appréhendait. Il s'en retourna aussitôt au ravin, et, s'étant revêtu de ses armes, il monta à cheval et revint à la maison. Son arrivée y répandit l'effroi, et, pendant qu'on cachait l'amant dans une chambre, il entra d'un air indifférent et donna à sa femme une raison assez plausible pour justifier son retour. Elle y ajouta foi et alla lui apprêter à manger. Lorsqu'elle eut servi le souper, il lui dit de faire venir l'hôte auquel elle donnait l'hospitalité : « Est-ce que j'ai un hôte, moi? » s'écria-t-elle. — « Si, tu en as un, lui répondit le mari, et il est là, dans cette chambre. » Voyant qu'elle persistait à nier le fait, il se leva et tira l'homme hors de la chambre en lui disant : « Viens souper avec nous. » — « Hélas, répondit l'autre, je n'ai pas envie de manger! pour me délivrer de cette disgrâce c'est la mort que je demande. » — « Allons donc! dit le mari, il n'y a pas de mal; des gens meilleurs que toi ont succombé à des tentations. » A force d'instances il décida l'amant à se mettre à table, et quand le repas fut achevé, il le congédia sans le maltraiter, et le fit sortir sous un déguisement. S'adressant alors à sa femme, il lui tint ce discours : « Ne t'afflige pas de ce qui vient de t'arriver; d'autres femmes avant toi ont fait des faux pas et se sont laissé emporter par leurs passions; il y a bien peu de monde qui puisse résister aux tentations. Aussi je tiendrai cette affaire secrète et je lui donnerai même une tournure qui te sera agréable. Étant parfaitement assuré que rien n'aurait pu t'égarer ni te porter à un tel acte, excepté la puissance irrésistible de l'amour, je te permettrai d'épouser ton amant, de satisfaire ta passion et de cohabiter avec lui publiquement, sans te compromettre; mais j'y pose la condition que voici : lorsque tu auras passé avec lui une année entière, tu m'enverras chercher afin que je puisse te voir en passant, et sous les yeux de ton mari. Tu sortiras au-devant de moi en grande toilette, en veste de gaze; tu me parleras de ton mari et tu te plaindras de sa mauvaise conduite. La jalousie le poussera à te répudier, et je redeviendrai pour toi ce que j'ai déjà été. De cette manière tu auras satisfait ta passion; puis, en me préférant à ton séducteur, tu feras cesser les soupçons [d'impuissance] qui vont peser sur moi. » En lui faisant cette proposition, il savait parfaitement que l'amant était d'un mauvais caractère, toujours prêt à s'emporter et à se livrer aux actes de violence. La femme ayant consenti à tout, il envoya chercher le père et le reste de la famille; puis, après leur avoir offert un repas, il les pria de demander à sa femme comment il l'avait traitée et de quelle façon ils avaient vécu ensemble. Elle leur répondit par un grand éloge de son mari, qui, disait-elle, l'avait toujours traitée avec beaucoup d'égards et de bienveillance. Alors, sur l'invitation du mari, ils la prièrent de dire si elle voulait rester avec lui. « Non, répondit-elle, je ne le veux pas; son absence m'est plus agréable que sa présence. Mon cœur, dans lequel j'ai cherché assez de force pour me décider à rester avec lui, m'a entraînée ailleurs et beaucoup trop loin pour permettre un rapprochement entre nous. Si vous me laissez avec mon mari, vous me livrerez en proie à la maladie et à la mort; qu'il me répudie, et je le tiendrai quitte de toutes ses obligations envers moi. » Pendant qu'elle parlait, son mari témoignait un extrême désir de la garder; mais, avant la fin de la conférence, il consentit à un arrangement. On convint que la femme redeviendrait maîtresse de sa personne, et que le mari obtiendrait une décharge complète de toutes les obligations qu'il avait contractées envers elle. Les parents le remercièrent de sa générosité, et, s'adressant à la femme, ils lui donnèrent tort dans toute l'affaire. Lorsqu'elle eut la liberté de contracter un second mariage, elle épousa son amant, qui était le premier à lui demander sa main. Elle vécut avec lui pendant un an et trouva que le temps passa bien lentement, ayant reconnu que son premier mari valait beaucoup mieux que le second. Aussi, à l'expiration de l'année, elle n'oublia pas de remplir la promesse qu'elle avait faite à ce dernier, et de l'inviter à venir. Il se mit en route, et au moment où il passait devant la maison de cette femme, elle sortit à sa rencontre, habillée d'une robe qui décelait ses formes et laissait paraître tous ses charmes. Elle se mit alors à lui faire des plaintes au sujet de la conduite de son second mari. Celui-ci, qui était assis avec la famille de la femme, vit tout ce qui se passait, et, ne pouvant dompter la jalousie qui l'animait, il se leva et la blessa mortellement d'un coup de lance. Les frères et les parents de la victime se jetèrent sur l'assassin et lui ôtèrent la vie. Dès lors la discorde se mit entre les deux familles, et les entraîna dans une guerre qui faillit les exterminer. Ce fut ainsi que le premier mari obtint la vengeance qu'il avait cherchée, et se tira d'affaire sans avoir souffert la moindre atteinte ni dans sa personne, ni dans ses biens.

Personne, dit Hammad, n'a jamais pu m'en imposer ou me tromper, excepté une petite sotte de femme qui appartenait à la race berbère. Voici ce qui m'arriva : j'avais, à Cairouan, un ami d'enfance, qui avait été mon camarade d'école et de collége[1]; il était devenu mon compagnon inséparable et le

---

[1] En arabe *mechehed;* ce mot signifie une chapelle ou oratoire bâti sur le tombeau d'un saint. Dans quelques-uns de ces établissements, ainsi que dans les *Zaouia* de notre époque, on y faisait des cours de droit, de théologie et de grammaire; les professeurs et les étudiants y trouvaient le logement et la nourriture.

confident de toutes mes pensées. Lorsque je fus parvenu à la position que j'occupe maintenant, je le perdis de vue, et tous mes efforts pour le retrouver demeurèrent sans résultat. Ayant à châtier les habitants de Baghaïa, qui avaient encouru ma colère, je lançai mes escadrons dans leur territoire, et la matinée n'était pas encore passée que j'entendis un homme invoquer le nom de Dieu et celui de l'émîr. Lui ayant demandé qui il était et ce qui venait de lui arriver, il me répondit qu'il était un tel, fils d'un tel. C'était justement l'ami que j'avais tant cherché, et qui, dominé par un profond sentiment religieux, avait quitté le monde pour se livrer aux pratiques de la dévotion. J'eus beaucoup de plaisir à le revoir, et j'en ressentis une joie si vive, que, s'il m'avait demandé grâce pour tous les habitants de Baghaïa, je ne lui aurais pas refusé cette faveur. Pendant que j'essayais de dissiper ses inquiétudes et de lui inspirer de la confiance, il eut l'air d'un homme tout consterné. Je lui demandai ce qu'il avait, et il m'informa que plusieurs femmes de la ville avaient disparu, et que sa fille était du nombre. «Par Allah! lui dis-je, si tu étais venu me trouver hier soir, j'aurais épargné tous les habitants de la ville à cause de la considération que je te porte.» — «C'est le destin qui mène tout, me répondit-il; rien ne peut réussir à l'homme qui est condamné à voir toutes ses espérances frustrées.» J'ordonnai aussitôt à mes officiers de me faire venir toutes les femmes qui se trouvaient dans le camp. Parmi ces captives, l'homme reconnut sa fille, et je donnai l'ordre de jeter un voile sur la tête de cette jeune personne, de lui fournir une monture et de la laisser partir avec son père. Lorsqu'elle eut entendu mes paroles, elle s'écria : « Non, Hammad, non! je ne m'en irai pas avec mon père ni avec celui qui m'a enlevé l'honneur. » — « Que veux-tu donc faire, malheureuse? » lui dis-je. — « Je ne conviens qu'à un prince, me répondit-elle, je n'ai que faire de gens de rien. » A ces paroles, le père étouffa son chagrin, croyant qu'elle venait de tomber dans la dépravation et qu'elle ne se souciait plus de lui. Je demandai à la fille ce qu'elle voulait dire par les mots « je ne conviens qu'à un prince, » et elle me fit cette réponse : « Il y a un secret que personne ne peut se vanter de posséder, excepté moi. » — « Me donneras-tu une idée de ce que c'est? » lui dis-je. — « Volontiers, me répondit-elle, trouve quelqu'un qui veuille se laisser couper la tête et fais apporter un sabre bien affilé; je prononcerai sur cette arme certaines paroles qui l'empêcheront de couper et qui en rendront la lame aussi peu tranchante que la poignée. » Je lui fis observer que, pour se prêter à une pareille expérience, il faudrait avoir perdu l'esprit. Elle me répondit : « Peut-on supposer qu'un individu voudrait se laisser tuer? » — « Non, » lui dis-je. — « Eh bien! reprit-elle, moi je vais me soumettre à l'expérience. » Ayant alors choisi un sabre, elle prononça dessus quelques paroles, tendit le cou au bourreau, et celui-ci, d'un seul coup, lui abattit la tête. Revenu de l'illusion dans laquelle elle m'avait bercé, je reconnus qu'elle avait abusé de ma crédulité par haine d'une vie qui lui était devenue à charge depuis sa mésaventure. Son père découvrit comme moi les motifs qui avaient dirigé la conduite de sa fille; accablé de douleur en la perdant, et fier de voir qu'elle avait préféré la mort au déshonneur, il se jeta sur le corps et se roula dans le sang.

Les Beni-Ourcîfan, tribu berbère, n'entreprennent jamais une guerre avant d'avoir sacrifié une vache noire aux *chemarîkh;* c'est ainsi qu'ils nomment les démons. « Voilà, disent-ils, une offrande pour les chemarîkh. » La même nuit ils ôtent les fermetures aux meubles qui renferment leurs provisions et celles de leurs animaux, et ils laissent le tout grand ouvert : « Voilà, disent-ils, des vivres pour les chemarîkh. » Quand le jour du combat arrive, ils restent en observation depuis l'aurore, et lorsqu'ils voient un tourbillon de poussière, ils s'écrient : « Voilà vos amis, les chemarîkh, qui viennent à votre secours. » Alors ils chargent sur l'ennemi avec l'assurance de remporter la victoire. Ils prétendent que cela ne leur a jamais manqué, et ils ne se donnent pas la peine de cacher leur croyance à cet égard. Lorsqu'ils reçoivent un hôte, ils réservent une portion du repas pour les chemarîkh, qui, disent-ils, viennent toujours la manger. Dans toutes ces opérations, ils évitent soigneusement de prononcer le nom de Dieu.

INDEX

DES NOMS DE LIEUX ET D'HOMMES DONT IL EST FAIT MENTION DANS LA TRADUCTION D'EL-BEKRI.

OBSERVATION.

Dans l'ordre alphabétique, on n'a pas tenu compte des préfixes *El*, *Ibn*, *Abou*, *Beni*, etc.

A

Ibn-Aakeb, 49.
El-Aali l'Idrîcide, 299.
El-Aarabi, 20.
Abar el-Asker, 169.
Abar Caïs, 9.
Abbas ibn Naseh, 307.
Abou'l-Abbas, le caïd, 204.
Abd-Allah ibn Abbas, 303.
Abd-Allah ibn Amr, 56.
Abd-Allah ibn Idrîs, 187, 358.
Abd-Allah ibn Omar, 56.
Abou Abd-Allah es-Chîaï, 69, 75, 112, 126, 160, 334.
Abd el-Azîz ibn Merouan, 94.
Ibn-Abd el-Hakem, 34.
Abd el-Khalec ibn Seï, 341.
Abd el-Melek ibn Abi Hammama, 183.
Abd el-Melek ibn Aïchoun, 144.
Abd el-Melek ibn Merouan, 79, 80, 81, 94, 110, 140.
Abd er-Rahman ibn Fahel, 243.
Abd er-Rahman ibn Habîb, 345, 347.
Abd er-Rahman ibn Merouan, 356.

Abd er-Rahman le Rostemide, 160 et suiv.
Abd er-Rezzac, 282.
Abd es-Semià, 226.
Ibn-Abi Abda, 214.
Abdoun, 59.
Acaba, 8, 10, 23, 56.
Acaba-t-el-Afarec, 260.
Acaba-t-el-Bacr, 316.
Acdas, 74.
Acem ibn Djemîl, 70.
Ibn el-Achâth, 62, 160.
Acheggar, 151.
Achîr, 144, 145, 154, 155, 162.
Achoura, 67.
Acla, 189.
El-Acoulès, 247.
Adamest, 338.
Adar, 196.
El-Addam, 283.
Addjer, 132.
Adena, 320, 321.
Adjedabiya, 11, 14, 15, 18, 28, 32, 119.
Adjîça, 142.
Adjroud, 207.

— 412 —

Adient, 249.
Adoua, 262.
Afarec, 13.
Beni Affan, 242.
Afifen, 353.
Aftès, 259, 261.
Agdal, 210.
Agguer en-Oouchan, 344.
Agguer Tendi, 347.
El-Aghar, 258.
Agharef, 347.
Aghîgha, 343.
Aghmat, 333, 339, 341, 359, 370.
Aghmat Ilan, 339.
Aghmat Ourîka, 339, 340, 352.
Aghroum en Ikammen, 396.
Aglef, 329.
Agrou, 344, 359.
Agta, 212.
Ibn-Aguellîd, 342.
Aguercif (Guercif), 205, 337.
El-Ahça, 205, 326.
Ahça Ocba, 169.
Ahmed ibn Bekr, 282, 288, 289.
— ibn Beledj, 85.
— ibn Cacem, 290.
— ibn Eïça, 110.
— el-[...], 291.
— ibn Feth, 251, 266.
— ibn el-Harith, 275.
— ibn Idrîs, 219.
— ibn Mohammed, 206.
— ibn Omar, 128.
— ibn Yala, 293.
El-Ahmès, 219.
Abou'l-Ahouès, 21.
Abou'l-Aïch, 251, 296, 317.
Ibn-Abi 'l-Aïch, 180, 182.
Ain el-Aoucat, 82, 193.

Aïn es-Chems, 135, 247.
— Djocar, 107.
— Erban, 129, 324.
— Ferroudj, 189.
— el-Ghazzal, 321.
— Ishac, 316.
— el-Khacheb, 256.
— Kerdou, 164.
— el-Kittan, 320, 321.
— Kordi, 164.
— Makhled, 143.
— Messaud, 145.
— es-Sobhi, 158, 177.
— Temouchent, 168, 184.
— et-Tîn, 205.
— et-Tîna, 324.
— Abi Zeid, 199.
— ez-Zeitouna, 49.
Aïoud, 261.
Aïouni, 376.
Aiyad ibn Ocba, 267.
Akesraigh, 337.
El-Akhouan, 78, 195.
Akka, 201.
Alexandrie, 198, 200.
Alger (voy. Djezaïr).
Ali ibn Dhafer, 78.
— ibn Hamdoun, 78, 141.
Beni Ali ibn Homeid, 138.
Almoravides, 362 et suiv.
Alouïîn, 168.
Alouken, 390.
Aman Issîdan, 344.
— Tissen, 344.
Amara, 200.
Amatlous, 361.
Ambedouchet (Lampedosa), 199.
Ibn-Amedagnou, 368.
Amegdoul, 202.
Ibn-Abi Amer, 235.

Amerghad, 344, 359.
Amérides (Les), 235.
Ameskour, 327, 337.
Amghak, 326.
Amma-t-er-Rahman, 213.
Amr ibn el-Aci, 12, 24, 26, 28, 34, 172.
— ibn Merzouc, 158.
Abou Amran, 362 et suiv.
Ibn-Anâm, 55, 108.
Anas, 18.
Anbara, 390.
Anbedouchet, 199.
Anda, 13.
Ibn el-Andeloçi, 78, 141, 320.
Annibal, 103.
Abou'l-Ansar, 305.
Ansars (Les), 113.
El-Ansarîîn, 113, 132.
Antakiya, 201.
Antaliya, 200, 201.
Aoua, 201.
Aouchîlas, 185.
Aoudaghast, 345, 348 et suiv. 369.
Aouderf, 27.
El-Aoudïa, 281.
Aoudjela, 32, 37.
Aougazent, 346.
Aougham, 351, 392.
Aouiat (L'), 236, 261.
Aoukar, 381.
Aouktîs, 209.
Aoulîl, 376.
Ibn-Abi Aoun, 164, 166.

Beni Aousdja, 295.
Aousedj, 9, 200.
Aouzeccour, 155, 281, 342.
Ibn-Abi 'l-Arab, 55, 56.
Arac, 15.
Arar, 13.
Archgoul, 181, 208.
El-Archgouli, 182.
Aretenna, 364.
Arfoud, 326.
Arganier, 357, 359.
Argui, 368.
Arîch des Oasis, 3, 39.
Arozlès, 52.
Arrobe, 50.
Artah, 91.
Arzakiya, 32.
Arzao (Arzeu), 165.
Ascaïan, 201.
Asfi, 202.
Asîla, 203, 252 et suiv.
Aslen, 183, 188, 208.
Asmîr, 243.
El-Asnam, 326.
Asrem, 62.
Assada, 238, 250
Atîca, 282, 295.
Atrabolos (voy. Tripoli).
Augustin (Saint), 133.
Auras, 121, 171, 321.
Auréba, 209, 247, 267.
Azgounan, 348.
El-Azîz Billah l'Idrîcide, 299.
Azouer (Azoued?), 345.

B

Bab el-Casr, 180.
Bab el-Yemm, 239, 240, 247.
Bacar, 209, 223.
Bacca, 176.
Bachou, 90, 109, 110.
Bacouïa, 210.

Badis, 174, 175.
Badis, 210.
Badîs ibn Habbous, 300.
Badja, 136.
Baghaïa, 121, 322, 408.
Bahîra Madghous, 122.
— Medjdoul, 177.
— Tinnîs, 201.
Balich, 210.
Banklabîn, 362.
Barbati, 308.
Barca, 11, 18.
Baseli, 137.
El-Basra, 250, 252, 253.
Basra-t-ed-Dobban, 250.
— el-Kittan, 250.
El-Batal, 190.
Bechilga, 142.
Bechliga, 142.
Beçoul, 235.
Bedjaïa, 192.
Beddjana, 148, 208.
El-Bedjeli, 266, 290, 356.
Les Bedjlites, 354.
Bedkoun, 212.
Behneça des Oasis, 38.
Beht, 305, 309.
El-Beida, 202.
Beirout, 201.
El-Beit, 51, 199.
Beit el-Macdès, 201.
Beitham, 125.
Bekem, 389.
Bekr ibn Hammad, 28, 158, 292.
Abou Bekr ibn Omar, 373.
Belat, 58.
— es-Chok, 242.
— Homeid, 292.
Beled el-Anber, 112.
Belezma, 122.

Belîas, 154.
Bellech, 227.
Beltha, 138.
Belyounoch, 241.
Benechkola, 192.
Bentious, 128, 169, 170.
Benzert, 139, 195.
Beranis (Les), 213.
Berbat, 307, 308.
Berbati, 308.
Bercadjenna, 162.
Berchi, 387.
Berdi, 196.
Béreghouata (Les), 300 et suiv.
Béreghouati, 308.
Berghout ibn Saîd, 307.
Berid, 238.
Berkana, 32.
Beni Berzal, 142.
Bichr ibn Artah, 34, 323.
Bichr ibn Hodjr, 158.
Bîr Abi Kenoud, 23.
— Azrag, 135.
— ibn Delfa, 251.
— el-Djemmalîn, 345, 360.
— en-Nethra, 133, 194.
— Ouaran, 348.
Ibn el-Bîri, 194.
Biskera, 125, 126, 171, 176.
— -t-el-Nakhîl, 128.
El-Boheira-t-el-Mahfoura, 195.
Boll (voy. Fahs).
Bologguin, 145, 163.
Bône, 132, 133, 192.
Bosr ibn Artah, 34, 323.
Botouïa, 218.
Boughrat, 395.
Bougie, 192.
Boukîr, 200.
Bouna, 192.

Bouna-t-el-Hadîtha, 133.
Bounou, 398.
Boura, 319.
El-Bouri, 183, 205, 265, 318.

Bourt Lob, 240.
Bousa, 30.
Bousîr, 200.

C

Cab-Mont, 242.
Cabes, 44, 49, 166, 198.
Cabr Madghous, 121.
Cabta Beni Asoued, 208.
Cabtîl Todmîr, 189.
Cacem el-Ousnani, 209, 216.
El-Cacem ibn Idrîs, 255, 277.
Abou'l-Cacem el-Caïm, 4, 15, 225.
Cafîz, 67.
Cafsa, 37, 113; 116, 176, 330.
Caiceriya, 201.
Caiceriya, 57.
Cairouan, 51, 57, 61, 64, 67, 79, 86, 119, 130, 132, 135, 150, 157, 168, 177, 178, 208, 228, 315, 325, 336, 352, 396.
El-Calâ, 258.
— (Guéléïa), 180.
Cala-t-es-Chîni, 200.
Calâ-t-ed-Dîk, 120.
— Djaber, 113.
— -t-ibn Djahel, 180.
— -t-Hammad, 119, 400.
— -t-Hoouara, 164.
— t-ibn Kharroub, 249, 250, 262.
— Maghila Deloul, 164.
— -t-AbiTaouîl, 119, 130, 141 396.
Calamoun, 40.
Calchana, 72, 237.
Calembou, 378, 379.

Calemdjenna, 112.
Camdjala, 207.
Abou Cameh, 288.
Cammouniya, 176.
Canbaniya, 247.
Cantabîr, 119.
Cap de Gate, 208.
Capoudiya, 198.
Car ibn Sanhadj, 238.
Carar el-Amîr, 337.
Caria, 146.
Caria-t-es-Sacalbi, 217.
Ibn-Carma, 38.
Carmel, 201.
Caroun, 191.
Carthage, 101 et suiv. 195.
El-Casaba, 40.
El-Casîr, 50, 198.
El-Casr, 39, 241, 243.
— el-Abiad, 23.
— el-Aouwel, 238.
— el-Cadîm, 69, 70.
— des Oasis, 39.
Casr el-Atech, 319.
— el-Bahr, 66.
— es-Chemmas, 10.
— Denhadja, 250.
— ed-Derec, 199.
— el-Émîr, 195.
— el-Felous, 185, 189.
— el-Haddjamîn, 195.
— el-Ibadi, 199.
— el-Ifrîki, 130.
— Ilian, 246.

Casr Abi Maadd, 9, 10.
— Madghous, 121.
— ibn Meimoun, 32.
— ibn Omar, 197.
— Riah, 51.
— er-Roum, 11, 198.
— Abi Saîd, 76.
— Abi Sakr, 195.
— es-Silcela, 95.
— Sinan, ou Sennan, 208.
— ibn Sinan, 168, 184, 319.
— Zeidan, 32.
— ez-Zeit, 110.
Castíliya, 37, 116, 118, 168, 330, 396.
Ibn-Caten, 110.
Beni Catiten, 232.
Cazrouna, 158, 178.
Ceuta, 238, 242, 245, 258, 261.
Chaba, 154.
Es-Chacor, 200.
Es-Chafaï, 296.
Chafded, 203.
Es-Chaker Billah, 335.
Chati, 228.
Beni Cheddad, 232.
Chefchaouen, 340.
Es-Chebba, 204.
Cheber ibn Haucheb, 172.
Es-Chehîd, 214, 215, 297.
Chekka-t-el-Filfel, 200.
— et-Tîs, 200.
Chekla, 95.

Chelif, 146, 163.
Chella, 202, 314.
Cheloubîna, 207.
Cheloubinia, 225.
Chemaríkh, 410.
Es-Chemmakh, 275.
Chenoua, 190.
Chent Pol, 190.
Cherchel, 190.
Cherîk, 96, 109.
— ibn Soleim, 34.
Cherous, 25.
Es-Chïab, 19.
Chigguiya, 378, 379.
Chikka-Benaria, 82.
Chorahbîl, 54.
Cîrat, 164, 185.
Clypea, 110, 197.
Cobba, 9.
Cobba Bab el-Behou, 61.
El-Coïl, 194.
Collo, 194.
Coloué Djara, 205, 208, 218, 228, 337.
Constantine, 150.
Comlariya, 195.
El-Corachi, 166, 200.
Cosantina, 151.
Cosour Cafsa, 115.
— Hassan, 20, 22.
Cossura, 110.
El-Couriatein, 197.
Couz, 202, 340, 341.

D

Dar el-Amîr, 205.
Daï, 280, 341.
Daman, 375.
Dawoud ibn el-Cacem, 276, 279.
— ibn Soulat, 166.

Dawoud er-Rondi, 212.
Beni Déam, 177.
Debcou, 201.
Degma, 131.
Dekakir, 377.

Delaïa, 207.
Deloul, 164, 223.
Demdem, 398.
Beni Demmer, 319.
Denanîr, 130.
Denia, 191.
Dennîl, 242.
Derâ, 320, 338, 343, 346, 356, 359, 360.
Deren, 343, 345, 353.
Derna, 139, 200, 342.
Ed-Derrara, 62.
Ibn-Dhafer, 78.
Dhat el-Homam, 7.
Dibekiya, 201.
Didon, 191.
Diebel el-Khozaï, 28.
Dilbac, 30.
Ed-Dimna, 111.
Dimna-t-el-Achîra, 250, 258.
Dimyat, 201.
Dînar, 7.
Dirhem, 7.
Djaber el-Ansari, 113.
Djaddou, 25, 26.
Djâfer ibn Hamdoun, 142.
Abou Djâfer Ahmed, 108.
— ibn Abi Khaled, 82.
Djâferîn (Les), 207.
Djamê, 4.
Djamê 'l-Ghazouat, 186.
El-Djamour, 196.
Djaouan, 36, 37.
Djebel Abi 'l-Hacen, 209.
— ed-Derega, 243, 244, 245.
— Eiça, 332.
— Habîb, 245.
— Abi Khafadja, 97.
— Lemiouna, 368. 369.
— el-Melh, 128.

Djebel Memalou, 317.
— el-Menara, 239.
— Nefouça, 25.
— Omm Amr, 96.
— er-Rahman, 193.
— Romra, 167.
— er-Rossas, 111.
— es-Siâda, 96.
— et-Touba, 96.
El-Djebel el-Acheheb, 252, 260.
El-Djehniîn, 325.
El-Djelenda, 94.
Djeltl (Voy. Sakhr).
Djeloula, 78, 79, 132.
Djemal, 117.
Abou Djemîl, 242.
Djemouna, 128.
Djemounès es-Saboun, 176.
Djenabiya, 191.
El-Djenah el-Akhder, 131.
Djenan el-Haddj, 181.
Beni Djennad, 155.
Djenyara, 252, 260.
Djeraoua, 180, 204, 207, 208, 226, 316, 317, 337.
— Lazizou, 168.
Djerba, 48, 198, 199.
El-Djerbi, 99.
Djerma, 35.
Djerwaou, 337.
El-Djezaïr, 43.
Djezaïr Beni Mezghanna (Alger), 155, 156, 191.
El-Djezaïr el-Mouallefa, 301.
— des Oasis, 43.
El-Djezîra, 297.
Djezîra-t-el-Afia, 193.
— t-Archgoul, 182.
— el-Hammam, 200.
— Abi Hammama, 132.

J. As. Extrait n° 11. (1858.) 27

— 418 —

Djezîra-t-el-Tarfa, 200.
Ibn-el-Djezzar, 102.
Djîdjel, 153, 193.
Djobb el-Aousedj, 9.
El-Djobboli, 54, 55.
Djobeir ibn Motaïm, 9.
Djocar, 107.
El-Djodami, 282.
Beni Djoddala, 362, 367, 368, 377.
Ibn-Djodeir, 183.

Beni Djordj, 170.
El-Djorf, 198.
Djorthem ibn Ahmed, 226.
Djouba, 192.
Djouher, 335.
Djoun en-Nakhla, 196.
— el-Mellaha, 197.
Djouza, 144.
Doghagh, 238.
Douamès, 90, 110, 111.
Abou Douanec, 123.

E

Echkouberès, 188.
Ecidja, 10.
Edough, 133.
Egri, 225.
Eïça ibn Guennoun, 277, 292.
— ibn Hacen, 253.
— ibn Mezyed, 331, 332.
— ibn Mohammed, 182.

Ibn-Abi Eïça, 292.
Beni Eïçam, 237.
Eïzel, 361.
Elîli, 243.
Enf el-Cauater, 191.
— en-Neser, 131.
Erban, 129, 325.
Erçan, 169.

F

Abou 'l-Fadl el-Kelbi, 47.
Fadl ibn Mofaddel, 230, 306.
Fahs Berkana, 32.
— Boll, 130, 132.
— ed-Derrara, 62.
— Imellou, 341.
— Mornac, 92.
— Nizar, 341.
— Abi Seiyar, 259.
El-Faman, 391.
El-Faroudj, 32.
Fas (voy. *Fez*).
Fedala, 202.
Feddj el-Ferès, 245, 261.
— el-Himar, 115, 176.
— es Sari, 261.
— Téza, 317.

Feddj Zidan, 125.
El-Fehmîn, 132.
Fekh, 269.
Fekkan, 167, 185.
Fencour, 342.
Fének, 53, 119, 374, 398.
Ferdinand Ier, 302.
El-Ferès, 281.
Ferhoun, 209.
Fermîoul, 247.
Ferouiïn (Les), 380.
El-Feskia, 66.
Feta, 77.
Beni Feterkan, 259.
Fez, 205, 249, 252, 258, 261, 262, 315, 326, 341, 343.
Fezana (Les), 27.

Fezara, 141.
Fezzan, 35.
Filfeli, 68.
El-Fintas, 87.
Fondoc Chekel, 89, 112.

— Riban, 111.
Forbioun, 341.
El-Forferoun, 39.
El-Forous, 186.
Fortounatech (Les îles), 249.

G

Gaças, 76, 121.
Gangara, 362.
Garet, 209, 227, 228.
El-Gareti, 292.
El-Ghaba, 321, 382.
Ghadams, 116, 396.
El-Ghadîr, 131, 143, 144, 210.
Ghadîr el-Fahhamîn, 98.
— Ferghan, 125.
— Ouarrou, 143, 178.
Ghafec, 49.
Beni Ghafou, 246.
Ghailan ibn Younos, 307.
El-Ghaïtha, 76.
Ghamr, 194.
Ghana, 330, 301, 369, 379, 381, 382, 386, 387, 391, 392, 394.
Gharentel, 387.
Ghassaça (Les), 208.
Ghazza (en Syrie), 201.

Ghîarou, 385, 386, 387.
Ghîs, 210, 111.
Abou Ghofair, 305.
Ghomara (Les), 228, 244, 246.
El-Ghozza, 157, 163, 177, 319.
Goddan, 264.
Gouîn, 210, 215.
Gourmat, 316, 317.
Guedera, 167, 168.
Guennoun ibn Ibrahîm, 259, 290.
— ibn Mohammed, 260.
Abou Guennoun, 188.
Guercîf, 205, 337.
Guerza, 32, 33.
Guezennaïa, 150, 215, 342.
Guezoula, 347.
Guezzoul, 158.
Beni Guildîn, 27.
— Guillîdacen, 162.
Guîr (Le), 205.
Guîtoun Bîada, 116, 175.

H

Habîb ibn Abi Obeida, 245.
— ibn Youçof, 245, 246.
Djebel Habîb, 245.
Hacen ibn Cacem, 289.
— ibn Eïça, 182.
— ibn Guennoun, 292.
Abou 'l-Hacen, 209.
Hadethan, 49, 99.
El-Haddjam, 253, 256, 284, 285 et suiv.

Hadjer Abdoun, 199.
— en-Necer, 258, 287, 290.
— es-Soudan, 242.
Ibn-Hafsoun, 222.
Haïfa, 201.
El-Hakîr, 301.
Hamd ibn el-Aïyach, 220.
Ibn Hamdoun, 78.
Hamed ibn Hamdan, 286 et suiv.
Hamîd ibn Yesel, 288.

Ha-mîm, 228 et suiv. 244.
El-Hamma, 116, 196, 204.
Hammad, 400, 407.
Abou Hammama, 132.
Ibn-Abi Hammama, 183.
Hammoud ibn Ibrahîm, 245.
Hammoudites (Les), 281, 295.
El-Hamza, 251.
Hamza (Voy. *Souc.*)
Hamra ibn Djâfer, 353.
Hanech es-Sanani, 48, 81.
El-Haniya, 8.
Hanna, 282.
Hannaoua, 252.
Hannoun ibn Ibrahîm, 290.
Hara-t-el-Ahchîs, 259.
Haroun er-Rechîd, 272.
— ibn Mohammed, 259, 266.
Hassan ibn en-Nôman, 21, 22, 57, 91.
Haouas, 141.
Haud, 203.
Haz (*ou* Han), 319.
Helgan ou Hergan (voy. *Arganier*).
Hent, 185.
Hercla, 197.
Herek, 208, 209, 227.

El-Heri, 325.
Herras, 225.
El-Herouïa, 176.
Herthema ibn Aïen, 24, 88.
Heskoura, 338.
Hezarmerd, 123.
Hezerdja, 338.
Hezmar ibn Sanhadj, 238.
Hicham ibn Abd el-Melek, 58, 65.
Hicham ibn el-Hakem, 272.
Hidjaz, 8.
Hilhel, 185, 319.
Hîr, 400.
Hisn Daï, 341.
Hisn ibn Midrar, 337.
Beni Hocein, 244, 260.
Hodoud, 341.
Holl, 30.
El-Homam, 7.
Homeid ibn Izeli, 184, 293, 361.
Beni Homeid, 209, 246.
Abou Homeid Doouas, 166.
Homeidi, 209, 246.
Honeihîn (Les), 391.
Honein, 186.
Hoouara, 52, 142, 242, 256, 247.

I

Ibrahîm el-Aghlebi, 61, 70, 112.
— ibn Aïyoub, 210.
— ibn Ghaleb, 334.
— ibn Eïça, 182.
Abou Ibrahîm, 65.
Ichebertal, 257, 258.
Icheggar, 243.
Iclibiya, 110, 197.
Idrar en Ouzzal, 390.
Idrîcides (Les), 258 et suiv.

Idrîs ibn Abd-Allah, 268.
Idrîs ibn Idrîs, 263, 278.
Idrîs ibn Saîd, 214, 215.
— ibn Mohammed, 259, 266, 355.
Ifgan, 167, 185.
Ifricos, 52.
Ifrîkiya, 3, 7, 52.
Igli, 355, 356.
Ighzer, 156.

— 421 —

Ilel, 185, 319.
Ilîan (Cte Julien), 236, 261.
Nehr Ilîan, 246.
Beni Iloul, 187.
Imam, 272.
Imellou, 342.
Beni Intecer, 361.
Iou-Iddjadjîn, 260, 291.
Iresni, 387.
Beni Irnîan, 205, 209.

Beni Irouten, 232.
Ishac ibn Mohammed, 267, 278.
— ibn Soleiman, 68.
Iskenderiya, 200.
Isliten (Les), 218, 226, 228.
Isser, 181.
Istoura (Stora), 194.
Izemmerîn, 169.
Ibn-Izeli, 288.
Izmama, 319.

K

Kâb el-Ahber, 90.
Kacîla (voy. Koceila).
Kagmariya, 257.
Kahena, 22, 76, 139, 397.
Kanem, 29.
Kaoukaou, 394, 398, 399.
El-Kaoum, 288.
Karbîou, 188.
Kebdan, 208.
Kedal, 319.
Keddan (voy. Goddan).
Keikel, 141.
Kelb ez-Zocac, 111.
El-Kenaïs, 8, 200.
El-Kenîça, 258.
Kenza, 280.
Kerifelt, 370.
Kerkinna, 51, 198.
Kerouchet, 246.
Beni Keslan, 324.
Ketama, 82.
Beni Ketrat, 243.
El-Khadra, 146, 147.
Khafanès, 197.
El-Khalîdj, 246.
Khallouf ibn Ahmed, 256.
Khandoc el-Foul, 316.
— el-Mâza, 256.

Khandoc es-Soradec, 256.
Kharaïb el-Caoum, 9, 10.
— Abi Halîma, 10, 23.
Ibn-Khasib, 28.
Abou'l-Khattab, 21, 70, 160, 132.
El-Khattara, 316.
Beni Khaulan, 249.
El-Kheir, 325.
El-Khidr, 93.
El-Kibab, 142.
Kibab Maani, 9.
Kibla, 9.
Kintar, 50.
Kirilla, 16, 17.
Kirzaoua, 260.
Kîs, 327.
Kisdiri, 358.
Koceila (Kacîla), 22, 123, 174.
Ibn Kociya, 231.
Kodïa, 209, 216, 247.
Kodïa-t-el-Beida, 208.
— -t-es-Chaîr, 325.
— -t-el-Foul, 263.
Koouar, 36.
El-Korrath, 195.
Kort, 252.
Kotama, 228, 249, 250, 258, 259.

El-Koufa-t-es-Soghra, 178.
Kougha, 390.

Koumat, 316.
Koumiya, 186.

L

Ladekiya, 201.
Ibn-Lahîah, 54.
El-Lamès, 391.
Lamesli, 205.
Lamt, 374.
Lamta, 197.
Laou, 232, 246.
Lebda, 26, 199.
Lebbi, 368.
Lebís, 265.
Lecant, 190.
Ledjem, 52, 76.
Abou Leila Ishac, 267, 278.
El-Leith ibn Saad, 12.
Lemîs, 327.

Lemta, 28.
Lemta (Les), 347.
Lemtouna (Les), 361, 368, 369.
Libiya, 53.
Linosa, 199.
Beni Locman, 45.
Lokaï, 284.
Lokkos, 250, 259.
Lorbos (Laribus), 112, 130.
Louata (Les), 12, 257.
Louata Medyen, 328.
Lourît, 179.
El-Louz, 123.
El-Louzi, 256.

M

Ma el-Ferès, 36.
— el-Hîat, 241.
Abou Maadd, 9, 10.
El-Maasker, 185.
Macbera Codâa, 251.
Macena, 253.
Macenat (Les), 314.
El-Mâchouc, 96.
Macîn, 186, 187.
Macîta, 343.
Macsen ibn Zîri, 152.
Madghous, 121.
Madîc Miknaça, 158.
El-Madjel el-Cadîm, 58.
Madjous (Les), 213, 254, 255.
Magcen, 237.
Magga, 12.
Maggara, 126, 320.
Maghar, 258

Maghîla, 260, 264, 265, 267, 327, 342.
Maghîla-t-el-Cat, 328.
Maghmedas, 20, 21.
Beni Maghous, 354.
Maghreb, 3.
Maghrour Ibn Talout, 301.
El-Mahour, 15.
Mahrès, 62.
Mahrès Botouïa, 50.
— Abi-'il-Ghosn, 50.
— Habela, 50.
— el-Louza, 50.
— Macdaman, 50.
— er-Rîhana, 50.
Maïorca, 192.
El-Makedounia, 93.
El-Makhad, 264.
Makhîl, 11.

Malaga, 209.
El-Mamoun, l'Idrîcide, 298.
El-Mamtour, 325.
El-Mansour Ismaïl, 64, 76.
Abou Mansour Eïça, 306.
Beni Mansour, 187.
El-Mansour ibn Bologguîn, 152.
El-Mansouriya, 64.
Marîfen, 202.
Marins andalous, 147, 165.
Masmouda, 247.
Massena, 268.
Masset, 356.
Matghara, 341.
Matar, 68.
Matmata, 158, 208.
— Ameskour, 327.
Mauritania, 53.
Mazagran, 164.
El-Mebkha, 239.
Beni Meçara, 246.
Mecettaça (Les), 209.
Mechâl, 47.
Mechehed, 407.
El-Mecîla, 131, 142, 144, 155, 178, 320, 337.
Medaça (Les), 393, 395.
El-Medali, 285, 286.
Meddjana, 150, 323.
— -t-Mâden, 323.
— -t-el-Metaben, 121.
Meddouken, 362.
El-Medhedji, 266.
El-Medîna, 166.
Medîna-t-er-Rommana, 320.
— Zaoui, 133.
El-Mediya, 155.
Medjaba, 361, 362, 375.
Medjaz Fekkan, 247.
— el-Ferouk, 246.

Medjaz el-Khacheba, 260.
Medjdoul, 177.
Medjekeça, 228, 243.
Medkoud, 176.
Medracen, 122.
Medyen, 288.
Medyouna, 282.
Megdoul, 202.
El-Mehdi, l'Idrîcide, 229.
El-Mehdiya, 52, 72, 73, 197, 198.
Meicera, 77, 301, 309.
Meiçour, 225, 289, 343.
Meimoun le Rostemide, 160.
— ibn Cacem, 249.
Ibn-Meiyala, 296.
El-Mekfouf, 230.
Meklata, 326.
El-Melâb, 97.
El-Melali, 200.
Melchoun, 128.
El-Melchouni, 109.
El-Meleh, 73.
Melel, 388.
Melîla, 205, 207, 228, 337.
Melîli, 128.
Melkous, 363.
Mellag, 121, 130, 323.
El-Mellaha, 354.
Mellaha Lamta, 197.
Mems, 325.
El-Mena, 4.
Menad, 307.
El-Menadiya, 307.
Menanech, 74.
Menaoucl, 242, 361.
Menzel Bachou, 90, 109, 110.
— Kamel, 72.
Beni Meracen, 209.
Meramer, 340.

Merça 'l-Andelos, 199.
— ibn Albîri, 194.
— Bouna (cap Bon), 196.
— es-Chedjra, 193.
— 'l-Cobba, 139.
— 'd-Daddjadj, 154, 192.
— 'd-Dar, 209.
— 'd-Dobban, 191.
— Garet, 209, 227.
— Hour, 191.
— ibn Abi Khalîfa, 195.
— 'l-Kharez, 134, 195.
— 'l-Kharratîn, 193.
— 'l-Kharrouba, 194.
— Maghîla, 189.
— Manïâ, 194.
— 'l-Ma el-Medfoun, 188.
— Mouça, 238, 240.
— 'r-Raheb, 188.
— Ras el-Djebel, 195.
— 'r-Roum, 194, 195.
— 'th-Thenïa, 195.
— Bab el-Yemm, 239, 240, 247.
— 'z-Zîtouna, 150, 153, 193, 200.
El-Merça 'l-Medfoun, 197.
Mercin, 375.
Merdj ibn Hicham, 315.
Merghad, 344, 359.
Mermadjenna, 323.
Mermazou, 226.
Mernîça-t-el-Bîr, 185.
Mernîça (Les), 208, 219.
Merou, 216.
Beni Merouan, 209.
El-Meroudi, 125, 128, 143, 222.
Beni Merzouc, 244.
Mesdjid, 4.
Meskak, 203.
Meskîana, 121, 323.

Meskour (voy. Ameskour).
Mesous, 13.
Messala ibn Habbous, 220, 253 283, 284, 335.
Beni Messara, 260.
Messoufa (Les), 330.
Metna (Les), 245, 246.
Metrara, 247.
Mezata, 37.
El-Mezemma, 209, 227.
Beni Mezguenna, 191.
El-Mezi, 326.
Micdad ibn el-Asoued, 54.
Midrar, 331, 333.
Midrarides (Les), 330.
El-Mihmaz, 181.
Mihrab, 6.
Miknaça, 205, 216, 267.
Madîc Miknaça, 158.
Mîla, 152.
Milîana, 146, 163.
Milwetha, 247.
Mina, 158.
Abou Mîna, 5.
Mîna 'l-Andelos, 200.
— 'z-Zeddjadj, 200.
Minhel ibn Mouça, 286.
Mittîdja, 156, 178.
Moaouîa ibn Hodeidj, 34, 79, 80, 81, 84, 140, 329.
Ibn-Mochedded, 158.
Mocreb ibn Madi, 41, 42.
Modd, 68.
Modjebber, 237.
Modjeffa, 101.
El-Moëzz, 69, 174.
— ibn Badîs, 63, 67.
El-Mofteri, 228, 244.
Mogador, 202.
Beni Mogheilès, 324.

— 425 —

El-Mogheira, 137.
El-Mogheïyer, 310.
Mohalli, 260.
Abou'l-Mohadjer, 91, 172.
Mohammed ibn Ibrahîm, 276.
— ibn el-Cacem, 10, 289.
— ibn Ishac (voy. *El-Bedjeli*).
— ibn el-Motezz, 335, 336.
— ibn Omar, 284.
— ibn Saîd, 38.
— ibn Soleiman, 180.
Beni Mohammed, 240, 258, 282, 289.
El-Mohammediya, 143.
Mois sacrés, 83.
Moïse, 242.
Molouîa, 205, 337.
— (îles et port du), 207, 209.
Monder ibn Saîd, 294.
El-Monekkeb, 228.
El-Monestîr, 88, 197.
Monestîr Othman, 90, 135.
El-Monia 't-el-Mâroufa, 71.
El-Montecer, 333, 335.
Morad, 261.

Moramer, 203.
Moraira, 190.
Mornac, 92.
Mosalla, 125.
El-Mosalla, 210.
Beni Mosguen, 165, 166.
El-Moslemani, 388.
Mostaghanem, 164.
El-Mostaïn, 325.
El-Mostâli, 300.
El-Mostancer Billah, 299.
El-Motaffela, 11.
El-Motâli, 298.
El-Moteaïyed Billah, 299.
El-Motezz, 335.
Mouça ibn Abi 'l-Afiya, 182, 268, 284, 286.
— ibn Aguellîd, 342.
— ibn Noceir, 133.
Beni Mouça, 342.
Moumen ibn Youmer, 201, 352.
Mounès ibn Yahya, 47.
El-Mouwaffec, 300.
Mouzya, 319.
Mowareba, 233.

N

Nâlîli, 360.
Nasaft, 220, 225.
Nasr ibn Djerou, 247.
En-Naufeli, 269, 276 et suiv.
Naustathmos, 200.
Nebîd, 90.
Nebrouch, 257.
Nedroma, 186.
Beni Nefgaoua, 246.
Nefouça, 25, 345, 353, 397.
Nefta, 116, 175.
Nefza, 165, 279.
Nefzaoua, 115, 116.

Negro, 242, 244, 261.
Neher Elîli, 243.
— el-Ghaba, 321.
— el-Khalîdj, 246.
En-Nehriîn, 131.
Nemouchet, 199.
Nesaft, 220, 225.
En-Nethra, 133, 194.
Niça, 321.
Nicfour, 84.
Nifenser, 131.
Niffis, 279, 339, 340, 352, 353.

Nigaous, 123.
Nil (Niger), 369, 394.
Noirs (leur pays), 360, 377 et suiv.

Nokour, 208, 209, 210, 213, 224, 228.
Noughamarta, 388.
Noul, 202, 356, 376.

O

Oasis (Les), 37.
Obba, 130.
Obeid Allah el-Mehdi, 72, 75, 69, 219.
— ibn el-Habhab, 90.
Ocaibelat, 199.
Ocba ibn Nafê, 28, 34, 57, 172, 173, 237, 322, 352, 357.
Ocour, 190.
Ibn-Ofaïr, 238.
El-Okhtan, 107.
Omar ibn Hafs, 123.
— ibn Idris, 282, 295.
Omm es-Saad, 219.
Oran, 165 et suiv.
Ostouanat Abi Ali, 354.
Ouaçoul, 334.
Ouadeh, 275, 276.
Ouaggag, 363.
Ouayhd, 304.
El-Ouahat, 38 et suiv.
Ouancîfen, 314, 341.
Ibn-Ouanemmou, 47, 48.
Ouanou-Zemîn, 346.
Ouaran, 347.
Beni Ouareth, 341, 347, 363.
Ibn Ouanoudin, 367.
Beni Ouarîfen, 146, 163.
Ouarogguîn (Les), 317.
Ouaselïa, 160.

Beni Ouatîl, 163, 185.
Ouazeccour, 155, 281.
Ibn-Ou-Chekla, 149.
Ouchetata, 264.
Oudjda, 204, 205.
Oueddan, 30 et suiv.
Ibn Ouehb, 54.
Oueinou Heiloun, 345.
Oueldj el-Hana, 181.
El-Ouerdiya, 210.
Ouergha, 210, 253, 260.
Ouerglan, 180, 396.
Ouinacam, 245.
Ouittounan, 346.
Oulhaça, 342.
Beni Oulîd, 209.
Oulîleni, 268.
Oulili, 248, 263, 269, 317.
Ibn-Ourcetted, 354.
Ourcîfan, 410.
Ourdadja, 137.
El-Ourdaniya, 186.
Ourfeddjouma, 70.
Beni Ourîaghel, 210, 215.
Beni Ourtedi, 208, 218, 300.
Ourtîta, 260.
Ouryawera, 303.
Ourzazat, 338.
Ourzîgha, 342, 343.

P

Pentapolis, 11.

Philippeville (voy. *Shikda*).

R

Rabedi, 331.
Rabed el-Hîma, 76.
Raccada, 68, 69, 70.
Racen (Le) (voy. Ras).
Beni Racen, 247.
Rached, 269 et suiv.
Er-Racheda, 21.
Radès, 91, 93, 195.
Er-Rahouni, 290.
Ras, 231, 243, 245.
Ras Adar, 196.
— el-Aousedj, 200.
— Aoutan, 199.
— el-Baghl, 180.
— Canan, 199.
— es-Châra, 199.
— el-Djebel, 195.
— el-Djecer, 198.
— el-Hamra, 194.
— Kerman, 201.
— el-Ma, 393.
— el-Medjaba, 360.
— el-Mellaha, 200.
— er-Ramla, 198.

Ras eth-Thour, 243, 246.
Razou, 46.
Rebiâ ibn Soleiman, 135, 283.
Redat, 282.
Redjma ibn Caïd, 41.
Reggada, 232.
Rebouna, 259.
Réïs, 131.
Rekâ, 37.
Remel, 120, 247.
Er-Remla, 235.
Er-Remmada, 10.
Ribat, 19.
Rîhan, 197, 285.
Rihiya, 99.
Romman, 111.
Er-Rosafa, 71, 247.
Ibn-Rostem, 160.
Rostemides (Les), 160 et suiv.
Ibn-er-Rostemiya, 333.
Roum, 9.
Ibn-Roumi, 226.
Roumiya, 103.
Roweifê ibn Thabet, 13, 48.

S

Beni Saberi, 19.
Sabra, 44 et suiv. 63, 64, 76.
Sadîna, 244, 267.
Sadj, 384.
Safded (voy. Sefded).
Es-Safedi, 284.
Saghmara, 394, 397.
Es-Saguïa-t-el-Hamra, 360.
Saguïa-t-ibn Khazer, 169.
— Masmouda, 264.
— Mems, 325.
Sahaba, 93.

Sahabi, 378.
Sahel, 164.
Sahnoun, 55, 158.
Saîd ibn Hicham, 308.
— ibn Idrîs, 213.
— ibn Saleh, 211, 212, 219, 221.
Es-Sakhr el-Djelîl, 44, 114, 320.
Sakhra-t-en-Necer (voy. Hadjer).
Salé (Sla), 102.
Saleh ibn Tarîf, 302.
— ibn Mansour, 212, 275.

Saleh el-Moumenin, 302.
— ibn Saîd, 214 et suiv.
Sallecta, 76, 198.
Beni Saleh, 209 et suiv.
Sama, 389.
Samacanda, 386.
Sandal, 225.
Sanem, 21.
Sangbana, 369, 77.
Sanhadja (Les), 209, 238, 257, 347.
Es-Sarh, 66.
Sarsar, 250.
Scipion, 104.
Sebâ Roous, 193.
Sebab, 27.
Sebha, 30.
Sebîba, 120, 324, 325.
Sebou, 203, 252, 316, 328.
Sebous, 133.
Sedak, 253.
Sedderouagh, 260.
Sefded, 203, 259, 290, 291.
Sefencou, 395.
Seggen, 213.
Segouma, 267.
Ibn-Segguem, 365.
Abou Sehel el-Djodami, 262.
Ibn-Abi Sehel, 288.
Seher, 131, 141, 143, 321.
Sehl ibn Ibrahîm, 85.
Seï, 168, 185.
Seida, 201.
Séikh, 265.
Es-Sekka, 121.
Scla, 202.
Abou Selah, 38.
Beni Semghera, 238.
Semghou, 330, 332.
Es-Semberi, 277.

Senguenfou, 327.
Senteriya, 37.
Seraouîl, 71.
Serdaniya, 78.
Serech, 117.
Serta (Les), 344, 368.
Seshour, 245.
Setif, 125, 178.
Setta, 257.
Settaci, 310.
Sfax, 49, 51, 52.
Sibkha, 23.
Sibta (voy. Ceuta).
Sicca Veneria, 82.
Sicda (voy. Skikda).
Sidjilmessa, 204, 205, 326, 328 et suiv., 338, 343, 344, 352, 367, 366.
Sikka, 238.
Beni Sikkin, 243, 244.
Sila (Silla), 378.
Simak ibn Messaud, 142.
Ibn-Sinan, 168 (voy. Casr).
— (Zeid), 307.
Skikda, 122, 194.
Sobrou, 41.
Es-Sodour, 337.
Sofrouï, 326.
Soleiman ibn Abd Allah, 277.
Soleiman ibn Abi 'l-Mohadjer, 267.
— ibn Horeiz, 272 et suiv.
Es-Solloum, 200.
Somata, 175.
Sort, 15, 18, 31, 32, 199.
Souad, 62, 72.
Soubidjin, 25.
Souc, 4.
— Fencour, 342.
— Hamza, 144, 154, 155, 353.

— 429 —

Souc el-Hoceini, 52.
— Hoouara, 145.
— Ibrahîm, 148.
— Keram, 145.
— Kotama, 250, 253, 259.
— Beni Maghraoua, 245.
— Makcen, 155.
Souça, 83, 86, 196, 197.

Souça de Barca, 200.
Souçac, 260.
Sour, 201.
Sous, 121, 202, 352, 358.
Spartel, 257, 258.
Stafceif, 179, 180.
Stofla, 191.
Stora, 194.

T

Tabahrît, 203.
Tabarca, 135, 139, 195.
Tabê, 93, 172.
Taberîda, 205, 209.
Tabesleki, 131.
Taca, 386.
Tacdimet, 164.
Tacegdalt, 164, 335.
Tacelmet, 280.
Tachet, 256.
Tacigda, 194.
Tadjenna, 157.
Tadjemout, 157, 177.
Tadjirfet, 30, 31, 32.
Tadmekka, 394, 395, 397 et suiv.
Tafda, 318.
Taferguennît, 204, 318.
Tafoughalt, 247.
Tafna, 181.
Tagharîbet, 158, 177.
Taghîrout, 339.
Tagra, 186.
Tagragra, 211.
Tahedart, 257.
Takout, 338.
Taliouein, 361, 369.
Tamaghalet (Tamghîlet), 157.
Tamaghîlt (Tamghîlet), 319.
Tamazaghran, 164.

Tameddjathet, 344.
Tameddoult, 368.
Tamedelt, 345, 352, 358.
Tamedît, 130.
Tamellougaf, 304.
Tamerma, 27.
Tamerourt, 353.
Tameselt, 131.
Tamesna,
Tamlelt, 205.
Tamourat, 245.
Tamselakht, 306.
Tanaguelalt, 178, 179.
Tandja (Tanger).
— t-el-Bcida, 248.
— -t-el-Khadra, 53.
Tanger, 238 et suiv., 248, 249.
Abou Taouîl, 119, 132 et suiv.
Taount, 187.
Taourès, 243.
Taourgha, 49.
Taourest, 320.
Taourirt, 209.
Tarchîch, 90, 94, 99.
Tarem, 390.
Taremlîl, 247.
Ibn-Taresna, 362.
Tarf Herek, 227.
Tarfa, 72.
Tarfala, 144.

Targa (Les), 360, 368.
Targa 'n-Oudi, 143.
Targhîn, 27.
Taric ibn Ziad, 237.
Tarîf, 301, 239.
Tarîf ibn Chemaoun, 301.
Beni Tarîf, 238.
Tarifa, 239. 301.
Tarni, 180.
Tasegdalt, 164, 335.
Taseghmert, 326.
Tatental, 375.
Tatouch, 158.
Tawint, 288.
Taza (*Téza*), 268.
Tazecca, 346.
Tazeghedera, 297.
Tazraret, 353.
Tebessa, 121, 323.
Tebferilla, 369.
Teçoul, 316.
Beni Tedermit, 25.
Tedjra (Tagra ou Trara), 186.
Tehert (voy. Tîhert).
Tehouda, 125 et suiv., 171 et suiv.
Tekrour, 369.
Temamanaout, 364.
Temçaman, 209, 212, 228.
Temîm l'Ifrenide, 315.
Temissa, 31.
Tenatîn, 140.
Ten-Defès, 345.
Tenès, 140, 141, 157, 162, 177, 189.
Tenkeremt, 184.
Ten-Oudaden, 344.
Tensalmet, 168.
Terehna, 267.
Terenca, 379.
Terennout, 3.

Tergha, 328.
Ternana, 187, 203, 207, 318.
Et-Ternani, 187.
Ternout, 77.
Tetouan, 229, 242, 243, 261, 293.
Tezamet, 360.
Ibn-Thakîa, 333.
Thala'n Tiragh, 145.
Ibn-Thaleba, 287.
Tîaret, 159.
Tîdarmîmas (?), 201.
Tîdjis, 131, 150.
Tîfach, 130.
— ed-Dhalima, 130.
Ibn-Tîghaman, 327.
Beni Tîghaman, 327.
Tîguîças, 245, 246, 293.
Tîhammamîn, 338.
Tîhert, 150, 157 et suiv., 163, 177, 319.
Tîhert la Neuve, 159.
— la Vieille, 159.
Tîmghacen, 305.
Tîn Izamaren, 364.
— Yeroutan, 351.
Tindja (voy. Tanger).
Tîoumetîn, 343.
Tîract, 25.
Tîrecca ou Tîrca, 376, 393 et suiv., 395.
Tîri, 27.
Tîrni, 180.
Et-Tîs, 8.
Tîtaouen (voy. Tetouan).
Tîttesouan, 245.
Tîzi, 27.
Tîzil, 180.
Tlemcen, 179, 204, 279, 318.
Tobna, 123, 126, 144, 179.

Tobourc, 200.
Tochoummès, 259.
Todmîr, 147.
Tokouch, 194.
Tolga, 128, 170.
Tomadjer, 73.
Tonboda, 509.
Et-Tonbodi, 63.
Toniâna, 202.
Torba, 13.

Torac, 115.
Toubout, 131.
Toura, 241.
Tourzi, 391.
Toutek, 400.
Touzer, 116, 118, 176.
Towennîn an Oguellîd, 344.
Trafalgar, 258.
Tripoli (voy. Atrabolis).
Tunis, 89 et suiv., 196.

W

Waw-Lokkos, 250.

Wazeccour, 155, 281.

Y

Ibn-Ya-cîn, 362 et suiv.
El-Yaça, 328, 329.
Yacoch, 310.
Yafa, 201.
Beni Yaghmoracen, 178.
El-Yahoudiya, 199.
Yahya ibn Ali, 298.
— ibn Fotouh, 227.
— ibn Ibrahîm, 362.
— ibn Idrîs, 283, 296.
— ibn Omar, 364 et suiv.
Yala ibn Bologguin, 204.
— ibn Mohammed, 166, 168, 185.
Beni Yala, 179.

Bedi Yarout, 153.
El-Yas, 302, 304, 333.
El-Yenım, 239, 240.
Yerara, 326.
El-Yetîm, 223.
Ibn-Yczel, 288.
Yezid ibn Hatem, 68.
— ibn Khaled, 22.
— ibn el-Yas, 278.
Abou Yezîd, 76, 77, 85, 120, 121, 138, 143, 283, 321, 326.
Youçof ibn Hammad, 145.
— ibn Saleh, 219.
Younos ibn el-Yas, 304, 305.

Z

Za, 204, 205, 317.
Zab, 142.
Zafcou, 379.
Zaghouan, 111, 112.
Zalegh, 260.
Zan, 133.
Zana, 132, 138.
Zeghough, 133.

Ez-Zeitoun, 289.
Ez-Zeitouna (voy. Merça).
Zehedjouka, 259.
Beni Zekrah, 123.
Zelha, 31.
Zeloul, 239, 249.
Zemmour, 300, 314.
Beni Zemmour, 25.

Zeradba, 326.
Ez-Zerca, 198.
Zerhouna, 260.
Zerour, 71.
Beni Zerradj, 321.
Beni Zîad, 55.
Zîad ibn Anâm, 55, 108.
— ibn Khalfoun, 62.
Zîada-t-Allah, 7, 59, 63, 86.
Zîdour, 181.
Zighîzi, 129.

Ibn-Zîna, 186.
Zîri ibn Menad, 147, 163.
Zîz, 328.
Ez-Zocac, 234, 248.
Zoheir ibn Caïs, 21, 34.
Zouagha, 208, 264, 265, 341.
Zoughou, 386.
Zouîla de Fezzan, 26, 28, 29, 30, 31.
— d' el-Mehdiya, 73, 76.

FIN.

CORRECTIONS.

Page 19, ligne 24, pour 426, lisez 15.
69.... 16 .... Chraï......... Chîaï.
77..... 27 .... 473.......... 62.
94..... pénult....... Mohammedeiya.. Mohammediya.
101..... 16.......... fils............ père.
212..... 6 .... Saleb......... Saleh.
215..... 9, 12, 17.... Ishac......... Idrîs.
240..... pénult....... que.......... qui.
265..... 28 .... cette rivière..... le Sebou.
278..... pénult...... Abou Leila..... Idrîs.
283 .... 10.......... Noccour........ Nokour.
307..... 9 .... Berghoul....... Berghout.

www.ingramcontent.com/pod-product-compliance
Lightning Source LLC
Chambersburg PA
CBHW071107230426
43666CB00009B/1856